Matemático puro con un PhD en Economía en al State Universtity of New York, **José Noguera Santaella** es un académico. Trabajó 7 años en el prestigioso instituto Cerge-El de la Universidad Karlova de Praga, donde estudió la transición de las economías socialistas de Europa y la URSS y la expansión del euro. Fue profesor en las universidades Nacional de Kiev, Varsovia, Estatal de Michigan y New Hampshire. Actualmente es profesor titular de la Universidad de Santiago de Chile y tiene más de 50 publicaciones entre libros y artículos científicos.

VENEZUELA EN EL NUDO GORDIANO

Lecciones para la reconstrucción de la democracia
y la prosperidad económica

José Noguera Santaella

VENEZUELA EN EL NUDO GORDIANO

Lecciones para la reconstrucción de la democracia y la prosperidad económica

Prólogo
Humberto Celli Gerbasi

dahbar

VENEZUELA EN EL NUDO GORDIANO
*Lecciones para la reconstrucción de la democracia
y la prosperidad económica*

© Editorial Dahbar
© Cyngular Asesoría 357, C.A.

Corrección de pruebas:
Carlos González Nieto

Diseño de portada: Jaime Cruz

Depósito legal: DC2018000606
ISBN: 978-980-425-023-1

Índice

Presentación

Es un honor, y al mismo tiempo un placer, presentar en breves líneas este nuevo libro del matemático, con doctorado en Economía, José Noguera Santaella. Se trata sin duda de un hombre con amplia experiencia en la administración pública venezolana. Al mismo tiempo su carrera ha transcurrido como profesor e investigador en universidades de Europa, Estados Unidos y América Latina. En la actualidad, es profesor titular en la Universidad de Santiago de Chile. Esta doble vertiente, de hombre que conoce el "monstruo" por dentro y que también tiene la perspectiva de la academia, resulta notable para pensar a Venezuela en una de sus horas más oscuras.

El planteamiento de este libro –que he leído con atención y enorme curiosidad– es que la economía de Venezuela tiene solución. Es una buena noticia de cara al futuro. La ciencia económica ha desarrollado experiencia y conocimiento para encarar una situación como esta, más allá de lo que las distintas ortodoxias ideológicas insistan en decir.

Es la conclusión a la que llega José Noguera Santaella: "Venezuela ha tenido un desempeño macroeconómico muy pobre en las últimas décadas que es perfectamente reversible, pero que en cualquier caso debe pasar por un período de ajustes que puede ser duro, aunque con sapiencia pudiera ser también corto".

En este libro el autor analiza la economía política venezolana para responder, de entrada, dos preguntas, precisamente las más acuciantes que se formulan todos los que dentro o fuera de Venezuela piensan en la economía del país: cómo llegamos a esta situación y cómo salimos de ella.

Lo hace con la solidez de un académico que desde su formación inicial en Matemática ha investigado lo económico durante muchas décadas, pero también con la perspectiva de quien sabe que la economía no puede entenderse sin lo político y lo social, y con la intención de hacerse entender por el lector no especializado. Estamos ante un libro que los técnicos leerán con cuidado y el público sabrá agradecer.

El lector se encontrará aquí con que Noguera les otorga atención a procesos históricos venezolanos que son remotos en el tiempo, pero sin los cuales no se puede explicar el presente, como el largo y difícil camino hacia la democracia. Pero también verá que hay capítulos consagrados a analizar por qué fracasaron, por ejemplo, las políticas económicas de Jaime Lusinchi y Carlos Andrés Pérez, y cómo influyeron en lo que vino después. La economía política y los años del chavismo son objeto de cuidadoso análisis, con la perspectiva múltiple que considera una variable que no solemos tener en cuenta: el efecto de las coyunturas globales en las economías nacionales.

Una conclusión resulta contundente cuando se leen estas páginas: hay que sacar al país de la filosofía económica neomarxista que no solo el chavismo, sino también AD y Copei, usaron para sus políticas económicas. Naturalmente, combatir la corrupción y apostar a la educación, pero todo pasa por abrir la economía y reconectar al país con el mundo.

Culmina su nuevo libro con una afirmación llena de fundamento: "Los venezolanos lo hicieron una vez y lo harán nuevamente: convertir a nuestra gran nación en la tierra próspera que una vez fue. No es una fe ciega, estos procesos no son eternos, los anticuerpos existen y el país recobrará su camino".

Carlos Aguilar

Prólogo
A manera de semblanza

Hace algunos años, bastantes, se presentó a la Secretaría Juvenil Nacional de Acción Democrática un joven, muy joven, que empezaba su carrera universitaria, a pedir tareas que cumplir. En ese entonces yo ocupaba la subsecretaría general del partido.

Me enteré de la presencia del joven, me llamó la atención y pedí sus datos, observando que estudiaba Matemática pura e inmediatamente pedí conocerlo ya que consideré que quien estudiara esa carrera debía ser inteligente y perseverante. Además, yo era un ingeniero frustrado que tuvo que cambiar su ciudad natal Valencia por Caracas para cumplir con las responsabilidades que el partido exigía, y en la capital no existía la especialidad de Ingeniería Industrial que yo estudiaba. Se presentó un jovencito que me dijo: "Soy José Noguera, compañero Celli".

La fracción universitaria del partido lo acogió y comenzó disciplinadamente a cumplir las tareas que se le asignaron, sin descuidar sus estudios de Matemáticas.

Ya graduado de matemático puro, decide indagar en el mundo de las matemáticas aplicadas, divagar un tiempo si seguir estudios doctorales en Ciencias de la Computación o en Física Teórica; sobre la primera ya había realizado estudios avanzados. Finalmente, decide inclinarse por la Economía Matemática y las Ciencias Económicas. El transcurrir de los años indica que hizo lo correcto y acertado, aunque pudiéramos haber tenido nuestro émulo de Einstein.

En 1983 obtuvo su licenciatura en Matemáticas en la Universidad Central de Venezuela y se inscribió más tarde en la Universidad Católica Andrés Bello, donde se especializó en Políticas Económicas y obtuvo el máster de Economía.

Tuvo una corta experiencia de servicio público como director de control previo de la Contraloría del Estado Carabobo y director general sectorial del Ministerio de Relaciones Interiores.

Sin referirme aún a la que sería una vida de éxitos continuados en varias partes del mundo, ya yo sentía una gran satisfacción al comprobar que mi intuición fue acertada. Siendo secretario general de Acción Democrática en 1989, le pedí a la comisión técnica del partido varios informes sobre las reformas económicas que planeaba el Gobierno entonces y sus efectos sobre la economía. En cada caso la comisión técnica delegó en José Noguera, quien aún no había comenzado sus estudios doctorales, la preparación de dicho informe, el cual presentaba al Comité Ejecutivo Nacional y al Gobierno, estremeciendo en algunas ocasiones al gabinete por las argumentaciones lógicas basadas en elementos sólidos de teoría económica, los cuales no podían rebatir. Desde entonces ya se observaba cómo su formación matemática rigurosa lo hacía destacar en otros ámbitos profesionales. Mi regocijo es inconmensurable cuando recuerdo a compañeros y amigos de aquellos años que me decían: "Cónchale, Humberto, qué pupila tuviste con José Noguera". Los éxitos de José los disfruto como propios y siento un íntimo orgullo al ver cómo el sencillo jovencito que una vez tocó las puertas de nuestro partido Acción Democrática es hoy un académico e investigador reconocido mundialmente.

Empezó su andar por el mundo en la Universidad Estatal de Nueva York, en Búfalo, donde logró el máster y PHD en Economía. En su tesis doctoral, escribió una teoría que explica el origen del dinero. Aunque sobre el origen del dinero se ha escrito mucho, nadie había escrito una teoría que explicase su origen con la rigurosidad matemática con que lo hizo José Noguera. Si alguna duda quedara sobre la magnitud de los logros de este venezolano, observemos cómo a partir de 1998 fue su ascenso como académico. Luego de trabajar como instructor en el Departamento de Matemáticas de la Universidad de Búfalo, José se muda a Praga, República Checa, para trabajar como profesor asistente en el Cerge-EI de la Universidad Karlova, la misma en la que casi un siglo antes había comenzado su carrera científica Albert Einstein. En esa universidad estuvo seis años investigando sobre la transición de las antiguas economías socialistas de Europa Central, del Este y la antigua URSS y la expansión de la zona euro al Este.

Durante este período dedica una parte importante de su tiempo a desarrollar una teoría que permitió entender los problemas estructurales que presentaban los nacientes y colapsados sistemas financieros de las antiguas economías comunistas, las llamadas economías en transición, en particular la rusa, y sugerir la implementación de políticas. También trabajó sobre los problemas de la expansión del euro hacia Europa Central y del Este. Posteriormente trabaja como profesor invitado en la ERC de la Academia Nacional Mohila de la Universidad Nacional de Kiev, como profesor invitado en el programa de negocios de la Universidad de Varsovia, y como profesor asistente y luego profesor asociado invitado del Departamento de Economía de la Universidad Estatal de Michigan. Luego es profesor asociado en el Departamento de Economía de la Universidad de New Hampshire e investigador asociado del Centro de Estudios de América Latina en el Instituto Respekt de Praga, República Checa. Durante su estadía en los Estados Unidos desarrolla una teoría que explica por qué caen las democracias, la cual prueba su buen funcionamiento al utilizarla para entender todos los episodios que han existido desde finales del siglo XIX y que utiliza para aplicarla al caso de Venezuela en este libro. Actualmente es profesor titular de la Universidad de Santiago de Chile, donde ya había sido director-fundador del doctorado y director del Centro de Investigación en Economía y Finanzas. En Chile se ha dedicado a estudiar el mercado petrolero y su interacción con la macroeconomía, escribiendo una teoría capaz de explicar las cambiantes estructuras que ha sufrido dicho mercado y su relación con la macroeconomía en general, y en particular con la macroeconomía de las economías petroleras.

Quiero destacar de este espectacular recuento de experiencia y conocimientos acumulados, los obtenidos en la transición de las antiguas economías comunistas de Europa ya que hacen de él una fuente a consultar en la cercanía del cambio indetenible que pronto ocurrirá en Venezuela. Ojalá que quienes asuman los comandos del cambio en nuestro país sepan rodearse y escuchar estas voces que reúnen conocimiento y experticia.

El Dr. José Noguera pasó de ser el joven José Noguera para convertirse en lo que es hoy: un monumento a la superación y ejemplo para miles de jóvenes venezolanos y latinoamericanos.

Luego de varias decenas de libros y artículos científicos, nos entrega su reciente obra con el título de *Venezuela en el nudo gordiano. Lecciones para la reconstrucción de la democracia y la prosperidad económica*. Es un libro escrito por un estupendo profesor e investigador de Economía que no apabulla al lector con términos que solo los especialistas dominan; está hecho para que lo entendamos todos los que nos acerquemos a sus páginas. Como dice el autor, "en el texto se hace un gran esfuerzo en mantener un vocabulario suficientemente simple para que sea accesible a cualquier lector no experto, pero sin renunciar a la profundidad de las ideas y el análisis". Estas lecciones para la reconstrucción de Venezuela explican el quiebre de una larga etapa de crecimiento y la entrada de otra de decadencia, y cómo y por qué se debilita y cae la democracia venezolana. También se analizan experiencias de reconstrucción económica, exitosas y fracasadas, en distintas partes del mundo, lo que permite identificar componentes para una reconstrucción económica en nuestro país.

Los dieciocho capítulos están presentados de tal forma que se puedan leer por separado y según la inclinación e interés del lector.

Invito a la lectura de esta obra del Dr. Noguera con la seguridad de que contribuirá a la claridad con que se definan propuestas y soluciones para el progreso y la prosperidad.

Humberto Celli Gerbasi
Caracas, 16 de agosto de 2017

Introducción

En el siglo IX a. C., luego de que el reino de Frigia, en la actual Turquía, se quedase sin rey, sus habitantes le consultan al oráculo de Telmeso, quien afirma que el próximo hombre que entre a la ciudad manejando una carreta de bueyes sería el próximo rey. Esto hizo un campesino llamado Gordias, quien se convirtió de inmediato en rey de Frigia. En gratitud, el hijo de Gordias, el legendario rey Midas, le dedica la carreta al dios Sabaco, a quien los griegos identificaban con Zeus, y ata la lanza y el yugo de la carreta a un poste con un nudo de cornos, un arbusto típico del suroeste de Asia. El nudo era tan duro y enredado que, según el historiador romano Quinto Curcio Rufo, era imposible ver cómo estaba atado.

Cuando Alejandro Magno pasa por Frigia, en el siglo IV a. C., el nudo estaba todavía y el oráculo dijo que quien desatara el nudo sería rey de toda Asia. Alejandro se esforzó en desatar el nudo, pero no pudo. Entonces pensó que lo importante no era cómo el nudo fuese desatado y desenvainó su espada y lo cortó por la mitad de un solo golpe. Alejandro posteriormente conquistaría Asia, llegando tan lejos como el norte de India.

Venezuela está en un nudo gordiano. El país tiene las mayores reservas y es el cuarto mayor exportador de petróleo del mundo, pero sus instituciones son débiles, el poder y la riqueza están concentrados en unos pocos y las políticas que implementa el Estado están signadas por el populismo, el clientelismo y la corrupción. Las consecuencias han sido duras: durante los 35 años comprendidos entre 1980 y 2015, el país ha sufrido ocho crisis cambiarias. Estas ocurrieron en los años 1983, 1986, 1989, 1994, 1996, 2003, 2010 y 2013. También hubo una crisis bancaria en 1994 y, para el momento de escribir estas líneas, una crisis viene en camino con una amenaza latente de hiperinflación. En Venezuela, para 2017, el ingreso per cápita es aproximadamente igual al de 1950, con la desventaja de que hoy la vida es mucho más compleja y el ciudadano común compra una inmensa variedad de productos que nuestros padres o abuelos no compraban en los años cincuenta, tales como internet y todo tipo de aparatos electrónicos y electrodomésticos. La inversión ha ido cayendo y el aumento de la desigualdad en el ingreso y los niveles de pobreza son impresionantes. Algunas preguntas intrigan. ¿Hay democracia en Venezuela? ¿Qué hizo emerger a la democracia? ¿Qué la derrumbó? ¿A qué se debe el declive económico? ¿Por qué ocurren las recurrentes crisis cambiarias? ¿Había opciones alternas de política? ¿Cómo disminuir la inflación a un dígito? ¿Cómo deben diseñarse las instituciones monetarias? ¿Cómo se dirige una sana política macroeconómica que evite las malas experiencias del pasado? ¿Por qué los sucesivos gobiernos han implementado políticas económicas tan erradas? ¿Cuál es la política petrolera? ¿Ha sido eficaz la política petrolera después de la nacionalización? ¿Por qué su industria no petrolera no crece? ¿Cómo puede industrializarse el país? ¿Qué lecciones nos dan las experiencias exitosas?

Este libro se propone responder estas preguntas y para ello analiza la economía política de Venezuela. Explica cómo el malfuncionamiento de las instituciones hizo caer a la democracia, por qué las políticas macroeconómicas implementadas fueron equivocadas y analiza las consecuencias de políticas alternas que pudieron haberse implementado. Los problemas se abordan como un todo, un enfoque de conjunto que examina cómo diversos aspectos de la economía, la política y la sociedad han interactuado para producir la Venezuela de hoy: un país con 40 años de recurrentes crisis cambiarias y financieras y con una población empobrecida que tiene sus libertades derogadas. Examina el papel de los factores de índole económico como la inflación, la producción y el empleo, pero también otros que no lo son, como la educación, la salud, la corrupción, el crimen o la administración de justicia, entre otros, y cuya influencia sobre la economía, la política y el bienestar social son determinantes. Desafortunadamente, un estudio extenso de cada uno de estos factores conduciría a un trabajo de índole enciclopédica que está fuera de los objetivos de este libro. En vez de ello, plantea el problema global, en su dimensión máxima, profundiza en los temas económicos más importantes y comenta algunos de otra índole. Se hace un gran esfuerzo en mantener un vocabulario lo suficientemente simple para que sea accesible a cualquier lector no experto, pero sin renunciar a la profundidad de las ideas y el análisis. Las matemáticas se limitan a unas pocas tablas e interpretación de porcentajes.

Una característica de este libro es el análisis del ambiente internacional que ha condicionado el desarrollo de la política y la economía en Venezuela. Por ejemplo, la Revolución mexicana y la Segunda Guerra Mundial facilitaron el *fifty-fifty*, la OPEP posiblemente no hubiera existido si no fuera por la periodista checo-estadounidense Wanda Jablonski y la guerra de los Seis Días detonó la ola de nacionalizaciones del petróleo de los años setenta.

El primer capítulo describe las intentonas golpistas de 1992, el proceso que lleva a Hugo Chávez y más tarde a Nicolás Maduro a la presidencia, la oferta del chavismo encerrada en el documento el "Árbol de las tres raíces" y el balance económico después de 17 años de gobierno, documentando el dramático aumento de la pobreza. El capítulo 2 se pregunta si hay democracia en Venezuela y dilucida esa pregunta comparando la Carta de los Derechos Humanos de las Naciones Unidas con lo que ocurre en el país. El capítulo 3 hace un recuento sobre las luchas políticas que condujeron a la democracia, el legado de Juan Vicente Gómez, el proceso histórico que condujo al sufragio universal, los crímenes de la dictadura de Pérez Jiménez y el retorno a la democracia. El capítulo 4 trata sobre el auge y caída de la democracia venezolana. Su objetivo no es narrar los hechos, sino explicar por qué esos hechos ocurrieron. Comienza discutiendo la legitimidad de los regímenes políticos y la teoría de la modernización y analiza cómo la intolerancia política subyace en el derrumbe del experimento democrático de 1945 y de una democracia aparentemente consolidada en 1999. El capítulo 5 se pregunta por qué nos empobrecimos. ¿Por qué un país comienza a caer continuamente hasta perder un tercio de su capacidad de compra después de crecer por 55 años de forma continua? En ese deterioro jugaron un papel fundamental factores de índole no económica, lo que indica que las soluciones tampoco están solo dentro del ámbito económico. Finaliza enumerando los tres fiascos de la economía venezolana: la política macroeconómica, petrolera e industrial. El resto del libro se dedica a estudiar estos fiascos.

El capítulo 6 analiza la crisis de 1983. Relata brevemente el desarrollo de la economía desde que se comienza a explotar el petróleo hasta 1974. Analiza las causas de los *booms* del petróleo de 1974 y de 1979 y la obra de los gobiernos de Carlos Andrés Pérez y Luis Herrera Campins. Para que el lector pueda entender el trasfondo de las crisis, se ilustran algunas ideas macroeconómicas sencillas.

El capítulo 7 analiza la guerra de precios del petróleo de los ochenta, el Gobierno de Jaime Lusinchi, su famoso "golpe de timón" y la política expansiva (imprimir mucho dinero) que condujo a la crisis cambiaria de 1989. Explica por qué la dinámica de esta crisis fue distinta a la de 1983 y por qué la crisis era evitable.

El capítulo 8 hace un balance del segundo Gobierno de Carlos Andrés Pérez. Analiza la crisis cambiaria y financiera de 1994 y discute las regulaciones bancarias, el estado de la banca y la relación de esa crisis con los sucesos macroeconómicos y políticos. Culmina ilustrando cómo la crisis asiática prepara el terreno para que Hugo Chávez llegara a la presidencia. El capítulo 9 analiza las gestiones de Hugo Chávez y Nicolás Maduro, el diseño de sus políticas económicas en función de mantener el poder, y compara la gestión de gobierno del chavismo con la gestión de la democracia. También analiza el primer *boom* petrolero de este siglo, las devaluaciones de 2003 y 2010 y cómo la crisis de las hipotecas, el mercado de petróleo y el pobre diseño de políticas han ocasionado la actual hiperinflación. Termina documentando cómo la brecha de Venezuela con los países desarrollados ha sido siempre mayor durante el chavismo que durante la democracia.

El capítulo 10 se pregunta por qué un país rico recurrentemente implementa políticas erradas. El país tiene 40 años implementando las mismas políticas con los mismos resultados y no se observa propósito de enmienda. Comienza con el estado de nuestras escuelas de Economía y Ciencias Sociales, que son el soporte intelectual de cualquier sociedad y de cualquier gobierno. Hace un breve repaso del neomarxismo y el estructuralismo, que fueron la base de la política macroeconómica propuesta por la Cepal, la cual se adoptó dogmáticamente en América Latina con resultados muy pobres. También documenta cómo la macroeconomía del populismo conduce a la hiperinflación y el empobrecimiento. El capítulo 11 se pregunta cómo doblegar la inflación en economías de alta inflación. Analiza el enfoque ortodoxo que fue aplicado en Alemania, Bolivia y Perú y explica por qué cada economía respondió de manera distinta; luego, la caja de conversión en Argentina, su éxito inicial y abandono final; revisa la experiencia de la dolarización y analiza cómo un cambio de moneda "no cosmético" puede doblegar una inflación alta, usando a Brasil como caso de estudio.

El capítulo 12 apunta a la Venezuela del futuro que queremos y revisa el estado actual del conocimiento macroeconómico, lo que permitirá explicar cómo se conduce la política macroeconómica moderna y evitar la catástrofe de los últimos 40 años. Hace un breve recuento sobre la evolución de las ideas y cómo los diversos modelos se reconcilian en una teoría única: la "síntesis neoclásica". La discusión sirve de base para estudiar los diferentes tipos de política macroeconómica, enfatizando que las diferencias entre estas son de tipo pragmático y no ideológico. Culmina con los avances recientes que refinan la síntesis neoclásica y gozan de un amplio consenso en los círculos académicos y en los bancos centrales de los países desarrollados. El capítulo 13 continúa con el "trilema": no se pueden alcanzar todos los objetivos macroeconómicos simultáneamente y por lo tanto el Gobierno debe decidir cuál restricción elegir. Continúa explicando la imposibilidad de adoptar una tasa de cambio fija en la Venezuela actual, la conducción de un banco central moderno y la conveniencia de un banco central independiente.

Los siguientes tres capítulos se vuelcan al tema petrolero. El capítulo 14 estudia la formación y funcionamiento del mercado petrolero durante el siglo XX, relatando su historia en sus comienzos, la importancia que tenía para la seguridad militar y los conflictos diplomáticos que causó entre Alemania, los Estados Unidos, Francia, el Reino Unido, Rusia y el empresario armenio Calouste Gulbenkian. Narra cómo la búsqueda de agua concluyó con el descubrimiento de petróleo en Bahréin y Arabia Saudita y cómo el petróleo rescató la economía de perlas de Kuwait. Relata la "primera" historia del petróleo mexicano y culmina con la del petróleo de Venezuela en sus comienzos. El capítulo 15 analiza la política petrolera después de la muerte de Gómez y cómo el escenario mundial facilita la ley del *fifty-fifty*. Termina con una reseña de tres personajes: Juan Pablo Pérez Alfonzo, el jeque Abdullah Tariki y Wanda Jablonski.

El capítulo 16 narra cómo una decisión del presidente de la Standard Oil Company of New Jersey, Monroe J. Rathbone, condujo a la creación de la OPEP, el papel de Wanda Jablonski y el trabajo de Pérez Alfonzo y Tariki. Analiza la poca efectividad de la OPEP en sus primeros años y la importancia que adquiere posteriormente. Examina cómo la guerra de los Seis Días conduce a una ola de nacionalizaciones que cambia completamente la estructura del mercado petrolero, y cuestiona la política petrolera después de la nacionalización, diferenciando entre la implementada durante la democracia y durante el chavismo.

El capítulo 17 estudia la política industrial en Venezuela y algunas explicaciones ofrecidas a su desempeño: la enfermedad holandesa, la maldición del petróleo y un desproporcionado tamaño del Estado. Las estadísticas no apoyan ninguna de estas explicaciones. Culmina analizando las experiencias de las políticas de industrialización basadas en la sustitución de importaciones y aquellas basadas en la libertad de comercio. En particular, se ilustra con el caso chileno y el llamado modelo asiático implementado en Japón y los "dragones" de Corea del Sur, Taiwán, Hong Kong y Singapur. En el caso asiático, aunque hubo elementos comunes, también hubo diferencias importantes; no obstante, todos tuvieron un éxito extraordinario. La variedad de estos procesos arroja importantes lecciones para una estrategia de industrialización apropiada y exitosa en Venezuela. Basado en el análisis de los capítulos previos, el capítulo 18 expresa algunas reflexiones que nos hacen concluir que Venezuela puede salir de la ruina en que se encuentra y retornar a la senda del desarrollo si las políticas correctas son implementadas.

Finalmente, quiero expresar mi agradecimiento con muchos colegas y amigos de quienes he recibido apoyo en el proceso de escribir este libro. En particular, debo expresar mi gratitud con Humberto Celli Gerbasi, de quien he aprendido mucho sobre el mundo de la política y con quien he tenido conversaciones a lo largo de varios años que me han hecho ver la ausencia de un análisis extenso, profundo y técnico sobre el derrumbe de la economía y la democracia en Venezuela, la gravedad de su situación social y, más grave aún, la escasez de propuestas que aborden sus problemas y soluciones fundamentales con una visión global, de Estado. También estoy muy agradecido con Omar Barboza y Atilio Maldonado, quienes han dedicado parte de su tiempo en conversaciones fructíferas sobre los problemas de Venezuela, por su apoyo y su fe en mi capacidad para escribir un trabajo de esta naturaleza. Fue ese estímulo lo que finalmente me hizo decidir a escribir este libro. Tengo una deuda especial con Moisés Bitán, Isabel Massín y Juan Carlos Zerpa por su apoyo permanente, de muchos años, para que este proyecto se hiciera realidad, por las amplias y extensas conversaciones que hemos tenido por años y que me han ayudado a enriquecer mis ideas, por su compañía en los momentos de éxito y su apoyo incondicional y permanente en tiempos de aflicción. Estoy en deuda con Johan Perozo y Carlos Emilio Aguilar quienes ayudaron a que este proyecto viera luz. Estoy agradecido con Nélida Peraza de Saade por haber leído, revisado y editado todo el manuscrito original. También expreso mi gratitud con Celina Áñez, Marjuly Bravo, Virginia Celli, María Cristina Nieves, Elvira Pérez, María Eugenia Rodríguez, Carlos Rojas Malpica y Baldomero Vásquez por tomarse el tiempo de leer algunos capítulos y hacer observaciones importantes. Gracias a Ramón Pineda, Ramón Pérez Linares y Pedro Vargas por dedicar parte de su tiempo a escuchar mis ideas y permitirme compartirlas con el público.

Por último, estoy en deuda con quien ha sido mi compañera de vida, Ysbel Nayibe, y con mi hija Estefanía, quienes han soportado los inconvenientes familiares que ha ocasionado la realización de esta obra. Cualquier error y consecuencia sobre el contenido de este trabajo son de la exclusiva responsabilidad del autor.

1
La democracia se hizo el *harakiri*

El día de la infamia

Hora "H", día "D", 12 de la noche del 3 de febrero de 1992, un grupo de oficiales medios del Ejército agrupados en el Movimiento Revolucionario 200 se sienten inspirados para salvar la patria. Su plan: derrocar al Gobierno democráticamente electo del presidente Carlos Andrés Pérez. El jefe de la insurrección es el teniente coronel Hugo Chávez Frías. Los rebeldes se plantean tres objetivos. Primero, asesinar al presidente Pérez en el Aeropuerto de Maiquetía a su regreso de la reunión anual del Foro Económico Mundial. También se proponían asesinar a Humberto Celli Gerbasi y a Eduardo Fernández, secretarios generales de los dos principales partidos políticos, Acción Democrática y Copei, respectivamente. Segundo, capturar las guarniciones de Caracas, Maracaibo, Valencia, Maracay y San Juan de los Morros para luego ocupar la capital. Tercero, tomar Venezolana de Televisión y las estaciones de radio regionales para arengar a la población y las demás guarniciones a unirse a la rebelión. A pesar de los alertas de los cuerpos de inteligencia, el Alto Mando Militar y la dirigencia política nunca tomaron la intentona en serio [Carratú 2012].

La noche del 2 febrero, el plan es develado por el capitán René Gimón Álvarez; el Alto Mando Militar reacciona reforzando la seguridad en Caracas y sus alrededores; esto impide que los sediciosos intenten tomar el aeropuerto. La noche del 3 de febrero, el ministro de Defensa Fernando Ochoa Antich y el ministro del Interior Virgilio Ávila Vivas reciben al presidente en el aeropuerto y le informan de la situación. El presidente los cita a su oficina el siguiente día, pero esa misma noche comienza la insurrección. Una rebelión en el Fuerte Mara es fácilmente controlada. En Maracaibo, el teniente coronel Francisco Arias Cárdenas toma el Cuartel Libertador, detiene al gobernador Oswaldo Álvarez Paz y sale a recorrer la ciudad; en el ínterin, el general Richard Salazar persuade a los alzados que permanecían en el cuartel de rendirse; cuando Arias retorna, se entrega sin pelear [Ochoa 2007; Reportzulia Noticias 2011].

Tal como lo tenían planeado, los facciosos toman la Brigada Blindada de Valencia y la Guarnición de Maracay y se dirigen a la capital. Una vez en Caracas, el teniente coronel Yoel Acosta Chirinos ocupa la Base Francisco de Miranda y el Comando General de la Aviación; el Regimiento Codazzi asalta el Ministerio de la Defensa y la Comandancia General del Ejército; la compañía de paracaidistas asalta la Comandancia General de la Armada y el capitán Miguel Rodríguez Torres ataca La Casona. En Tazón, el coronel Norberto Villalobos bloquea la entrada a Caracas con 40 gandolas que impiden el acceso de la Brigada Blindada a la ciudad. Luego de varias horas de combate, los insurrectos se rinden.

Entretanto, los capitanes Ronald Blanco La Cruz, José Vielma Mora y Antonio Rojas Suárez, al mando de 40 soldados, entran al Palacio Presidencial de Miraflores luego de romper las rejas de la entrada con dos tanques, produciéndose un combate de 15 minutos con el saldo de varios heridos, entre ellos, quienes comandaban el asalto, Blanco La Cruz y Rojas Suárez. Los sublevados abandonan el palacio, aunque lo mantienen rodeado. No obstante, el presidente Pérez burla el cerco y se dirige a Venevisión, desde donde transmite mensajes a la población cada 5 minutos, llamando a los rebeldes a deponer las armas [Carratú 2012].

Al llegar a Caracas, en vez de reforzar la toma de Miraflores como estaba planeado, Hugo Chávez se dirige al Museo Militar, donde permanece con el rostro pálido observando los acontecimientos y sin tomar decisiones. Dos horas más tarde se rinde. Una vez detenido, el ministro Ochoa Antich le permite a Chávez aparecer en vivo por televisión dando un corto pero contundente discurso en el que asume la responsabilidad de la intentona, llama a los demás insurgentes a rendirse y anuncia que "por ahora" pospondrán sus planes subversivos. La intentona había causado la muerte injustificada de 35 jóvenes soldados que fueron llevados engañados a participar en una rebelión [diario *Versión Final* 2011, p. 9; Yánez 2006; Carratú 2012; Giusti y Hernández 2012].

Esa misma mañana, mientras el Gobierno recibía la solidaridad de gobiernos extranjeros y de las distintas instituciones del país, el expresidente y senador vitalicio Rafael Caldera, fundador de Copei, el partido que se había alternado con Acción Democrática en el poder durante los 35 años previos, inesperadamente justifica la intentona. Caldera cuestiona la intención de los golpistas de asesinar al presidente, acusa a la dirigencia política de no asumir su verdadero rol y afirma que no sentía en el pueblo "la misma reacción entusiasta, decidida y fervorosa por la defensa de la democracia", y que era "...difícil pedirle al pueblo que se inmole por la libertad y por la democracia, cuando piensa que la libertad y la democracia no son capaces de darle de comer", y que "la democracia no puede existir si los pueblos no comen". El mensaje es directo. Caldera cuestiona la democracia como sistema político.

De repente se alborotan los viejos fantasmas del militarismo, la guerrilla marxista y los herederos del gomecismo y comienza una campaña desestabilizadora con denuncias de corrupción, muchas veces exageradas y sin pruebas, para desacreditar a los partidos políticos. En esa campaña participan algunos medios de comunicación, los llamados "Notables" y figuras influyentes como José Vicente Rangel y el fiscal general Ramón Escovar Salom. Los partidos democráticos, con una miopía impresionante, en vez de defender la democracia, se sumergen en peleas internas y en desacreditar al presidente Carlos Andrés Pérez. En la calle, la izquierda radical organiza marchas, protestas violentas y cacerolazos para crear un ambiente de malestar social que justifique un nuevo alzamiento.

En los cuarteles, los contralmirantes Hernán Grüber Odremán y Luis Cabrera Aguirre y el general de la aviación Efraín Visconti Osorio planean una nueva insurrección. El 27 de noviembre a las 2:30 am se sublevan las bases aéreas Libertador y Mariscal Sucre en Maracay y la base Francisco de Miranda en Caracas. Al mismo tiempo, un grupo de insurgentes asalta Venezolana de Televisión, donde asesinan a mansalva y por la espalda a los vigilantes del canal que ya estaban rendidos, amarrados y acostados bocabajo en el piso. Pronto los alzados empezarían a tener problemas. Un intento de asaltar la cárcel de Yare fracasa y los oficiales de la Infantería de Marina comprometidos habían sido detenidos en la madrugada y no se pudieron alzar. Como el Ejército y la Guardia Nacional permanecieron leales al Gobierno, los golpistas no contaron con tropas de tierra. Desde Maracay, los insurgentes despegan en dos aviones F-5 y comienzan a arrojar bombas indiscriminadamente sobre Caracas. No obstante, dos F-16 leales al Gobierno despegan de Barquisimeto, derriban a un F-5 y obligan al otro a retirarse. Luego de un severo combate, ante la superioridad del Ejército, los sublevados se rinden. La intentona termina con un saldo de más de 200 muertos.

La seguridad de Estado es imputada

Lo que no lograron los militares por la fuerza, lo lograrían los civiles violentando la legalidad. En 1989, el presidente Pérez transfiere a la partida de seguridad del Estado, del Ministerio de Relaciones Interiores, 250 millones de bolívares desde una partida para gastos no previstos, que podía usar a su criterio previa aprobación del Consejo de Ministros, para comprar 17 millones de dólares. El objetivo era financiar la seguridad y evitar el asesinato de la nueva presidenta de Nicaragua, Violeta Chamorro, quien temía por su vida luego de ganarle las elecciones al partido sandinista, de orientación marxista. A pesar de su carácter secreto, la transacción se descubre y el fiscal general acusa al presidente de malversación de fondos y peculado. El Gobierno se justifica argumentando que Centroamérica es una zona neurálgica y que la paz en la región contribuye a la seguridad interna del país. La Fiscalía argumenta que la transferencia debió realizarse al Ministerio de Relaciones Exteriores por ser un asunto de política exterior. La diferencia entre ambas posiciones residía en el filo de una navaja, en la interpretación del término "seguridad de Estado". Mientras tanto, la oposición y algunos medios de comunicación emprenden una fuerte campaña para crear una imagen de culpabilidad del presidente y presionan por la destitución de algunos magistrados de la Corte Suprema de Justicia. El partido de gobierno, Acción Democrática, mantiene una complicidad silente. El 2 de mayo de 1993, la corte anuncia que hay méritos para enjuiciar al presidente y lo suspende de su cargo. Ese día se decidió la suerte de la democracia venezolana.

El juicio estuvo muy viciado. La corte permite al fiscal Escovar Salom ser simultáneamente acusador y parte de buena fe. Al presidente Pérez se le niega el derecho a la defensa; esa irregularidad la sustenta la magistrada Hildegard Rondón de Sansó en su voto salvado. El presidente Pérez es destituido de la presidencia sin una sentencia definitiva, tal como establecía la ley. La corte pretende forzar al presidente y sus ministros a revelar el uso de los fondos secretos, a pesar de que la ley lo prohíbe. Aunque todo esto revela el carácter político del proceso, lo grave del juicio es que les daba la razón a los militares golpistas ante la opinión pública, que argumentaban que la democracia estaba corroída por la corrupción y que la solución era la destitución del presidente Pérez y el reemplazo del régimen democrático. El 30 de mayo de 1993, el expresidente Pérez es condenado a dos años y cuatro meses de arresto domiciliario por malversación de fondos y es absuelto del cargo de peculado, del que ninguna prueba sólida fue presentada. Octavio Lepage asume la presidencia por 15 días hasta que el Congreso designa a Ramón J. Velásquez como presidente provisional hasta el final del período presidencial.

El espíritu antidemocracia permanece en las elecciones de 1993. Acción Democrática postula a Claudio Fermín y Copei a Oswaldo Álvarez Paz. Ambos proponen reformas, pero defienden la capacidad de la democracia para resolver los problemas del país. El partido Causa

R presenta a Andrés Velásquez. Rafael Caldera divide a Copei y recibe el apoyo del MAS y una coalición de pequeños partidos de izquierda. Caldera y Velásquez cuestionan duramente la capacidad de la democracia para resolver los problemas fundamentales y se presentan a sí mismos como los grandes reformadores que el país necesita. Rafael Caldera es electo presidente con 30,5% de los votos.

Con un apoyo débil en el Congreso, Caldera busca el apoyo de Luis Alfaro Ucero, líder de Acción Democrática; a cambio, Caldera apoyaría la candidatura presidencial de Alfaro para las siguientes elecciones. Por otra parte, a pesar de que los militares insurrectos nunca se pusieron a derecho ni manifestaron su intención de participar en la vida democrática, Caldera sobresee sus causas buscando neutralizar sin éxito a los sectores golpistas y calmar el ambiente de desestabilización política existente.

El Gobierno de Caldera comienza en 1994 con una crisis financiera, una fuerte devaluación y la quiebra de un tercio de la banca privada. Su política económica populista conduce a una nueva crisis cambiaria en 1997 que lo obliga a firmar un acuerdo con el Fondo Monetario Internacional y a implementar un programa de estabilización macroeconómica muy similar al que tanto le había criticado a Carlos Andrés Pérez. Para 1998, el Gobierno estaba muy descreditado y los partidos políticos desprestigiados, desarticulados y sin una oferta económica y social que ofrecer. La candidatura de Alfaro Ucero, apoyada por Acción Democrática y el Gobierno, nunca superó el 3%. Irene Sáez, una carismática ex Miss Universo, se presenta inicialmente como favorita, pero su candidatura se desinfla. En ese ámbito, Luis Miquilena, un viejo militante de izquierda que había pertenecido a los llamados "comunistas negros" que no se opusieron a la dictadura de Pérez Jiménez sino durante sus últimos meses, convence a Hugo Chávez de abandonar la vía subversiva e intentar la vía electoral. Con el apoyo de grupos militaristas, el Movimiento al Socialismo, la izquierda marxista y algunos grupos conservadores, Chávez presenta su candidatura criticando a los partidos políticos y promete "refundar" el sistema democrático, respetar el derecho de propiedad, estimular la inversión extranjera y gobernar por un solo período electoral. Las elecciones de 1998 transcurren en una disyuntiva entre una promesa de reforma social propuesta por Chávez y el miedo a una opción no democrática de los demás grupos; esta última opción fue capitalizada por Henrique Salas Römer, un candidato independiente, sin carisma, que había hecho una gestión popular como gobernador del estado Carabobo. El 6 de diciembre de 1998,

Hugo Chávez es electo presidente con el 56,2% de los votos. La democracia venezolana se había hecho el *harakiri*.

La oferta revolucionaria

En 1936, John Maynard Keynes afirma que "las ideas de los economistas y de los filósofos políticos, sean correctas o equivocadas, son más poderosas de lo que comúnmente se cree. En efecto, el mundo está gobernado por poco más que esto. Los hombres de acción, que creen estar bastante exentos de cualquier influencia intelectual, son usualmente esclavos de algún economista difunto. Los locos con poder, que oyen voces en el aire, destilan su frenesí de algún escritorzuelo académico de hace algunos años. Estoy seguro de que el poder de los intereses creados es enormemente exagerado en comparación con la intrusión gradual de las ideas. No es, en efecto, de inmediato, sino después de cierto intervalo; porque en la filosofía económica y política no hay muchos mayores de veinticinco o treinta años de edad que estén influenciados por las nuevas teorías, de forma que las ideas que los funcionarios públicos y los políticos e incluso los agitadores aplican a los acontecimientos actuales probablemente no sean las más recientes. Pero, tarde o temprano, son las ideas, no los intereses creados, las que son peligrosas para bien o para mal" [Keynes 1936]. Esta cita describe muy bien a la Venezuela del siglo XXI. ¿Qué filósofo o economista difunto estaba detrás de los insurrectos? ¿Qué argumentaban para sublevarse? Los insurrectos reiteradamente expresaron que la asonada estuvo motivada por:

1. la corrupción de los altos mandos militares;
2. la mala gestión del Gobierno del presidente Carlos Andrés Pérez;
3. la entrega de soberanía venezolana a Colombia en el Golfo de Venezuela;
4. la represión de los disturbios del 27 de febrero de 1989;
5. el empleo de efectivos militares en programas sociales;
6. el deterioro de las condiciones socioeconómicas de los miembros de las Fuerzas Armadas venezolanas; y
7. la subordinación de las Fuerzas Armadas a un liderazgo civil corrupto.

Legalmente, los golpistas justifican la intentona con una interpretación muy sui géneris del artículo 132 de la Constitución Nacional, según el cual las Fuerzas Armadas debían "asegurar la defensa nacional, la estabilidad de las instituciones democráticas y el respeto a la

Constitución y a las leyes", pero en Venezuela no había una amenaza a la seguridad nacional, había una tradición democrática de 34 años y un Estado de derecho que se manifestaba en la independencia de poderes. Los insurrectos se erigen en voceros de las Fuerzas Armadas, siendo ellos oficiales de rango medio. Si la razón era la mala gestión de Carlos Andrés Pérez, apenas faltaba un año para las elecciones. El problema limítrofe con Colombia no había sido discutido en una década. La represión durante los disturbios del 27 de febrero de 1989 fue realizada por militares de rango medio, es decir, la generación de Chávez. Excusar una insurrección militar para tener salarios más altos, pero solo para las Fuerzas Armadas, es indigno, y la corrupción se combate con transparencia y no con rebeliones.

Empero, esas razones eran simples excusas, los militares golpistas habían estado preparando la conspiración durante 20 años. ¿Por qué se alzan? Su proyecto está escrito en el "Árbol de las tres raíces", un documento que contiene ideas que rondaban en Europa Central hace un par de siglos y que dieron fundamento al nacionalismo alemán y las ideologías totalitarias del siglo XX [Chávez 1980]. En realidad, el origen de estas ideas está bastante más lejos, en la antigua Grecia, cuando Platón plantea la teleología, un enfoque filosófico según el cual todo lo que existe, en particular el hombre, tiene un objetivo final. Estas ideas fenecen con la antigua Grecia y reaparecen brevemente en el siglo I a. C. con los neoplatónicos para desaparecer nuevamente por diez siglos y retornar a Europa en la Edad Media [Noguera 2015].

Descartes rechaza la teleología preguntándose cómo puede saber una piedra su "misión" si las piedras no piensan, y en su lugar propone el racionalismo. Francis Bacon y John Locke proponen el empirismo como método para adquirir el conocimiento. Estas nuevas corrientes filosóficas hacen posible la Revolución científica del siglo XVII y el surgimiento del liberalismo, lo que conduce al Siglo de la Ilustración, el cuestionamiento de la legitimidad de la monarquía y su reemplazo por una república. Todo esto prepara el escenario para la Revolución francesa.

Durante el siglo XVIII emerge en las artes, la música y la literatura el Romanticismo, un movimiento que busca liberar al espíritu y la creatividad de la rigidez del pensamiento lógico. De allí desciende el historicismo alemán, un enfoque según el cual el individuo no siempre toma la mejor decisión y debe anteponer el interés social al interés personal. El historicismo afirma que, a diferencia de la física, no existen leyes naturales en las ciencias sociales y por lo tanto niega la ley de la oferta y la demanda. También rechaza la deducción como método para descubrir leyes económicas. Según los historicistas, todo en la sociedad evoluciona de acuerdo a las condiciones históricas y geográficas, y distintas sociedades tienen distintos patrones de comportamiento; por ende, los historicistas estudian las regularidades de la historia de cada pueblo para encontrar dichos patrones, aunque enfatizan que esos patrones no constituyen leyes de la naturaleza.

En la primera mitad del siglo XIX, las ideas liberales estaban siendo perseguidas y censuradas en las monarquías absolutas de Alemania, Austria y Rusia. Alemania adopta el historicismo como doctrina oficial y convierte a Georg W. F. Hegel en una especie de filósofo oficial de Alemania. Hegel cambia el significado de la palabra "dialéctica" para referirse a un proceso en el cual las ideas evolucionan como consecuencia de contradicciones inherentes: al comienzo existe una idea o tesis que contiene una contradicción inherente a la cual llama antítesis; luego la tesis y la antítesis se reconcilian en una síntesis que da origen a una nueva tesis. Según Hegel, la sociedad evoluciona dialécticamente y por ende la historia puede reconstruirse usando la lógica, sin hacer uso de la evidencia arqueológica o estadística. Así, el presente encuentra su explicación en el pasado y el futuro en el presente. Allí está el elemento teleológico.

Según Hegel, como las familias se necesitan unas a otras para satisfacer sus necesidades, la felicidad de cada uno se entrelaza con la de los demás, lo que obliga a crear leyes que beneficien a todos y por ende a la constitución del Estado, el cual basa su existencia en las costumbres de cada sociedad. Por ende, el Estado es el espíritu ético donde el individuo, la familia y la sociedad encuentran su completa libertad. De esta forma, la concepción hegeliana justifica la existencia de un Estado fuerte que a su vez justifica la monarquía absoluta. Posteriormente, estas ideas se convierten en el soporte filosófico del marxismo y los movimientos nacionalistas del siglo XX, entre ellos el nazismo, el fascismo y el militarismo.

¿Qué tiene que ver Hugo Chávez con esta historia decimonónica? La respuesta es "todo". El nexo ideológico con el "Árbol de las tres raíces" es directo. El documento comienza afirmando que el siglo XX fue un "siglo perdido" y que esa es la razón para promover "cambios profundos". Esta fuerte afirmación no consigue sustento en las estadísticas. Según el Maddison Historical Database, entre 1900 y el año de las intentonas, el ingreso per cápita en Venezuela, calculado a precios de 2013, aumentó de 1.643 a 16.712 dólares americanos, 917% en 92 años, o 2,66% anual en promedio. Esta es una cifra muy alta si se compara, por ejemplo, con la tasa de crecimiento histórica de 2,1% de los Estados Unidos. Un progreso similar ocurre en los sectores salud, educación, infraestructura y otros.

El documento busca soporte en el pensamiento de Simón Bolívar, Simón Rodríguez y Ezequiel Zamora. Lo disonante es que ni Bolívar ni Rodríguez eran historicistas y menos aún marxistas, sino hombres de la Ilustración que proponían una república liberal. Ezequiel Zamora tenía como bandera instaurar un Estado liberal y federal, que es lo opuesto a lo que los insurrectos de 1992 planteaban. Entonces, ¿cuál es el papel de estos tres personajes históricos? Ellos son necesarios porque fundamentan el enfoque teleológico, historicista y hegeliano del chavismo. En el último capítulo, el documento afirma que "en el pensamiento bolivariano ocupa lugar relevante una visión *teleológica, es decir de largo alcance, cuyo enfoque* trasciende el tiempo y *se ubica en el fin último* de conquistar un modelo de sociedad distinto al entonces existente". También propone construir en "veinte años" una sociedad en la que prive la felicidad del hombre, aunque sin sugerir algún objetivo concreto, y plantea la creación de un "modelo de sociedad original" y un "modo de vida solidario" en lo económico, ideológico y político.

Al igual que los historicistas, el "Árbol de las tres raíces" afirma que la historia de cada pueblo es única y por ende en ella se encuentra el camino al desarrollo. Aquí yace la importancia de los personajes históricos. Como no aceptan la existencia de leyes que expliquen el comportamiento de la sociedad, resulta equivocado tomar modelos y aprender experiencias de otros países, incluso de la propia Venezuela. Por ende, la estrategia de desarrollo se debe basar en el "ensayo y error hasta acertar en una de ellas", y por ende "originales han de ser las instituciones y su Gobierno. Y originales los medios de fundar unas y otros", para luego concluir que el "modelo desde su génesis hasta su desarrollo... obedece a la misma disyuntiva de inventar nuevas instituciones... o de errar el camino". Finalmente, el documento propone convocar a una asamblea constituyente que apruebe una nueva Constitución. La falla crucial del "Árbol de las tres raíces" es que, al no plantear ningún objetivo ni estrategia concreta, era un salto al vacío.

De la prodigalidad a la debacle

¿Cuál es el balance de la revolución chavista luego de 18 años en el poder? Indaguemos cuánto gana un venezolano después de una década y media de gobierno chavista. ¿Cómo ha evolucionado el ingreso per cápita? ¿Fue posible hacer un trabajo mejor? Comencemos por saber cuánto produce el país, es decir, cuál es su producto interno bruto (PIB). Entre el último año de la era prechavista (1998) y 2015, según las estadísticas oficiales del Banco Central de Venezuela (BCV), el PIB en Venezuela aumentó de 42 a 56 millardos de bolívares a precios de 1997, es decir, creció a una tasa interanual promedio de 1,7%. A primera vista se podría pensar que la economía ha mejorado, pero esta impresión es errónea. Según el Instituto Nacional de Estadísticas (INE), la población creció a una tasa interanual de 1,6% durante el mismo período. Como la mayor producción debe también alimentar, vestir y proveer de bienes y servicios a una mayor población, al substraer ambas cifras tenemos que el ingreso per cápita creció a la exigua tasa de 0,1% interanual en esos años. Esta tasa, no obstante, sobrestima el cambio en el bienestar del venezolano. Los países más avanzados crecen principalmente por el desarrollo tecnológico, el cual avanza mejorando los productos existentes y creando otros nuevos como ha ocurrido con internet, nuevas medicinas, la telefonía celular, etc. En consecuencia, si Venezuela aspira algún día a convertirse en un país desarrollado, debe crecer a una tasa superior a la de los países desarrollados. En la literatura económica es común usar como medida de referencia la tasa de 2,1%, que es la tasa de crecimiento interanual de la economía de los Estados Unidos durante los últimos 150 años. Sustrayendo ambas cifras, se observa que Venezuela se ha alejado del mundo desarrollado a una tasa de 2% interanual, es decir, un 40% entre 1998 y 2015. En otras palabras, Venezuela se ha ido progresivamente alejando del desarrollo. Aunque el Gobierno no ha emitido cifras oficiales desde 2015, estimaciones del Banco Mundial afirman que en 2016 y 2017, la producción en Venezuela disminuyó entre -9,6% y -3,3%, respectivamente. Esto indicaría que en tres años Venezuela habría disminuido más de un tercio de su ingreso.

¿A qué se debe el pobre desempeño de Venezuela? ¿Es consecuencia de un problema regional o es algo específico del país? Entre 1999 y 2017, según cifras del Banco Mundial, Venezuela registra el crecimiento económico más bajo de Latinoamérica, después de la pobre Haití. Esto ilustra el exiguo desempeño económico de la Venezuela chavista, que alarma más cuando se observa el *boom* sin precedentes en el mercado petrolero de esos años. Según la OPEP, el marcador Brent, por ejemplo, aumentó de 12,71 dólares por barril en 1998 a un máximo de 111,62 dólares en 2012; en 2014, todavía registraba un precio de 99,08 dólares.

¿Sobre cuáles industrias ha recaído el peso del declive de Venezuela? Las actividades más importantes del país han sido tradicionalmente agricultura, manufactura y petróleo. La agricultura está en ruinas. Tal es su agonía que el BCV eliminó la actividad "agricultura" del informe "Producto interno bruto por clase de actividad económica", que en 1998 representaba 4,1% de la producción nacional, y la incluye como una producción marginal dentro de la actividad "resto", en conjunto con actividades diversas. Esta estrepitosa caída ha sido consecuencia principalmente de una política de expropiación de tierras altamente productivas que usualmente terminaron en simples confiscaciones.

Según el BCV, la actividad minera ha caído persistentemente a una tasa promedio de -2,3% entre 1998 y 2014, último año reportado. En promedio, la manufactura tuvo crecimiento cero durante el mismo período. Sectores muy importantes como el de suministro de electricidad y agua están en estado crítico. Pocos años después de expropiar las empresas de electricidad, el sector se ha deteriorado de tal forma que el Gobierno actualmente raciona los horarios de trabajo de las distintas empresas, obliga a centros comerciales, hoteles y otros sectores del comercio a tener sus propias plantas generadoras de electricidad, a las familias a sufrir apagones diarios en sus hogares y a decretar no laborables los días viernes para poder ahorrar algo de energía.

Con el objeto de ahorrar electricidad para otros usos, el decreto número 373.757 del presidente Chávez de diciembre de 2009 ordena a la empresa de acero Sidor ajustar a 300 megavatios la energía eléctrica utilizada para sus operaciones [Aporrea 2009]. Para poder cumplir con el decreto de ahorro de energía, Sidor, la cual había sido expropiada, debió cerrar con pérdidas millonarias.

El crecimiento económico se concentra principalmente en las actividades de comunicaciones, comercio y finanzas, creciendo a una tasa promedio de 10% para ese período. ¿Qué explica esta disparidad? Las comunicaciones se han beneficiado enormemente de la expansión de internet y las tecnologías de la información. En el sector financiero, la banca se ha favorecido por la dinámica impuesta por el Gobierno. Como el inmenso ingreso petrolero que recibe la petrolera estatal Pdvsa se transfiere al fisco vía impuestos, ese dinero es depositado en los bancos una vez que el Gobierno lo gasta; los bancos posteriormente lo prestan a privados o al mismo Gobierno. Estos recursos, no obstante, no han permitido motorizar el desarrollo del país sino que se han dirigido a aumentar las importaciones, lo cual ha beneficiado al comerciante importador.

La actividad más importante de la economía es el petróleo. La mayor parte de su producción se exporta y se cobra en dólares, los cuales son posteriormente vendidos al Banco Central a cambio de bolívares. ¿Qué representa el petróleo para la economía? Venezuela depende del petróleo de tres formas. Primero, el aporte de Pdvsa al fisco. Segundo, el aporte de la producción de petróleo al PIB, y, por último, el peso que tiene en las exportaciones y, por ende, en la oferta de dólares para las importaciones.

Entre 1998 y 2014, según el BCV, la actividad petrolera disminuyó en promedio -1,3% cada año; eso significa una caída de -2,9% interanual per cápita. Según la OPEP, la producción petrolera entre 1998 y 2016 se redujo de 3,12 a 2,37 millones de barriles diarios y las exportaciones de petróleo de 2,24 a 1,83 millones de barriles diarios, una tasa de crecimiento interanual de -1,12%, lo que hace un total de -18,3% en 18 años, y la producción sigue cayendo [Annual Statistical Bulletin 2017, OPEP]. Este declive se debe fundamentalmente a la mala administración de la empresa de petróleo estatal, Pdvsa, y a una política petrolera equivocada, de la cual hablaremos en capítulos posteriores. Esto ha causado asimismo una disminución en las exportaciones petroleras, lo cual se agrava al considerar que una importante porción que antes se exportaba a cambio de divisas, ahora se destina al consumo interno de combustibles, especialmente gasolina, la cual se vende a precios insignificantes (casi gratis) y por debajo de su costo, ocasionando una gran demanda y un gran despilfarro. Cuando esto se escribe, un litro de gasolina cuesta alrededor de 0,001 centavos de dólar; por ende, un tanque de gasolina de 30 litros, la capacidad usual de un automóvil pequeño, puede llenarse con unos 0,03 centavos de dólar. Llenar ese mismo tanque en el exterior costaría unos 50 dólares. En otras palabras, el subsidio a la gasolina significa que al consumidor venezolano se le "regalan" 49,97 dólares en gasolina que se pueden utilizar en adquirir comida, medicinas y otros productos importados.

A ese panorama hay que agregar las "ventas" de petróleo a países de Centroamérica y el Caribe, que en 2012, por ejemplo, fueron de 283.100 barriles diarios a precios y condiciones de pago especiales[1]. Según cifras de la OPEP y la CIA World Fact Book, en el caso de Cuba, el convenio implica un cobro en servicios (médicos, por ejemplo), pero en la práctica es simplemente un subsidio a la isla. A un precio promedio de 90 dólares por barril, el subsidio a Cuba alcanzó una cifra aproximada de 9.300 millardos de dólares anuales en 2014. Adicionalmente, en 2012,

---

1   Los países beneficiados con este subsidio son Cuba, República Dominicana, Trinidad y Tobago, Jamaica, El Salvador, Nicaragua, Haití, Barbados, Belice, Antigua y Barbuda, Santa Lucía, Granada y San Cristóbal y Nieves.

Venezuela exportó unos 640 mil barriles diarios de petróleo a China, por los cuales –una porción importante– no se recibe pago alguno por haber sido ventas a futuro de años anteriores. China pagó hace varios años ese petróleo a precios muy bajos; una parte de ese dinero la utilizó Hugo Chávez para "financiar" la revolución y otra parte se extravió en los caminos de la corrupción [*Dinero* 2012]. Aunque no hay cifras oficiales, en conjunto, eso significa que para 2012 las exportaciones petroleras por las que Venezuela recibe pagos deben estar en un rango de entre 1,5 y 2,0 millones de barriles diarios de petróleo. Actualmente la situación está aún más deteriorada.

Otras causas importantes del declive económico han sido la inestabilidad monetaria, el cuestionamiento al derecho de propiedad y la corrupción. La inflación representa un riesgo importante para las empresas por la incertidumbre que causa sobre los precios de compraventa y, por ende, sobre las ganancias, lo que aumenta el riesgo de la inversión. Para protegerse del riesgo, las empresas prefieren invertir en otros países o en empresas locales de alto riesgo que les puedan reportar altos beneficios. Actualmente, Venezuela es el país con la mayor tasa de inflación en el mundo; eso espanta las inversiones. El Banco Central de Venezuela reportó una tasa de inflación de 180,9% en 2015. El Fondo Monetario Internacional estima una inflación en 2016 y 2017 superior a 600% y de varios miles en 2018. El país con la segunda mayor tasa de inflación en ese mismo año es Ucrania, con 49%.

Pero la inflación no es el único riesgo monetario. En 2004, luego de la crisis política de 2002 y 2003, el Gobierno impuso un férreo control de cambio, de acuerdo al cual las personas y las empresas solo pueden legalmente comprarle y venderle dólares al Gobierno. Para ello requieren una autorización de una oficina gubernamental. Estos controles aumentan el riesgo de la inversión de dos formas. La alta inflación a una tasa de cambio fija hace que los precios de los productos venezolanos se encarezcan rápidamente con respecto a los productos importados, perdiendo competitividad, estimulando las importaciones y desestimulando la producción local. Por su parte, el control de cambios significa que las empresas corren el riesgo de no poder comprar los insumos o recobrar su inversión en dólares si el Gobierno no aprueba la compraventa de divisas.

A los problemas monetarios se añade la falta de libertades económicas, en particular el frágil derecho de propiedad. El índice de libertades económicas de la Fundación Heritage 2017 le asignó 36,3 puntos a Venezuela, el lugar 176 de 178 países, superando solo a Cuba y Corea del

Norte. La baja evaluación de Heritage se debe al control de cambios, el voraz gasto del Gobierno, el alto nivel de corrupción, las pocas opciones para invertir y trabajar, las regulaciones gubernamentales con criterios políticos, el débil Estado de derecho, en particular de la administración de justicia, y la poca protección a la propiedad privada. En efecto, el sistema judicial es disfuncional y está totalmente controlado por el Poder Ejecutivo. La dirigencia política del Gobierno actúa con absoluta impunidad. La economía formal, casi en su totalidad, realiza una parte importante de su compraventa de divisas en un gran mercado negro.

Los indicadores de desarrollo del Banco Mundial muestran a Venezuela como uno de los países que ofrece menos facilidades a sus empresas para hacer negocios, y uno de los más ineficientes en servicios, régimen aduanero, servicios logísticos, protección legal, tiempo requerido para construir un almacén, hacer cumplir un contrato, obtener una conexión de electricidad, registrar un negocio legalmente, completar procedimientos burocráticos y resolver insolvencias en los tribunales. También muestra una pobre infraestructura y una excesiva burocracia para el comercio exterior, el transporte y la administración de puertos, así como muchos días de espera en los puertos, un diseño muy ineficiente en los despachos aduaneros y un pobre desempeño logístico. Todo esto en conjunto hace poco atractivo invertir en Venezuela.

La propiedad privada en Venezuela está protegida por la Constitución y las leyes. *De facto*, no obstante, el chavismo siempre la ha tenido bajo acecho. Las expropiaciones son frecuentes y usualmente son simples confiscaciones arbitrarias, en general motivadas por criterios políticos. En su programa *Aló Presidente* número 360, de junio de 2010, el presidente Chávez afirma que "estamos dispuestos a promover la propiedad privada... siempre y cuando esa propiedad privada vaya en beneficio social. Eso no lo quiere entender la burguesía, no lo entiende ni quiere". En octubre de ese año afirma que "la propiedad privada es perversa cuando degenera en la acumulación egoísta" [Noticias24 2010a].

En el proyecto de reforma constitucional rechazado en el referéndum de 2007, el Gobierno propuso sin éxito legalizar varios tipos de propiedad con el objetivo de minar el derecho de propiedad [Tejero 2010]. No obstante, lo están haciendo con la aprobación de nuevas leyes. Por ejemplo, la Ley Orgánica de Seguridad y Soberanía Alimentaria y la Ley para la Defensa de Personas en el Acceso a Bienes y Servicios de 2008 declaran de "utilidad pública" toda la producción y el comercio de alimentos, y la Ley de Tierras Urbanas declara de "utilidad pública" todo terreno urbano que, a juicio del Gobierno, esté sin uso. Al "ser de utilidad pública", un requisito legal para expropiar cualquier propiedad, las empresas del sector de alimentos y los dueños de terrenos en las ciudades están en riesgo de ser expropiados a voluntad del Gobierno.

Aunque la corrupción ha sido siempre un mal endémico en Venezuela, el deterioro a los niveles actuales de corrupción en Venezuela no tiene precedentes. El Índice de Percepción de Corrupción de Transparencia Internacional 2016 le otorga a Venezuela una calificación de 17 sobre 100, ubicándola de 166 en una lista de 176 países y como el país de mayor corrupción del hemisferio occidental. El actual régimen usa los recursos públicos para beneficiar a la élite gobernante, hacer propaganda política para el partido de gobierno y comprar la lealtad de los mandos militares. El control de cambios, por ejemplo, ha sido el centro de una inmensa fuente de corrupción. El todopoderoso ex ministro de Economía del chavismo, Jorge Giordani, admitió que durante la gestión de Chávez se entregaron unos 25 mil millones de dólares a empresas que solo existen en el papel [Maduradas 2016]. El informe 2014 de la Fundación Heritage sobre libertades económicas en Venezuela, al referirse al Estado de derecho, afirma: "Si alguna vez ha existido un país donde se pudiera decir que los actores del sistema político nacional han 'perfeccionado' el arte de la corrupción del siglo XXI, ese país sería Venezuela, donde los líderes del Gobierno actúan con completa impunidad. Toda la economía formal actualmente opera como un mercado negro y expertos externos estiman que la verdadera tasa de inflación excede de lejos la reportada oficialmente. El Poder Judicial es disfuncional y está completamente controlado por el Poder Ejecutivo" [The Heritage 2014]. La corrupción abarca todas las instituciones del Estado, desde el desfalco de las finanzas públicas hasta el financiamiento ilegal de movimientos políticos extranjeros, grupos terroristas y milicias armadas, y no se limita al Poder Ejecutivo, sino que está extendida al Poder Judicial, la Fiscalía, el sistema electoral, las policías y las empresas del Estado. Los casos de corrupción no se investigan. Durante la era chavista ha aparecido una nueva élite inmensamente rica ligada al Gobierno, a la cual llaman "boliburguesía".

El régimen de la pobreza

¿Cuánta riqueza dejó de producir Venezuela por la mala administración y las políticas erráticas del Gobierno? ¿Cómo sería su situación si se hubieran implementado políticas sanas? Habíamos visto que el crecimiento en el ingreso per cápita entre 1998 y 2015 fue de apenas 0,1% interanual. Una sencilla simulación nos da una idea. Si la producción de petróleo y las demás industrias hubiera permanecido en su nivel de 1998 durante estos 17 años, lo que hubiera sido un desempeño muy pobre, el *boom* petrolero hubiese ocasionado un aumento en el ingreso per cápita de 53,9% entre 1998 y 2015 y Venezuela hubiera sido el segundo país más rico de la región, después de Chile. Si la producción hubiese crecido 1% cada año, lo cual sigue siendo un desempeño pobre ya que estaría por debajo del crecimiento de su población, el ingreso per cápita hubiera aumentado 96,7% en ese mismo período y Venezuela sería el país más rico de la región, como tradicionalmente lo había sido. Finalmente, supongamos que hubiese crecido al ritmo del desarrollo tecnológico, 2,1%, lo cual hubiera logrado con solo adquirir los avances en ingeniería, medicina y otras áreas. En ese caso, tendría un ingreso per cápita equivalente al de países desarrollados como Bélgica o Canadá. Estas simulaciones nos dan una idea de la oportunidad perdida durante el *boom* petrolero más largo de la historia.

Por otra parte, ¿cómo estaría el país si el precio del petróleo no hubiese aumentado, aplicando las políticas que en efecto se implementaron durante estos años? Los números arrojan que el ingreso per cápita sería de unos 5 mil dólares al año, un nivel similar al de los países más pobres de la región como El Salvador.

La más aguerrida campaña propagandística que emprendió Hugo Chávez fue su éxito en la lucha contra la pobreza, pero ¿qué tan exitosa fue? Después de 18 años de gobiernos de Chávez y Maduro, el régimen muestra el siguiente balance: para febrero de 2016, la canasta alimentaria se ubicó en Bs. 121.975,4, mientras que el salario mínimo se sitúa en Bs. 11.577,81, es decir, se necesitan 10,5 salarios mínimos para poder adquirirla. Por su parte, la canasta básica familiar se ubica en Bs. 176.975,4, es decir, se necesitan 15,3 salarios mínimos para adquirirla. La canasta alimentaria fue diseñada por el INE con el objetivo de medir el costo mensual, al menor precio posible, de una canasta de alimentos que contiene los requerimientos nutricionales necesarios, considerando los hábitos de consumo de una familia típica venezolana. Se usa como referencia para la planificación de políticas sociales tales como establecer el salario mínimo, medir los niveles de pobreza, otorgar subsidios, etc. Por otra parte, la canasta básica familiar incluye, además de la canasta alimentaria, productos de higiene personal, limpieza, salud, etc. Estas canastas están diseñadas para una familia de cinco miembros. El panorama se hace más crítico si se considera que en el cálculo de dichas canastas se usa el precio de los productos regulados, de los cuales hay una severa escasez. Cuando estas líneas se escriben, la diferencia entre los precios de los productos regulados y los del mercado es de 2.260,04%. Estos indicadores no se han publicado desde 2014, a pesar de que es obligación del INE hacerlo, por lo que actualmente son estimados extraoficialmente por el Centro de Documentación y Análisis para los Trabajadores (Cenda) y el Centro de Documentación y Análisis Social de la Federación Venezolana de Maestros.

El salario mínimo lo obtienen los más pobres, pero, ¿cómo le ha ido al sector mejor preparado del país? Indaguemos el sueldo de algunos profesionales que trabajan en el Gobierno. Para marzo de 2016, por ejemplo, según el Contrato Colectivo 2016-18, un docente I, el más bajo en la jerarquía educativa, devengaba un salario básico de Bs. 16.795, y un docente VI, el más alto de la jerarquía, Bs. 24.892, es decir, la canasta básica familiar cuesta 10,4 veces y 7,1 veces el sueldo de un docente I y de un docente VI, respectivamente. A nivel universitario, el sueldo de un profesor titular, el más alto en el escalafón universitario, era de Bs. 36.812, es decir, la canasta familiar es 4,8 veces su sueldo. Esta información es relevante si consideramos que un profesor titular es un académico con doctorado, 20 años de experiencia y un importante récord de publicaciones y contribuciones a la ciencia. Un médico jefe IV, el más alto en el escalafón de los hospitales públicos, gana Bs. 14 mil mensuales, algo más del salario mínimo. El país se ha empobrecido terriblemente y la situación se deteriora aceleradamente.

La infraestructura física está en pésimo estado. El Metro de Caracas, una vez orgullo de los venezolanos, presenta frecuentes fallas como consecuencia de la falta de mantenimiento, la fuga de capital humano y un manejo gerencial basado en criterios políticos. La flota de vehículos se ha deteriorado enormemente y no hay mejoras sustanciales en la vialidad. El problema existe en las zonas urbanas e interurbanas. La vialidad pública está en muy mal estado, lo que ha ocasionado un aumento considerable en los siniestros. El transporte público está viejo y deteriorado y, por ende, es inseguro e incómodo.

Algunos intentos de incorporar sistemas inteligentes de tránsito han sido boicoteados por el Gobierno central solo por ser iniciativa de alcaldes opositores, pero sin ofrecer soluciones alternativas. La Alcaldía Metropolitana de Caracas, por ejemplo, intentó instalar semáforos inteligentes en toda la ciudad, pero el Gobierno los desinstaló y envió a Cuba. En las carreteras y autopistas, unos 14.000 kilómetros de vialidad agrícola han quedado inservibles por falta de mantenimiento. La mayor parte de la infraestructura vial ha sido construida hace 40 años o más. Un caso emblemático de ese deterioro es el del viaducto N° 1 de la autopista Caracas-La Guaira que une a la ciudad capital con el Aeropuerto Internacional de Maiquetía, el cual se "derrumbó" por falta de mantenimiento el 19 de marzo de 2006. Se estima que unos 3.000 puentes están en riesgo de caerse y poco o nada se ha hecho al respecto [Herrera 2011].

La cobertura del servicio de agua potable es insuficiente y de baja calidad. Según el Ministerio del Ambiente, en 2007, el 94% de la población urbana y el 79% de la población rural tenían acceso al agua potable, aunque el abastecimiento no era continuo. Muchas zonas pagan onerosas cifras a camiones cisterna para obtener agua y la situación empeora cada año.

Todas las empresas de electricidad fueron expropiadas y, desde entonces, se detuvieron todos sus planes de expansión, y la generación de electricidad no ha aumentado al mismo ritmo de la demanda. Para 2017, el servicio de electricidad está siendo racionado, existen apagones diarios en casi todas las ciudades y con frecuencia se deben esperar rutinariamente varias horas antes del restablecimiento del servicio[2]. La estrategia de "ensayo y error" que ha emprendido el chavismo hasta ahora ha sido solo "error" y ha resultado en una tragedia que ha empobrecido a los venezolanos a niveles impensables.

---

2   La compañía Electricidad de Caracas, por ejemplo, fue estatizada en 2007.

2
La democracia en Venezuela

La democracia es un sistema político en expansión. La caída del Muro de Berlín permitió que un número grande de países en desarrollo de Asia, Europa Central y del Este, África, América Latina y algunas repúblicas de la antigua Unión Soviética adoptaran regímenes democráticos. Después de 1945, ningún sistema democrático ha sido derrocado en los países desarrollados. En el resto del mundo, el número de golpes de Estado ha disminuido sustancialmente. En su reporte de 2017, Freedom House considera "libres" a todos los países desarrollados, excepto Singapur, que es considerado "parcialmente libre". Del total de 195 países del mundo que estudia, 86 (44%) son libres y 59 (30%) son parcialmente libres. Los demás, incluyendo Venezuela, son catalogados como "no libres". Pero ¿qué es la democracia? ¿Qué elementos contiene?

Una respuesta tradicional aparece al indagar el origen etimológico de la palabra, que viene del griego y traducida al español significa "gobierno del pueblo". Una versión moderna sería la de Abraham Lincoln en su Discurso de Gettysburg: "El gobierno del pueblo, por el pueblo y para el pueblo". Pero estas son definiciones muy generales y conviene explicar su significado de una manera más concisa.

Un requisito *sine qua non* de un sistema democrático es el respeto a los derechos humanos. Solo en democracia es posible su desarrollo y evolución, ya que solo en democracia la población puede elaborar las leyes que regirán y controlarán a los tres poderes públicos. En Venezuela, el poder legislativo lo ejerce la Asamblea Nacional (AN), el poder ejecutivo lo encabeza el Presidente de la República y el poder judicial lo ejerce el Tribunal Supremo de Justicia (TSJ).

El respeto a los derechos humanos solo es posible cuando el poder del Estado está regulado por las leyes y cuando todas las personas son iguales frente a la justicia. En consecuencia, es esencial para un sistema democrático que exista una clara separación de los tres poderes. Particularmente, es importante que el Poder Judicial sea autónomo e independiente para que las leyes que apruebe el pueblo a través de sus representantes en el Poder Legislativo sean respetadas y así limitar los posibles abusos de los demás poderes, en especial los del ejecutivo. De esta forma, existe una estrecha relación entre democracia, derechos humanos y separación de poderes.

En Venezuela no hay separación de poderes. La mejor muestra es lo que ocurre en la Asamblea Nacional, año 2017. Luego de tener una Asamblea totalmente dócil durante una década, la aguda situación económica y la impopularidad del régimen permitió que la oposición obtuviera dos terceras (2/3) partes de la Asamblea Nacional. Sin embargo, el Gobierno de Nicolás Maduro ha desconocido abiertamente las atribuciones de la Asamblea Nacional. Primero, intentaron reemplazarla por un parlamento títere, y luego, haciendo que el Tribunal Supremo de Justicia declare inconstitucionales todas las decisiones y leyes que la Asamblea Nacional apruebe. Incluso le ha prohibido ejercer funciones indiscutibles en cualquier parlamento en un régimen democrático, como hacer las leyes o interpelar a funcionarios públicos. El Tribunal Supremo de Justicia (TSJ) ha declarado inválidas todas las decisiones de la Asamblea Nacional. *De facto*, eliminó el Parlamento. En 2017, el Poder Judicial decidió absorber todas las facultades del Poder Legislativo, lo que condujo a cuatro meses de masivas protestas y más de 140 manifestantes asesinados. El Gobierno respondió haciendo suspender la decisión del Poder Judicial, pero creando una inconstitucional Asamblea Nacional Constituyente integrada solo por partidarios del Gobierno y que ha absorbido las atribuciones del Poder Legislativo.

En las gobernaciones y alcaldías en manos de la oposición, el Gobierno crea organismos paralelos cuyas autoridades son designadas por el presidente, a quienes les asigna la mayor parte de las atribuciones y presupuesto de la respectiva gobernación o alcaldía. El caso más relevante es la Alcaldía Metropolitana de Caracas, donde Chávez nombró a Jacqueline Faría como autoridad única, asignándole casi todas las atribuciones y el presupuesto de la Alcaldía Metropolitana. Las elecciones para elegir nuevos gobernadores debieron realizarse en diciembre de 2016, pero el Gobierno las suspendió porque sabe que perderá en casi todas (o todas) las gobernaciones. Estas elecciones las hizo casi un año después cometiendo un fraude descarado. Entre otras irregularidades, más de 700 mil votantes opositores fueron cambiados de sus centros de votación 48 horas antes de las elecciones, algunos incluso el mismo día, sin conocimiento previo.

En Venezuela, el Estado persigue a los opositores políticos. Según la ONG Foro Penal, para el 19 de noviembre de 2017 había en el país 319 presos políticos. También hay miles de exiliados y existe violencia y segregación por razones políticas. La protesta y la disidencia son criminalizadas, existe censura a la libertad de expresión y los sindicatos son objeto de represión. Un elemento fundamental en esa represión han sido las "milicias armadas". Algunas de estas milicias, como los Círculos Bolivarianos y la Milicia Popular Bolivariana, son parte del Gobierno; otras, como los llamados "colectivos" y el Movimiento Revolucionario Tupamaro, no son parte del Gobierno, pero reciben su protección y financiamiento. La Milicia Popular Bolivariana fue incorporada inconstitucionalmente como un quinto componente de las Fuerzas Armadas con el objetivo explícito de "defender la revolución".

Los derechos humanos en Venezuela

¿Qué son los derechos humanos? Según las Naciones Unidas, los derechos humanos son aquellos inherentes a todos los seres humanos, sin distinción alguna de nacionalidad, lugar de residencia, sexo, nacionalidad o etnia, raza, religión, idioma o cualquier otra condición. Los derechos humanos usualmente se expresan y garantizan con las leyes. Todos los seres humanos gozan de estos derechos desde el momento en que nacen. Los derechos humanos están explícitamente establecidos en la Declaración Universal de los Derechos Humanos de las Naciones Unidas y protegen a los individuos contra cualquier intención del Estado para dañarlos. Revisemos algunos artículos de esta declaración.

El artículo 3 establece el derecho a la vida. En Venezuela, mantener la vida es un asunto serio, no por miedo a una muerte accidental, sino por miedo a ser asesinado. En los años 80, la tasa de homicidios era de 8 por cada cien mil habitantes. Según la Organización Mundial de la Salud, una tasa superior a 10 por cada cien mil habitantes se considera una epidemia de homicidios; esa cifra fue alcanzada en 1990 y aumentó paulatinamente hasta alcanzar 19 por cada cien mil habitantes en 1998. El Observatorio Venezolano de Violencia estima que en 2016 hubo 28.479 muertes violentas, una tasa de 91,8 fallecidos por cada cien mil habitantes, esa es la mayor tasa de homicidios en el mundo, y la tendencia es a aumentar. El 19% de los asesinatos en América Latina se producen en Venezuela. El Gobierno no ha reportado cifras sobre el crimen desde 2003; sin embargo, de acuerdo a la División Contra Extorsión y Secuestro de la policía científica, los secuestros han aumentado desde 2006. En 2012 fueron reportados oficialmente 583 secuestros, aunque se cree que un 80% de los secuestros no son reportados, por lo que la cifra real sería mucho mayor. Los criminales usualmente andan mejor armados que la policía y con frecuencia son parte de ella. Aunque el

Gobierno ha anunciado varios planes de seguridad, estos no han arrojado resultados significativos.

En Venezuela es muy fácil adquirir un arma de fuego. Existe un gran comercio ilegal de armas en la frontera de La Guajira desde hace décadas. La novedad de los últimos años es que el Gobierno ha decidido armar a la población. Chávez lo dejó muy claro en varias ocasiones. Por ejemplo, en su alocución del 5 de julio de 2008, les advierte a sus opositores que su "revolución llegó para quedarse" y que su "revolución es pacífica, pero también es armada" [Noticias24 2010]. Por temores sobre la lealtad de las Fuerzas Armadas, Chávez permanentemente proveyó de armas a sus partidarios y a los sectores más pobres de la población como parte de una política sistemática de agresión contra sus opositores y en "defensa de la revolución". Muchas de esas armas tuvieron no obstante como destino final a grupos delincuentes, algunos de los cuales pertenecen a las milicias armadas del Gobierno. La política de no castigar el crimen tiene su fundamento en proteger a sus grupos armados.

La corrupción en el sistema de justicia va acompañada de la impunidad. Según el Observatorio Venezolano de Violencia, en 1998 se detenían en promedio 110 personas por cada 100 homicidios; esta tasa disminuyó a 11 detenciones en 2011. En 2013, solo 2% de los homicidios en Venezuela fueron resueltos: el 98% de los delitos quedaron impunes [Abadi 2011]. El criminólogo Fermín Mármol identifica varias causas como la proliferación de armas, la impunidad, la alta rentabilidad del crimen, el bajo riesgo de delinquir, los bajos salarios de la policía, la mala dotación de los cuerpos policiales y el poco personal para la cantidad de delitos. El criminólogo Javier Gorriño agrega que la Fiscalía y los jueces están desbordados de trabajo, debiendo investigar en promedio 700 casos cada mes [El Mundo 2014]. A esto hay que añadir la politización del Poder Judicial, el narcotráfico y la falta de oportunidades. Las cárceles se han convertido en escuelas de criminales. Las autoridades no tienen un control efectivo sobre los reclusos y existe un tráfico ilegal de armas y drogas dentro de las cárceles en el que participan los propios funcionarios carcelarios.

Un problema que alimenta el crimen en Venezuela es el creciente tráfico de drogas ilegales. Históricamente, Venezuela ha sido un puente de las rutas del narcotráfico de Colombia a los EEUU y Europa. Lo novedoso fue la orden de Hugo Chávez de detener la colaboración antidroga con los EEUU en 2005 para comenzar una estrecha colaboración con los carteles de la droga [Caño 2009] y, en particular, con las Fuerzas Armadas Revolucionarias de Colombia (FARC). La ayuda ha comprendido financiamiento, provisión de armas y apoyo a operaciones que incluyen la extorsión y el secuestro [US Department of Treasury 2008]. Según las autoridades colombianas, los computadores de Raúl Reyes[3] documentan un pago de 300 millones de dólares que Hugo Chávez le habría dado a las FARC [Padgett 2008]. También le proveyó protección a José María Ballestas, quien actualmente paga una condena de 30 años de prisión en Colombia por "secuestro extorsivo agravado y apoderamiento y desvío de aeronave", a Vladimiro Montesinos[4], quien paga una condena de 20 años de prisión en Perú por dirigir una vasta red de tráfico de armas y de drogas en cooperación con los carteles colombianos, y a Rodrigo Granda, canciller de las FARC, a quien le otorgó documentación venezolana [Urru 2001; Wayback 2001; Wayback 2003; Nullvalue 2005]. Walid Makled dirigió una red de narcotráfico entre 2006 y 2009 pagando una nómina de un millón de dólares que incluía a 40 generales, cinco diputados progobierno y otros militares, que le permitió el uso de aeródromos venezolanos[5], y acusa a los generales Néstor Reverol y Hugo Carvajal y a un hermano del vicepresidente Tareck El Aissami [Univisión Noticias 2011]. Makled es solicitado en los EEUU por asesinato y tráfico de drogas. En Venezuela funciona el "Cartel de los Soles", en el cual participan militares venezolanos del más alto rango [Insight Crime 2016; Guanipa s. f.].

El Gobierno estadounidense ha sancionado a varios generales venezolanos por sus vínculos con las FARC y el narcotráfico, como el ex ministro de la Defensa general Henry Rangel Silva, el ex director de Inteligencia Militar Hugo Carvajal, el ex ministro del Interior Ramón Rodríguez Chacín, el general Clíver Alcalá y el ex alcalde del municipio Libertador Freddy Bernal. La avioneta capturada en el Aeropuerto Militar de La Carlota con 1.400 kilos de cocaína en 2011 y el avión de Air France que aterriza en París procedente de Caracas en 2013 con 1,3 toneladas de cocaína evidencian la participación de las autoridades venezolanas. El 12 de enero de 2008, Hugo Chávez pide reconocer a las FARC y al ELN como el gobierno legítimo de los territorios que ocupaban en Colombia [El Clarín 2008].

---

3   Raúl Reyes fue comandante del Secretariado y vocero de las FARC. Murió en 2007 en un bombardeo.

4   Montesinos fue jefe del Servicio de Inteligencia del régimen de Alberto Fujimori.

5   Makled afirma que "si yo soy narcotraficante, todo el Gobierno de Chávez es narcotraficante" y revela que sobornó a "ministros, generales, contraalmirantes, hermanos de ministros, generales de aviación" y que habría dado 2 millones de dólares para la campaña de Chávez en el referéndum de 2004 (Noticias24 2010b; Runrunes 2010).

"Nadie será sometido a torturas ni a penas o tratos crueles, inhumanos o degradantes". Así dice el artículo 5 de la Declaración de los Derechos Humanos de la ONU. En mayo de 2012, la Asamblea Nacional aprueba una Ley contra la Delincuencia y el Terrorismo que define con ambigüedad los términos "terrorismo", "acto terrorista" y "delincuencia organizada". La fiscal general Luisa Ortega criminaliza la protesta al afirmar el 16 de abril de 2013 que la ley era aplicable a los manifestantes [Primera 2009]. Los disturbios de febrero de 2014 en respuesta a una ola de crímenes y los de abril-julio de 2017 en respuesta al autogolpe del Gobierno de Nicolás Maduro fueron brutalmente reprimidos. Las milicias armadas, la policía política (Sebin) y la Guardia Nacional utilizaron armas de fuego contra los manifestantes, lo que está explícitamente prohibido por las leyes y los convenios internacionales. En 2014, los detenidos fueron torturados con golpizas, descargas eléctricas y asfixia, y con frecuencia se les negó el derecho a la defensa [La Patilla 2014]. En 2017, Tamara Sujú denuncia ante la Organización de Estados Americanos 289 casos de tortura, incluyendo tortura sexual. Muchos fueron detenidos sin órdenes judiciales. La Guardia Nacional atacó zonas residenciales con tanquetas y armas de alta potencia, disparando contra edificios de viviendas de manera arbitraria [Maduradas 2014]. Las protestas finalizaron con cuarenta y tres manifestantes asesinados, cientos de heridos y miles de detenidos.

La Comisión Interamericana de los Derechos Humanos (CIDH) ha mostrado su preocupación por la práctica común de "El Coliseo"; estas son peleas entre grupos de presos organizadas periódicamente por los mismos reclusos con la complacencia del Gobierno y las cuales terminan con frecuencia en hechos sangrientos. Una muestra del peligro de las cárceles venezolanas lo da la cifra oficial de 1.865 reclusos muertos y 4.358 heridos por la violencia en las prisiones entre 2005 y 2009. A pesar de que la CIDH ha hecho recomendaciones para mejorar la situación en las cárceles, ningún avance se ha efectuado en este sentido [CIDH 2011].

El artículo 10 establece que "toda persona tiene derecho... a ser oída públicamente y con justicia por un tribunal independiente e imparcial". Pero en la Venezuela chavista todos los poderes están sometidos por el Poder Ejecutivo. En su juramentación como Presidente de la República, Hugo Chávez se inaugura calificando a la Constitución de "moribunda" y convocando a una Asamblea Constituyente para aprobar una nueva Constitución y "refundar la República". Empero, dicha convocatoria era inconstitucional pues la Constitución vigente establecía explícitamente el procedimiento para ser modificada. En respuesta, algunos grupos civiles solicitan su nulidad ante la Corte Suprema de Justicia. Para forzar una decisión de la corte, Chávez usa métodos poco ortodoxos: ejerce una gran presión sobre los jueces, emprende una agresiva campaña mediática y organiza protestas populares de apoyo. La presión y el temor al amedrentamiento físico hacen que una asustada corte valide jurídicamente la ilegal convocatoria. Aprovechando una coyuntural alta popularidad y una dispersa y debilitada oposición, Chávez consigue una rotunda mayoría en una Asamblea Constituyente que ilegalmente sustituye *de facto* a los demás poderes públicos y aprueba una nueva Constitución. La Constitución de 1999 aumenta el período presidencial a seis años, permite la reelección por una vez y sustituye al bicameral Congreso por una unicameral Asamblea Nacional. Años después, Chávez hace aprobar ilegalmente un número de reformas, entre ellas la reelección indefinida del presidente y la creación de una Milicia Bolivariana.

Con el control del Poder Legislativo, el siguiente paso era controlar el Poder Judicial. Esto lo logra en 2004 cuando la Asamblea Nacional extiende el número de magistrados de 15 a 32 y obliga a la jubilación de los magistrados "incómodos". Los nuevos magistrados eran todos militantes del oficialista Partido Socialista Unido de Venezuela (PSUV). Con el nuevo Tribunal Supremo de Justicia, la carrera judicial, *de facto*, desaparece; la mayoría de los jueces y fiscales son temporales y de libre remoción y las decisiones judiciales deben obedecer a los intereses del Ejecutivo, so pena de despido e incluso prisión. El caso de la jueza María Lourdes Afiuni ilustra muy bien esa política de coacción. El 10 de diciembre de 2009, por orden de la Corte Interamericana de Derechos Humanos (CIDH), la jueza ordena juzgar en libertad al banquero Eligio Cedeño, a quien Chávez había ordenado encarcelar. Como reprimenda, Chávez ordena por televisión encarcelar a la jueza quien, durante su cautiverio, estuvo casi siempre aislada en una celda sin los estándares mínimos de seguridad e higiene, privada de alimentos y medicinas, sin acceso a la luz del sol, interactuando con reclusas de alta peligrosidad y siendo objeto de agresiones e incluso de abuso sexual. En 2010, aunque a la jueza le detectan unos quistes benignos en el seno, algunas infecciones y problemas de presión arterial, el juez Fabricio Paredes impide que reciba atención médica. En febrero de 2011, luego de presentar un cuadro clínico cardíaco delicado y una severa infección en el útero, las denuncias de José Miguel Vivanco, director de la División de las Américas de Human Rights

Watch (HRW), hacen al Gobierno ordenar el arresto domiciliario de la jueza. Esa es la justicia chavista. En Venezuela no existe una justicia independiente e imparcial.

Las investigaciones policiales y la administración de justicia funcionan acordes con los intereses políticos del Gobierno. En 2008 el magistrado del Tribunal Supremo de Justicia (TSJ) Francisco Carrasquero afirma, en medio de aplausos de la bancada oficialista en el Parlamento y del resto de los magistrados del Poder Judicial, que "no es cierto que el ejercicio del poder político se limite al Legislativo", que la "aplicación del derecho no es neutra y menos aún la actividad de los magistrados, porque según se dice en la doctrina, deben ser reflejo de la política", que "la política no tiene por qué ser injusta ni la justicia apolítica", y que el "paradigma de determinada ideología vigente colorea nuestra actuación" [Brewer-Carías 2015, pag. 89]. En palabras simples, el interés político del Gobierno va por delante de la aplicación imparcial de las leyes. Asimismo actúan la Fiscalía, la Contraloría y la Defensoría del Pueblo en Venezuela.

Según el artículo 9, "nadie podrá ser arbitrariamente detenido, preso ni desterrado", y el artículo 11 dice que "toda persona acusada de delito tiene derecho a que se presuma su inocencia mientras no se pruebe su culpabilidad, conforme a la ley y en juicio público en el que se le hayan asegurado todas las garantías necesarias para su defensa". Para abril de 2016, la Fundación para el Debido Proceso tenía contabilizados 93 presos políticos en Venezuela. Entre los más emblemáticos están el alcalde metropolitano de Caracas, Antonio Ledezma, quien fue detenido arbitrariamente, sin cargos y sin una orden judicial; el ex candidato presidencial Manuel Rosales, acusado de corrupción sin pruebas, y el dirigente político Leopoldo López, condenado a 13 años de cárcel por la muerte de 43 manifestantes durante las protestas de 2014. En el caso de López, el fiscal acusador Franklin Nieves posteriormente se asila en los Estados Unidos en 2015, donde declara que "todas" las pruebas contra López fueron fabricadas por el entonces presidente de la Asamblea Nacional Diosdado Cabello. Los hermanos Guevara fueron condenados a 27 años de prisión por el asesinato de Danilo Anderson con el testimonio de un único testigo que posteriormente afirma públicamente que el fiscal general le había pagado para hacer de testigo falso. Los exiliados políticos venezolanos también se cuentan por miles. De estos, para finales de 2017, Ledezma logra escapar de la cárcel y salir al exilio, Rosales regresó al país y estuvo un tiempo encarcelado antes de salir en libertad, López sigue detenido teniendo casa por cárcel, y los hermanos Guevara siguen presos a pesar de tener el derecho a libertad condicional.

Según el artículo 14, "en caso de persecución, toda persona tiene derecho a buscar asilo, y a disfrutar de él, en cualquier país". Viene a la memoria el caso de Nixon Moreno, ex presidente de la Federación de Centros Universitarios de la Universidad de los Andes (ULA) y líder del movimiento estudiantil M-13. Moreno fue acusado de violar y agredir a la agente de policía Sofía Aguilar durante una protesta estudiantil en 2006, que dirigió luego de que un tribunal suspendiera las elecciones estudiantiles de la ULA que los partidarios del Gobierno iban a perder. Desde entonces, Moreno es buscado por las autoridades policiales; no obstante, una comisión de la Asamblea Nacional presidida por Obdulio Camacho, un diputado del partido de Gobierno, concluye que no eran ciertas las acusaciones contra Moreno. El rector y otras autoridades de la ULA, así como la prensa, indicaron que a la hora en que la oficial de policía Aguilar dijo que había sido violada, Moreno estaba en una clínica en el otro extremo de la ciudad siendo tratado de una herida causada por un perdigón. El 13 de marzo de 2007, Moreno obtiene asilo político en la Nunciatura Apostólica. Sin embargo, el Gobierno de Chávez se niega a otorgarle el salvoconducto y exhorta al nuncio "a que haga un exorcismo en la sede de la Nunciatura, porque el anterior nuncio alojó allí, en esa casa, a un violador, a un sádico y lo graduaron allí, hicieron una misa incluso. Si usted conoce a un buen exorcista, llámelo". El 9 de marzo de 2009, ante informaciones según las cuales las milicias armadas del Gobierno pretendían asaltar la Nunciatura para capturarlo, Moreno sale escondido y logra llegar al Perú, donde le otorgan asilo político. El 12 de noviembre de 2007, la ULA le otorga a Moreno el título de politólogo. El acto de graduación se llevó a cabo en la Nunciatura [Noticias24 2008].

El artículo 17 afirma que "toda persona tiene derecho a la propiedad, individual y colectivamente" y que "nadie será privado arbitrariamente de su propiedad". Pero en Venezuela la propiedad está de cualquier forma menos garantizada. A partir de 2005, el Gobierno arrecia una política de expropiaciones, siendo la más castigada la propiedad agrícola. Algunas de las tierras expropiadas han sido reasignadas entre los acólitos del régimen y muchas han sido simplemente abandonadas. Según el decano de Agronomía de la Universidad del Zulia, Werner Gutiérrez Ferrer, el pobre desempeño del sector agrícola se debe a que "se han expropiado 3.500.000 hectáreas... el 90% de esas tierras están hoy improductivas". Asimismo afirma que "la falta de insumos, y la carestía de los mismos en un mercado paralelo que se ha creado, es la consecuencia de la expropiación de Agroisleña. [rebautizada] Agropatria no está dando respuesta oportuna a los agricultores venezolanos"[6]. Algunas expropiaciones emblemáticas han sido el moderno Hato Piñero, las productivas fincas productoras de leche del sur del lago de Maracaibo, la empresa productora de aceite de comer Diana y la filial venezolana de Cargill, además de una gran cantidad de empresas productoras de arroz, carne, jugos, café y sardinas, así como de centrales azucareros y cadenas de comercialización de alimentos, y hasta fábricas de helado.

El Gobierno venezolano también ha expropiado empresas de acero, cemento, electricidad, telecomunicaciones, energía y servicios. Luego de la expropiación de Sidor en 2009, la producción de acero ha disminuido a niveles tales que existe una severa escasez de cabillas y otros insumos básicos en el sector construcción. Un año después de su expropiación, la producción de acero líquido de Sidor disminuyó en 41,4% y ha seguido disminuyendo desde entonces [Cabello 2014]. Las expropiaciones le han permitido al Gobierno controlar el 90% del mercado interno. Tan solo en el último trimestre de 2013, las empresas estatales de cemento disminuyeron su producción entre 13% y 47% [Armas 2013]. Otras expropiaciones importantes incluyen la AES Electricidad de Caracas, la empresa de telecomunicaciones Cantv y varias empresas petroleras y de servicios de la industria petrolera. También se han expropiado hoteles, empresas textiles, de papeles y hasta centros comerciales como el Centro Comercial Sambil de La Candelaria, en Caracas, el cual se encuentra totalmente abandonado.

El artículo 18 de la declaración establece el "derecho a la libertad de pensamiento, de conciencia y de religión". En diciembre de 2010, no obstante, la Asamblea Nacional aprueba la Ley Orgánica de Contraloría Social, que controla los "comportamientos, actitudes y acciones que sean contrarios a los intereses sociales... realizados por el sector público o el sector privado"[7]. Establece que dicho control se debe regir por "principios y valores socialistas" y "en todas las actividades de la vida

---

6   Agroisleña, una empresa fundada por inmigrantes españoles en 1958, era la principal proveedora de insumos agrícolas de Venezuela, incluyendo fertilizantes, semillas y productos agroquímicos; también proveía servicios financieros a los productores agrícolas. Fue confiscada por el presidente Chávez en 2010, dando origen a Agropatria y convirtiendo al Estado venezolano en dueño de más de la mitad de la capacidad de almacenamiento de comida del país.

7   Ver artículo 3 de la Ley de Contraloría Social.

social"[8] y que quienes violen la ley podrían ser objeto de sanciones administrativas, civiles y penales[9].

El artículo 19 afirma que "todo individuo tiene derecho a la libertad de opinión y de expresión; este derecho incluye el de no ser molestado a causa de sus opiniones, el de investigar y recibir informaciones y opiniones, y el de difundirlas, sin limitación de fronteras, por cualquier medio de expresión". En Venezuela, no obstante, es peligroso ejercer la libertad de expresión, la cual está siendo socavada desde que Hugo Chávez asume la presidencia en 1999. Las restricciones incluyen desde aspectos legales hasta la violencia contra periodistas.

En 2016, la ONG Espacio Libre registró 366 violaciones a la libertad de expresión; la mayoría fueron actos de violencia, agresión o intimidación contra periodistas y el 44 por ciento de las violaciones ocurrieron durante reuniones públicas. La policía con frecuencia interrumpe la labor de los periodistas, nacionales y extranjeros por igual, que cubren protestas masivas, sean por razones económicas o políticas. Algunos reporteros han sido detenidos y el material que tenían, como fotografías, grabaciones y equipos, fue confiscado. Los periodistas que reportan las condiciones de los hospitales y las colas de alimentos también son con frecuencia agredidos.

En el ámbito legal, la Ley Resorte, aprobada en 2004 y modificada en 2010, penaliza a los medios de comunicación con severas multas e incluso el cierre por difundir mensajes que inciten al odio o al delito, fomenten zozobra o induzcan al homicidio. Los medios son responsables de implementar dichas prohibiciones, siendo evaluados *ex-post* si son sujetos a sanciones o no. El problema con esta ley es que estos conceptos son vagamente definidos y su interpretación en cada caso es discrecional del Gobierno. Esto ha ocasionado una severa autocensura. En 2011, por ejemplo, el canal de televisión Globovisión fue multado con 2,16 millones de dólares, el 7,5% de su ingreso bruto, por reportar una riña en una prisión; posteriormente lo vuelven a multar acusado de terrorismo por el presidente Chávez por haber reportado una posible contaminación de aguas [*El Impulso*, 2012]. Dichas multas hicieron a Globovisión financieramente inviable y obligaron a sus dueños a venderlo. De mayor repercusión fue la suspensión de la licencia de señal abierta de RCTV en 2007 por su línea editorial opositora. También se les ha suspendido la licencia de transmisión a cientos de

---

8   Ver artículos 6 y 7 de la Ley de Contraloría Social.
9   Ver artículo 14 de la Ley de Contraloría Social.

estaciones de radio por no tener una línea editorial pro-Gobierno claramente definida. Actualmente, todas las televisoras tienen una programación complaciente con el Gobierno. Las protestas estudiantiles de 2014, por ejemplo, que fueron ampliamente difundidas en los medios de comunicación internacionales, no fueron transmitidas por la televisión venezolana.

El Gobierno implementó la llamada Ley Resorte, la cual requiere que las estaciones de radio y televisión transmitan gratuitamente los mensajes del Gobierno a la hora que este decida y sin aviso previo. Estas son las llamadas "cadenas", que con frecuencia duran varias horas y se transmiten varias veces al día. La cadena más larga duró 9 horas y 48 minutos, cuando Hugo Chávez presentó su Memoria y Cuenta en 2011 [*Última Hora* 2012]. En 2013, Venezuela se retira de la Comisión Interamericana de Derechos Humanos y de la Corte Interamericana de Derechos Humanos, restringiendo severamente la protección legal de los periodistas, que con frecuencia son acosados o asaltados por la policía y las milicias armadas, confiscando sus equipos y obligándolos a borrar imágenes grabadas. Algunos periodistas han sido incluso amenazados de muerte.

El artículo 20 dice que "toda persona tiene derecho a la libertad de reunión y de asociación pacíficas". Las milicias armadas del Gobierno, no obstante, se encargan de evitarlo. Estos grupos son fuerzas de choque para amedrentar a los opositores, la mayoría de las veces de forma violenta. De esta forma el Gobierno pretende evadir las acusaciones de represión, argumentando que es "el pueblo" que se manifiesta. Las milicias armadas boicotean las acciones de la oposición, impiden el acceso de activistas opositores a las zonas pobres, amedrentan a políticos opositores y periodistas críticos y actúan como francotiradores cuando el Gobierno lo requiere; en tiempo de elecciones, intimidan a los electores opositores y monitorean las zonas pobres para asegurarse de que apoyen y voten por los candidatos del Gobierno, usualmente bajo amenaza de perder algún privilegio o subsidio. Los Tupamaros, por ejemplo, se movilizan en motocicletas, armados y con el rostro encubierto y han sido acusados de ser los responsables de la represión del régimen de Maduro durante las protestas estudiantiles de 2014, que causaron decenas de muertos y centenares de heridos sin que haya responsables. Los Tupamaros ejercen *de facto* el gobierno civil en algunas zonas populares donde imponen su ley por la fuerza. Durante los cuatro meses de protestas de 2017, la represión fue conducida principalmente por la Guardia Nacional.

El artículo 21 reconoce el derecho de toda persona "a participar en el gobierno de su país, directamente o por medio de representantes libremente escogidos", y que la voluntad del pueblo se exprese "mediante elecciones auténticas que habrán de celebrarse periódicamente, por sufragio universal e igual y por voto secreto u otro procedimiento equivalente que garantice la libertad del voto". El régimen chavista ha realizado un gran esfuerzo propagandístico vendiendo al sistema electoral venezolano como el mejor del mundo. En Venezuela se celebran elecciones para elegir al Presidente de la República, los gobernadores de estado y los alcaldes municipales. De los 165 diputados de la Asamblea Nacional, 110 son electos nominalmente en circuitos electorales y 52 en listas cerradas utilizando el sistema de Hont. Adicionalmente hay tres diputados indígenas. El conteo de votos parece reflejar lo que dicen las papeletas depositadas en las urnas. Hasta aquí no hay nada extraño. El problema es que, para que un proceso electoral sea legítimo, las elecciones deben ser adicionalmente libres y justas. En Venezuela existen muchas condiciones, irregularidades y distorsiones que hacen muy difícil derrotar electoralmente a un gobierno que usa todo el poder del Estado, incluyendo a la autoridad electoral, para manipular, presionar y hostigar a los electores opositores con el objetivo explícito de justificar el triunfo electoral del partido de gobierno a cualquier costo.

Una elección es libre cuando todos los electores tienen acceso sin censura a la información necesaria para tomar una decisión correcta, cuando pueden elegir el candidato de su preferencia sin miedo y sin tener que pagar favores, y cuando eligen a su candidato preferido sin presiones ni contratiempos que transgredan sus derechos. Ninguna de estas condiciones se cumple en Venezuela. Sobre el libre acceso a la información, durante el proceso electoral de abril de 2013, por ejemplo, el Instituto Prensa y Sociedad (IPYS) contabilizó 48 "ataques contra la libertad de expresión" que involucraron a medios de comunicación.

¿Pueden elegir los venezolanos al candidato de su preferencia sin miedos y sin tener que pagar favores? ¿Pueden los electores votar libremente sin presiones que transgredan sus derechos? La respuesta a ambas preguntas es NO. A partir de 2004, el miedo ha sido inculcado de varias formas siguiendo patrones muy parecidos. Las elecciones presidenciales de abril de 2013 lo ilustran bastante bien. El 6 de marzo de ese año, el ministro de la Defensa, Diego Molero Bellavia, hace un llamado público a las Fuerzas Armadas a respaldar la candidatura de Nicolás Maduro, quien ejercía la presidencia *de facto* en ese momento. Más grave aún fue el monitoreo realizado por la ONG Red de

Observación Electoral de la Asamblea de Educación (AE), que en su Reporte 2 observa el abuso del voto asistido en un 4,4% de los casos que monitoreó; en estos, las milicias armadas se aseguran de que los electores voten por el candidato del Gobierno bajo la amenaza de perder sus beneficios sociales en caso de votar en contra, buscándolos en sus casas y trasladándolos a los centros de votación si es necesario; con frecuencia, el miliciano acompaña y supervisa el voto del elector e incluso a veces vota en su lugar. En otros casos, simplemente eliminan las mamparas que protegen el secreto del voto. Si este porcentaje se extrapola a nivel nacional, habría unos 700 mil electores privados de ejercer el voto secreto. La violación del secreto del voto ocurre típicamente en las zonas pobres, que son los grupos más vulnerables. La AE no pudo concluir su trabajo de observación porque alrededor de las 4:00 pm de ese día las milicias armadas entraron en su sede, golpearon a sus miembros y se robaron los equipos. En las elecciones de gobernadores de 2017, más de 700 mil votantes, principalmente de oposición, fueron cambiados de sus centros de votación de forma inconsulta a menos de 48 horas de la elección, con frecuencia a zonas de la ciudad consideradas de alto nivel de crimen.

Una elección es justa cuando es transparente, existe la plena certeza de que todos los votos serán contados y los electores pueden registrarse fácilmente para votar y pueden verificar el conteo de los votos, cuando los candidatos tienen un acceso balanceado a los medios de comunicación y no se abusa en el uso de recursos, especialmente los de propiedad pública, para favorecer a ningún candidato, y cuando la autoridad electoral es independiente. En Venezuela no se cumple ninguna de esas condiciones; es decir, las elecciones no son justas.

¿Son transparentes las elecciones en Venezuela? ¿Son contados todos los votos? En la mayoría de los centros de votación sí. No obstante, durante el proceso, las milicias armadas se movilizan en grupos motorizados armados en los centros de votación para intimidar a los votantes. Más graves son los reportes según los cuales los testigos de oposición son expulsados de las mesas electorales por el Ejército al momento de contar los votos; así, el escrutinio de los resultados se realiza en secreto, solo en presencia de partidarios oficialistas, impidiendo el libre acceso de los votantes a presenciar el conteo. El reporte de la AE observa que esta fue una práctica reiterada. La oposición denunció que, en las elecciones de abril de 2013, fueron expulsados el 2% de sus testigos de mesa. Otro hecho que reiteradamente ocurre en cada elección es la interrupción del servicio de internet de la compañía estatal Cantv, única permitida para prestar tal servicio, justo en el momento en que cierran los centros de votación y se comienza el conteo electrónico. Dada la experiencia del referéndum revocatorio de 2004, cuando se pudo comprobar que las máquinas de votación habían recibido información desde puntos externos durante todo el día, estas interrupciones reiteradas han arrojado dudas sobre la transparencia del conteo y del proceso.

Otra irregularidad es la dificultad que tienen los venezolanos que viven en el exterior para registrarse y poder votar en los comicios electorales a los que tienen derecho. Con regularidad, el Gobierno cierra la frontera terrestre con Colombia el día de las elecciones para impedir que los venezolanos que viven del otro lado de la frontera, en su mayoría opositores, se trasladen a votar. Esto es especialmente problemático en el estado Táchira, donde se estima que unos 160 mil electores viven del lado colombiano de la frontera. En Miami, el Gobierno cerró el consulado para impedir que unos 20 mil electores de la mayor diáspora venezolana, de mayoría opositora, puedan votar.

Se estima que existen alrededor de un millón y medio de venezolanos viviendo en el exterior con derecho al voto y apenas unos 80 mil electores están inscritos para votar. La legislación venezolana establece que la cédula de identidad es el único requisito para inscribirse en el Registro Electoral; no obstante, el Gobierno exige ilegalmente una serie de requisitos adicionales como "residencia legal y permanente" y otros documentos arbitrarios que dificultan la inscripción en el Registro Electoral en el exterior. Según la ley, aunque el Registro Electoral debe permitir el registro de electores permanentemente, solo se abre por lapsos muy cortos pocas semanas previas a los procesos electorales.

En Venezuela, el uso de los medios de comunicación, en especial los públicos, es bastante sesgado para favorecer a los candidatos del Gobierno. Las regulaciones oficiales que inducen a la autocensura ocasionan que, *de facto*, todos los canales de televisión sean pro-Gobierno, reflejando asimismo un desbalance en la cobertura de los procesos electorales. El informe final del Observatorio Electoral Venezolano (OEV) sobre las elecciones presidenciales de abril de 2013 señala que "contrario al sentido común democrático resultó así mismo el empleo excesivo de cadenas de televisión y radio, así como el uso de Venezolana de Televisión, el canal del Estado, dedicado casi a tiempo completo a la promoción de la candidatura oficial, apenas mencionando a los otros candidatos". Existe un exagerado abuso de "cadenas presidenciales" y "mensajes institucionales" que obligan a todos los medios de comunicación a transmitir de forma gratuita información del Gobierno que, en la práctica, es solo propaganda electoral.

También existe un abuso exagerado en el uso de recursos públicos para promover las candidaturas oficialistas. Usualmente, el comando de campaña de Hugo Chávez, y ahora de Nicolás Maduro, está conformado por los ministros, gobernadores y alcaldes del oficialismo. En las elecciones presidenciales de abril de 2013, por ejemplo, la AE observó amplia propaganda en vallas pagadas por el Gobierno, actos electorales en edificaciones públicas, el uso de recursos de todo tipo para proselitismo político y la participación de funcionarios públicos, incluyendo miembros de las Fuerzas Armadas, para promover a los candidatos del Gobierno. Asimismo, el OEV informó sobre el uso de recursos públicos para movilizar votantes en el 15,1% de los centros de votación observados.

La autoridad electoral, el Consejo Nacional Electoral (CNE), funciona como un brazo del partido de gobierno. El OEV señala que, por ejemplo, las fechas y los plazos de las elecciones de abril de 2013 y de octubre de 2017 fueron escogidos por el CNE para favorecer a los candidatos oficialistas, y observa la suspensión recurrente de avisos y propaganda electoral que afecte negativamente a los candidatos del Gobierno, como ocurrió con la suspensión de los avisos publicados en la prensa el 25 de marzo de 2013 por la asociación civil Mujeres por la Libertad cuestionando la forma como el Gobierno informó al público las noticias sobre la enfermedad de Chávez.

Igualmente grave fue el uso de la presidenta del CNE de los símbolos del partido de gobierno (PSUV) durante las ceremonias fúnebres de Hugo Chávez. De todas las irregularidades, las que posiblemente evidencien mejor el sesgo del CNE para favorecer al Gobierno ocurrió durante las elecciones parlamentarias de 2010. En los meses previos a dichas elecciones, el CNE realizó un trabajo de "ingeniería electoral" para que el partido de gobierno obtuviera las dos terceras partes de la Asamblea Nacional y así obtener una mayoría calificada para nombrar al Poder Judicial, el Poder Moral y el CNE. Dicho trabajo consistió en rediseñar los circuitos electorales, sobrerrepresentando aquellos donde el chavismo usualmente es mayoría. Producto de este trabajo, en el Distrito Capital, por ejemplo, la oposición logró apenas tres (3) de los diez (10) diputados, a pesar de que obtuvo un ligero mayor número de votos, 47,8% versus 47,7%. Igual ocurrió en Mérida, donde la oposición obtiene 50% de los votos pero obtuvo apenas 2 de 6 diputados; en Carabobo, la oposición gana con 53,7% de los votos pero obtiene 4 de 10 diputados, y así sucesivamente.

¿Qué porcentaje de votos representan estas irregularidades? Es difícil saberlo sin una auditoría detallada que nunca se ha intentado realizar de manera seria por las autoridades. El comando de campaña del candidato opositor Henrique Capriles señala que en las elecciones de abril de 2013 hubo 3.200 incidencias de este tipo, que representan más de ocho millones de electores, es decir, algo más de la mitad de los electores que sufragaron en dichas elecciones. En todo caso, no pareciera ser un número menor. En Venezuela no hay elecciones libres ni justas.

El artículo 23 de la Declaración Universal de los Derechos Humanos de la ONU garantiza el derecho al trabajo de toda persona, pero los venezolanos que se oponen al Gobierno son acosados permanentemente en sus trabajos. Un ejemplo de segregación son las llamadas listas Tascón y Maisanta. La Constitución otorga a los venezolanos el derecho de revocar a cualquier funcionario electo por votación popular, incluyendo al Presidente de la República. Después de dos años de conflictos e inestabilidad política, con la intermediación del expresidente estadounidense James Carter, el Gobierno y la oposición acuerdan realizar un referéndum para revocar al Presidente de la República si la oposición recaudaba el número de firmas establecidas en la Constitución. A pesar de los múltiples obstáculos impuestos por el Gobierno, la oposición recauda 2.451.821 firmas y el referéndum se realiza con un año de retraso, el 15 de agosto de 2004. En un conteo dudoso, el presidente gana el referéndum. Lo que los venezolanos nunca imaginaron fue que ejercer un derecho constitucional tendría consecuencias tan nefastas. El 30 de enero de 2004, Hugo Chávez le solicita al presidente del Consejo Nacional Electoral, Francisco Carrasquero, entregarle al diputado Luis Tascón la lista de todos los que habían firmado la solicitud de referéndum revocatorio. A las pocas semanas, Tascón muestra en su página web los nombres y cédulas de identidad de todos los firmantes. Esa es la llamada "Lista Tascón", que sirvió de base para una política de segregación sin precedentes en Venezuela. Los firmantes fueron perseguidos, hostigados y amedrentados por el Gobierno. La Lista Tascón se enriqueció posteriormente para construir la "Lista Maisanta", ordenada por el presidente Chávez en cadena nacional de radio y televisión el 3 de junio de 2004, conteniendo información personal detallada sobre las preferencias políticas de los 12.394.109 venezolanos con derecho a voto para marzo de 2004. La segregación política comienza con el despido de unos 20 mil trabajadores de la empresa estatal petrolera (Pdvsa) que habían participado en el paro petrolero y, posteriormente, de unos 5.000 trabajadores petroleros que aparecen en la Lista Tascón. A los trabajadores petroleros se les confiscan sus bonos de antigüedad, prestaciones sociales, salarios caídos, ahorros, fondos de pensiones y seguros; adicionalmente, el Gobierno prohíbe a las empresas contratistas ofrecerles trabajo so pena de perder sus contratos. Los trabajadores que habían recibido casas como beneficio laboral en la urbanización Los Semerucos de la península de Paraguaná fueron desalojados de sus viviendas por la Guardia Nacional de forma agresiva y sin orden judicial; más de 16 mil niños son expulsados de sus colegios. La angustia y el sufrimiento de los trabajadores hicieron que, según la organización Gente del Petróleo, 32 trabajadores petroleros se suicidaran. El hostigamiento forzó a miles de trabajadores petroleros a emigrar para todas partes del mundo.

El artículo 23 también le da el derecho a toda persona a fundar sindicatos para la defensa de sus intereses. Pero el sector sindical ha sido persistentemente acosado. El informe anual 2012 de Provea documenta cómo el Estado venezolano se ha negado sistemáticamente a negociar las contrataciones colectivas con los sindicatos de trabajadores, y, cuando lo ha hecho, ha desconocido a los dirigentes sindicales electos por los empleados y obreros para negociar con dirigentes de sindicatos fantasmas afectos al partido de gobierno. Este es el caso, por ejemplo, de la industria petrolera, en la cual Pdvsa desconoce a los directivos electos de la Federación Unitaria de Trabajadores Petroleros de Venezuela para discutir la contratación colectiva con dirigentes sindicales simpatizantes del Gobierno.

Adicionalmente, los dirigentes sindicales no afectos al Gobierno han sido objeto de persecución judicial. El informe de Provea 2012, por ejemplo, documenta cómo los dirigentes sindicales han sido objeto de "apertura de procesos penales, medidas cautelares dictadas por los tribunales que impiden a sindicalistas acercarse a sitios de trabajo, sentencias que imponen condiciones a los integrantes de directivas sindicales, despidos injustificados, hostigamiento policial, amenazas contra su integridad, descalificación pública de la actividad sindical y negación de permisos sindicales". El informe también señala que ese año se realizaron 2.256 protestas laborales y "cinco sindicalistas fueron encarcelados y sometidos a juicio militar". El Observatorio Venezolano de Conflictividad Social (OVCS) documenta el asesinato de 77 trabajadores o dirigentes sindicales durante 2012.

El acoso ha alcanzado a las organizaciones no gubernamentales (ONG). El hostigamiento incluye desde críticas hasta asesinatos, como es el caso de la familia Barrios en el estado Aragua. El reporte 2012 de Human Rights Watch documenta las acusaciones infundadas de recibir financiamiento de los Estados Unidos para derrocar la democracia venezolana que el presidente Chávez lanzó a las ONG. Aunque el derecho internacional no considera delito que las ONG reciban financiamiento de países extranjeros, en julio de 2010 el Tribunal Supremo de Justicia (TSJ) dicta una sentencia según la cual las ONG que perciban fondos del extranjero serían acusadas de traición a la patria y sus directivos recibirían condenas de hasta 15 años de prisión. En diciembre de 2010, la Asamblea Nacional aprueba la Ley de Defensa de la Soberanía Política y Autodeterminación Nacional, que prohíbe a las ONG de derechos humanos recibir financiamiento desde el exterior y a sus invitados extranjeros emitir "opiniones que ofendan las instituciones del Estado, sus altos funcionarios o altas funcionarias, o atenten contra el ejercicio de la soberanía", y ordena la expulsión del país del invitado extranjero que haya emitido dichas opiniones [Human Rights Watch 2012].

El artículo 25 de la declaración otorga a cada individuo el "derecho a un nivel de vida adecuado que le asegure, así como a su familia, la salud y el bienestar, y en especial la alimentación". El sistema público de salud venezolano tenía problemas severos antes de 1999, pero el sistema de salud privado era bastante moderno. A partir de 2003, el Gobierno emprende un programa social al que llama "Misión Barrio Adentro" para instalar centros de atención médica primaria en los barrios pobres del país. Este tipo de programas habían existido en Venezuela desde que se fundó el Ministerio de Sanidad en 1936. Chávez expandió y le hizo algunas mejoras a un servicio que había sido descuidado, pero contratando exclusivamente a médicos cubanos, argumentando una supuesta escasez y falta de sensibilidad social de los médicos venezolanos. Con un claro objetivo político, la propaganda oficial se basó en premisas falsas. Lo cierto es que los médicos venezolanos tienen un entrenamiento muy superior al de los cubanos, muchos de los supuestos médicos cubanos no eran médicos sino paramédicos y esa política impidió que muchos médicos venezolanos desempleados accedieran a esos puestos de trabajo. Actualmente, debido a la escasez de trabajos y los bajos salarios, existe una emigración masiva de médicos venezolanos que buscan oportunidades en otros países.

Aunque la Misión Barrio Adentro tuvo un éxito inicial, actualmente la mayoría de los centros están abandonados [Noticiero Digital 2016] y muchos de los médicos cubanos han desertado y buscado asilo en otros países. Extraoficialmente se estima que unos 4 mil médicos cubanos se habrían fugado [diario *La Verdad* 2017]. Por otra parte, los hospitales públicos están completamente abandonados. Es común encontrar equipos médicos dañados y hospitales sin medicinas ni insumos para atender a los pacientes. El Gobierno también ha desestimulado la medicina privada con amenazas permanentes de expropiación de las clínicas, desincentivando la inversión en el sector. Más recientemente, la escasez generalizada en el país también ha alcanzado al sector salud. En enero de 2016, la Asamblea Nacional declaró una "crisis humanitaria de salud" debido a la escasez de medicamentos y equipos médicos, exhortando al Ejecutivo a permitir el envío de medicinas desde otros países, algo que el Gobierno ha prohibido. La escasez es tal que muchos pacientes en los hospitales mueren por falta de medicamentos [*El Nacional* 2016].

El artículo 26 establece que "toda persona tiene derecho a la educación", pero, a pesar de la propaganda oficial, en realidad ha habido pocos avances. Según la base de datos Barro-Lee, la más usada para comparar el desempeño educacional entre países, Venezuela tenía 5,9 años de escolaridad promedio en 1998, era el cuarto con menos años en América Latina; el venezolano adulto promedio no concluía la educación primaria. Quince años más tarde, esta cifra alcanza 8,5 años. Las cifras parecieran demostrar un gran avance. No obstante, hay un gran deterioro en la calidad de esa educación. El Gobierno se esfuerza en el adoctrinamiento del marxismo [Alonso 2011], distorsionando incluso la historia de Venezuela para vender su ideología política. También ha tratado de doblegar a las universidades públicas recortándoles sustancialmente el presupuesto, lo que ha obligado a disminuir las becas universitarias y pagar salarios extremadamente bajos a los académicos, forzando el traslado de muchos de ellos hacia el sector privado o al exterior. La dotación de los laboratorios, bibliotecas y demás instalaciones no cumplen con los estándares internacionales mínimos necesarios. En todos estos años, solo se ha fundado una universidad, la Universidad Bolivariana de Venezuela, pero este es un caso patético. Esa universidad acepta a todos quienes solicitan admisión, el único requisito de ingreso es haber terminado la secundaria; además, funciona como un centro de adoctrinamiento marxista donde no se establecen niveles mínimos de calidad, no existen programas de nivelación para los alumnos con deficiencias y los estudiantes aprueban las asignaturas solo con asistir a clases, sin evaluar sus conocimientos, y si adicionalmente el alumno es activista del partido de gobierno, aprueba sin siquiera asistir a clases. Al graduarse, sus egresados solo consiguen empleos en la Administración Pública. Los profesores son investigados antes de ser contratados para asegurar su lealtad ideológica. La censura es severa y tener propaganda ideológicamente contraria al régimen puede ser objeto de expulsión. En Venezuela, la democracia dejó de existir.

3
Construcción de la democracia

Cuando el general Juan Vicente Gómez asume el poder en 1908, Venezuela era una economía agrícola, siendo el café su principal producto de exportación. La mayoría de la población vivía cerca de los principales ríos de los llanos y los Andes. El petróleo causaría grandes transformaciones. Gómez fue un hombre iletrado, de mentalidad campesina, cuya principal preocupación era organizar un Estado que le permitiera consolidar y mantener el poder. En sus tiempos, la principal fuente de inestabilidad política eran las "montoneras"[10], las cuales combate con un eficaz aparato de represión.

Gómez llega a la presidencia con un golpe de Estado que le da a su compadre, el general Cipriano Castro. La actitud conflictiva de Castro lo lleva a tener problemas con las principales potencias. Para finales de 1908, Venezuela había roto relaciones diplomáticas con los Estados Unidos, Francia y Holanda. Los crecientes conflictos con Castro motivan a las potencias extranjeras a promover un cambio de régimen. La oportunidad se presenta cuando Castro viaja a Europa para operarse un riñón y Juan Vicente Gómez asume "temporalmente" la presidencia. En diciembre de 1908, una flota de guerra estadounidense al mando del almirante William Buchanan llega a las costas venezolanas para proteger a los insurgentes del Partido Liberal Amarillo, quienes habían planeado una insurrección, pero Gómez, consciente de que sería derrocado, le envía una nota al Departamento de Estado de Estados Unidos a través de la embajada de Brasil: el Gobierno acogería a sus oponentes políticos, restituiría las concesiones revocadas y otorgaría nuevas concesiones a las compañías extranjeras; a cambio, las potencias y los grupos opositores reconocerían al general Gómez como presidente. El acuerdo se sella. Inicialmente, se produce una apertura política, pero en 1913, ante las elecciones presidenciales y el impedimento legal de la reelección, con el apoyo de las Fuerzas Armadas, Gómez da un golpe de Estado

---

10   Estos eran grupos de personas, usualmente campesinos de una misma localidad, que se unían alrededor de un caudillo para conformar un ejército irregular, por lo general pobremente armado con algunos rifles y pistolas, aunque la mayoría tenía lanzas y machetes, para alzarse en contra del Gobierno.

y rompe con los liberales, aunque mantiene buenas relaciones con las compañías y los gobiernos extranjeros [Harwich 1992].

Gómez recibe un país descentralizado, con instituciones débiles, sin unas Fuerzas Armadas institucionales y con unas finanzas desorganizadas. Los recursos del petróleo le permiten construir un eficaz aparato de represión cuyos elementos fueron:

1. unas Fuerzas Armadas modernas e institucionales;
2. una doctrina oficial;
3. una extensa red de carreteras para facilitar la movilización del Ejército; y
4. el establecimiento del principio de la unidad del Tesoro.

Al asumir la presidencia, Gómez se autoproclama "General en Jefe de todos los Ejércitos de Venezuela", nombra a sus familiares y amigos más cercanos en las posiciones claves de las Fuerzas Armadas y el Gobierno, incorporando a ellas una cantidad desproporcionada de gentes del Táchira, su estado natal. Para garantizar su lealtad, Gómez les da a los miembros de las Fuerzas Armadas salarios altos y beneficios generosos y les permite acumular grandes fortunas por la vía de la corrupción.

En 1908, el poder militar residía en los ejércitos privados de los caudillos que apoyaban al Gobierno. Gómez organiza un Ejército moderno con una amplia superioridad técnica sobre las guerrillas montoneras. Para ello, a partir de 1910, funda la Academia Militar, la Escuela Naval y la Escuela de Aplicación Militar. Esta última institución tenía como objetivo proveer de instrucción militar a los miembros de las FFAA que provenían de los ejércitos montoneros y que nunca habían obtenido educación militar formal. En 1920 crea la Escuela de la Fuerza Aérea. También se construye una infraestructura militar física y dota de uniformes, armamento y equipo moderno a las tropas. La instrucción militar era de marcada influencia prusiana y fue provista por militares chilenos.

Los partidos políticos y los sindicatos estaban prohibidos y cualquier oposición era severamente reprimida. Los enemigos políticos eran exiliados, encarcelados, torturados y asesinados. Los ejércitos montoneros estaban pobremente entrenados para combatir al moderno Ejército Nacional. Las insurrecciones más conocidas fueron las siete invasiones del general Emilio Arévalo Cedeño entre 1914 y 1933 y las dos del general Román Delgado Chalbaud en 1914 y 1929. El principal símbolo de la represión gomecista era la prisión La Rotunda. Los presos políticos no tenían juicios, simplemente eran encerrados, encadenados, mal alimentados y peor vestidos. Muchos eran usados como mano de obra esclava en la construcción de obras públicas; otros morían como consecuencia de las torturas.

El régimen contaba con una doctrina oficial para justificar su permanencia en el poder, que estaba reflejada en el libro *Cesarismo democrático*, de Laureano Vallenilla Lanz, según la cual los venezolanos éramos una raza mixta y primitiva que no estaba preparada para la democracia y que por lo tanto debía ser conducida por un régimen fuerte que le proveyera la guía y la estabilidad necesaria para alcanzar el desarrollo. Por otra parte, debido a su superioridad tecnológica, las compañías extranjeras debían dirigir la industria petrolera ya que las compañías eran las únicas capaces de administrarla con éxito. El régimen promovía el nacionalismo, exaltaba la figura de Simón Bolívar y organizaba grandes celebraciones durante las fechas patrias, identificando el heroísmo de los líderes independentistas con Gómez. El principal instrumento de propaganda era el periódico *El Nuevo Diario*, cuyo editor era Laureano Vallenilla Lanz. Había una estricta censura de prensa. Con el dictador en el papel de "padre guía", se inaugura en Venezuela el paternalismo de Estado que persiste hasta nuestros días.

Como las comunicaciones permiten un control militar efectivo sobre el país, Gómez desarrolla un extenso sistema de tres carreteras troncales con epicentro en Caracas: la Trasandina, que iba hasta San Cristóbal; la de los llanos, que llegaba a San Fernando de Apure, y la de oriente, que iba a Ciudad Bolívar. Un último elemento de su sistema fue la reforma tributaria aprobada en 1914, que establece el principio de la unidad del Tesoro, según el cual "todos" los recursos públicos financieros debían ser recaudados y distribuidos desde el Gobierno central. Esta reforma representó un duro golpe al caudillismo ya que hasta entonces los presidentes de estado[11] recaudaban sus propios impuestos, que en ocasiones usaban para financiar sus intentonas [Moreno 1997].

Durante la dictadura de Gómez, Venezuela se transforma. Con el petróleo crece el comercio importador y las migraciones que permiten el auge de las ciudades modernas alrededor del eje Caracas-Valencia-Maracaibo. A su muerte, en Venezuela había una nueva clase trabajadora y la redistribución de la tierra ya no era el principal problema social. Con el Estado paternalista, el sector público crece de forma desproporcionada, la ambición de los caudillos se calma y el país obtiene una estabilidad institucional que no gozaba desde la Colonia.

---

11   Así llamaban anteriormente a los actuales gobernadores de estados.

La lucha por el sufragio universal, directo y secreto

El caudillo a caballo desapareció de Venezuela, pero su influencia permanece en el epicentro de su cultura y su heredero es el militarismo, una ideología según la cual el poder militar debe garantizar la seguridad física y económica del país. Es la psicología de un caudillo dotado con armamento y ejércitos modernos. Desde comienzos del siglo XX, la lucha por la democracia se ha librado contra el militarismo. A la muerte de Juan Vicente Gómez, el sistema político se relaja. Ya no era un dictador quien nombraba a un congreso que a su vez nombraba al presidente. Aunque aún se negaba el derecho al voto a las mujeres y a los pobres en una sociedad donde el 70% de la población era analfabeta, sus sucesores tuvieron la sapiencia de flexibilizar el sistema de elección. La idea del voto universal, directo y secreto encontraba resistencia entre los sectores más conservadores: los militares, la élite gobernante y la alta sociedad.

Con Gómez llega a su fin la era de los caudillos y nacen las organizaciones políticas modernas. La huelga y la protesta sustituyen a las montoneras. El primer síntoma importante fue la huelga de trabajadores petroleros de 1925 y el primer partido político moderno fue el Partido Revolucionario Venezolano (PRV), predecesor del Partido Comunista, fundado en 1927. El grupo de mayor influencia, no obstante, fue el de la llamada "Generación del 28". En 1927, los estudiantes habían reorganizado la Federación de Estudiantes de Venezuela (FEV) en la recién reabierta Universidad Central de Venezuela (UCV), la cual había sido clausurada años antes por ser considerada subversiva. A comienzos de 1928, Raúl Leoni es electo como presidente. En febrero, la FEV organiza la Semana del Estudiante con el objeto de recaudar fondos. El programa comienza con un desfile hacia el Panteón Nacional para colocar una ofrenda ante el sarcófago de Simón Bolívar y con la coronación de Beatriz I como reina del carnaval en el Teatro Municipal de Caracas. Luego organizan un recital en el Teatro Rívoli, en el que Pío Tamayo lee un poema de inspiración propia titulado "Homenaje y demanda del indio", y celebran un baile en el Club Venezolano donde los estudiantes cantan y bailan "Sacalapatalajá", parodiando una oración que habían escuchado de un rabino y que repetían sin saber su significado; muchos la interpretaban como una burla a una cojera que sufría el dictador y que en realidad quería decir "saca la pata jalá".

La situación se complica cuando los estudiantes Joaquín Gabaldón, Jóvito Villaba y Rómulo Betancourt pronuncian sendos discursos de protesta y Guillermo Prince Lara rompe una lápida de Juan Crisóstomo

Gómez, hermano del dictador. El Gobierno califica los discursos de "subversivos", suspende las celebraciones y encarcela a Pío Tamayo y a los cuatro estudiantes en el Cuartel El Cuño. El "pecado" de Villalba fue terminar su discurso con un poema que decía "Nuestro padre, Simón Bolívar, nuestro padre, Libertador, ¿cómo los carceleros han encarcelado a tu Santiago de León?", y el de Betancourt fue aludir en su discurso a "los pobres, olvidados de Dios y crucificados por la angustia republicana". Pío Tamayo había dicho que el poema se lo dedicaba a la reina Beatriz, quien le recordaba el nombre de su prometida, cuyo nombre era "Libertad". En solidaridad, 224 estudiantes se entregan voluntariamente a la policía, siendo trasladados al Castillo Libertador de Puerto Cabello. La población reacciona con indignación: los trabajadores paralizan el comercio y el tranvía y se producen protestas espontáneas en Caracas. Ante la inesperada reacción, a los 12 días, el Gobierno libera a los estudiantes, pero Pío Tamayo permanece encerrado, incomunicado y con grilletes y contrae tuberculosis. Es liberado siete años después, cuando su estado de salud es irreversible y muere a los pocos meses. Otro estudiante, Guillermo Prince Lara, muere de tuberculosis mientras luchaba como guerrillero contra el régimen de Gómez.

El 7 de abril de 1928, un grupo de estudiantes, entre quienes destacan Jóvito Villalba y Rómulo Betancourt, se unen a un complot organizado por jóvenes militares que pretendían tomar simultáneamente el Cuartel San Carlos y el Palacio Presidencial de Miraflores. El complot había sido develado y el general Eleazar López Contreras, comandante de la Guarnición de Caracas, pudo preparar una exitosa defensa del cuartel. Aunque los sublevados toman Miraflores, la toma del Cuartel San Carlos, sin cuyo arsenal hubiera sido imposible que las tropas leales pudieran defender Miraflores, fracasa. La persecución posterior fue tan feroz que nadie se atrevió a acoger a los alzados. Algunos complotados terminan en la cárcel y otros en el exilio. Jóvito Villalba se exilia en Trinidad y Rómulo Betancourt escapa a Curazao desde Puerto Cabello como polizón en el barco de vapor Táchira.

Al comienzo, los estudiantes del 28 buscan un cambio de régimen por la vía armada, la "etapa garibaldiana". De Curazao, Betancourt sale para Haití y de allí a la República Dominicana para incorporase a la "expedición del Falke". En marzo de 1929, algunos exiliados venezolanos habían fundado en París la Junta Suprema de Liberación Nacional con el propósito de invadir a Venezuela. La junta nombra comandante en jefe al general Román Delgado Chalbaud. En Hamburgo, los revolucionarios reciben el buque de vapor alemán Falke y varias cajas de ametralladoras. En el puerto polaco Gdynia reciben 1.400 cajas adicionales de viejos fusiles alemanes modelo 88 y dos millones de cartuchos en municiones. El 19 de julio de 1929, el Falke parte hacia Venezuela. En la isla La Blanquilla, cambia su nombre a General Anzoátegui y es abordado por cientos de revolucionarios. En la tripulación del Falke iban Carlos Delgado Chalbaud, hijo del comandante de la expedición, y José Rafael Pocaterra. En la República Dominicana, Rómulo Betancourt y Raúl Leoni se embarcan en la goleta La Gisela para unirse al Falke en la invasión, pero el buque hace aguas y debe regresarse. El 11 de agosto de 1929, los revolucionarios asaltan Cumaná, pero la conspiración había sido develada y el Ejército los estaba esperando. La expedición termina en una masacre en la que mueren Román Delgado Chalbaud y varios estudiantes.

Los estudiantes del 28 eran un grupo ferviente y romántico sin formación política cuya única aspiración era derrocar al régimen de Gómez y hacer cambios sociales. El fracaso del Falke y la muerte de varios compañeros estudiantes hacen que Villalba, Betancourt, Leoni y otros repiensen lo poco factible de la vía insurreccional y rompen lazos con los antiguos caudillos liberales. En 1931, Betancourt se une a Raúl Leoni y otros exiliados en Barranquilla, donde fundan la Agrupación Revolucionaria de Izquierda (ARDI), y el 22 de marzo de ese año suscriben el Plan de Barranquilla. Dicho documento es el primer esbozo de lo que sería la doctrina política del partido Acción Democrática. El documento identifica el despotismo, la estructura semifeudal de la tierra y la penetración del capitalismo extranjero como las principales causas de los problemas socioeconómicos de Venezuela y propone como objetivo cambiar la estructura social del país. Para ello plantea un "programa mínimo", demandando el manejo civil de la cosa pública, garantías a la libertad de expresión, asociación, reunión y libre tránsito, un cambio en la estructura semifeudal de la tierra, la confiscación de los bienes de Gómez, sus familiares y sus servidores, una profunda reforma agraria que permita la explotación de la tierra "por el pueblo y no por jefes revolucionarios triunfantes", la "creación de un tribunal de salud pública que investigue y sancione los delitos del despotismo", la revisión de los contratos y concesiones petroleras, la nacionalización de los monopolios naturales, reivindicaciones sociales para los trabajadores, una intensa campaña de alfabetización y de fomento de la educación y la convocatoria a una asamblea constituyente que reformara la Constitución y revisara las leyes más urgentes. Con sus adaptaciones, ese programa se implementará en Venezuela durante los siguientes 50 años. Los estudiantes del 28 permanecerían en el exilio hasta la muerte de Gómez.

A la muerte del Benemérito en 1935, con el respaldo de las Fuerzas Armadas, los ministros de Gómez designan Presidente de la República al ministro de Guerra y Marina, general Eleazar López Contreras. A las horas, se producen violentas protestas espontáneas, la gente saquea los principales símbolos del régimen y las propiedades de sus más notorios representantes. El gobernador del Distrito Federal, Rafael María Velasco, ordena a la policía dispararle a una multitudinaria asamblea reunida en la Plaza Bolívar, causando decenas de muertos, pero las protestas continúan. El Gobierno destituye a Velasco y lo reemplaza por el general Félix Galavís. El 21 de diciembre, Eustoquio Gómez, primo de Juan Vicente, es asesinado por una muchedumbre que se encontraba en los alrededores de la Gobernación del Distrito Federal. A finales de mes las protestas se habían calmado.

El nuevo régimen inicia una apertura política. Libera a los presos políticos y permite el regreso de los exiliados. En Caracas, Alberto Adriani, Mariano Picón Salas y Rómulo Betancourt fundan el Movimiento de Organización Venezolana (ORVE); los comunistas organizan el Partido Republicano Progresista (PRP). En Maracaibo, Valmore Rodríguez funda el Bloque Nacional Democrático (BND). Jóvito Villaba refunda y es electo presidente de la Federación de Estudiantes de Venezuela y Mercedes Fermín funda Acción Cultural Femenina. También se organizan varios sindicatos. José González Navarro funda Vanguardia Democrática, Alejandro Oropeza Castillo y Humberto Hernández crean la Asociación Nacional de Empleados (ANDE) y Ramón Quijada el Frente Obrero.

A principios de 1936, se inicia una controversia sobre si el Congreso gomecista debía continuar. En febrero, el gobernador Félix Galavís suspende las garantías constitucionales en el Distrito Federal, ocasionando una airada protesta que lidera Jóvito Villalba. El gobernador Galavís responde el 14 de febrero ordenando a la policía disparar contra una multitud aglutinada en la Plaza Bolívar, lo que resulta en una masacre. La población responde con violencia y una marcha de unas 50 mil personas hacia el Palacio de Miraflores. El presidente López Contreras acepta dialogar y deroga el decreto de Galavís, a quien ordena enjuiciar. Para dar una imagen de apertura, López Contreras se deslinda de las más emblemáticas figuras del gomecismo, confisca la herencia de Gómez e incorpora al gabinete a algunos liberales amarillos. Asimismo, nombra ministro de Agricultura al líder de ORVE, Alberto Adriani, ministro de Educación a Rómulo Gallegos y ministro de Sanidad a Enrique Tejera, y anuncia el Programa de Febrero, un plan trienal con una serie de reivindicaciones económicas y sociales, y promulga nuevas leyes del trabajo y de hidrocarburos.

En marzo, ORVE, el PRP y la Unión Nacional Republicana constituyen el Bloque de Abril para pedirle al Congreso gomecista que se autodisuelva y convoque elecciones para elegir a un nuevo Congreso. Los demás grupos opositores apoyan la iniciativa y se organizan protestas masivas. El Gobierno ignora las protestas y el 25 de abril el Congreso ratifica a López Contreras como presidente para el período 1936-1943. López Contreras, no obstante, reduce su período presidencial hasta 1941.

Ante la presión para disolver el Congreso, López Contreras ofrece una reforma de la Constitución, pero revierte ese proceso en mayo con la aprobación de la Ley de Orden Público, que restringía el derecho de asociación y reunión, prohibía las huelgas con fines políticos, permitía disolver reuniones con armas de fuego y prohibía la difusión de ideas comunistas, anarquistas, nihilistas o terroristas. En reacción, la Federación Obrera de Venezuela convoca a una gran manifestación el 9 de junio, respaldada por todos los grupos opositores, y una huelga general indefinida que paraliza al país. A los pocos días, la huelga cede. Un mes más tarde, se aprueba una nueva Constitución que establece un congreso bicameral y la elección del presidente por el Congreso. Los senadores serían electos por las asambleas legislativas y los diputados por los concejales de los respectivos estados del país. Los diputados de las asambleas legislativas eran electos por "los venezolanos varones, mayores de veintiún años, que sepan leer y escribir", las mujeres que cumplían los mismos requisitos podían participar en las elecciones de los consejos municipales. El período presidencial se reduce a cinco años, el cual López Contreras voluntariamente recorta a cuatro, y se prohíbe la reelección inmediata.

Con el fracaso de la huelga, el Gobierno aumenta la represión, destituye a los ministros Rómulo Gallegos y Enrique Tejera, quienes mantenían nexos con los opositores, encarcela a los principales líderes de la huelga y publica el "Libro rojo", un conjunto de documentos seleccionados por la policía para acusar de comunistas a los principales líderes opositores. Los partidos opositores, no obstante, continúan organizándose y penetrando los movimientos de trabajadores; de estos, el más poderoso era el Sindicato de Trabajadores Petroleros del Zulia. En diciembre de 1936, se organiza en Caracas el Primer Congreso de Trabajadores de Venezuela, de mayoría comunista, el cual decide crear la Confederación Venezolana de Trabajadores (CVT) y respaldar una huelga petrolera que había estallado el 14 de diciembre. Luego de 37 días, la huelga cede, los trabajadores obtienen un bolívar diario de aumento de sueldo y un bolívar adicional para quienes no vivían en las barracas de las compañías. Al terminar la huelga, el Gobierno aumenta la represión contra los sindicalistas de ORVE, el PRP y el BND, principales organizadores de la huelga.

A mediados de 1936, ante la creciente represión, las fuerzas opositoras sienten la necesidad de aglutinarse en un solo partido. La propuesta la hace Valmore Rodríguez (BND). El 31 de octubre de 1936, en la sede de ORVE, acuerdan unificar todas las izquierdas en el Partido Democrático Nacional (PDN). El nuevo partido solicita su legalización y elige a su figura más popular, Jóvito Villalba, como su secretario general; de secretario de organización elige a Rómulo Betancourt, pero el gobernador del Distrito Federal rehúsa aprobarla alegando que sus líderes eran de orientación comunista. En enero y febrero de 1937, el Gobierno ordena arrestar y exiliar a cuarenta y siete dirigentes políticos acusados de afiliación comunista y la disolución de los partidos ORVE, PRP y BND. De los 47, solo Rómulo Betancourt, Alejandro Oropeza Castillo y Juan Bautista Fuenmayor logran evadir la persecución policial y sumergirse en la clandestinidad. Como Jóvito Villalba sale al exilio, Betancourt asume la secretaría general del PDN. Betancourt utiliza al subsecretario general, Luis Augusto Dubuc, como enlace con los demás miembros del partido y recluta a estudiantes universitarios para construir un PDN clandestino: Leonardo Ruiz Pineda organiza el partido en el estado Bolívar, Jesús Ángel Paz Galarraga en la Universidad Central, Luis Manuel Peñalver en el oriente del país, Luis Lander en el Distrito Federal, Alberto Carnevali en el estado Mérida y Eligio Anzola Anzola en el estado Lara. A nivel local, establecen comités de base de 5 a 8 personas cada uno y reclutan a líderes obreros como el presidente de ANDE, Alejandro Oropeza Castillo, y los jefes de los trabajadores del transporte y de la construcción, Humberto Hernández y Juan Herrera. El PDN organiza una fracción obrera presidida por Luis Hurtado.

Su habilidad para burlar la seguridad del Estado hace de Betancourt un mito del cual surgen muchos cuentos e historias que lo convirtieron en un héroe popular, especialmente en los sectores más pobres. Para mantenerse fuera del alcance de la policía, Betancourt iniciaba sus actividades a las 9:00 pm y regresaba en la madrugada a su sitio de alojamiento para escribir su columna diaria en el periódico *Ahora*, la cual publicaba con el pseudónimo de Carlos Roca, lo que permite dar a conocer su pensamiento político. En su trabajo de formación ideológica, Betancourt se reúne con los distintos comités para hablarles sobre la doctrina de AD.

Una vez organizado a nivel nacional, el PDN ordena el retorno clandestino de algunos líderes en el exilio, entre ellos Jóvito Villalba, quien ingresa al país a finales de 1938. Dos incidentes provocarían la ruptura entre los dos amigos. Primero, a pesar de que Betancourt le cede el liderazgo de la organización a Villalba, Jóvito encuentra que había perdido el control y le cede el liderazgo a Betancourt. Segundo, Betancourt mantenía la tesis de que era necesario construir un partido nacionalista y policlasista, en el cual tuviesen cabida gentes de todas las clases sociales. Jóvito pensaba en un partido obrero, lo que lo ubicaba ideológicamente cerca de los comunistas, con quienes Betancourt no comulgaba. La ruptura ocurre cuando Villalba, argumentando que la presencia de Betancourt fortalecía la línea dura del Gobierno, propone que ambos salieran del país. Cuando la dirección nacional del PDN vota la propuesta, con la excepción del voto de Villalba, se acuerda por unanimidad que ambos líderes permanezcan en el país. Villalba rehúsa aceptar la decisión, renuncia al PDN y se va a Colombia. La ruptura de Betancourt con los comunistas también fue temprana y por la misma razón. Juan Bautista Fuenmayor, quien se había convertido en el líder del ala comunista del PDN, se empeña en convertirlo en un partido obrero y en un brazo del Komintern[12], a lo cual Betancourt se opone con determinación. En 1938, los comunistas se separan del PDN y fundan el Partido Comunista de Venezuela (PCV). El 20 de octubre de 1939, la policía captura finalmente a Betancourt y lo envía al exilio en Chile. Cuando Betancourt sale para el exilio, deja en funcionamiento un partido organizado a nivel nacional, se había convertido en el líder político más popular del país y sus ideas estaban bien extendidas y difundidas. Betancourt es sucedido en su función como secretario general del PDN por Raúl Leoni.

Mientras tanto, el proceso de elección del próximo presidente seguía su curso. La elección de los consejos municipales y las asambleas legislativas se había llevado a cabo en 1937. La participación opositora fue difícil. En un ambiente de represión política, el Gobierno tenía un

---

12   El Komintern es una abreviación (en ruso) de la Internacional Comunista. También se le conoce como la Tercera Internacional. Fue una creación de Lenin cuyo objetivo era crear una organización comunista internacional que promoviera el comunismo a nivel mundial, batallando en todas las formas posibles, incluyendo la guerra si fuera necesario, para derrocar a la burguesía internacional y crear una república soviética internacional como una transición hacia la completa abolición del Estado.

presupuesto que administraban los presidentes de estado para promover a sus candidatos. La oposición organizada estaba proscrita y la ley limitaba la organización de actos públicos críticos al Gobierno. La prensa independiente era acechada, varios periódicos fueron clausurados y varios periodistas enjuiciados por vilipendio. El presidente López Contreras participaba en la campaña pronunciando virulentos discursos contra los candidatos opositores, que con frecuencia eran enjuiciados y encarcelados por violaciones tan baladíes como irrespetar la Ley de Himno y Bandera al iniciar una reunión pública. En un país donde más de la mitad de la población era iletrada y las mujeres tenían una participación muy limitada, la participación electoral apenas llegaba al 1% de la población. Aun en estas condiciones, el proscrito PDN logra presentar algunas candidaturas y ganar 36 de los 40 cargos de elección popular en Caracas. La Corte Federal no se atreve a anular las elecciones en Caracas, pero sí lo hace en el interior del país, donde declara nulas y sin derecho a la defensa las elecciones en los 5 estados, incluyendo el Zulia, donde la oposición había ganado, argumentando que era una "justicia política no contenciosa". En 1941, con 123 votos, el nuevo Congreso elige presidente al ministro de Guerra y Marina, general Isaías Medina Angarita. Los diputados opositores habían propuesto la "candidatura simbólica" de Rómulo Gallegos, la cual obtiene 13 votos.

Cuando Medina Angarita asume la presidencia, el PDN ya se había convertido en el principal partido de oposición. Aunque Medina Angarita inicia una apertura democrática y, en principio, había libertad de expresión, hacer oposición seguía siendo difícil. El Estado no pagaba publicidad en la prensa crítica al Gobierno y las empresas que se relacionaban con dichos medios se exponían a represalias. Los partidos políticos funcionaban con limitaciones. Al PDN nunca le permitieron ser legalizado, por lo que sus líderes se propusieron legalizar una nueva organización política. Como primer paso, Betancourt le ofrece al novelista Rómulo Gallegos la presidencia del nuevo partido. Para impedirle al Gobierno buscar excusas para su legalización, sus principales líderes, entre ellos Rómulo Betancourt, Raúl Leoni y Gonzalo Barrios, no aparecen en la lista de fundadores. El gobernador del Distrito Federal, Luis Gerónimo Pietri, exige varias veces cambiar los estatutos para adaptarse a la legislación vigente y llenar un extenso cuestionario donde el nuevo partido debía exponer su ideología. En específico, debían probar que defendían la propiedad privada, que estaban en contra de la intervención del Estado en la economía y que tenían una concepción tradicional de la familia. Luego de un largo proceso, el Gobierno aprueba la legalización del partido Acción Democrática (AD), cuyo mitin inaugural se lleva a cabo en el Nuevo Circo de Caracas el 13 de septiembre de 1941.

El Partido Comunista se legalizó sin problemas, a pesar de estar prohibidas las ideas comunistas. La presidencia de Medina Angarita coincide con la entrada de los Estados Unidos en la Segunda Guerra Mundial, la ruptura del Pacto Ribbentrop-Mólotov[13] y la posterior invasión nazi a la Unión Soviética. Moscú ordena a los partidos comunistas de todo el mundo apoyar a los aliados. Esto incluía las dictaduras militares del Caribe, como la de Fulgencio Batista en Cuba. En Venezuela, el PCV apoya todas las iniciativas del Gobierno y participa en la campaña "Con Medina contra la reacción". AD mantiene su línea de pedir una mayor participación del Estado en la riqueza petrolera, la instalación de refinerías en el país, no otorgar más concesiones, la libre sindicalización y la firma de contratos colectivos con los trabajadores.

Los comunistas habían sido hasta entonces la fuerza predominante dentro del movimiento obrero. El Gobierno de Medina les había cedido la administración de la mayoría de las inspectorías del trabajo y, cuando los sindicatos proadecos solicitaban su legalización, dichas solicitudes eran negadas, mientras que las de los comunistas eran aprobadas. Esto había impedido el crecimiento de AD dentro del movimiento sindical organizado. Durante el II Congreso de Trabajadores, en marzo de 1944, unos sindicalistas de AD, argumentado la existencia de "dos tendencias" dentro de la CVT, proponen una directiva presidida por un independiente y dividida en partes iguales entre las "dos tendencias". Juvenal Marcano rebate la propuesta argumentando que "los comunistas" eran mayoría en el movimiento obrero y por ende la directiva debía ser de mayoría comunista. Acto seguido el líder sindical de AD, Ramón Quijada, invita a los delegados de AD a salir del congreso y se nombra una directiva comunista. Habían caído en una celada, la Ley del Trabajo prohibía explícitamente la influencia de los partidos políticos en el movimiento obrero. Cuando la noticia sale publicada en el diario *El Universal*, de los 150 sindicatos que había en Venezuela, 109 eran controlados por los comunistas y debieron ser disueltos por el Gobierno, lo que le permitió a AD controlar el movimiento obrero a partir de entonces.

---

13 Este fue un acuerdo de no agresión entre la Alemania nazi y la Unión Soviética firmado el 23 de agosto de 1939. También incluía acuerdos de cooperación económica. El pacto tenía una cláusula secreta en la que la Alemania nazi y la Unión Soviética se repartían las áreas de influencia en Europa. El pacto cesa cuando Hitler ordena la invasión de la Unión Soviética el 22 de junio de 1941.

En 1942 se organizan nuevas elecciones para elegir a los concejales y diputados a las asambleas legislativas que participarían en la elección del próximo presidente. La participación electoral seguía siendo limitada, el proceso estaba absolutamente controlado por el Gobierno, el ventajismo oficial era repugnante y las irregularidades y prácticas fraudulentas para favorecer a las candidaturas oficialistas eran masivas. En el proceso, 286 de los 302 nuevos diputados regionales y 1.321 de los 1.405 nuevos concejales eran oficialistas. Cuando el período presidencial avanza, el presidente Medina Angarita envía una circular a los presidentes de estado el 15 de abril de 1943 para que promovieran una nueva organización, el Partido Democrático de Venezuela (PDV). La relación entre Medina Angarita y López Contreras se había deteriorado y López quería retornar a la presidencia, lo que hacía peligrar el control del Gobierno sobre el Congreso. También era necesario para impedir el avance de Acción Democrática en la población. La premura eran las elecciones municipales y estadales en 11 estados ese año. El mayor clima de libertades permitió que cada partido tuviera su periódico. AD tenía *El País*, el PCV editaba *¡Aquí Está!* y el PDV imprimía *El Tiempo*; sin embargo, a comienzos de 1945, todo indicaba que el presidente Medina Angarita seguía siendo el gran elector, pero el escenario pronto cambiaría. El único partido de oposición, Acción Democrática, exigía una reforma constitucional que permitiera la elección del presidente y el Congreso en elecciones universales, directas y secretas. La reforma constitucional que promovía el Gobierno aceptaba la elección directa de los diputados, pero no establecía el voto de la mujer ni el sufragio universal para el Presidente de la República ni el Senado.

Mientras tanto, el mundo castrense se estremecía. Una nueva generación de militares formados en la Academia Militar, agrupados en la Unión Patriótica Militar (UPM), conspiraba contra el régimen. Estaban descontentos porque las cúpulas militares seguían siendo controladas por generales de montoneras sin preparación alguna que rehusaban retirarse para darles paso a los oficiales de escuela. Los líderes de la UPM, los mayores Marcos Pérez Jiménez y Julio César Vargas y el teniente Martín Márquez Áñez, deciden buscar apoyo civil para una insurrección y para ello contactan a Edmundo Fernández, quien sirve de intermediario con Rómulo Betancourt.

Luego de consultar con su partido, la cúpula de AD inicia conversaciones con los militares. Buscando una salida pacífica, con la convicción de que ganarían unas elecciones directas, universales y secretas, sin ningún contacto previo con el Gobierno, Betancourt y Leoni viajan a Washington para entrevistarse con el embajador venezolano ante la Casa Blanca, Diógenes Escalante, para que aceptara la candidatura presidencial. Escalante también era bien visto por Medina Angarita como posible sucesor. Betancourt y Leoni le plantean a Escalante que si el próximo presidente no se comprometía a impulsar una reforma constitucional que incluyera el sufragio universal, directo y secreto para elegir al Presidente de la República, era inevitable una insurrección cívico-militar. Escalante acepta ser candidato y se compromete a impulsar reformas democráticas. La candidatura de Escalante le permite a AD convencer a la UPM de desistir de la intentona, pero Escalante sufre un colapso cerebral dos meses después y debe abandonar la carrera presidencial. Ante esta situación, AD propicia la elección de un presidente sin militancia partidista que se comprometiera a convocar elecciones en un año, pero el presidente Medina se empeña en nombrar sucesor a su ministro de Agricultura, Ángel Biaggini. Mientras tanto, la candidatura de López Contreras, de quien había sospechas de que planeaba un golpe de Estado, lucía indetenible. Las sospechas se acrecientan con un discurso que López pronuncia el 14 de octubre de 1945, en el que afirma que contra "la amenaza de retroceso institucional que se cernía sobre la patria", tenía en su casa el uniforme de general en jefe "y no colgado de una percha". Ante esta situación y la decisión de la UPM de alzarse con o sin el apoyo de AD, Acción Democrática decide a última hora sumarse al movimiento insurreccional que derroca a Medina Angarita el 18 de octubre de 1945.

La Revolución de Octubre ha sido uno de los eventos más controversiales de la historia venezolana moderna. Sus defensores lo presentan como el comienzo de una época de renacimiento de la libertad y el civilismo en contra del militarismo. Sus detractores, partidarios de la herencia de Gómez y el Partido Comunista, afirman que solo fue un golpe de Estado. A medida que los protagonistas han ido desapareciendo, la historia ha obligado a una nueva lectura. Hay tres consecuencias irreversibles que hacen del 18 de Octubre de 1945 una revolución. Primero, la herencia del caudillismo del siglo XIX desaparece para siempre del protagonismo político venezolano. Segundo, los venezolanos adquieren el derecho al sufragio universal, directo y secreto; nunca más alguien cuestionó la participación popular en los procesos electorales como mecanismo de legitimación del poder político. Tercero, el desarrollo social de los más necesitados, especialmente en materia de educación y salud, adquiere un impulso tal que ha permanecido en primera plana de la agenda pública hasta nuestros días.

El Trienio

La conquista de la democracia no termina con la conquista del sufragio universal, directo y secreto en 1945. A pesar de los logros y avances en todas las áreas, el régimen democrático que nace con la Revolución de Octubre apenas duraría tres años. Ocho meses después de asumir como el primer presidente electo por el sufragio universal, directo y secreto, con 74% de los votos, Rómulo Gallegos es depuesto por una cruel dictadura militar que duraría casi diez años. Los venezolanos pagaron con sangre, presidio, exilio y mucho miedo los terrores de la nueva dictadura.

El 24 de octubre de 1945 se constituye una Junta Revolucionaria de Gobierno presidida por Rómulo Betancourt e integrada por Gonzalo Barrios, Raúl Leoni, Luis Beltrán Prieto Figueroa, el mayor Carlos Delgado Chalbaud, el capitán Mario Ricardo Vargas y Edmundo Fernández. Por primera vez en el siglo XX Venezuela era gobernada por gente no vinculada al general Gómez. El nuevo régimen, conocido como el Trienio, emprende una serie de reformas políticas, económicas y sociales que en la actualidad son ampliamente aceptadas, incluso por sus iniciales detractores, y que constituyen la base de la Venezuela moderna. Entre sus primeras acciones, la junta incapacita a sus miembros para postularse a la presidencia, ordena la detención y extradición de los expresidentes López Contreras y Medina Angarita y sus más destacados colaboradores, disuelve los cuerpos deliberantes y el Consejo Supremo Electoral y designa una comisión integrada por Andrés Eloy Blanco, Lorenzo Fernández, Luis Hernández Solís, Nicomedes Zuloaga, Germán Suárez Flamerich, Martín Pérez Guevara, Ambrosio Oropeza y Luis Eduardo Monsanto para que redacte un nuevo estatuto electoral y proponga un proyecto de Constitución. Durante el Trienio se disfruta de amplia libertad de prensa y de expresión y se fortalecen los sindicatos y la Confederación de Trabajadores de Venezuela (CTV).

El nuevo estatuto electoral concede el derecho al sufragio por primera vez en la historia "a todos los venezolanos mayores de 18 años, sin distinción de sexo" y el derecho a ser elegido a todos los venezolanos mayores de 21 años. Crea un Consejo Supremo Electoral independiente del Ejecutivo, con representación de todos los partidos políticos. El único papel del Gobierno sería proveer fondos fiscales para su funcionamiento. También se establece el principio de representación de las minorías.

Con la revolución, Acción Democrática sale fortalecida, especialmente en los sectores más pobres, la clase media y el movimiento sindical. Su ascenso al Gobierno implica una reestructuración que mantiene a

Rómulo Gallegos y Andrés Eloy Blanco como presidente y vicepresidente del partido y asciende a Alberto Carnevali a la secretaría general. En los meses que siguen son legalizados 13 partidos políticos, entre ellos el Comité de Organización Política Electoral Independiente (Copei) y Unión Republicana Democrática (URD). El PCV había sido legalizado por Medina.

Inicialmente, en Copei militaban dos corrientes políticas. La primera era un grupo católico liderado por Rafael Caldera, partidario del *Rerum novarum*, que había participado en la Unión Nacional de Estudiantes (UNE). Caldera había colaborado con el Gobierno de López Contreras y no tuvo actividad pública relevante durante el Gobierno de Medina Angarita. El segundo grupo incluía principalmente a antiguos gomecistas que luego abandonarían sus filas para apoyar la dictadura de Pérez Jiménez. Caldera fue el primer procurador general de la nación durante el Trienio. Inicialmente, Copei fue un fuerte partidario de la Revolución de octubre, pero pronto se convierte en uno sus más acérrimos críticos por la controversia acerca del rol de la Iglesia católica en la educación y su oposición a que los miembros de los gobiernos gomecistas fuesen juzgados por malversación de fondos públicos, aunque apoyaba que fuesen juzgados aquellos que hubiesen incurrido en peculado.

URD siempre fue una amalgama. Su núcleo inicial estaba compuesto por partidarios del medinismo que apoyaron la candidatura de Rafael Vegas en vez de la de Ángel Biaggini dentro del PDV. Al mes de fundado, Jóvito Villalba se une a URD y se convierte en su principal líder. Aunque Villalba nunca militó en el PDV, en ese entonces se había acercado al medinismo y enviado un mensaje de respaldo público a la candidatura presidencial de Biaggini. Durante el Trienio, un número creciente de lopecistas y medinistas se unen a URD. También militan en URD algunos vestigios del gomecismo y grupos de demócratas que no congeniaban con AD, como Luis Ignacio Arcaya, quien inicialmente había apoyado la Revolución de octubre hasta que en enero de 1946 es detenido durante 45 días, acusado de conspirar contra la Junta de Gobierno. Al salir, Arcaya se distancia de AD y se une a URD.

Los comunistas se habían dividido durante el Gobierno de Medina entre los partidarios del fundador del PCV, Juan Bautista Fuenmayor, y el grupo de los Machimiques, dirigido por los hermanos Gustavo y Eduardo Machado. Al principio, ambos grupos se oponen a la Revolución de octubre pensando que era liderada por López, pero cuando se enteran de que el golpe era dirigido por Betancourt, Fuenmayor declara su neutralidad, aunque los hermanos Machado defienden a Medina hasta el final. Un grupo de Machimiques liderado por Luis Miquilena rehúsa permanecer en el PCV y organiza el Partido Revolucionario Proletario (PRP). A este grupo pertenecen también Rodolfo Quintero y Cruz Villegas. El Consejo Supremo Electoral le asigna al PCV el color rojo y al PRP el color negro y, desde entonces, ambos grupos eran usualmente identificados como comunistas rojos y comunistas negros.

Durante el Trienio se llevan a cabo tres procesos electorales, en todos ellos la participación electoral sobrepasa el 90% y AD obtiene más del 70% de los votos. El 27 de octubre de 1946 se elige una Asamblea Nacional Constituyente que legítima el poder *de facto* que ejercía la Junta Revolucionaria de Gobierno y aprueba una nueva Constitución que es proclamada el 5 de julio de 1947. Aparte del sufragio directo, universal y secreto para elegir todos los cargos de representación popular, se le otorga rango constitucional al derecho a organizarse, de huelga, al pago de vacaciones y salario por un día de descanso, al derecho a la tierra para quien la trabaja y al de los trabajadores a disfrutar pensiones e indemnizaciones por despido, la participación de los trabajadores en las utilidades de las empresas y a un sistema de seguridad social y de protección de la salud y la maternidad, independiente del estado civil de la madre. El Estado garantiza el derecho de propiedad y se compromete a construir viviendas baratas para los trabajadores. Se revisa la relación entre el Estado y la Iglesia. Se respeta la libertad de cultos y a la Iglesia se le quita la tutoría ideológica sobre la escuela y se le impide actuar como partido militante. También se aprueba el situado constitucional, según el cual los estados adquieren el derecho a administrar una cuarta parte del ingreso nacional. Sobre la Constitución de 1947, Jóvito Villalba, un enconado adversario de AD, reconoce que era una de las más avanzadas del continente. En las elecciones presidenciales del 14 de diciembre de 1947, el candidato de AD, Rómulo Gallegos, es electo presidente. Copei había postulado a Rafael Caldera y el PCV a Gustavo Machado. URD no postuló candidato.

La alianza entre AD y la logia militar del UPM tendrá consecuencias costosas. El régimen revolucionario estuvo bajo el acecho de elementos militares hostiles desde el comienzo. En 1945, por primera vez en más de 50 años, un civil ejercía la presidencia. Desde 1899, todos los presidentes venezolanos habían provenido de los Andes. Ese fuerte sentimiento regionalista y militarista jugó un papel importante. El primer complot lo organizan unos hermanos Bello en Maracay en enero de 1946, cuando la Guarnición de Maracay se amotina por la molestia de los oficiales de tener a un presidente no andino.

Algunos intentos conspirativos más serios fueron planificados por López Contreras. El expresidente organiza una extensa red que agrupa a los enemigos tradicionales del nuevo régimen, algunos oficiales que habían participado en la Revolución de octubre y una red internacional con tentáculos en los Estados Unidos, Colombia, Trinidad, Puerto Rico, Nicaragua y República Dominicana. Sus principales financistas fueron los dictadores Rafael Leónidas Trujillo de República Dominicana y Anastasio Somoza de Nicaragua. Trujillo le suministra rifles, ametralladoras, piezas de artillería y hasta aviones y Somoza le provee territorio para instalar bases. Siendo que la mayoría de los miembros de las Fuerzas Armadas eran andinos, López Contreras inicia una campaña contra Betancourt calificándolo de segregacionista y antiandino y planifica dos intentos de invasión. El primero se frustra cuando el coronel Julio César Vargas intenta tomar Mérida en enero de 1946. El segundo se desmantela cuando la policía estadounidense arresta a mediados de ese año a dos exfuncionarios que habían robado armas excedentes del Gobierno estadounidense para fomentar una guerra civil planeada por el general López Contreras. En Venezuela, el jefe de la conspiración era el general gomecista José Antonio González. Más severa fue la intentona del 11 de diciembre de 1946, cuando grupos insurrectos capturan la Guarnición de la Fuerza Aérea en Maracay y logran controlar las ciudades de Trujillo y Valencia; esta intentona también fracasó. En la insurrección participa Juan Pérez Jiménez, hermano de Marcos Pérez Jiménez.

Con el militarismo en boga, desde la Argentina, Juan Domingo Perón promueve la doctrina del Grupo de Oficiales Unidos (GOU), una logia militar anticomunista que se oponía a la influencia y participación de los civiles en los asuntos castrenses y al apoyo argentino a los aliados en la Segunda Guerra Mundial. A comienzos de 1948, Marcos Pérez Jiménez viaja a la Argentina y a su regreso comienza una intensa campaña desmoralizadora dentro del Ejército en contra del régimen democrático. Pérez Jiménez había quedado fuera de la Junta Revolucionaria de Gobierno en 1945 por haber sido apresado por las fuerzas leales a Medina antes de comenzar la insurrección y porque sus compañeros de armas no propusieron su nombre como posible integrante de la Junta de Gobierno. No obstante, Pérez Jiménez siempre culpó a Betancourt y comenzó a cultivar el odio contra el experimento democrático.

En un acto inconexo, el Gobierno estadounidense reconoce al Gobierno de facto del general Manuel Odría en Perú, producto de un golpe de Estado el 1º de noviembre de 1948. Los conspiradores venezolanos interpretaron dicho reconocimiento como el visto bueno de Washington para repetir la misma tarea en Caracas. El 24 de noviembre de 1948, un pronunciamiento militar depone y detiene al presidente Gallegos. El presidente del Congreso, Valmore Rodríguez, se traslada a Maracay, donde la principal guarnición de esa ciudad, al mando del teniente coronel José Manuel Gámez, se mantiene leal al Gobierno constitucional, pero las tropas de la guarnición deciden acatar las órdenes de Caracas. Gámez renuncia al mando y Rodríguez es detenido. En la calle, el estudiantado se amotina, los trabajadores petroleros van a la huelga, los militantes de AD se tirotean con el Ejército y se producen numerosos brotes de protesta popular en todo el país, pero el Ejército los aplasta fácilmente y una nueva dictadura militar que duraría diez años se instala en Venezuela.

Venezuela bajo el signo del terror

El 7 de diciembre de 1948, la Junta Militar disuelve el partido Acción Democrática y sus sedes son asaltadas y saqueadas por las tropas del Ejército y la policía. Copei, URD y las dos facciones comunistas obtienen la promesa de actuar libremente, aunque son muy vigilados y se les prohíbe organizar actos de masas. Ningún partido condena la deposición violenta del presidente Gallegos y algunos militantes de URD y Copei incluso aceptan cargos en el Gobierno militar. El principal problema de la Junta Militar era su legitimidad. Los militares argumentan que, aunque AD había ganado las elecciones, mantenía al país en estado de continua agitación, que la Constitución tenía vicios fundamentales y que había un desbarajuste permanente, a pesar de contradecirse cuando también afirmaban que dichas dificultades se hubiesen podido solucionar con un "simple cambio de gabinete". A nivel internacional, el embajador de la Junta Militar en Washington, José Rafael Pocaterra, acusa a AD de ser "comunista", algo que los adecos siempre habían negado y que los militares de la Junta Militar nunca habían señalado. Más bizarro aún fue que las dos facciones comunistas disfrutaban de relativa libertad, editando incluso sus propios periódicos y participando en cargos menores en el Gobierno.

Pronto aparece un conflicto dentro de la Junta Militar. Tanto Carlos Delgado Chalbaud como Marcos Pérez Jiménez aspiran a ser presidentes. Delgado Chalbaud era un militar asimilado de familia adinerada que tenía el respaldo de sectores civiles influyentes. Pérez Jiménez era el típico militar andino de carrera egresado de la Escuela Militar que se identificaba y contaba con el apoyo de la oficialidad. Delgado Chalbaud ofrece convocar a elecciones; Pérez Jiménez es más cauto. El conflicto se resuelve el 13 de noviembre de 1950 en la mañana, cuando Delgado Chalbaud sale de su casa y es secuestrado por un grupo de hombres armados y en estado de embriaguez. En una discusión, el jefe de la banda, Simón Urbina, pierde el conocimiento luego de ser herido accidentalmente. Delgado Chalbaud es llevado a una quinta donde forcejea con los secuestradores, quienes lo matan. Urbina se refugia en la Embajada de Nicaragua, desde donde le escribe una carta a Pérez Jiménez pidiéndole respaldo. A Urbina lo convencen de salir de la embajada para ser trasladado a una clínica privada, pero, en cambio, la policía política, la Seguridad Nacional, lo lleva a la cárcel de El Obispo, donde lo asesinan. Con el asesinato de Delgado Chalbaud, Pérez Jiménez se convierte en el hombre fuerte del régimen. La autoría intelectual del crimen nunca se esclareció y, aunque el expediente sumario documenta muy bien su conexión con Urbina, Pérez Jiménez nunca es llamado a declarar. La viuda de Delgado Chalbaud es detenida y enviada al exilio y siempre culpó a Pérez Jiménez del asesinato de su marido. Ante las crecientes sospechas de su autoría intelectual, Pérez Jiménez se inhibe de asumir directamente el poder y nombra a un civil, Germán Suárez Flamerich, presidente de una junta de gobierno que además integran el mismo Marcos Pérez Jiménez y Felipe Llovera Páez.

Sintiéndose seguros, el Gobierno convoca elecciones para elegir una Asamblea Constituyente en las que participan Copei, URD y el Frente Nacional Electoral Independiente (FEI), un partido político fundado con el único propósito de apoyar a Pérez Jiménez. La proscrita Acción Democrática al principio llama a la abstención, pero luego le da libertad a su militancia para participar en el proceso; el PCV apoya a URD. El síntoma más importante de que las cosas andaban mal para el Gobierno ocurre pocos días antes de las elecciones en un mitin de URD en el Nuevo Circo de Caracas, cuando unos dirigentes de la juventud de AD piden un minuto de silencio a la memoria de Leonardo Ruiz Pineda, secretario general de AD, quien había sido recientemente asesinado por la Seguridad Nacional. La multitud entera se pone de pie ondeando pañuelos blancos, el color que simboliza al partido AD.

Las elecciones se realizan el 30 de noviembre de 1952. La participación ciudadana es masiva y los primeros resultados oficiales dan ganador a URD con 54% de los votos versus 25% del FEI. Copei obtiene 15%, pero el 1º de diciembre, el Gobierno interrumpe bruscamente la transmisión de resultados y obliga a las radiodifusoras a transmitir solo música y avisos comerciales. El 2 de diciembre en la noche, el coronel Marcos Pérez Jiménez anuncia que la Junta de Gobierno había renunciado y que el Alto Mando Militar lo había nombrado presidente provisional. Ante el atropello, el Consejo Electoral renuncia y sus miembros son detenidos, pero un nuevo Consejo Electoral valida el fraude anunciando que el FEI había obtenido la mayoría absoluta. URD y Copei rehúsan participar en esa Constituyente. A los pocos días, la nueva Asamblea Constituyente se reúne y nombra oficialmente a Pérez Jiménez presidente constitucional para el período 1953-58. De los 104 diputados electos, solo 71 se presentan en la ceremonia, de los cuales 21 eran suplentes.

A los pocos días, el nuevo ministro de Relaciones Interiores, Laureano Vallenilla Lanz, invita a Jóvito Villalba, Luis Ignacio Arcaya, Luis Hernández Solís y otros líderes de URD a una reunión, garantizándoles su seguridad. Pero al salir de la reunión son arrestados y deportados y URD es ilegalizado. A partir de entonces, la dictadura arrecia. El poder político de Pérez Jiménez es absoluto. El régimen militar organiza el Nuevo Ideal Nacional, una intensa campaña propagandística para exaltar los valores patrios que tenía a Simón Bolívar como inspirador y guía, e implementa una política internacional de alianzas con las dictaduras latinoamericanas, especialmente con Rafael Leónidas Trujillo en República Dominicana, Anastasio Somoza en Nicaragua, Manuel Odría en Perú, Fulgencio Batista en Cuba y Juan Domingo Perón en Argentina.

Luego del golpe de Estado, la Junta Militar suspende las garantías constitucionales, restablece la Constitución de 1945, asume directamente todos los poderes públicos, restringe la libertad de prensa y permite el retorno de López Contreras y Medina Angarita, a quienes les restituye sus bienes. El presidente Gallegos, sus ministros y casi la totalidad de los senadores y diputados de Acción Democrática son arrestados. Rómulo Betancourt es objeto de un intento de asesinato en la Embajada de Colombia, donde se había refugiado. La Junta Militar se niega a darle el salvoconducto y la policía cerca la embajada, pero la intervención del presidente chileno Gabriel González Videla ante la OEA la obliga a otorgárselo siete semanas después. A causa de este incidente, la Junta Militar rompe relaciones diplomáticas con Chile. Betancourt sale al exilio a Cuba y luego a Washington. En 1950 regresa a La Habana, donde permanece hasta que el golpe de Estado del general Fulgencio Batista en marzo de 1952 lo obliga a mudarse a Costa Rica, donde permanece dos años. De allí debe salir por la presión de las dictaduras de Venezuela y Nicaragua y se establece en Puerto Rico hasta 1957, cuando se muda a Nueva York para poder ocuparse más fácilmente de los asuntos de Venezuela y donde permanece hasta la caída de la dictadura.

La prensa afecta a Acción Democrática es clausurada. El director y la jefa de información del diario *El País*, Luis Troconis Guerrero y Ana Luisa Llovera, son detenidos. Los diarios *Fronteras* de San Cristóbal, *El Día* de Valencia, *Honda* de Coro, *Atalaya* de Mérida, *Acción* de Valera y muchos otros son clausurados. Después del fraude de 1952, *El Gráfico*, un diario pro-Copei, también es clausurado y su jefe de redacción, Luis Herrera Campins, es encarcelado y enviado al exilio. Igual ocurre con el *Semanario URD* y su jefe de redacción, Santiago Gerardo Suárez, y con la revista *Signo* y su director, Alfredo Tarre Murzi. Incluso revistas literarias como *El Perfil* y *La Noche*, de los poetas Vicente Gerbasi y Juan Sánchez Peláez, son cerradas. Otros diarios importantes como *Panorama* de Maracaibo y *Últimas Noticias* de Caracas son obligados a ser vendidos a empresarios partidarios del Gobierno.

En su primer día, la Junta Militar crea una Junta de Censura dirigida por el ex jefe civil gomecista Vitelio Reyes y el líder juvenil comunista Edwin Burguera, cuya misión era censurar y delatar a periodistas disidentes. El diario *El Nacional* es cerrado varios días en 1949 por interpolar en un texto la frase "Los Tres Cochinitos", apodo popular que se le daba al triunvirato militar. Por la misma razón, el diario *El Universal* también es multado. Un punto de inflexión ocurre cuando *El Nacional* publica una foto de Hitler y Franco sin comentarla el día que la Junta Militar reanuda relaciones diplomáticas con España. El Gobierno clausura *El Nacional* varios días, detiene a todo su personal, solo permite columnistas prorrégimen y expulsa del país a los articulistas Juan Liscano, Luis Esteban Rey, J. M. Siso Martínez y Lucila Velásquez. Los periodistas José González González y Julio Ramos son apaleados con gavillas por la Seguridad Nacional en 1953 y 1954 por algo que los autores supuestamente querían decir. En 1955, la Seguridad Nacional lanza granadas en la casa de Rafael Caldera por haber escrito un artículo en el diario *El Excélsior* de México, donde elogiaba al poeta Andrés Eloy Blanco con motivo de su trágica muerte en Ciudad de México.

El Gobierno también censura la prensa extranjera. En 1949, Alberto Braun, corresponsal de la agencia francesa AFP, es encerrado en la cárcel El Obispo y expulsado del país por transmitir al exterior información sobre una huelga petrolera. Ese mismo año, la policía asalta la agencia United Press y detiene a sus empleados. En 1950, el jefe corresponsal de Associated Press y los redactores de *Time Magazine*, Henry Wallace y Phillip Payne, son expulsados del país. Se prohíbe la circulación de publicaciones extranjeras como *Bohemia* de Cuba y *El Tiempo* de Bogotá, y también con cierta frecuencia *The New York Times* y el *Time Magazine*.

La represión no se limita a la censura. Desde el primer día, la Junta Militar inicia una "cacería" contra dirigentes y activistas de Acción Democrática. Miles son encarcelados por años sin trámite ni sentencia judicial sino por la sola decisión de algún agente de la Seguridad Nacional. De unos 30 mil presos políticos que existían en 1953, solo unos 100 estaban siendo enjuiciados. Los presos políticos recibían un trato muy cruel. Valmore Rodríguez, ex presidente del Congreso Nacional, no recibió asistencia médica a pesar de haber sufrido dos ataques de trombosis en la cárcel y es expulsado del país cuando su situación de salud era irreversible, para morir en Chile en 1955. Luis Troconis Guerrero tuvo una suerte similar: fue detenido, severamente torturado y finalmente enviado al exilio a Costa Rica, donde muere en 1951. El 8 de octubre de 1949, el Gobierno envía a 23 presos políticos a las colonias móviles de El Dorado, lugar de reclusión de los delincuentes más peligrosos.

La misma suerte de Acción Democrática la tienen los principales sindicatos. Luego del golpe de 1948, se producen huelgas obreras en todo el país y encarcelan a cientos de dirigentes sindicales. El 25 de febrero de 1949, el Gobierno disuelve la Confederación de Trabajadores de Venezuela y, aunque permite el funcionamiento de los sindicatos, estos son severamente acosados. De 1.053 sindicatos que existían en 1948, solo 387 funcionaban en 1950.

Los presos políticos son víctimas de las más severas torturas. Entre las más practicadas estaban las colgaduras por los pies y órganos pudendos, el pingüinazo, el rin, las palizas con peinillas en la cara y otras partes del cuerpo, y descargas con electricidad, entre ellas la picana eléctrica. Muchos presos políticos mueren como consecuencia de las torturas. Numerosas mujeres también son encarceladas y torturadas por razones políticas, algo que nunca había ocurrido en Venezuela y que no ocurrió después hasta el encarcelamiento y tortura de la jueza María Lourdes Afiuni durante el régimen de Hugo Chávez.

Las condiciones carcelarias de los presos políticos eran infrahumanas. Al campo de concentración de Guasina, por ejemplo, ubicado en la selva del Delta del Orinoco, enviaron a más de 900 presos políticos. Simón Ferrer Arévalo describe a Guasina como "...uno de los lugares de la tierra más hostiles a la vida humana. Ubicada a muy pocos metros de altura sobre el nivel normal del Orinoco, su territorio... es casi completamente inundado por las aguas desbordadas del río cada vez que este crece, las cuales, al volver a su cauce, lo hacen dejando toda el área convertida en una gigantesca ciénaga, en un inmenso criadero de larvas. El clima es canicular, oscilando de continuo entre los 38 y 40 °C a la sombra... Las endemias, epidemias y enfermedades en general son allí un azote permanente para el hombre". En Guasina no había acceso al agua potable y el clima, con la continua lluvia, lo convertía en un lugar constantemente rodeado de especies peligrosas como culebras de agua, serpientes venenosas, caimanes y peces caribes. Allí abundan las arañas venenosas, el chipo, el anofeles, las amibas histolíticas, las bacterias del género *Rickettsia*, etc. Los presos en Guasina realizaban trabajos forzados, eran sujetos a severos castigos por faltas como perder una cuchara o ensuciar el uniforme de preso, y dormían sin ningún tipo de protección. Muchos de ellos, incluyendo varios periodistas, mueren debido a las pobres condiciones de vida.

El Gobierno siempre ignoró oficialmente la existencia de Guasina. Una carta pública enviada por Copei a la Junta de Gobierno el 20 de junio de 1952 censurando su existencia, por ejemplo, ocasionó que la dirigencia de ese partido fuese sometida a 48 horas de interrogatorios en la Seguridad Nacional. La protesta internacional sobre Guasina obliga finalmente a su cierre el 18 de diciembre de 1952. Sus prisioneros fueron entonces trasladados al menos hostil campo de concentración de Sacupana. En las cárceles, los presos políticos no tenían ningún tipo de servicio médico ni de acceso a medicinas.

Acción Democrática organiza un movimiento de resistencia. Su primer secretario general, Luis Augusto Dubuc, es detenido en 1949 y es sucedido por Leonardo Ruiz Pineda. Las universidades fueron siempre un foco importante de la resistencia. Los estudiantes y la policía se enfrentaban con saldos de presos, heridos y deportados. En 1949, a petición del rector Eloy Dávila Celis, la policía reprime una protesta en la Universidad de los Andes, donde un estudiante resulta herido con una bala de fusil. El Gobierno clausura la universidad por varios meses. En marzo de 1951, un grupo de profesores universitarios hace una petición pública exigiendo la restitución de las garantías ciudadanas, y el 12 de junio de 1951, las universidades en conjunto emiten otro documento condenando el omnímodo poder del Gobierno *de facto*, el cual responde destituyendo a las autoridades de la Universidad Central de Venezuela y designando rector a Eloy Dávila Celis. La ira de los universitarios conduce a una huelga que el Gobierno responde encarcelando a más de seis mil estudiantes y varios decanos y eliminando la autonomía universitaria. El presidente de la Federación de Centros de Estudiantes, Eduardo González, es enviado a Guasina y el director de la revista estudiantil *Principios*, Gilberto Morillo, es encarcelado y torturado. Las universidades son clausuradas durante más de un año. Al reabrirse en 1952, se reanudan las protestas en solidaridad con los estudiantes presos, ocurren nuevas escaramuzas y el Gobierno clausura indefinidamente la Universidad Central de Venezuela. En febrero de 1953, el Gobierno declara la Ciudad Universitaria "zona militar". Aun así, el 17 de ese mes la universidad amanece pintada de consignas contra la dictadura y la policía arresta a 70 estudiantes. En 1956, una marcha pacífica de estudiantes del Liceo Fermín Toro de Caracas, en protesta por algunos cambios arbitrarios realizados por el Ministerio de Educación sobre el sistema de exámenes, culmina con una brutal represión, con varios muertos y cientos de heridos. Más de 70 estudiantes de secundaria son apresados y torturados por la Seguridad Nacional. Los demás liceos de Caracas protestan y se producen disturbios que terminan con varios muertos adicionales. El Gobierno prohíbe la publicación de cualquier noticia, incluyendo las tarjetas de invitación sobre el entierro de los estudiantes muertos.

Desde el comienzo, el Gobierno se propone doblegar la firma de los contratos colectivos, especialmente los firmados con sindicatos controlados por AD y en particular los de la industria petrolera, donde la Junta Militar apoyaba la gestión de las multinacionales. En mayo de 1950, AD organiza una huelga con un claro objetivo desestabilizador que paraliza la producción en los campos petroleros, las refinerías y los buques tanqueros. El Gobierno responde con una feroz represión y militarizando las zonas petroleras. Las tropas buscan a los obreros en sus casas para obligarlos a trabajar y encadenan las puertas de sus casas con sus familias adentro en caso de que no se encontrasen en ellas. El Gobierno doblega la huelga en 48 horas y disuelve los sindicatos petroleros. El Partido Comunista (comunistas rojos) apoyó la huelga y es ilegalizado, pasando a tener el mismo trato que Acción Democrática. Los comunistas negros nunca fueron ilegalizados ni sus dirigentes fueron perseguidos por el régimen militar. Muchos de sus sindicatos fueron incluso legalizados y, aunque no fueron colaboradores del régimen, tampoco se opusieron sino hasta sus meses finales.

La Junta Militar también persigue a los gremios. El Gobierno encarcela y exilia a Luis Beltrán Prieto, Mercedes Fermín Gómez, Cecilia Núñez Sucre y otros dirigentes magisteriales. En 1950, el ministro de Educación, Augusto Mijares, deroga por decreto la Ley de Educación que garantizaba la estabilidad de los docentes. Ante la protesta de los educadores, la Seguridad Nacional allana la Casa del Maestro y realiza detenciones masivas, encarcelando o enviando al exilio a cientos de docentes. El 16 de agosto de 1951, la Seguridad Nacional asalta un local donde la Federación Venezolana de Maestros (FVM) realizaba una rueda de prensa, deteniendo a sus dirigentes y a los periodistas que allí se encontraban. Tres días más tarde encarcela a 216 maestros reunidos en la sede de la FVM. El profesor José Antonio González, directivo de la FVM, es encarcelado sin acceso al sol, aislado y torturado en la Cárcel El Obispo en octubre de 1951, donde padece de dolores cerebrales producto de golpes de sable recibidos en la cabeza. El 8 de junio de 1952 muere de tuberculosis por el aire viciado del encierro.

En esos días, un grupo de campesinos asalta la Base Aérea de Boca del Río, en Maracay. Varios mueren y los demás son detenidos y enviados a la Cárcel Modelo. El 21 de octubre de 1951, unos 50 militantes de Acción Democrática pobremente armados asaltan la Escuela de Cadetes de la Guardia Nacional en Caracas. La falta de coordinación con los comprometidos dentro del cuartel resulta en una masacre y los pocos que sobreviven son encarcelados y torturados. A pesar de que AD logra comprometer a oficiales dentro de las FFAA, nunca pudo organizar una acción en gran escala que derribara la dictadura, por lo que sus acciones se limitaron principalmente a ayudar a la disidencia y a los presos políticos, a distribuir propaganda clandestina y a penetrar los cuerpos de seguridad del Estado para intrigar y obtener información. En el exilio, la actividad se enfocó en el cabildeo para restarle apoyo internacional a la dictadura y darle soporte a la actividad clandestina.

La represión contra la resistencia arrecia el 31 de agosto de 1951, cuando nombran a Pedro Estrada como jefe de la Seguridad Nacional. Estrada construye un eficaz aparato de espionaje que encarcela a millares de personas. Desde temprano, comienzan los arrestos arbitrarios y los asesinatos. El 18 de abril de 1951, sicarios contratados en Miami por la dictadura intentan asesinar a Rómulo Betancourt inyectándole veneno de cobra en las calles de La Habana. Seis años más tarde, en 1957, un día antes de mudarse de San Juan a Nueva York, la policía puertorriqueña despierta a Betancourt para informarle que ocho personas habían llegado de Venezuela con pasaporte dominicano con el objeto de asesinarlo y que el intento había sido abortado por la policía.

El 23 de septiembre de 1951, agentes de la Seguridad Nacional ametrallan el auto donde viajaba el secretario general de AD, Leonardo Ruiz Pineda, quien en esa ocasión logra escapar. El 12 de octubre de 1951, el Gobierno acusa a AD de organizar un complot dinamitero en complicidad con la Unión Soviética. Aunque ninguna de las 16 bombas denunciadas explota, el incidente sirve de excusa para encarcelar a más de 6 mil personas sin ser presentadas ante un tribunal. Para junio de 1953, había miles de secuestrados políticos y la Universidad Central de Venezuela estaba clausurada y tomada policialmente con más de siete mil estudiantes encarcelados. Con frecuencia, los asaltos de las bandas policiales para perseguir, encarcelar y asesinar a supuestos conspiradores disfrazaban venganzas personales de funcionarios policiales.

Para contrarrestar la represión y la censura de prensa y denunciar los crímenes de la dictadura, el secretario general de AD, Leonardo Ruiz Pineda, publica un compendio de crímenes y torturas cometidos por el régimen militar titulado *Venezuela bajo el signo del terror, 1948-1952. Libro negro de una dictadura*. Pérez Jiménez reacciona con furia y ordena su asesinato, el cual la Seguridad Nacional ejecuta el 21 de octubre de 1952 en una calle de la urbanización San Agustín de Caracas en pleno día. Dos días más tarde, Germán González, el dueño del automóvil donde viajaba Ruiz Pineda, va voluntariamente a la Seguridad Nacional para informar que él no tenía vínculos con el movimiento clandestino, pero de inmediato es asesinado con decenas de disparos de ametralladora. La viuda de Ruiz Pineda es encarcelada cuando intenta recuperar el cadáver de su marido.

Ruiz Pineda es sucedido por Alberto Carnevali, a quien le toca la tarea de reorganizar una desmoralizada resistencia, pero el 18 de enero de 1953, la Seguridad Nacional lo localiza, asalta la residencia donde se encontraba y lo arresta. En el asalto muere uno de sus acompañantes. Carnevali es recluido y aislado en la cárcel de San Juan de los Morros, donde se le detecta un cáncer. A pesar del esfuerzo de familiares y allegados, el Gobierno no permite que se le provea tratamiento médico, dejándolo morir en la cárcel el 20 de mayo de 1953, luego de una larga y cruel agonía.

Antonio Pinto Salinas sustituye a Carnevali. Pinto Salinas mantiene estrechos lazos con el capitán del Ejército Wilfrido Omaña, quien, junto al teniente Héctor Navarro Torres, había dirigido una fallida intentona el 28 de septiembre de 1952 en Maracay. Navarro es capturado y Omaña escapa y se une a la resistencia, pero es traicionado por un enlace militar, el capitán Luis Tirado Alcalá, y el 24 de febrero de 1953, 45 agentes de la Seguridad Nacional lo acribillan. Al arreciar la persecución en su contra, la dirección de AD decide sacar a Pinto Salinas del país por Güiria hacia Trinidad para llevarlo a Costa Rica y poder salvar su vida, pero un infiltrado, Gustavo Mascareño, entrega detalles del escape y el 10 de julio de 1953 los agentes Isidro Marrero Méndez, Braulio

Barreto, Rodolfo Montiel, Ángel Roberto Díaz y Luis Castillo Lozada lo arrestan en Pariaguán y lo llevan a la oficina de la Seguridad Nacional en El Tigre, estado Anzoátegui, donde lo torturan. A la 1:30 am del 11 de julio, los agentes lo obligan a subir a un automóvil que lo llevaría a Caracas, pero el automóvil se detiene a las 3:30 am en la carretera del Llano en un sitio llamado "Curvas del Jobo". Allí lo acribillan con diez disparos, dos de ellos a quemarropa. La orden del asesinato la dio directamente Pedro Estrada.

La persecución contra la dirigencia de AD no tiene reparos. Durante el cuartelazo del 24 de noviembre de 1948, Luis Hurtado Higuera, secretario sindical de AD, elude a la policía y se sumerge en la resistencia hasta que es capturado y asesinado, pero no con disparos, sino con golpes y patadas de sus captores el 13 de marzo de 1954.

El 10 de junio de 1954, el teniente León Droz Blanco es asesinado con dos disparos en la espalda en Barranquilla, Colombia, a los 26 años de edad. Egresado de la Academia Militar, Droz Blanco había visitado incidentalmente Guasina y su indignación con lo que vio allí lo lleva a colaborar con AD y el movimiento clandestino. Es detenido, pero escapa y se une a la resistencia. No obstante, la persecución policial lo obliga a salir a Trinidad y luego a Colombia. Su asesino, el agente de la Seguridad Nacional Braulio Barreto, es descubierto y detenido por la policía colombiana cuando intentaba escapar, pero Barreto desaparece misteriosamente de la cárcel colombiana donde permanecía y reaparece en Caracas a los pocos días al lado de Pedro Estrada.

Pinto Salinas es sucedido por Eligio Anzola Anzola, quien es detenido el 24 de abril de 1956 cuando su vehículo recibe varias descargas de ametralladora. En la cárcel, Anzola es objeto de tortura; su cara es desfigurada a patadas y el coxis astillado por golpes con garrotazos. Su esposa Hortensia también es detenida y secuestrada en la Cárcel Modelo. Con la detención de Anzola, la organización clandestina de AD queda desarticulada.

El retorno a la democracia

Para 1956, todo parecía ir muy bien para la dictadura. La resistencia estaba desmantelada, apenas había alguna actividad y su dirigencia estaba en manos de estudiantes allegados a AD o al PCV. A pesar del terror de la población, la economía estaba en expansión con la inauguración de presuntuosas obras públicas y el régimen tenía fuerte apoyo internacional luego de la condecoración que el presidente norteamericano, Dwight Eisenhower, le había otorgado a Pérez Jiménez. Pero el régimen tenía, no obstante, un talón de Aquiles: el período presidencial expiraba a comienzos de 1958 y el régimen debía relegitimarse. Pérez Jiménez lo sabía. Betancourt también y presumía que eso provocaría una crisis para lo cual comienza a prepararse. A comienzos de 1957, el Gobierno anuncia la organización de elecciones, pero sin dar ningún detalle.

Betancourt reflexiona sobre la experiencia del Trienio y se da cuenta de que su principal debilidad fueron los agudos conflictos de AD con los demás partidos democráticos (Copei y URD) y que un Gobierno popularmente electo solo podía ser estable si contaba con la "tolerancia" de los grupos de poder que podían derribarlo. Estos incluían a los demás partidos políticos, los militares, la Iglesia católica, los industriales y los banqueros. También observa que las diferencias ideológicas debían ser debatidas con ciertos niveles de serenidad y sin canibalismo político, que los partidos democráticos debían estar en permanente alerta para defender las instituciones democráticas y que debía existir un esfuerzo conjunto entre todos los grupos democráticos para evitar cualquier mal entendimiento entre las Fuerzas Armadas y los partidos políticos.

En 1956, la dirección nacional de AD se reúne en Puerto Rico y decide extender sus vínculos con las demás organizaciones políticas democráticas y otras instituciones del país. Para entonces, todos los sectores de una u otra forma también habían sufrido los embates de la dictadura y muchos empresarios y miembros de la Iglesia católica y de las Fuerzas Armadas se sentían cansados de la represión y la corrupción del régimen. Betancourt comienza su trabajo buscando a Jóvito Villalba, quien estaba viviendo en Nueva York desde 1952. Al principio, Villalba estaba reacio a reunirse con Betancourt, pero la intermediación de Ignacio Luis Arcaya facilita el encuentro. Ambos líderes acuerdan cooperar en la lucha contra la dictadura y apoyar a Rafael Caldera en las elecciones que debían celebrarse en 1957. Aunque Betancourt nunca establece un diálogo con los principales jerarcas militares, logra contactar a importantes figuras castrenses. También establece contactos con destacados líderes empresariales y de la Iglesia, entre ellos el arzobispo de Caracas, Rafael Arias Blanco.

El detonante ocurre el 1º de mayo de 1957, cuando el arzobispo de Caracas lee una pastoral donde sostiene que no bastaba con construir obras públicas, sino que había que velar por los derechos de los trabajadores, superar la pobreza y restablecer la armonía entre los venezolanos. La pastoral impacta a la opinión pública y durante los siguientes meses muchos clérigos se incorporan a la lucha clandestina contrabandeando propaganda subversiva y organizando protestas. ¡La resistencia se reactiva!

El 11 de junio, por iniciativa del joven dirigente de URD Fabricio Ojeda, AD, Copei, URD y el PCV crean una Junta Patriótica que organiza acciones unitarias contra la dictadura. Hay muchos rumores y toma fuerza la candidatura única del líder de Copei, Rafael Caldera, única organización política no ilegalizada. La dictadura reacciona encarcelando a Caldera. El 5 de noviembre, el Gobierno anuncia que en vez de elecciones se realizaría un "plebiscito" que le preguntaría al electorado si el general Marcos Pérez Jiménez debía ser reelecto para el período constitucional 1958-63. El plebiscito se lleva a cabo el 15 de diciembre de 1957 y el Consejo Electoral anuncia que Pérez Jiménez había sido reelecto con 87% de votos a favor y 13% en contra. La idea del plebiscito fue objeto de burlas y recibida como ridícula. Era una figura que no aparecía en la Constitución e hizo que mucha gente que hasta entonces permanecía pasiva comenzara a protestar contra la dictadura marchando en las calles, firmando declaraciones y participando en violentas manifestaciones callejeras. La oposición al régimen de repente crece y se contagia tanto a civiles como a militares.

A finales de 1957, la corrupción, la represión y la concentración de poder de la camarilla gobernante finalmente divide a las Fuerzas Armadas y el 1º de enero de 1958 un sector del Ejército y de la Fuerza Aérea comandado por el coronel Hugo Trejo se alza. Los complotados toman el Cuartel Urdaneta en Caracas, pero el poco poder de combate les impide tomar el Palacio de Miraflores y la rebelión fracasa. No obstante, casi toda la flota aérea se escapa a Colombia, y aunque los aviones fueron devueltos, los pilotos permanecieron en el vecino país. La intentona de Trejo detona una crisis dentro de las Fuerzas Armadas que resquebraja el poder absoluto que parecía tener Pérez Jiménez, quien es obligado a destituir al ministro del Interior, Laureano Vallenilla Lanz, y al jefe de la Seguridad Nacional, Pedro Estrada, quienes se van del país.

La Junta Patriótica reacciona pidiendo la libertad de presos políticos y el restablecimiento de la democracia y se crea un ambiente contagioso, principalmente en Caracas, en el que intelectuales y gremios piden la realización de elecciones y el retorno a la democracia. Diariamente se producen disturbios en toda Caracas. Los estudiantes y las familias de todos los sectores sociales protestan por igual y la oposición militar al régimen crece. Finalmente, la Junta Patriótica organiza una serie de eventos de agitación política que comienzan el 21 de enero de 1958 a mediodía. Caracas es paralizada por una huelga general, sus calles son tomadas por la gente de las barriadas, las iglesias suenan sus campanas en señal de protesta y los automóviles tocan sus bocinas, algo que el régimen tenía prohibido en las zonas urbanas. Todo sale como estaba planeado. Virtualmente todas las empresas y negocios cierran y el país se paraliza. Las tropas permanecen en sus cuarteles, pero la policía actúa con su brutalidad habitual y muchos oficiales expresan su molestia. Aunque el Gobierno declara un toque de queda, cada vez más militares desconocen al Gobierno. A primera hora del 23 de enero se alzan los cadetes de la Escuela Militar y a las 3:00 am un grupo de altos oficiales le entrega a Pérez Jiménez un pasaporte y le informa que el avión bautizado como la "Vaca Sagrada" estaba esperándolo en el Aeropuerto de La Carlota para llevarlo a la República Dominicana. En la premura del escape, Pérez Jiménez olvida una maleta con billetes y papeles al portador por millones de dólares. El último reducto de apoyo a la dictadura era la Seguridad Nacional. Tan pronto como se sabe que Pérez Jiménez había huido, una turba intenta asaltar el edificio de la Seguridad Nacional, cuyos agentes responden con fuego de ametralladoras matando a cientos de personas. La masacre termina cuando un tanque del Ejército dispara contra el edificio de la Seguridad Nacional y los agentes se rinden saliendo del edificio con las manos alzadas. Acto seguido, turbas enfurecidas saquean el edifico y linchan a algunos que permanecían adentro, incluyendo incluso a algunos presos a quienes confundieron como agentes.

Pérez Jiménez es sucedido por una junta militar de cinco miembros encabezada por el vicealmirante Wolfgang Larrazábal, pero dos de sus miembros, los coroneles Roberto Casanova y José Abel Romero, con vínculos muy estrechos con Pérez Jiménez, resultaron inaceptables para el liderazgo civil. Las protestas continúan y la junta decide incorporar en su lugar a dos civiles, el industrial Eugenio Mendoza y el ingeniero Blas Lamberti. Oficialmente, 253 personas mueren en las protestas y más de 1.500 son heridas, pero pocos creen que esas sean las cifras correctas. La democracia había sido restaurada.

4
Auge y caída de la democracia

¿Por qué Juan Vicente Gómez murió en el poder mientras que el régimen de Pérez Jiménez, igualmente despótico, fue derrocado? ¿Por qué el régimen posgomecista de López Contreras y Medina Angarita fue derrocado a pesar de que había un proceso de democratización?[14] ¿Por qué el experimento democrático del Trienio adeco duró tan poco tiempo? ¿Por qué el régimen democrático que comenzó con el Pacto de Punto Fijo en 1958 cayó en 1999? Una forma tradicional como el ciudadano común aborda estas preguntas es narrando los hechos y resaltando el heroísmo o maldad de los protagonistas, pero detrás de esos hechos existen fuerzas muy potentes que hacen posible que esos protagonistas aparezcan.

Existe una inmensa literatura que intenta explicar por qué un régimen político subsiste o cae. En esta discusión hay que hacer una distinción entre las monarquías absolutas y los regímenes modernos sobre la fuente de la legitimidad, es decir, la capacidad que tiene un régimen para obtener la obediencia de sus gobernados sin necesidad de recurrir a la fuerza. Originalmente, las monarquías absolutas fundamentaban su legitimidad en el "principio del derecho divino de los reyes", según el cual la autoridad del monarca proviene de Dios y por ende solo ante Dios es responsable de sus actos. Las guerras de sucesión ocurrían porque no había claridad sobre quién era el heredero, que se suponía era el nuevo elegido de Dios, pero en el mundo moderno esa ya no es una razón válida. Entonces, ¿qué le otorga legitimidad a un gobernante moderno? Se la otorga el pueblo. Este cambio en la concepción del sistema político fue evolucionando lentamente a partir de la revolución científica del siglo XVII y toma fuerza con las ideas liberales de John Locke, Jean-Jacques Rousseau y el Barón de Montesquieu, entre otros, y finalmente conducen a la revolución de independencia de los Estados Unidos y la Revolución francesa a finales del siglo XVIII [Burgess 1992; Noguera 2015].

---

14   No hay que confundir democracia con democratización. La democracia es un régimen que se basa en el respeto a los derechos humanos, tal como se discutió en el capítulo dos. La democratización es un proceso de transición de un régimen autoritario a una democracia plena. Algunos cientistas políticos lo llaman régimen semidemocrático o semiautoritario.

Un régimen político es ilegítimo cuando el pueblo no acepta sus gobiernos. ¿Qué sostiene a un gobernante ilegítimo? En *El príncipe*, Maquiavelo se pregunta: "¿Es mejor ser amado que ser temido? ¿O viceversa? No dudo que a cada príncipe le gustarían ambas; pero como es difícil satisfacer a estas cualidades, si tienes que elegir..., ser temido es mucho más seguro que ser amado". En otras palabras, a medida que ese amor cede y va creciendo el odio, un régimen ilegítimo debe descansar progresivamente en la fuerza y la represión. Algunos ejemplos son la Alemania nazi, la Italia fascista, la Rusia comunista, el Iraq de Saddam Hussein, etc. En Latinoamérica están los regímenes militares de Anastasio Somoza en Nicaragua, Rafael Leónidas Trujillo en la República Dominicana, Fidel Castro en Cuba, Augusto Pinochet en Chile y algunos otros. En Venezuela, se observa que a medida que el chavismo ha perdido fuerza popular, la represión del régimen ha ido aumentando. En su reporte 2017, en una escala de 1 a 7, donde 1 es el país más libre y 7 el más oprimido, Freedom House le da a Venezuela 5,5 puntos en libertades civiles y políticas.

¿Por qué emergen, qué sostiene y por qué se caen los regímenes democráticos? ¿Por qué emergen, qué sostiene y por qué se caen las dictaduras? Abordar estas interrogantes nos permitirá responder la principal pregunta de este capítulo: la evolución de los regímenes políticos en Venezuela, y en particular entender por qué cayó el régimen democrático que nació el 23 de enero de 1958.

El Estado se organiza para alcanzar dos objetivos fundamentales:

1. Proveer un marco en el que sus habitantes puedan satisfacer sus necesidades físicas como alimentación, vestido, salud, seguridad física y aquellas adicionales que la modernidad ha ido creando, y que van desde comprar una nevera hasta disfrutar de internet. Esto es lo que llamamos "seguridad económica", y
2. Establecer las reglas de convivencia.

De estos dos componentes, la seguridad económica es la más importante. La razón es simple. En un ejemplo extremo, suponga que un individuo tiene un nivel de ingreso muy bajo, digamos de subsistencia, que apenas le alcanza para permanecer vivo. Su principal preocupación será comer porque de lo contrario muere y por eso estará dispuesto a matar; eso lo dice la historia. Todos los demás asuntos serán secundarios. Para que un régimen sobreviva, el Estado debe estar organizado de forma que la población obtenga un mínimo de "seguridad económica", de lo contrario, querrá reemplazarlo por otro con reglas distintas, en cuyo caso el régimen existente solo puede sobrevivir con represión. Este nivel mínimo de seguridad económica no es igual en todas partes. Los mexicanos se conforman con una menor seguridad económica que los estadounidenses, pero mayor que los haitianos. Al momento de revelar sus preferencias políticas, el individuo le da mucha importancia a la seguridad económica.

Es un hecho que los países que ofrecen mayor seguridad económica tienden a ser más democráticos. La evidencia es enorme. Todos los países de la OCDE, el club de los países ricos, son democracias, y todos los países desarrollados son democracias; la excepción es la ciudad-Estado de Singapur, que es clasificada por Freedom House 2017 como "parcialmente libre". Una explicación de la relación entre seguridad económica y democracia la provee la teoría de la modernización de Seymour Lipset, según la cual "todos los distintos aspectos del desarrollo económico –industrialización, urbanización, riqueza, educación, etc.– están cercanamente interrelacionados como para formar un gran factor, el cual tiene el correlato político de democracia". Lipset no afirma que la modernización causa la democracia, sino que crea las condiciones para que emerja, y una vez que emerge, se queda. También enfatiza el papel de una clase media fuerte en una sociedad moderna: "La brecha entre el ingreso de un profesional y un semiprofesional... y los trabajadores comunes... es mucho más amplia en los países pobres que en los desarrollados". La seguridad económica permite a la población aceptar más fácilmente las normas y los valores que mitigan los conflictos, penalizar a los grupos extremistas y premiar a los partidos democráticos moderados. La mayor seguridad económica surge junto con una mejor distribución en el ingreso, lo que disuade a los más pobres de participar en movimientos revolucionarios, facilitando el surgimiento de una democracia [Barro 1999; Boix y Stokes 2003; Lipset 1959, 1960, pp. 41, 49, 83-84].

Modernización y democracia

Después de casi un siglo de guerras, la modernización de Venezuela fue determinante para establecer el sistema democrático. El país recibe el siglo XX con una gran pobreza. Los problemas étnicos y raciales que venían de la colonia habían desaparecido, la guerra de independencia y la de federación los eliminaron. En el campo existía un sistema semifeudal, la agricultura se basaba en el latifundio y la inmensa mayoría de la población vivía con un ingreso de subsistencia. La infraestructura sanitaria era casi inexistente. Los hospitales eran casas pobres y con pocos recursos económicos y en la mayoría de los pueblos los enfermos acudían a brujos o curanderos. El abastecimiento de agua potable era provisto en pocas ciudades y el país estaba azotado por enfermedades contagiosas como la malaria, la tuberculosis, la fiebre amarilla y otras endemias que ocasionaban una muerte temprana. En 1935, más del 50% de las muertes eran ocasionadas por enfermedades infecciosas. Entre 1911 y 1920, el crecimiento de la población se estancó debido a epidemias de paludismo y de gripe española.

El sistema de salud moderno comienza a moldearse durante la presidencia del general Eleazar López Contreras. El presupuesto de sanidad aumentó sustancialmente, enfocándose en la lucha contra las enfermedades contagiosas. Para ese propósito se crea el Ministerio de Sanidad y Asistencia Social (MSAS) en 1936, inicialmente dirigido por Arnoldo Gabaldón. El MSAS se organizó muy bien en el aspecto técnico y para las campañas contra la malaria y demás enfermedades contagiosas contrató a expertos extranjeros en salud pública.

El Trienio adeco (1945-48) le da un gran impulso al sistema de salud. El presupuesto aumenta sustancialmente y les presta especial atención a las zonas rurales, donde vivía la mayor parte de la población. En esos tres años se triplica el número de medicaturas rurales. La lucha contra la malaria tiene un gran progreso cuando se comienza a usar el DDT por primera vez, permitiendo que, de un millón de infectados en 1945, el paludismo fuese casi erradicado para 1948. A esto ayudó un agresivo plan de viviendas que alojó a medio millón de personas. Otras enfermedades infecciosas como el mal de Chagas también fueron casi erradicadas [Archila 1956].

El Trienio elabora un Plan Nacional de Hospitales que sirvió de base para la construcción de una red de hospitales en todo el país. El plan incluyó los hospitales de Barquisimeto, Periférico de Coche, Porlamar, Ciudad Bolívar, San Cristóbal y Valera. Para 1947 se habían construido hospitales con capacidad de 660 camas y se inauguran el Hospital Civil de Valencia, los hospitales de Barinitas, Dabajuro, Sabana de Mendoza, Villa de Cura y los hospitales antituberculosos de Barquisimeto, Maracaibo y Cumaná. Otros hospitales del plan fueron terminados durante el régimen militar. Durante la dictadura (1948-58), no obstante, el presupuesto de sanidad disminuyó sustancialmente, provocando una crisis en el Seguro Social y una merma en la lucha contra la malaria. También hubo grandes avances en la medicina preventiva con la construcción masiva de cloacas y acueductos en todo el país. Especial mención merece el Hospital Clínico de la Ciudad Universitaria de Caracas, el cual se comenzó a construir durante el Gobierno de Medina Angarita. La obra avanzó sustancialmente durante el Trienio y, después de estar paralizada durante los primeros cinco años de la dictadura, se concluye e inaugura en 1954. Aun así, el edificio tardó unos tres años más para comenzar a funcionar [Betancourt 1969, pp. 713-729; Leal 1981].

La educación fue otro sector con grandes avances. En 1870 había unos 3.500 alumnos que asistían a unas 100 escuelas públicas. Ese año Antonio Guzmán Blanco decreta la educación gratuita y obligatoria. En 1874, se construyen 336 escuelas federales y 383 escuelas municipales y particulares y la matrícula aumenta a 15 mil alumnos. También se crean varios colegios de secundaria. En 1881, se crea el Ministerio de Instrucción Pública. Pero el avance de la educación se detiene desde que Guzmán Blanco sale del poder en 1888 hasta el final de la dictadura de Gómez en 1935. Para esa época, la educación era un privilegio, el 70% de la población era analfabeta y la educación superior estaba casi paralizada, la Universidad de Carabobo y la del Zulia estaban clausuradas y la Universidad de Caracas había estado cerrada entre 1912 y 1922.

Durante las administraciones de López Contreras y Medina Angarita hubo algunos avances importantes. En esos años se crean el Instituto Pedagógico de Caracas, la Sociedad Bolivariana de Venezuela y el Instituto Politécnico de Agricultura. El número de niños que acudían a la escuela primaria aumenta en 250 mil; en secundaria se crean 97 liceos y el analfabetismo se reduce a 50% de la población.

En 1945, no obstante, menos de la tercera parte de la población en edad escolar asistía a la escuela, había más de un millón de adultos analfabetos y la mayoría de las escuelas funcionaban en locales inadecuados. El Trienio le da gran impulso a la educación. La matrícula en la escuela primaria aumenta a 500 mil y el número de aulas y de maestros de escuela primaria se eleva de 8.520 en 1945 a 13.500 en 1948. En educación media, el número de liceos del Estado se eleva de 29 a 47 y el número de aulas de 105 a 411, y la matrícula en la educación secundaria se duplica de 11.500 en 1945 a 22.000 en 1948. Un dato que ilustra los avances de la educación en esos tres años es el aumento en el porcentaje de estudiantes que asistía a colegios públicos: de 50% en 1945 a 78% en 1948. El analfabetismo disminuye 10% en ese período.

Durante el Trienio, la educación superior recibe gran apoyo. El Instituto Pedagógico Nacional, por ejemplo, duplicó su matrícula, y la Escuela Normal de Varones, que había graduado a "un solo maestro" en 1932, graduó a 360 maestros en 1948, 800 en 1949 y 1.500 en 1952. En ese período se reabre la Universidad del Zulia, que había sido cerrada por Cipriano Castro, y se crea la Escuela Náutica. En total, la matrícula universitaria creció de 2.940 alumnos en 1945 a 6.000 en 1948.

La administración de Medina Angarita expropia los terrenos de la Hacienda Ibarra para construir la Ciudad Universitaria de Caracas, campus principal de la Universidad Central de Venezuela. Fue diseñada por el arquitecto Carlos Raúl Villanueva y los trabajos de construcción comenzaron en 1944. El campus universitario se terminó de construir en los años setenta, aunque sus primeras instalaciones fueron inauguradas en 1954. La dictadura clausura la Universidad Central de Venezuela el 18 de octubre de 1951, la reabre el 7 de febrero de 1952 y la clausura nuevamente el 22 de febrero de 1952. A partir de febrero de 1953, fue declarada "zona militar" [Bonilla-Molina 2004].

La infraestructura física de la Venezuela moderna comienza a moldearse durante la dictadura de Juan Vicente Gómez. En esos años comienza la migración de las zonas rurales a las zonas urbanas y las ciudades a tomar su forma actual. En Caracas se inaugura el Nuevo Circo y en Maracay se construyen la plaza Bolívar, la plaza de toros, además de avenidas, parques, hoteles, teatros y edificios del Gobierno. También se inaugura el Monumento a la Batalla de Carabobo y llega la aviación a Venezuela. La primera aerolínea es Aeropostal y se construyen aeropuertos en Coro, Encontrados, La Fría, Maracaibo, Maracay, Mérida, Porlamar y San Antonio del Táchira. También aparece la primera línea de autobuses extraurbanos, Aerobuses de Venezuela.

Gómez construye la primera red de carreteras. El Gobierno de López Contreras funda Ciudad Ojeda y el de Medina Angarita las urbanizaciones El Silencio en Caracas y Rafael Urdaneta en Maracaibo. El Trienio adeco inicia un programa de electrificación que triplica la generación de electricidad del país, excluyendo la construida por las compañías petroleras para su propio uso, y se realiza el plan de vialidad que sirvió de base al sistema actual de vialidad interurbana. Durante la dictadura se construyeron la autopista Caracas-La Guaira y las Torres de El Silencio.

Aunque usualmente se escucha entre el público que tal obra la hizo tal o cual presidente, lo cierto es que la mayoría de las obras importantes fueron construidas durante distintos gobiernos. La autopista Caracas-Valencia se comenzó a construir en 1948 y se concluyó en los sesenta. La autopista Francisco Fajardo se comenzó a planear durante el Trienio e inauguró su primer tramo en 1950, siendo objeto de sucesivas ampliaciones y mejoras en las décadas siguientes. El Hipódromo de La Rinconada se comenzó a construir en dictadura y es inaugurado durante el gobierno de Betancourt, el Círculo Militar y el Paseo Los Ilustres se comienzan a planear durante el Gobierno de Medina y los inaugura Pérez Jiménez. La Urbanización 23 de Enero, cuyos primeros edificios fueron inaugurados bajo la dictadura, fue ampliada en los sucesivos gobiernos. Mención especial merece el Centro Simón Bolívar, creado por el Trienio en 1947 para planificar, construir y mejorar obras urbanas de interés público para Caracas. El Centro Simón Bolívar ha construido obras emblemáticas como el Complejo Parque Central, el Complejo Cultural Teresa Carreño, el Ateneo de Caracas, la avenida Bolívar, el Palacio de Justicia de Caracas, el Parque Residencial Juan Pablo II y el Hotel Alba Caracas, entre otras. Todas estas obras se comenzaron y terminaron de construir durante gobiernos democráticos [Avilán 1998; Gasparini y Posani 1969].

En lo institucional, Gómez crea el Banco Obrero y el Banco Agrícola y Pecuario. Durante su dictadura, la radio llega a Venezuela y se funda Broadcasting Caracas, que en 1935 se convierte en Radio Caracas. En 1932 se funda Radiodifusora Venezuela y llega la telegrafía inalámbrica. Gómez mantiene el latifundio, siendo él el principal latifundista de Venezuela; también aparecen fábricas de papel, jabón, telas y velas, casi todas propiedad de Gómez y sus allegados, quienes amasan una gran fortuna. La contribución más importante del gomecismo es la eliminación del caudillismo.

El Gobierno de López Contreras hizo un gran aporte en el aspecto institucional. En 1936 se funda el Consejo Venezolano del Niño y se aprueba el Estatuto de Menores. En 1937 se funda la Guardia Nacional como cuarto componente de las Fuerzas Armadas. También se crean los ministerios de Agricultura y Cría, de Comunicaciones, el Banco Central de Venezuela, el Banco Industrial y el Cuerpo de Bomberos de Caracas. Se inauguran el Museo de Bellas Artes y el Museo de Ciencias. En lo social, se aprueba en 1936 la primera Ley del Trabajo y se crea la Oficina Nacional del Trabajo. Durante la administración de Medina Angarita se aprueba la Ley del Seguro Social Obligatorio que crea el Instituto Central de los Seguros Sociales en 1940, se establece el salario mínimo y se legalizan los sindicatos y los partidos políticos [Moleiro 1993].

El aporte institucional más importante del Trienio fue establecer el sufragio universal, concediéndoles el voto a las mujeres y a los analfabetos, quienes eran más de la mitad de la población, y permitiéndoles a las mujeres ser electas en cargos de representación popular. También comienza la inmigración masiva de italianos, españoles y portugueses. En ese período se empieza a construir el complejo de refinación de

Paraguaná y en 1946 se crea la Corporación Venezolana de Fomento (CVF) para financiar las actividades agrícolas y el desarrollo de nuevas industrias. La CVF fue una institución de gran importancia para el desarrollo industrial del país. Durante el Trienio también se crea la Marina Mercante y la Bolsa de Comercio de Caracas.

El aporte institucional de la dictadura perezjimenista fue muy pobre. El programa de reforma agraria comenzado durante el Trienio se detuvo y el financiamiento a la agricultura disminuye sustancialmente. El 1957, Pérez Jiménez puso la primera piedra de la Siderúrgica del Orinoco. Su contribución no pasó de un acto oficial. Su construcción completa tardó alrededor de 30 años. En Venezuela, la teoría de la modernización funcionó. Los avances del país en términos de nivel de vida a la larga condujeron a la democracia.

La tolerancia política en Venezuela

A pesar de su atractivo, la teoría de la modernización no explica por qué algunos países pobres son democracias. La India, por ejemplo, es un país muy pobre cuya democracia ha probado ser bastante sólida desde que obtuvo su independencia, al final de la Segunda Guerra Mundial. La explicación se encuentra en la tolerancia y en las reglas de convivencia. La elección de estas reglas con frecuencia ha generado conflictos entre grupos o sectores en vez de entre individuos, conflictos basados en la religión, etnia, raza, estatus económico o género. El alto nivel de "intolerancia" en algunos países en ocasiones ha conducido a la subyugación de uno o varios sectores sobre los demás y ha causado conflictos políticos severos, incluyendo guerras civiles. En el Medio Oriente, por ejemplo, existen regímenes con un alto nivel de intolerancia religiosa y a la participación de las mujeres en diversos asuntos. En los Estados Unidos, la intolerancia racial fue un problema severo hasta los años sesenta, cuando se aprobaron los derechos civiles. Algunos gobiernos han impuesto restricciones a grupos políticos o ideas extremistas como las leyes en Alemania que prohíben negar el Holocausto.

La fortaleza de la democracia reside en la tolerancia. A medida que una sociedad se aleja de la tolerancia, asimismo se aleja del espíritu democrático. Karl Popper y Norberto Bobbio afirmaron que "la democracia es un sistema que impide que nos matemos los unos a los otros; y ya eso es suficientemente bueno", y Mahatma Gandhi afirmó que "si queremos cultivar un verdadero espíritu de democracia no podemos permitirnos ser intolerantes. La intolerancia delata la falta de fe en nuestra propia causa". En América Latina es común la intolerancia política. Gobiernos autocráticos que intentan subyugar a quienes se les oponen. La democracia requiere que todas las ideas políticas tengan el mismo acceso a los ciudadanos, excluyendo cualquier forma de violencia [Bobbio 1984, pp. 156; Gandhi 1947; Popper 1945].

La intolerancia, el rechazo a las ideas políticas de otros, ha sido una tradicional fuente de conflictos en todo el mundo, especialmente a partir del siglo XVIII con el auge del liberalismo y su antagonismo con las monarquías absolutas como forma de gobierno. Hay países donde la intolerancia no se ha desbordado en violencia política, pero ha impedido la consolidación democrática, dando origen a las llamadas "democracias iliberales", regímenes que celebran elecciones, usualmente de dudosa imparcialidad, pero que restringen las libertades civiles y políticas. La democracia es un sistema político donde gobiernan las mayorías, pero que requiere el respeto a las minorías para que ambas puedan coexistir pacíficamente. Si no se garantizan los derechos de ambas, el libre flujo de las ideas se castra, y a medida que la intolerancia crece, se va creando la "espiral del silencio", grupos minoritarios que autocensuran sus ideas, haciendo que estas parezcan menos populares de lo que en realidad son, otorgándoles un capital político a quienes quieran promulgar leyes represivas [Dahl 1991, p. 411; Noelle-Neumann 1984; Zakaria 2003].

¿Qué determina la tolerancia en una sociedad? Existen varias teorías etiológicas del individuo, aunque la más relevante es la de percepción de amenaza e inseguridad psicológica. Esto no es sorprendente ya que quienes se sienten más amenazados por sus enemigos políticos son los menos propensos a tolerar. Los estudios muestran ciertos patrones interesantes. La percepción que causa intolerancia rara vez es la de amenaza al individuo sino la de amenaza a un grupo. La teoría de Stenner que enfatiza en los rasgos autoritarios de la personalidad tiene soporte en la evidencia empírica, especialmente cuando interactúa con factores externos. Lo interesante de este tema es su relación con los valores democráticos [Davis y Silver 2004; Feldman 2003; Feldman y Stenner 1997; Gibson 1995, 2007; Gibson y Gouws 2003; Stenner 2005; Sullivan *et al.* 1982].

En la Venezuela moderna no existe intolerancia religiosa, de género, étnica o racial, pero existe una larga trayectoria de intolerancia política que se refleja como un conflicto entre una mentalidad democrática y una militarista. Indagando brevemente en la historia de Venezuela podemos encontrar el origen de su intolerancia política.

Mientras en la Europa del siglo XIX se libraba una intensa batalla política entre monárquicos y republicanos, en Venezuela se libraba otra entre liberales y la cultura del caudillo. El caudillismo se incuba durante la Colonia y su herencia es el militarismo moderno. El populismo venezolano también tiene su origen en la cultura del caudillo. La Venezuela colonial era una sociedad agrícola controlada por latifundistas blancos criollos que vivían en las ciudades y empleaban mayordomos para administrar sus haciendas. La política española hacia sus colonias impuso un monopolio español sobre el transporte y el comercio entre las colonias y el resto del mundo. En Venezuela, ese monopolio lo ejercía la Compañía Guipuzcoana. Los blancos criollos estaban irritados por su exclusión de las instituciones políticas coloniales y del comercio exterior, ocasionando fricciones con la corona y estimulando el contrabando hacia las colonias holandesas y británicas. Aunque España elimina los controles durante el siglo XVIII, la rivalidad persiste [Arcilla 1946].

Los blancos criollos también tenían una relación difícil con el resto de la población[15]. Veían a los demás grupos, incluyendo a los canarios, como inferiores, y el resto de la población los veía a ellos con animadversión. Los pardos, que constituían la mayoría de la población, no podían poseer tierras ni ejercer ciertos trabajos, ni ser sacerdotes o sacristanes, ni sentarse en los bancos o usar alfombras en las iglesias. También se les obstaculizaba el acceso a la educación y tenían prohibido trabajar en las universidades. A los negros se les negaba la educación y los aborígenes solo recibían educación religiosa. Los mestizos tenían algunos derechos, pero los mulatos y los zambos hacían el trabajo duro en las haciendas y estaban al mismo nivel de los negros; por ende, su trabajo era ineficiente e irresponsable. En la sociedad colonial existía muy poca movilidad social, y para acumular riqueza los pardos y negros libres se dedicaban a actividades ilegales como el contrabando o el robo de ganado. Todo esto hacía que la relación de pardos, negros y aborígenes fuese mejor con los españoles que con los blancos criollos. Por otra parte, los oficiales españoles venían a las colonias predispuestos contra los blancos criollos. Así amanece Venezuela en el siglo XIX, como una sociedad racialmente estratificada [Morón 1995].

El movimiento independentista durante la Primera República estaba compuesto fundamentalmente de blancos criollos, y a pesar de que el Congreso de la naciente república establece igualdad ante la ley, respeto por la persona y libertad de expresión, y prohíbe el comercio

---

15 Los criollos eran los descendientes de españoles nacidos en América; los pardos eran gente de raza mixta, cualquiera que fuese la mezcla; los mestizos eran los descendientes de blancos y aborígenes; los mulatos eran los descendientes de blancos y negros, y los zambos eran los descendientes de negros y aborígenes.

de esclavos y la discriminación basada en la raza, el resto de la población veía ese movimiento como algo ajeno. Cuando el general español Domingo Monteverde sale de Coro, incorpora a un número sustancial de pardos, canarios y negros a su ejército, incitando al odio contra los criollos y ofreciéndoles riqueza; a su paso saquea los pueblos y convierte el conflicto *de facto* en una guerra civil. Francisco de Miranda, a quien le encargan organizar un ejército, les ofrece la libertad a los esclavos para atraer soldados, pero muchos terratenientes se oponen e incluso lo boicotean. Muchos trabajadores abandonan las haciendas para incorporarse a las filas de Monteverde, dejando las haciendas arruinadas. En dos años la estructura económica colonial se había roto.

La incorporación de José Tomas Boves a las filas realistas mantiene la simpatía de la población con España. Boves conocía ampliamente los llanos venezolanos y su gente y logra reclutar un gran ejército de llaneros, quienes eran excelentes jinetes y lanceros. Boves convivía con los llaneros y se exponía a los mismos riesgos que ellos en la batalla, ganándose su lealtad extrema. Aunque estaba bajo el mando de Monteverde, en la práctica Boves no reconocía ninguna autoridad y se envolvió en una guerra de clases en contra de los terratenientes criollos argumentando que él representaba al "pueblo", justificando la guerra como un conflicto entre llaneros y una élite compuesta de blancos criollos, asumiendo que los intereses de ambos grupos eran irreconciliables y que "sus llaneros" podían tomar lo que quisiesen. Boves saqueaba, confiscaba la tierra y la repartía entre sus seguidores y estimulaba el pillaje en cada ciudad, incitando al odio contra los criollos y tolerando saqueos y violaciones a las mujeres. Boves domina el sur del país durante 1813 y 1814 y se hace famoso por sus ejecuciones sumarias y su crueldad. Los criollos le tenían pánico. Después de una serie de victorias, sus tropas toman Valencia y Caracas y le dan fin a la Segunda República. Boves muere en la batalla de Urica en agosto de 1814 [Encina 1961].

La sapiencia de Bolívar fue darse cuenta del contenido social de la guerra, por lo que decreta la libertad de los esclavos y ofrece distribuir tierras entre aquellos que se junten al ejército independentista. Esto hizo muy efectivo el reclutamiento de tropas. Muchos campesinos y esclavos se convierten en guerreros. Con ellos, Bolívar organiza las campañas de Boyacá y Carabobo, obtiene la independencia de la Nueva Granada y Venezuela y crea la Gran Colombia.

Bolívar y Boves representan dos formas totalmente diferentes de abordar el mismo problema. Boves saqueaba, confiscaba tierras y las redistribuía caprichosamente entre los suyos. Bolívar lo intentó en el orden, con la ley. Boves era el típico caudillo autoritario que gobernará a Venezuela el resto del siglo XIX. Bolívar era un liberal. Boves encarnaba el poder, Bolívar el diálogo. Boves era la intolerancia, Bolívar la conciliación. La cultura del caudillo valora la fuerza, la bravura, la rusticidad y la vehemencia, considera la paz como un atributo inferior, aprecia el coraje y menosprecia la sabiduría. El caudillo se atribuye actitudes inspirativas que no tiene, que se reflejan en expresiones tan populares en Venezuela como "yo soy el líder", "esa es mi gente", "los conduje a la victoria". Los seguidores del caudillo ven en el líder un mesianismo inexistente.

De la independencia emerge una nueva clase alta constituida por nuevos terratenientes y comerciantes adinerados interrelacionados en los negocios y compartiendo el poder político en un país de un millón de habitantes. Había una pequeña clase media y la inmensa mayoría de la población eran campesinos, soldados, trabajadores no calificados y esclavos. Ninguna institución colonial sobrevive. El ejército independentista, que había sido el único medio de participación popular y ascenso social, tampoco sobrevive; en su lugar emergen un número de ejércitos privados de diferentes caudillos locales, regionales y nacionales que se unían a favor (o en contra) del Gobierno en situaciones específicas.

Dos tipos de caudillos surgen. Unos eran jefes de pequeñas bandas que habían aprendido en la guerra técnicas de subversión y tácticas de guerrilla. Al final de la guerra, con una economía en crisis y pocos empleos de ingreso estable, estas bandas se popularizan acudiendo al pillaje como medio de sobrevivencia. Los caudillos jefes de estas bandas imponían su liderazgo con sapiencia para distribuir los botines entre los miembros de la banda, pero también imponiendo su voluntad con la fuerza de ser necesario. Con frecuencia, estas bandas se juntaban a aventureros que reclamaban el poder con la promesa de distribución de tierras. Las bandas permanecieron como una forma de vida en Venezuela por muchas generaciones [Irwin 1996, pp. 55-112].

Un segundo tipo de caudillos eran los dueños de haciendas. Con un sistema legal débil y muy politizado, donde la ley del más fuerte usualmente prevalecía, los hacendados formaban ejércitos privados para proteger el ganado y las propiedades de las haciendas del pillaje. Por otra parte, como los límites de las haciendas estaban difusamente definidos, dificultando la construcción de cercas que las dividieran adecuadamente, se producían problemas entre hacendados vecinos, como el robo de ganado, que con frecuencia se resolvían con el uso de la violencia[16]. En ausencia de instituciones fuertes, los ejércitos privados le otorgan al caudillo-hacendado el poder político en su región. Esta dinámica finalmente conduce a que el caudillo-hacendado se convierta en figura principal de la política regional e incluso de la nación, y la lucha por el poder político se convierte en una lucha entre caudillos.

Cuando un caudillo poseía un gran ejército, le era fácil conseguir el apoyo de bandas y otros caudillos de menor peso. Si el propósito era alcanzar el poder político, el caudillo típicamente utilizaba argumentos populistas que otros caudillos querían escuchar; el más común era la conquista del poder para redistribuir la tierra entre el pueblo, entendiendo por "pueblo" aquellos que lo apoyasen. No obstante, para que esta estrategia tuviera éxito, la promesa de repartición debía ser creíble, por lo que el caudillo usualmente necesitaba una ideología para justificar su aventura, el asalto al poder y la posterior confiscación y redistribución de tierras. En cada caso, la ideología subyacente era el liberalismo. Esta estrategia perduró con éxito hasta comienzos del siglo XX. Resulta interesante que, con excepción del paecismo, las ideas liberales tenían poco que ver con los propósitos de los caudillos. Antonio Leocadio Guzmán fue muy sarcástico y certero en su discurso en el Congreso de 1867 cuando, contra las críticas sobre un exceso de centralismo, siendo que había prometido un gobierno federal, expresó: "No sé de dónde han sacado que el pueblo de Venezuela le tenga amor a la federación, cuando no sabe lo que esta palabra significa. Esa idea salió de mí y de otros que nos dijimos: supuesto que toda revolución necesita una bandera, ya que la Convención de Valencia no quiso bautizar la Constitución con el nombre de federal, invoquemos nosotros esa idea; porque si los contrarios hubieran dicho federación, nosotros hubiéramos dicho centralismo" [Alvarado 1975].

A pesar del cinismo, Guzmán tenía razón en algo: aunque la ideología subyacente era el liberalismo, llámese el Gran Partido Liberal de José Tadeo Monagas, el liberalismo azul de Juan Crisóstomo Falcón, el liberalismo amarillo de Antonio Guzmán Blanco y Joaquín Crespo, el liberalismo nacionalista del "Mocho" Hernández o el liberalismo restaurador de Cipriano Castro y Juan Vicente Gómez, los seguidores del caudillo interpretaban el liberalismo como una promesa de redistribución de tierra y de riqueza[17]. Todos los elementos del típico

---

16   Estas disputas son las que capta magistralmente el novelista Rómulo Gallegos en su obra *Doña Bárbara*.

17   Paradójicamente, el único régimen no etiquetado como liberal fue el encabezado por José Antonio Páez, siendo que en realidad fue el único que tuvo esa orientación [Raynero 2006, p. 43].

populismo estaban presentes: un líder (el caudillo) que justifica sus acciones con una ideología (el liberalismo) y que encarna y defiende al pueblo (sus seguidores) de una oligarquía que lo ha despojado de su riqueza (la tierra) y que debe ser desplazada para poder proceder a una redistribución "justa" de la tierra, ya que los intereses de grupos son irreconciliables.

El populismo caudillista es la única institución sólida que prevalece hasta que aparece el petróleo 100 años más tarde. Al ser la fuerza el medio de acceso al poder económico y político, la autoridad del caudillo era ejercida con violencia, y como ambas estaban ligadas a la tierra, al llegar al poder, el caudillo obtenía para sí y sus aliados tantas tierras como fuese posible, legalmente o abusando de su poder político. Con frecuencia, confiscaba la tierra de sus enemigos o se las quitaba a las instituciones públicas. El problema de la concentración de la tierra fue empeorando con el tiempo. Páez o Monagas concentraron menos tierras que Guzmán Blanco, quien a su vez concentró menos tierra que Crespo, y este que Castro, y Castro menos que Gómez. Cuando Gómez muere en 1935, su familia poseía una tercera parte de todas las tierras cultivables de Venezuela. Los niveles de concentración de tierras no fueron lo único que fue variando durante la etapa de populismo caudillista: también la violencia política. Entre 1830 y 1935 se registran al menos 354 acciones de guerra de cierta importancia, un promedio de 3,37 por año. No hubo una sola década de estabilidad política. Durante el predominio paecista, entre 1830 y 1848, Páez enfrenta 85 movimientos armados, siendo los más importantes la insurrección de 1831 y la revolución de las reformas en 1834 organizadas por Santiago Mariño, la sublevación del coronel Farfán en 1837 y la revuelta de Ezequiel Zamora y José Francisco Rangel en 1847. Los Monagas afrontaron 97 insurrecciones, siendo las más importantes las de Páez en 1848 y 1849 y la de los conservadores y liberales en 1853 y 1854. En la Guerra Federal mueren unas 100 mil personas en una población de dos millones de habitantes. El general Juan Crisóstomo Falcón enfrenta 60 insurrecciones entre 1864 y 1868. Antonio Guzmán Blanco doblega unos 70 alzamientos entre 1870 y 1888, Joaquín Crespo domina unas 10 intentonas. Cipriano Castro enfrenta diez insurrecciones y su compadre Juan Vicente Gómez enfrenta al menos 20 movimientos armados en 27 años. Así llega Venezuela a 1935, con una tradición de violencia e intolerancia política originada principalmente por la mala distribución de la riqueza [Salcedo 1977].

Construyendo democracia

Gómez pacificó al país con el dinero del petróleo. No solo creó un Ejército moderno que pudiera aplastar cualquier levantamiento de algún caudillo regional, sino que incorpora a los soldados de los caudillos al Ejército Nacional a cambio de cederles el poder local y permitirles navegar en los caminos de la corrupción. Con la pacificación y la mejor situación económica debido a la riqueza petrolera, cuando Gómez muere, el país estaba preparado para la democratización.

¿Por qué Gómez muere en el poder y Medina Angarita es derrocado? Regresemos a Maquiavelo: para sostenerse en el poder es más seguro ser temido que ser amado. Los regímenes autoritarios no se sostienen con amor sino con miedo. Gómez organiza un régimen represivo que le permite gobernar hasta sus últimos días. López Contreras no preside un Gobierno querido sino uno heredero de una odiada dictadura. Por eso, no obstante sus buenas intenciones, aunque intenta democratizar, al final debe descansar en la represión para sostenerse. Medina Angarita comenzó una apertura en un régimen sin respaldo popular y terminó siendo derrocado.

La historia no avanza en línea recta sino en zigzag. A Rómulo Gallegos lo derroca un golpe militar ocho meses después de ganar las elecciones presidenciales con más del 70% de los votos. La razón es que Acción Democrática durante el Trienio sufrió de intolerancia. Muchos sectores influyentes le tenían animadversión y vieron con simpatía la caída del experimento democrático. Los partidos de oposición, Copei y URD, no condenaron el golpe. AD confunde su inmenso apoyo popular con su verdadero poder político, el cual interpreta como un permiso para imponer su agenda sin diálogo. A gomecistas, lopecistas y medinistas les congelan sus bienes y los expresidentes López Contreras y Medina Angarita son exiliados. En URD se molestan muchos. El Gobierno se enemista con la Iglesia y Copei por el polémico decreto-ley 321 que le otorgaba al Estado la potestad de regular la educación. La intolerancia política fue creciendo y las pugnas entre partidos con frecuencia terminaban en violencia callejera, sabotajes y enfrentamientos entre militantes.

En lo internacional, aplica la Doctrina Betancourt: el fomento de la democracia y el rechazo a todas las dictaduras de izquierda y de derecha. En consecuencia, la Junta Revolucionaria de Gobierno rompe relaciones diplomáticas con las dictaduras de Francisco Franco en España, Rafael Leónidas Trujillo en República Dominicana y Anastasio Somoza en Nicaragua, y mantiene relaciones distantes con el régimen militarista de Juan Domingo Perón en Argentina. También recibe a miles de exiliados políticos. Todo esto le hace ganar la enemistad de las dictaduras de la región [Arráiz 2011].

Los militares que participan en el golpe de 1945 se distancian de AD al ver disminuida su participación en un proceso del cual se sentían protagonistas. Acusan a AD de organizar milicias y de intentar penetrar la institución armada ganando adeptos e inscribiendo a jóvenes de AD en las academias militares. Se producen varios alzamientos y motines que son controlados, pero la tensión dentro de la institución armada crece y el Alto Mando Militar decide imponerle tres condiciones al presidente Gallegos: exiliar a Rómulo Betancourt indefinidamente, desmantelar las milicias de AD y reemplazar a los ministros de AD por otros independientes. Betancourt manifiesta su disposición de exiliarse y el gabinete renuncia en pleno para facilitar su reorganización, pero el presidente Gallegos mantiene la posición civilista de que las Fuerzas Armadas debían ser una institución obediente del poder civil que no podía imponerle condiciones al presidente, rechaza las condiciones y ratifica el gabinete. Los militares presumían que AD y la CTV planeaban una huelga general como demostración de fuerza y apoyo al Gobierno, por lo que deciden derrocar a Gallegos el 24 de noviembre de 1948, formando una junta militar presidida por Carlos Delgado Chalbaud e integrada por Marcos Pérez Jiménez y Luis Felipe Llovera Páez.

La conspiración nunca descansa

A la caída de la dictadura de Pérez Jiménez le sigue un gran entusiasmo popular, no hay manifestaciones de apoyo al dictador y la Junta de Gobierno convoca a elecciones y restablece la libertad de expresión. La prensa cuenta por primera vez los horrores de la dictadura. Los presos políticos son liberados y los exiliados políticos regresan. La sociedad manifiesta la necesidad de convivencia, se emiten autocríticas, hay marchas unitarias, se declaran gestos de arrepentimiento y se expresan propósitos de enmienda en un clima de entendimiento político conocido como el "Espíritu del 23 de Enero".

La Junta de Gobierno legaliza nuevamente a los partidos políticos y a los sindicatos. Al principio hubo algunas pugnas, pero al poco tiempo AD controlaba 90% de los sindicatos petroleros, agrarios y de las demás industrias, con excepción de los sindicatos de automóviles y textiles, donde rivalizan con los comunistas. AD retoma la mayoría absoluta del comité ejecutivo de la refundada Confederación de Trabajadores de Venezuela (CTV), aunque, en aras de la unidad, queda subrepresentada [Urquijo 2000].

Copei resurge ideológicamente unificado en torno a la democracia cristiana, luego de depurarse de los grupos de perezjimenistas y progomecistas que apoyaron la dictadura. URD, por el contrario, permanece como una coalición electoral liderada por Jóvito Villalba, sin una definición ideológica coherente, donde convivían antiguos partidarios de Medina Angarita, jóvenes marxistas y algunos comunistas negros, como Luis Miquilena. La mayoría de los comunistas negros se reunifican con los comunistas rojos dentro del PCV, el PRP desaparece y con ello se borra la difusa actitud que tuvieron frente al régimen perezjimenista casi hasta el final [Magallanes 1988, pp. 261-266].

Betancourt aprende la lección del Trienio: la consolidación de la democracia necesita conciliación y promueve un entendimiento entre las distintas fuerzas políticas para formar un gobierno de unidad nacional conocido como el "Pacto de Punto Fijo", el cual suscriben Betancourt, Raúl Leoni y Gonzalo Barrios por AD, Jóvito Villalba, Manuel López Rivas e Ignacio Luis Arcaya por URD, y Rafael Caldera, Pedro del Corral y Lorenzo Fernández por Copei. El Partido Comunista queda excluido. En el acuerdo, los partidos se comprometen a defender la Constitución y los resultados electorales, formar un gobierno de coalición en el que ninguno tendría mayoría en el gabinete y presentar un programa mínimo común. En las elecciones Rómulo Betancourt (AD) es electo presidente con 49,2% de los votos, Wolfgang Larrazábal (URD y PCV) obtiene 34,6% y Rafael Caldera (Copei) 16,2%. AD obtiene la mayoría absoluta en ambas cámaras del Congreso [Magallanes 1988, p. 448][18].

Con los militares, accede a mantener el servicio militar obligatorio, aumentar sus salarios, mejorar el equipamiento militar, crear un plan de viviendas para sus miembros y decretar una amnistía por los crímenes cometidos por los militares durante la dictadura. Con la Iglesia católica mantiene relaciones cordiales y permite la expansión de su influencia en el Gobierno, con los residuos del gomecismo hace las paces y nombra a López Contreras senador vitalicio[19]. A los trabajadores les modi-

---

18   Betancourt integra un gabinete con tres ministros de URD, dos de Copei, dos de AD y seis independientes. Los ministros de URD fueron Ignacio Luis Arcaya (Relaciones Exteriores), Manuel López (Comunicaciones) y Luis Hernández Solís (Trabajo); los de Copei, Lorenzo Fernández (Fomento) y Víctor Giménez Landínez (Agricultura); los de AD, Luis Augusto Dubuc (Relaciones Interiores) y Juan Pablo Pérez Alfonso (Minas), y los independientes Rafael Pisani (Educación), Santiago Hernández Ron (Obras Públicas), José Antonio Mayobre (Hacienda), Arnoldo Gabaldón (Sanidad), Andrés Aguilar (Justicia) y Ramón J. Velásquez (Secretaría de la Presidencia).

19   El otro presidente del posgomecismo, el Gral. Medina Angarita, había muerto en 1953.

fica la Ley del Trabajo para garantizar el derecho a la asociación y al contrato colectivo y se crean vastos programas de subsidio a la comida, la vivienda y la salud para los pobres. El momento culminante de este proceso es la aprobación de la Constitución de 1961, que establece un Congreso bicameral, la representación proporcional de las minorías, reglas de convivencia democrática y aprueba una amplia gama de derechos políticos, personales, civiles, económicos, sociales y culturales. El presidente es electo por mayoría simple, concentraría una cantidad considerable de poder y la reelección sería permitida después de 10 años de haber abandonado la presidencia.

Acción Democrática asomaba desde el Trienio síntomas de una división que fue postergada por el golpe militar. El liderazgo de AD, controlado por la generación fundadora, estaba siendo desafiado por un grupo generacional más joven dirigido por Raúl Ramos Jiménez y Jesús Ángel Paz Galarraga. Estaban descontentos con la política militar del Gobierno, al cual acusaban de provocar una crisis detrás de otra, rechazaban los proyectos emprendidos por Rockefeller en Venezuela y de haber cedido ante las presiones de la Iglesia católica para implementar un mayor control estatal sobre la educación. Domingo Alberto Rangel disentía porque pensaba que la política petrolera debía ser más radical. Por otra parte, al final de la dictadura, la dirección de AD en la clandestinidad estaba en manos de una generación de estudiantes que había perdido el contacto con las generaciones anteriores y a su vez tenido mucho contacto, colaboración e influencia de líderes comunistas, en particular de comunistas negros, quienes se movían con libertad dentro del país. Cuando la dictadura cae, estos conflictos se reavivan y finalmente conducen a las tres divisiones de AD: la primera, en 1960, cuando Domingo Alberto Rangel y los jóvenes marxistas de AD son expulsados y forman el Movimiento de Izquierda Revolucionaria (MIR). La segunda, en 1961, cuando Ramos Jiménez forma el grupo ARS, y la tercera, en 1967, cuando Paz Galarraga y Luis Beltrán Prieto Figueroa fundan el Movimiento Electoral del Pueblo (MEP) [Alexander 1982, pp. 234-236; Magallanes 1988, pp. 499-500, 508-509].

Con Betancourt comienza en Venezuela una era sin precedentes de 40 años de gobiernos civiles elegidos democráticamente. En las elecciones de 1963, gana Raúl Leoni (AD), en 1968 gana Rafael Caldera (Copei), en 1973 gana Carlos Andrés Pérez (AD), en 1978 resulta electo Luis Herrera Campins (Copei), en 1983 es electo Jaime Lusinchi (AD), en 1988 Carlos Andrés Pérez (AD) retorna a la presidencia y en 1993 Rafael Caldera, ahora como independiente, gana las elecciones.

La democracia en Venezuela siempre estuvo bajo acecho. Las fuerzas de la intolerancia hicieron de la consolidación de la democracia venezolana un proceso difícil. En 1958, las Fuerzas Armadas estaban desacreditadas, habían perdido su unidad y disciplina y estaban divididas en facciones que iban desde una derecha que quería una nueva dictadura militar hasta otra partidaria de un régimen comunista. En lo internacional se enfrenta a una arremetida de las dictaduras de la región. Durante los años 60, Venezuela sufre una década de violencia.

Pocos meses después de la caída de Pérez Jiménez, el ministro de la Defensa, Jesús Castro León, organiza una intentona pidiendo postergar las elecciones, ilegalizar a Acción Democrática y al Partido Comunista y restablecer la censura de prensa. La intentona es dominada y Castro León escapa. En 1960, Castro León invade Venezuela logrando tomar la ciudad de San Cristóbal. A las pocas horas, el levantamiento es dominado y Castro León es detenido, juzgado y encarcelado en el cuartel San Carlos, donde muere en 1965. El 7 de septiembre, los oficiales José Mendoza y Juan de Dios Moncada lideran una sangrienta intentona que también buscaba impedir las elecciones de 1958.

En política internacional se retorna a la Doctrina Betancourt: el rechazo a todo tipo de dictadura. Betancourt es objeto de 17 intentos de asesinato, el más importante de los cuales fue organizado por el dictador dominicano Rafael Leónidas Trujillo el 24 de junio de 1960 durante un desfile militar en el paseo Los Ilustres con ocasión del Día del Ejército. Un carro bomba estalla cuando pasaba la comitiva presidencial. El jefe de la Casa Militar muere en el atentado. Betancourt se salva, pero sufre severas quemaduras. Venezuela acusa al régimen de Trujillo ante la OEA, que le impone sanciones económicas y suspende las relaciones diplomáticas con el régimen dominicano. El aislamiento fortalece la resistencia interna al régimen y Trujillo es derrocado y asesinado el 30 de mayo de 1961 [Alexander 1982].

A la conspiración militarista se le suma la subversión marxista. En 1959, luego de tres años de lucha guerrillera, Fidel Castro baja de las montañas y derroca al dictador cubano Fulgencio Batista. Miles de personas allegadas al régimen de Batista y adversarios del nuevo régimen son fusilados y miles más son ejecutados extrajudicialmente. En 1960, con el apoyo y financiamiento de la Unión Soviética, Castro impone una brutal dictadura comunista que organiza movimientos guerrilleros para imponer un comunismo al estilo soviético en todos los países de Latinoamérica.

Pocos días después de llegar al Gobierno, Castro visita Venezuela. La falta de empatía con Betancourt fue inmediata, pero el Partido

Comunista de Venezuela y los jóvenes marxistas de AD veían en la Revolución cubana el ejemplo a seguir. El primer enfrentamiento entre AD y el PCV-MIR ocurre en el IV Congreso de la Confederación de Trabajadores de Venezuela (CTV). A causa de la división, AD pierde la mayoría en el comité ejecutivo de la confederación, pero el congreso de la CTV expulsa a los miembros de orientación comunista, quienes fundan dos pequeñas organizaciones sindicales, la CUTV y Codesa[20].

El Gobierno acusa a URD de tener un "ala negra" dirigida por Luis Miquilena y José Vicente Rangel, que organiza protestas en su contra. En agosto de 1960, los Estados Unidos proponen excluir a Cuba de la OEA. Betancourt le ordena al canciller Luis Ignacio Arcaya apoyar la propuesta, pero Arcaya (URD) se niega y es sustituido por Marcos Falcón Briceño. Betancourt rompe relaciones diplomáticas con Cuba y se alinea con los Estados Unidos en su política contra el eje Moscú-Pekín-La Habana. En noviembre, Betancourt propone la creación de un frente contra el PCV y la guerrilla marxista, pero el "ala negra" se impone y URD abandona la coalición de gobierno.

Las primeras guerrillas marxistas aparecen en las montañas de Turimiquire en el oriente y La Azulita en los Andes en 1961. Al poco tiempo, el MIR y el PCV abandonan la lucha civil, optan por la lucha armada y crean las Fuerzas Armadas de Liberación Nacional (FALN), las cuales constaban de cuatro grupos guerrilleros dirigidos por Douglas Bravo en Falcón, Tirso Pinto en Lara, Francisco Prada Barazarte en los llanos y Alfredo Maneiro en el oriente. También organizan las Unidades Tácticas de Combate (UTC) o grupos comando para atacar al Gobierno en puntos estratégicos. Para enfrentar la insurrección guerrillera, el Gobierno reorganiza la policía política y los Servicios de Inteligencia de las Fuerzas Armadas (SIFA) y crea los teatros de operaciones.

La participación del régimen castrista es evidente desde el primer momento. El 26 de julio de 1960, una violenta manifestación en contra del Gobierno es encabezada por el jefe de la delegación cubana en Caracas, León Antich, a quien el Gobierno acusa de entregarles 400 mil dólares a grupos guerrilleros. En 1961, el Gobierno descubre un arsenal de 500 ametralladoras de fabricación checa y propaganda castrocomunista destinada a la guerrilla. En 1962, se descubre otro lote de armas con el escudo de las Fuerzas Armadas de Cuba. El 11 de noviembre de 1963 se incautan tres toneladas de armas provenientes de

---

20 Estas son las siglas de "Confederación Unida de Trabajadores de Venezuela" y "Confederación de Sindicatos Autónomos".

Cuba, y a comienzos de 1964 detienen a un grupo de guerrilleros que portaban armas belgas con el escudo de las Fuerzas Armadas de Cuba. La guerrilla urbana y rural se extiende a todo el país. Las UTC colocan bombas en las tiendas Sears Roebuck y la Embajada Americana y las FALN destruyen varios oleoductos [Sánchez, 2009].

Desde temprano, la guerrilla marxista contacta a sectores militares para organizar sublevaciones conjuntas. La primera fue el Barcelonazo, el 25 de junio de 1961. Con apoyo guerrillero, el capitán Tesalio Morillo y el exoficial Elonis López Curra toman por asalto el Cuartel Freites de Barcelona. Luego de un violento combate, la mayoría de los asaltantes son abatidos. Un segundo intento fue el Guairazo. En febrero de 1962, el Batallón Bolívar de la Marina en Maiquetía, apoyado por grupos guerrilleros y estudiantes comandados por Eduardo Machado y Manuel Quijada, organiza una rebelión en La Guaira. La insurrección es fácilmente dominada.

Una insurrección de mayor envergadura, el Carupanazo, ocurre el 4 de mayo, cuando el Batallón de Infantería de Marina de Carúpano se alza con el apoyo de grupos guerrilleros, pero la rebelión es dominada. Para finales de mayo, los muertos en revueltas callejeras y combates urbanos pasan de 150. Cinco días después del Carupanazo, el Gobierno proscribe el Partido Comunista y el MIR y clausura el diario comunista *Tribuna Popular* y el semanario *Izquierda* [García 1977].

La asonada más cruenta de la época guerrillera fue el Porteñazo. El 2 de junio de 1962, oficiales de la Marina de Guerra con el apoyo de grupos guerrilleros se sublevan en la base naval de Puerto Cabello. Para controlar el levantamiento, el Ejército rodea la ciudad y la Fuerza Aérea bombardea a los insurrectos. Luego de 24 horas de sangrientos combates y con un saldo de 400 muertos y 700 heridos, los insurgentes se rinden y sus cabecillas, los capitanes Manuel Ponte, Pedro Medina y Víctor Morales, son detenidos. Investigaciones posteriores descubren la infiltración guerrillera dentro de las Fuerzas Armadas y el Gobierno decide emprender una purga de oficiales sospechosos de simpatizar con la guerrilla [Brett 1970].

El 23 de septiembre de 1963, un grupo guerrillero asalta un tren en el centro turístico El Encanto, matando a varios guardias nacionales que cuidaban sus instalaciones. Siendo un atractivo turístico estratégicamente insignificante, frecuentado por civiles y con poca presencia militar, el asalto indigna a la opinión pública al punto de que el PCV amonesta públicamente a Gustavo Machado y el MIR a Domingo Alberto Rangel. En respuesta, el Gobierno allana la inmunidad parlamentaria y somete a la justicia militar a los congresistas del PCV y del MIR.

En 1963, en un intento por impedir la continuidad democrática, la guerrilla anuncia un boicot a las elecciones presidenciales. Ante las amenazas de violencia, el Gobierno lanza la consigna de "Votos sí, balas no". A pesar de las amenazas, las elecciones se realizan en un clima de relativa normalidad. Para ese año, la insurgencia había sufrido repetidas derrotas, muchos guerrilleros estaban en la cárcel y las acciones terroristas de las UTC, en vez de captar adeptos, generaban miedo en la población. Los grupos conservadores, la Iglesia católica, los partidos políticos no marxistas y los enemigos tradicionales de Betancourt estaban todos respaldando al Gobierno en la lucha antiguerrillera [Sánchez 2009]. El temor al enemigo comunista había hecho que la mayoría en las Fuerzas Armadas se uniese en torno al Gobierno.

Cuando Raúl Leoni asume la presidencia, la guerrilla ya estaba políticamente derrotada. En política exterior, continúa aplicando la Doctrina Betancourt y el combate militar contra la guerrilla y envía al destierro a algunos dirigentes marxistas como Eloy Torres y Jesús Farías, del Partido Comunista, y Domingo Alberto Rangel y Jesús María Casal, del MIR. Desde el comienzo de su Gobierno, Leoni enfrenta permanentes rumores de complots militares. En octubre de 1966 se produce una rebelión militar que es fácilmente dominada. La guerrilla urbana hace mayor presencia y los atentados terroristas se acrecientan. Secuestran al futbolista Alfredo Di Stefano y al segundo jefe de la Misión Aérea de los EEUU, coronel Michael Smolen, y asesinan al hermano del canciller, Julio Iribarren Borges. El Gobierno responde con represión. La Aviación bombardea y el Ejército cerca y combate las posiciones de la guerrilla y se producen algunas ejecuciones y desapariciones. En las universidades, los grupos subversivos se mantienen con fuerza y en diciembre de 1966 el Gobierno allana la Universidad Central de Venezuela, encontrando arsenales de armas.

Durante el Gobierno de Leoni aumenta la intervención cubana en Venezuela. En julio de 1966, unas 40 personas dirigidas por los generales cubanos Arnaldo Ochoa Sánchez y Leopoldo Cintas Frías desembarcan en Tucacas, y el 8 de mayo de 1967, una expedición de guerrilleros cubanos y venezolanos entrenados en Cuba invade Venezuela por las costas de Machurucuto[21]. En ambos casos, el Ejército venezolano los en-

---

21 Ochoa y Cintas fueron posteriormente jefes de las fuerzas de ocupación cubana en Angola. Ochoa es fusilado 20 años más tarde por su supuesta participación en actividades de narcotráfico.

frenta y los derrota. En respuesta a la intervención cubana, el Gobierno denuncia a Cuba ante la comunidad internacional por agresión militar contra Venezuela. El último intento cubano por derrocar al régimen democrático venezolano ocurre en 1969, cuando 30 guerrilleros venezolanos entrenados en Cuba invaden Venezuela para apoyar la subversión. En el intento, todos los guerrilleros mueren. Hacia finales de la década, la subversión también estaba militarmente derrotada y sus principales líderes en la cárcel o en el exilio. El fracaso de la lucha armada causa divergencias en el PCV y el MIR, con algunos sectores pidiendo retornar a la lucha civil y otros permanecer en la lucha armada [Peñaloza 2012].

Para facilitar la pacificación, la administración Leoni permite que quienes hubiesen participado en la lucha armada pudieran retornar a la vida civil. En el marco de esta política, liberan al secretario general del PCV, Jesús Farías, y al dirigente del MIR Domingo Alberto Rangel. En abril de 1968, el PCV abandona la lucha armada y participa en las elecciones de ese año. Luego de la invasión soviética a Checoslovaquia en mayo de 1968, muchos dirigentes comunistas comienzan a cuestionar el objetivo de implantar un sistema comunista al estilo soviético en Venezuela. Como el comité central del PCV decide mantenerse solidario con la URSS, un sector liderado por Teodoro Petkoff y Pompeyo Márquez se separa del PCV y funda el Movimiento al Socialismo (MAS), del cual posteriormente se separa un grupo que funda el partido Causa Radical o "Causa R". El MIR continúa la lucha guerrillera y llama a la abstención en las elecciones de 1968.

Hacia 1970, todavía quedaban algunos focos guerrilleros, especialmente en las universidades públicas. Para enfrentar los persistentes disturbios estudiantiles, el gobierno de Caldera clausura temporalmente la UCV mientras continúa la política de pacificación iniciada por Leoni. Caldera amnistía a los presos políticos y legaliza el PCV, el MAS y el MIR, que se reincorporan a la lucha democrática. En política internacional, se deslinda de la Doctrina Betancourt y restablece relaciones diplomáticas con las dictaduras militares latinoamericanas, la Unión Soviética y los regímenes comunistas de Europa del Este. Aunque no restablece las relaciones diplomáticas con Cuba, estas mejoran sustancialmente. La década de la violencia en Venezuela había terminado.

Aunque la mayoría de los grupos guerrilleros abandonan las armas y se incorporan a la lucha civil, unos pocos se mantienen activos y logran penetrar la institución armada. En Barinas, los hermanos Adán y Hugo Chávez solían compartir con el historiador comunista José Esteban Ruiz Guevara, quien ejerce una influencia ideológica importante sobre ellos. Adán luego se une al PRV de Douglas Bravo y Hugo Chávez se inscribe en la Academia Militar.

Al graduarse de la Academia Militar en 1977, Hugo entra en contacto, a través de su hermano Adán, con Alfredo Maneiro y Pablo Medina (Causa R), quienes estaban planeando una insurrección obrera. Ese año, los militares Jesús Urdaneta Hernández, Miguel Ortiz Contreras y Felipe Acosta Carles se unen a la conspiración de Chávez, aunque este no les informa sobre el ala guerrillera del movimiento. Poco después contacta a Francisco Arias Cárdenas y a William Izarra. Este último ya venía conspirando junto con el PRV. A comienzos de los 80, Chávez y Douglas Bravo organizan el Movimiento Bolivariano Revolucionario 200 (MBR-200 cívico-militar). Por iniciativa de Douglas Bravo, Chávez aparta a Arias Cárdenas de la conspiración. En 1983, en conjunto con Jesús Urdaneta, Felipe Acosta Carles y Raúl Baduel, Chávez crea el MBR-200 militar en el Samán de Güere. Al poco tiempo, el PRV se desmiembra, Douglas Bravo funda Tercer Camino y William Izarra es dado de baja por su tendencia comunista. Esto permite la reconciliación entre Chávez y Arias Cárdenas, quienes para 1990 eran los principales líderes del movimiento insurreccional. Con Chávez, quienes permanecieron en el movimiento guerrillero hasta el final llegan al Gobierno en 1999 y la democracia venezolana cierra un capítulo [Garrido y Ledezma 2007].

¿Por qué la democracia se desmorona?

En Venezuela, el régimen democrático que nació en 1958 se desmorona en 1999. ¿Qué provocó la caída de la democracia venezolana? Así como una mayor seguridad económica crea el clima favorable para que surja la democracia, la menor seguridad económica crea un clima propicio para que caiga, y la economía venezolana tuvo un desempeño muy pobre durante los últimos 20 años de democracia.

Aunque con altibajos, especialmente durante la Gran Depresión y la Segunda Guerra Mundial, la figura 1 muestra el rápido crecimiento del ingreso per cápita a partir de 1922, cuando revienta el pozo Zumaque II, el cual alcanza su máximo nivel en 1977. Luego cae bruscamente hasta regresar en 1983 al nivel de 1956. Desde entonces, la economía ha permanecido fluctuando alrededor de ese nivel. A raíz de la crisis que comenzó en 2014, ha bajado al nivel del año 1950 y continúa bajando.

Figura 1

Ingreso per cápita
Venezuela 1900 - 2017

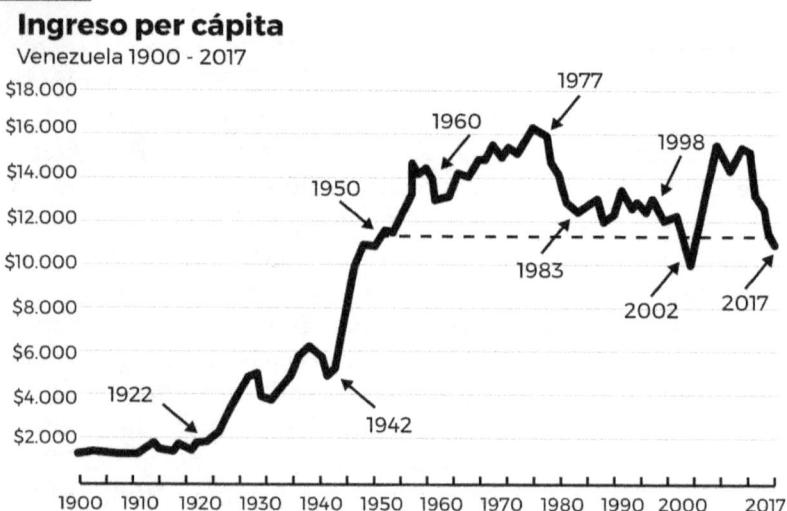

El deterioro impresiona más al comparar el nivel de vida de un venezolano con el de un país desarrollado. En 2015, el ingreso per cápita de Venezuela como porcentaje del ingreso per cápita de los Estados Unidos fue 25%, es decir, por cada 100 dólares que gana un estadounidense promedio, un venezolano promedio gana 25 dólares. Con excepción del período de la Segunda Guerra Mundial, el ingreso de un venezolano se fue acercando al de un estadounidense desde 1922 hasta 1970, cuando alcanza su máximo de 49%. Desde entonces, esa brecha se ha ido agrandando progresivamente hasta el día de hoy. Del período hay dos observaciones interesantes. La primera es que la brecha se agranda hasta el año 2002, el *boom* petrolero permite cerrarla un poco, alcanzando su máximo en 2008, que es el año cuando el precio del petróleo alcanza su máximo. Luego decae hasta el 25% actual. La segunda es que, a pesar del *boom* petrolero, la brecha durante la era chavista siempre fue mayor que en el peor año de la era democrática: 1998.

La cultura que un pueblo ha venido cimentando por 200 años no cambia fácilmente. Como revelan los episodios históricos narrados en los párrafos anteriores, Venezuela muestra una historia de intolerancia política que está incrustada en la mente de muchos. Un mayor nivel educativo de la población ayuda a disminuir la intensidad de esa cultura e inculcar en la gente una mayor tolerancia, pero todavía hay mucho que avanzar. La intolerancia se encuentra incluso en muchos de los que militan en los partidos democráticos. Si bien las elecciones nacionales entre 1958 y 1998 fueron limpias, también es cierto que es rara la elección de las autoridades de los partidos políticos que no tenga su dosis de trampa. Allí está la mentalidad del caudillo funcionando en la forma de intolerancia política. Esta afirmación se puede ilustrar con una famosa y jocosa anécdota. Cuenta Octavio Lepage que cuando la Junta Revolucionaria de Gobierno se instala en 1945, Betancourt nombra a Juan Salerno, un ganadero, como gobernador de Apure. Salerno sale con 50 llaneros a caballo hacia la gobernación y el gobernador saliente, un señor de apellido Rodríguez que era dueño de una farmacia, le dice: "Aquí estoy, preparándome para entregar el coroto", a lo que Salerno le responde: "Esa vaina no, usted tiene que pelear" [Conde 2012].

Las historias de revueltas, revoluciones, intentonas y guerrillas evidencian cómo se antepone la violencia a la convivencia, la poca capacidad para aceptar las ideas de otros o simplemente la indiferencia sobre el sufrimiento del prójimo. La intolerancia política venezolana se puede ilustrar con algunos casos relevantes. Por ejemplo, en 1968, un grupo de partidarios del dictador Pérez Jiménez crea el partido Cruzada Cívica Nacionalista, lo postula para senador y resulta electo. Aunque luego su elección fue anulada por la Corte Suprema de Justicia, lo interesante es que, a pesar de los miles de asesinatos y presos y exiliados políticos que hubo durante su régimen de terror, una porción grande de la población salió a votar por él, dándole poca o ninguna importancia a su trayectoria de represión, atrocidades y muerte. Dicho de otra forma, la prioridad de esos votantes estaba en cualquier parte excepto en el derecho a la vida y la compasión por el sufrimiento de cientos de miles de víctimas durante su régimen; algunos incluso posiblemente respaldaban esos crímenes. La represión perezjimenista llegó a tales extremos que cada vez que un barco mercante entraba a puerto, la Seguridad Nacional realizaba un cateo detallado del buque para asegurarse de que no estuviera trayendo propaganda o material subversivo. Hubo marinos que sufrieron varios años de prisión sin juicios y sin la orden de un tribunal por haber cometido el "crimen" de traer un ejemplar de la revista *Bohemia* consigo[22].

Es común encontrar a mucha gente, incluyendo políticos, periodistas y empresarios reconocidos, argumentando que fueron engañados por Chávez en las elecciones de 1998. La verdad es que, como vimos en el

---

22   Esta es una anécdota de mi padre, quien fue testigo y sufrió esas experiencias, y que yo también se las escuché a otros marinos mercantes compañeros de trabajo de él.

capítulo 1, Chávez no engañó a nadie. Ciertamente aparentó ser algo distinto durante las elecciones, pero su trayectoria lo delataba: dos intentos de golpes de Estado con el saldo de más de cien muertos, nunca mostró un ápice de respeto por las instituciones democráticas, continuó organizando una nueva insurrección después de ser indultado, su cercanía a Fidel Castro se evidenció bastante antes de las elecciones, su "catequismo" del "Árbol de las tres raíces", los grupos que lo apoyaban eran mayoritariamente comunistas, etc. El que dice haber sido engañado en realidad se engañó solo o simplemente no le dio importancia a lo que era evidente, la intolerancia que representaba Hugo Chávez. Esa actitud ha continuado en muchos durante toda la era chavista, la cual ha estado signada por presos políticos, asesinatos, fomento del crimen, cierre de medios, etc. Los derechos humanos pasan a un tercer plano. La gente respalda la salida de este régimen, no por la restauración de los derechos humanos sino porque busca mejorar su deteriorada calidad de vida.

El gran éxito de Acción Democrática, más que la lucha por la democracia, se debió a su oferta económica y social, la reivindicación de los más pobres que no sentían haberse beneficiado lo suficiente de la gran riqueza petrolera que había entrado; su oferta de distribución en el ingreso, reforma agraria, educación y salud para todos, etc. El país les dio un respaldo rotundo a pesar de haber llegado al poder por la vía revolucionaria, respaldo que se manifestó en las elecciones para la Asamblea Constituyente en 1946 y para la presidencia en 1948. Asimismo, el ambiente de intolerancia que se creó dio al traste con el experimento democrático del Trienio. La esencia de la democracia no está en las elecciones sino en crear instituciones que permitan la convivencia pacífica y en su fortaleza para mejorar el nivel de vida de su gente.

Esta discusión nos permite explicar cuál es la dinámica de las democracias. La gente en general le da gran importancia a la seguridad económica. Cuando los niveles de pobreza son muy severos, la seguridad económica es lo único importante. La historia está llena de episodios de pueblos cuyas tierras dejan de ser lo suficientemente fértiles y migran hacia otras regiones donde liquidan a la población local y hacen de las tierras invadidas su nueva patria. Las invasiones bárbaras o de los hunos en la antigüedad son solo dos ejemplos.

Como en las invasiones entre países, asimismo ocurre con las guerras locales. La pobreza le permite a un caudillo entusiasmar a grupos de campesinos a intentar obtener alguna riqueza mayor. No obstante, a medida que el aspecto económico se va resolviendo, hay otros asuntos que adquieren mayor importancia, como los derechos humanos. El mayor ingreso viene acompañado de una mayor y más amplia exigencia de convivencia pacífica, lo que finalmente conduce a la democracia. La única forma de que no emerja es con represión.

El proceso también funciona al revés. Cuando la seguridad económica se va deteriorando, el régimen político, sea cual sea, comienza a tener menor importancia en la mente de la gente. En ese punto juega un papel crucial la intolerancia. Alemania y Japón eran sociedades con una tradición de siglos de gobiernos autoritarios, y en ellos la Gran Depresión condujo a Hitler y a los militares nacionalistas al Gobierno. Por el contrario, los Estados Unidos y el Reino Unido, sociedades con una tradición más abierta y plural, eligieron nuevos jefes de gobierno democráticamente para salir de la depresión económica. Esta teoría aplica igualmente a Venezuela [Jeitschko, Linz, Noguera y Seminika 2014].

En Venezuela, el declive económico que comienza en la década de los ochenta va causando una creciente desilusión en la democracia que fue despertando la herencia de intolerancia política en una parte importante de la población. El chavismo es un hijo de la violencia, una intentona y un "por ahora" que anunciaba una mayor intolerancia que es inherente a la violencia. Crece sobre la base de un discurso antidemocrático que Chávez modera durante su primera campaña electoral, pero que luego arrecia estimulando una creciente intransigencia durante toda la era del chavismo. Aun así, a pesar de la creciente represión y violaciones de los derechos humanos de los cuales los votantes chavistas estaban perfectamente conscientes, el chavismo contó con un respaldo sólido de la población durante sus primeros 15 años. Es en el efecto conjunto de intolerancia política y debacle en la seguridad económica donde hay que buscar las causas de la caída de la democracia venezolana.

Ese ambiente de creciente intolerancia no apareció repentinamente. Es cierto que la tradición existía, pero los venezolanos estuvieron conviviendo pacíficamente después de derrotada la guerrilla marxista de los años sesenta. La intolerancia se manifiesta de nuevo en los años noventa, posiblemente con mucha más fuerza que la existente durante el Trienio. Por una parte, estaban aquellos que permanecieron fieles a sus ideologías, como los miembros del Partido Comunista y otros grupos guerrilleros. Para ellos la intransigencia es parte de su doctrina. Pero la mayoría de los grupos comunistas estaban agazapados. No se manifestaban públicamente como tales. El fracaso de la lucha subversiva y el fiasco económico y social que se evidenció con la caída de la Unión Soviética y los gobiernos de la órbita comunista los cohibieron. La mayoría, decepcionados, procuraron adaptarse a las nuevas circunstancias. No obstante, seguían siendo comunistas de corazón, sea abiertamente o agazapados, pero en ambos casos seguían siendo políticamente intolerantes por definición. Algunos, como Manuel Quijada, por ejemplo, quien había organizado una insurrección en La Guaira junto con activistas del Partido Comunista, llegó a ser ministro en el Gobierno de Luis Herrera, mostrando una aparente vocación democrática; no obstante, una vez que emerge el chavismo, se olvida nuevamente de las banderas democráticas, apoya la candidatura de Chávez y posteriormente dirige la purga del Poder Judicial que le permitió que la administración de justicia fuese un instrumento que Hugo Chávez pudiese utilizar a su voluntad. Es digno reconocer que algunos, como Teodoro Petkoff y Pompeyo Márquez, decepcionados del comunismo, emprendieron una transición hacia actitudes mucho más tolerantes que la mostrada posteriormente por muchos de quienes habían abogado siempre por la democracia. No obstante, el MAS apoya fervientemente la candidatura y el discurso antidemocrático que lleva a Rafael Caldera a su segunda presidencia y le brinda un apoyo crucial a Hugo Chávez en 1998. Cuando esto ocurre, algunos emblemáticos dirigentes del MAS como Petkoff y Márquez se fueron del partido.

Pero la intolerancia de los comunistas no nos debe sorprender. En los años postreros del siglo XX, algunos grupos de empresarios y personajes que se presentaban a sí mismos como "intelectuales" asumieron actitudes muy hostiles en contra de la democracia, y en particular de los partidos políticos. Algunos añoraban las dictaduras del pasado, otros no habían sido capaces de cerrar las heridas que condujeron al desplazamiento de la herencia del gomecismo o del régimen dictatorial de Pérez Jiménez y fueron eternos enemigos de Acción Democrática. Otros aspiraban a un cambio en la élite política, representada principalmente por AD y Copei, por otra ligada a las familias adineradas tradicionales de Caracas.

No obstante, aparte de sus enemigos tradicionales, los peores enemigos de la democracia estaban en sus simientes. Los odios políticos que emergen con la segunda generación del liderazgo democrático fueron cada vez más despiadados. En particular, el odio político hacia Carlos Andrés Pérez fue notorio. El presidente Luis Herrera siempre se propuso destruirlo a él y a AD políticamente. De mucha más envergadura fue el odio mutuo entre Carlos Andrés Pérez y Rafael Caldera. La soberbia de Caldera fue determinante para el ambiente de intolerancia política que terminó desmoronando a los partidos democráticos. Para Caldera era insoportable que Pérez se hubiese convertido en el político más popular del país luego de la muerte de Rómulo Betancourt. El odio entre ambos se fue retroalimentando con el tiempo.

Estos odios se complementaron con una creciente intolerancia dentro de los mismos partidos. Caldera se sintió humillado cuando dirigentes de una nueva generación, Eduardo Fernández y Oswaldo Álvarez Paz, lo desplazaron del liderazgo político del partido que fundó, Copei. Su soberbia lo hiere cuando Carlos Andrés Pérez, en vez de él, es el primero en ser electo presidente por segunda vez. Su altivez lo conduce a descalificar a la democracia como sistema político, a dividir a Copei y a aliarse con muchos de los tradicionales enemigos de la democracia agrupados en un número de pequeños partidos y agrupaciones marxistas, muchos de ellos agazapados, a los cuales denominaban en conjunto "el chiripero". Todo en su ambición por alcanzar la presidencia por segunda vez, lo cual en efecto logró. Copei termina desmembrándose y no presenta candidato propio a las elecciones de 1998.

En Acción Democrática el panorama era igual de malo. Carlos Andrés Pérez siempre tuvo la tendencia a gobernar sin su partido Acción Democrática, por lo que las relaciones entre ambos siempre fueron algo agrias. El ministro de Planificación de su primer Gobierno, Gumersindo Rodríguez, quien había apoyado al MIR durante la lucha guerrillera, termina de imponer el modelo cepalista y trae la macroeconomía del populismo a Venezuela. En su segundo Gobierno, pocos ministros de Carlos Andrés Pérez eran militantes de AD. Las divisiones fueron tales que AD no lo defendió cuando fue destituido. Por otra parte, había un conflicto de liderazgo muy severo entre Pérez y el expresidente Lusinchi. En el medio, Luis Alfaro Ucero comienza a minarlos a ambos por el control de la maquinaria de AD. Para lograrlo, a pesar de que Claudio Fermín había ganado la candidatura presidencial de AD para las elecciones de 1993, Alfaro hace que AD le brinde un apoyo tibio para que Fermín pierda, y para obtener la candidatura presidencial en 1998, Alfaro expulsa a más de 20 mil dirigentes de Acción Democrática. En ese ambiente, Chávez presenta su candidatura con un discurso también lleno de mucha intolerancia contra una miríada de grupos rivales que a última hora apoyan la candidatura de un candidato independiente, Henrique Salas Römer, por el temor que les provocaba Chávez. El deterioro en la seguridad económica en ese ambiente de alta intolerancia acaba con la democracia en 1998.

Cuando la democracia retorne, y retornará, y se reconstruyan las instituciones, una prioridad deben ser las relacionadas con la economía para poder revertir el continuo empobrecimiento de los últimos cuarenta años. Eso requerirá algunas medidas iniciales duras pero necesarias, aunque también darán resultados rápidos y permitirán recobrar el crecimiento sostenido. Este libro pretende ser una contribución en esta dirección.

5
El Estado y el crecimiento económico

Venezuela es un petroestado. El petróleo financia un 70% del presupuesto del Gobierno y provee 95% de sus exportaciones. Esta dependencia extrema ha causado un comportamiento errático en ausencia de instituciones que permitan frenar el ansia populista. Cuando el petróleo sube de precio, asimismo aumenta el presupuesto del Gobierno, el ingreso por exportaciones y las reservas internacionales. La reacción ante esa situación ha sido siempre una competencia feroz por los recursos que entran, con las dramáticas consecuencias de generar un creciente clientelismo, un Gobierno repartiendo nuevos puestos de trabajo, así sean innecesarios, y otorgando contratos a aquellos que financian sus campañas electorales. Esta es la renta del petróleo.

El tamaño desproporcionado del Estado en un petroestado tiene otra consecuencia importante: los grandes negocios provienen de la renta del petróleo, es decir, son con el Estado; en consecuencia, el emprendimiento, la innovación y el trabajo duro pasan a un segundo plano ante el cabildeo y las influencias políticas, y la economía se vuelve inflexible y pierde la capacidad de adaptarse ante los permanentes cambios que experimenta el mundo.

Cuando los precios del petróleo están altos, se ejecutan "grandes proyectos públicos de infraestructura" que siempre conducen al despilfarro y alimentan la corrupción, los subsidios también crecen exageradamente y asimismo lo hace el tamaño del Estado, lo que típicamente conduce a mayores regulaciones burocráticas que tienden a ahorcar al sector privado. La palabra "ahorro" no aparece en el vocabulario de los gobernantes.

Otro problema de los petroestados es la volatilidad en los precios del petróleo. Cuando los precios están altos, todos somos felices, pero una vez que bajan... y seguro que bajarán... el Estado comienza a jugar el papel de un rey Midas al revés, todo lo que ha tocado lo ha arruinado. La razón es que el petroestado se caracteriza por su rigidez en general, y en particular su rigidez fiscal. Una vez que se alcanza cierto nivel de gasto, es impensable para un petroestado recortarlo y así comienzan los déficits en el presupuesto. El Gobierno quiere continuar con sus grandes programas y proyectos y se niega a despedir a sus copartidarios de sus trabajos. Las empresas y el pueblo en general tampoco aceptan recortes en los subsidios, contratos generosos y otras prebendas en general, por lo que el Gobierno se obliga a buscar ingresos que no existen, quedando entrampado con un alto gasto público que no tiene cómo financiar y que a la postre conduce de todas maneras a la pérdida del poder político del gobernante, y posiblemente con explosiones sociales.

Inicialmente piden prestado, engordando sustancialmente la deuda pública, usualmente externa, es decir en dólares, pero cuando toca el turno de pagar jugosos intereses a la banca internacional, apelan a los controles de precios y de cualquier cosa que se les ocurra, así como a la impresión de dinero, alimentando la inflación, generando crisis cambiarias y financieras y volviéndose igualmente impopulares. Esa sugerencia de política, por cierto, es una recomendación de la Cepal que mucho daño le ha hecho a Latinoamérica en general, y a Venezuela en particular, y de la cual hablaremos con profundidad más adelante.

En los petroestados como Venezuela, la sociedad está convencida de que el petróleo le resolverá todos los problemas, de que vive en un país rico y por ende el Estado debe atender todas sus necesidades, lo que implica que el ministro de Finanzas (o Hacienda) siempre debe tener mucho dinero guardado, pero esa es una percepción completamente errónea. Un país es rico cuando sus habitantes gozan de un buen nivel económico, y ese no es el caso de Venezuela. El país fue rico, pero ya no lo es, aunque tiene todas las herramientas para volver a serlo. En el petroestado, la población piensa que tiene derecho a que la gasolina y el gas sean muy baratos, casi gratis; no obstante, esa mentalidad y práctica conduce a un número de ineficiencias que hacen que las cosas terminen peor. Una gasolina muy barata estimula el contrabando ya que se puede comprar gasolina en Venezuela para revenderla en algún país cercano; representa un costo para todos porque el Gobierno debe usar los dólares de las exportaciones de petróleo para subsidiar el consumo de energía, en vez de importar otros productos necesarios; unos precios bajos también estimulan un consumo alto de petróleo que, junto con el petróleo usado para subsidiar la gasolina, pudiera más bien venderse en el exterior para aumentar las exportaciones y adquirir más productos necesarios.

En vez de fomentar empleos productivos en el sector privado, el petroestado termina creando un Estado todopoderoso que a la larga no puede financiar, que termina generando alta inflación y desempleo, y que al final genera mayor pobreza y mayor desigualdad en el ingreso.

Los años ochenta y noventa vieron un incremento espectacular en los cinturones de miseria de Caracas y otras ciudades importantes. El reto que tienen los petroestados, como cualquier otro Estado, es aprovechar las oportunidades para que haya crecimiento de largo plazo, es decir, que la economía crezca sin detenerse, y que estas oportunidades no se pierdan por las distorsiones que implican su dinámica y los consecuentes vicios que se crean en la cultura política y social del país.

Este panorama fue lo que hizo a Juan Pablo Pérez Alfonzo afirmar en sus años postreros que el petróleo era el "excremento del diablo". Él ya estaba previendo lo que se veía venir. Es la maldición del petróleo de la que se habla con frecuencia, cuya gran víctima ha sido el pueblo que se ha empobrecido en una magnitud desproporcionada y le ha perdido confianza a la democracia y sus libertades. No quiero terminar estos comentarios introductorios sin una afirmación contundente. Venezuela NO siempre fue un petroestado; este aparece con el primer *boom* del petróleo en 1974, cuando el ingreso del Gobierno se cuadruplica, y puede dejar de serlo si se diseñan las instituciones adecuadas.

¿Por qué nos empobrecimos?

Desde mediados de la década de 1930, el espectacular crecimiento económico de Venezuela la convirtió en el destino de una gran inmigración que buscaba en el norte de Suramérica una nueva tierra prometida, pero desde mediados de los años 70, las bondades celestiales la abandonaron, la economía retrocedió de forma tal que su ingreso per cápita retornó al nivel de 1956, y desde entonces se ha ido alejando cada vez más del nivel de vida de los países desarrollados. ¿Qué pasó en Venezuela? ¿Por qué se empobreció? Para responder esta pregunta, resulta conveniente entender primero por qué los países crecen.

Suponga que estamos en una fábrica que produce cualquier producto que a usted se le ocurra. ¿Qué necesita para producirlo? Se necesita una organización cuyo éxito descansa sobre tres pilares: capital físico, capital humano y productividad. La figura 2 ilustra los elementos de este proceso. ¿Cuál de estos componentes ha contribuido más a la dramática caída en el ingreso per cápita en Venezuela? Para responder esa pregunta, los economistas han diseñado un método: la contabilidad del desarrollo.

El capital físico incluye la infraestructura que las empresas adquieren cuando invierten en herramientas, edificios, máquinas, equipos, computadores, etc. También incluye la infraestructura pública como autopistas, calles, carreteras, puertos, canales, aeropuertos, represas,

Figura 2

PRODUCCIÓN		
CAPITAL FÍSICO	**TECNOLOGÍA**	**CAPITAL HUMANO**
Tasa de inflación **Infraestructura privada** Edificios, máquinas, equipos, computadores, etc. **Infraestructura pública** Electricidad, agua, vialidad, etc.	Conocimientos Habilidades Destrezas Se puede comprar con los equipos	Escolaridad Salud Destrezas adquiridas Capacidad del trabajador

EFICIENCIA	
Derecho de propiedad	Burocracia ineficiente
Estabilidad monetaria	Protección de patentes
Crimen	Administración de justicia
Corrupción	Monopolios
Leyes laborales	Movilidad de capitales
Movilidad laboral	Transmisión de la información
Incentivos al trabajo	Protección a industrias ineficientes
Organización	Flujo de ideas
Gerencia	

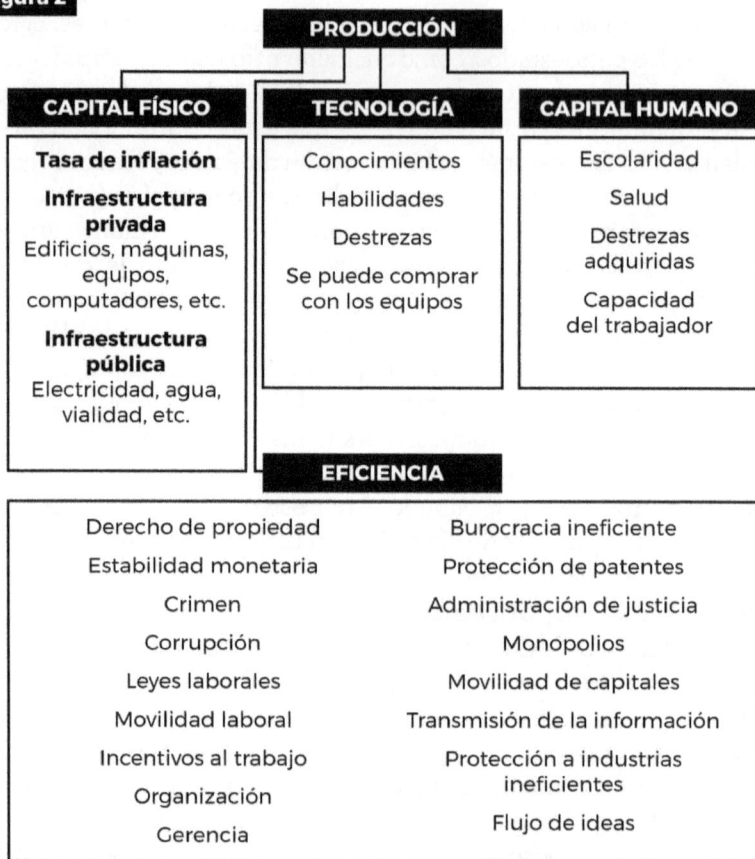

redes de distribución y depuradoras. Los edificios públicos, sean educativos, hospitales o de oficinas, son parte de la infraestructura pública.

Las empresas deben invertir para construir el capital físico que requieren, y esa inversión es financiada con el ahorro de la gente, de la misma empresa o de capitales extranjeros. Esto último es particularmente importante ya que, si el país no cuenta con ahorros suficientes, las empresas extranjeras podrían proveerlos siempre que el país tenga instituciones sólidas, algo carente en la Venezuela de 2017. Para esto es necesario que el país tenga adicionalmente trabajadores productivos y bien formados. Atraer ahorros extranjeros tiene sus riesgos. Algunos de ellos son para financiar empresas que se instalan en el país por largo tiempo, por lo que construyen infraestructura y producen bienes o servicios, esta es la "inversión extranjera directa". Este tipo de inversión contribuye al crecimiento económico. También existe la "inversión de portafolio"; este es dinero que llega para comprar acciones, bonos y otros instrumentos financieros. Este tipo de dinero no siempre es deseable ya que, bajo ciertas circunstancias, podrían ser sacados del país en estampida, lo que se llama "salida de capitales", pudiendo ocasionar graves pérdidas al sistema financiero nacional y detonar una crisis económica. Para evitar este tipo de situaciones, hay países –Chile, por ejemplo– cuya legislación prevé un impuesto alto, digamos 50% del dinero invertido, si este es sacado del país en un término menor que un año.

Tabla 1

Contabilidad del desarrollo de Venezuela (%)

	1950	1960	1970	1980	1998	2013	2016
Ingreso per cápita	0,78	0,85	0,66	0,51	0,31	0,31	0,21
Capital humano	0,47	0,48	0,45	0,53	0,59	0,72	0,73
Capital físico	0,33	0,40	0,33	0,41	0,24	0,23	0,18
Productividad	1,86	1,89	1,61	1,04	0,71	0,62	0,46

Fuente: Banco Mundial, Penn Tables y Barro-Lee Database.

Otro insumo necesario es el capital humano, que consiste en el conocimiento, experticia y habilidades que tienen los trabajadores para producir. La educación es una forma de adquirir capital humano. El desarrollo del capital humano es una tarea fundamental para cualquier Gobierno. A los años de escolaridad hay que agregarle la calidad de la educación recibida, la cual difiere bastante entre países, pero la educación no es lo único que determina el capital humano, también lo hacen el conocimiento y la experticia que los trabajadores van adquiriendo con la experiencia, las destrezas no cognitivas y la salud. Esto último es relevante ya que un trabajador enfermo no produce.

Regresando a la pregunta inicial, ¿qué ha contribuido más a la severa caída en el ingreso per cápita en Venezuela? La tabla 1 muestra la contabilidad del desarrollo [Weil 2008, capítulo 7]. La primera fila indica que el ingreso per cápita de Venezuela venía en 1960 hasta alcanzar el 85% del ingreso per cápita de los Estados Unidos. Desde ese año comenzó a declinar persistentemente hasta ubicarse en 21% en 2016. Eso explica los años de la Venezuela rica y la crítica situación económica y social que están viviendo los venezolanos durante el Gobierno de Nicolás Maduro. También se observa que Venezuela logró alcanzar un nivel de vida mayor durante los años sesenta que durante el *boom* petrolero de los setenta y ochenta.

La tabla 1 indica igualmente que el capital humano, medido en años de escolaridad, sin considerar la calidad, se ha acercado notoriamente al nivel norteamericano durante ese período, aumentando continuamente de 47% a 73%.

El capital físico per cápita de Venezuela en comparación con el de los Estados Unidos se mantuvo más o menos estable, aunque con altibajos hasta alcanzar un máximo de 41% en 1980. Desde entonces ha caído en picada hasta alcanzar apenas un 18%. El capital humano es casi el triple que la brecha del capital físico, lo que refleja el deterioro de la infraestructura física en las últimas décadas, la cual se agrava cada vez más.

La última fila muestra el ingreso causado por la productividad. Esta alcanzó un máximo en 1960 pero mantuvo niveles aceptables hasta 1980. Desde entonces la productividad de la economía ha ido decreciendo persistentemente. Estos resultados son totalmente atípicos si se comparan con el resto del mundo, donde usualmente el capital total tiene una importancia mayor que la productividad.

En conclusión, podemos afirmar que el declive de la economía venezolana se debe parcialmente al deterioro del capital físico y una fuerte caída en la productividad. El deterioro de la infraestructura física en las últimas décadas es evidente. El país tiene autopistas inadecuadas para la población a la que sirven, y ha habido un deterioro en el servicio de agua, electricidad y otros. Asimismo, la internet es más lenta de lo que usualmente es en los países más avanzados.

La productividad consta de dos componentes: tecnología y eficiencia. La tecnología son los procedimientos que se usan para producir cualquier bien. Por ejemplo, si un cocinero quiere preparar una tortilla, comenzará calentando un sartén, paralelamente batirá con un tenedor cuatro huevos, les agrega una cucharada pequeña de sal y pondrá dicha mezcla en el sartén y la calentará hasta que la tortilla esté lista. Ese procedimiento es la tecnología. Hay tecnologías muy complicadas, como aquellas que usan la robótica u otros equipos muy sofisticados. En este caso, observe que una parte del procedimiento lo hace el trabajador y otra parte lo hace el robot.

La brecha tecnológica no pareciera explicar la dramática caída. La tecnología se compra o se arrienda, es decir, se adquiere entrenando a los trabajadores, comprando equipos o contratando el servicio de quien la posee. Cuando se compra un teléfono celular, también se adquiere su tecnología. En el mundo moderno los capitales fluyen libremente a cualquier parte del mundo donde un Estado de derecho funcione aceptablemente bien. Si toda la brecha en la productividad que Venezuela tiene con los Estados Unidos se debiera al atraso en la tecnología, el país debiera tener 40 años de atraso tecnológico, pero en Venezuela, donde todos tienen un celular y acceso a la internet, que son tecnologías muy modernas, es difícil creer que este sea el caso [Weil 2008, capítulo 10].

Por descarte, concluimos que la pérdida en la productividad se debe principalmente a la eficiencia, a la forma como nos organizamos. Esta definición es algo abstracta y la ilustraré con un ejemplo. Suponga que estamos en una competencia de remo. El equipo A tiene a 10 miembros en una embarcación, un timonel que dirige a 9 remeros. El equipo B también tiene a 10 miembros, pero se organiza de manera distinta, tiene 9 timoneles y un remero. ¿Quién cree usted que ganará la carrera? En este caso, la tecnología es la misma, consiste en remar y alguien que dirija, pero cada equipo está organizado de forma distinta. Como imaginará el lector, el equipo A es más eficiente.

Así como en la competencia de remo, las sociedades tienen una organización que afecta la eficiencia de su sistema productivo. Por ejemplo, cuando una empresa pide un permiso al Gobierno para importar insumos, debe utilizar recursos para cabildear y hacer las diligencias relacionadas. En este caso, la ineficiencia proviene de una institución gubernamental formal, pero no siempre es así. Si una empresa contrata guardias e instala cámaras de seguridad y otros equipos para prevenir posibles robos, está utilizando unos recursos que aumentan los costos y por ende el precio del producto. En este caso la ineficiencia ocurre no solo porque aumenta el costo de los productos, sino también porque dichos recursos pudieran ser utilizados alternativamente en elevar la producción, lo que aumentaría la oferta y disminuiría el precio.

Determinar la eficiencia de un país es algo complejo por ser intangible e incluir una variedad de factores tales como el derecho de propiedad, la administración de justicia, la inflación, la movilidad de capitales, la criminalidad, la corrupción, las leyes laborales, la competitividad de los mercados, la movilidad laboral, el incentivo al trabajo, la organización, la capacidad de gerencia, la eficiencia de la burocracia, la protección de patentes, la transmisión de la información, la protección a industrias ineficientes y el flujo de ideas, entre otros. Algunos de ellos, como el derecho de propiedad, la estabilidad macroeconómica y la administración de justicia son cruciales, y las estadísticas del Banco Mundial y el Fondo Monetario Internacional indican que Venezuela ha retrocedido sostenidamente en todos estos factores.

El Estado. ¿Jugador o árbitro?

El principal papel que tiene el Estado en el desarrollo económico es establecer las "reglas del juego" con las cuales la sociedad funciona. Esas "reglas" influyen sobre todos los factores que afectan el proceso de producción y por ende el ingreso de cada persona. El Estado influye sobre la acumulación de capital físico cuando construye infraestructura de carácter público que el sector privado no tiene incentivos para construir, tales como carreteras y represas. También participa al aprobar las regulaciones sobre el desarrollo urbanístico y en general la construcción.

El Estado contribuye a la acumulación de capital humano cuando extiende y mejora la calidad de la educación y el servicio de salud, especialmente para aquellos que no tienen recursos para costear estos servicios. Puede apoyar el desarrollo tecnológico mediante el financiamiento directo de la investigación y la administración de patentes. En esta área el Estado venezolano está en deuda con la sociedad. Instituciones de investigación que antes tenían un buen funcionamiento y apoyaban la industria, como Intevep, han sido desmanteladas, y el IVIC, un centro de investigación científica, siempre ha estado desvinculado de la industria nacional. Por otro lado, las universidades apenas tienen recursos para funcionar.

El Estado tiene un papel importante e inherente que afecta directamente los niveles de eficiencia de una economía, garantizando un Estado de derecho con una honesta administración de justicia y respecto al derecho de propiedad, el cual ha sido muy maltratado en la Venezuela del siglo XXI; tiene un papel determinante al combatir el crimen y la corrupción, aprobar leyes laborales que no afecten el crecimiento económico y que en general permitan darles mayor competitividad a las empresas y organizando una burocracia eficiente. Estadísticas del Banco Mundial indican que Venezuela ha estado perdiendo eficiencia sostenidamente en todos estos factores.

Analizar cada elemento que influye en el proceso de producción conduciría a un texto enciclopédico, lo que está fuera del objetivo de este texto. El resto del capítulo lo dedicaré a comentar brevemente el estado en que se encuentran algunos sectores críticos. La política comercial e industrial y la estabilidad monetaria serán analizadas en los capítulos siguientes.

El Estado. Infraestructura

La vialidad de Venezuela es relativamente nueva. A comienzos del siglo XX el país solo tenía caminos de tierra que se transitaban a pie o en animales. Durante la dictadura de Gómez se construyeron unos 5.000 kilómetros de carreteras. Ese trabajo lo continúan López Contreras y Medina Angarita.

En 1947, la Junta Revolucionaria de Gobierno presidida por Rómulo Betancourt presenta el Plan Nacional de Vialidad que, aparte de continuar la ejecución de los planes anteriores, planifica las primeras autopistas y una serie de carreteras troncales que permitirían llegar por vía terrestre a todo el país. Cuando cae el régimen de Pérez Jiménez, Venezuela tenía 24.502 km de red vial, de los cuales solo 117 km de autopistas (10,6 km anuales) habían sido construidos por la dictadura. A partir de 1958, la democracia potencia la construcción y modernización de nuevas vías. Entre las más importantes se encuentran las autopistas Coche-Tejerías, Valencia-Puerto Cabello, Barcelona-El Tigre, Valencia-Campo de Carabobo, Centro-Occidental, Coro-Punto Fijo, Barquisimeto-Carora, Petare-Guarenas, Ciudad Bolívar-Ciudad Guayana y Ciudad Guayana-Upata. En total fueron 71.168,4 de los 95.671,4 km de red vial que tiene el país, incluyendo 1.184 de los 1.586 km de autopistas para un promedio de 28,9 km anuales.

Durante el chavismo, apenas se han construido 285 km de autopistas (19 km anuales). Aparte del pobre desempeño en esta área, el régimen se ha dedicado persistentemente a boicotear las iniciativas de las autoridades locales que no le son afectas. Por ejemplo, la Alcaldía Metropolitana de Caracas intentó incorporar semáforos inteligentes de tránsito que fueron desmontados por el Gobierno central y enviados a La Habana.

La vialidad está absolutamente deteriorada. En los últimos años han quedado inservibles unos 14.000 kilómetros de vialidad agrícola debido a la falta de mantenimiento. El Gobierno no tiene un plan definido con objetivos a largo plazo para construir nueva vialidad y reparar la existente. Un caso emblemático es el viaducto Nº 1 de la autopista Caracas-La Guaira que une a Caracas con el Aeropuerto de Maiquetía, el cual colapsó y se derrumbó debido a la falta de mantenimiento. Los expertos estiman que un 80% de la vialidad ya cumplió su vida útil y requiere restauración. Asimismo, se estima que unos 3.000 puentes deben ser reacondicionados al estar en riesgo de caerse.

El Estado. Educación

La educación superior también está en una situación crítica. La propaganda oficial que dice que la educación gratuita llegó a Venezuela de la mano de Chávez es falsa. En Venezuela, la educación es pública y gratuita desde 1870. Por el contrario, el Gobierno ha tratado de asfixiar económicamente a las universidades públicas debido a que estas son autónomas y en consecuencia no ha podido doblegarlas a su voluntad. Estas incluyen la Universidad Central de Venezuela, la Universidad Simón Bolívar, la Universidad de los Andes, la Universidad del Zulia, la Universidad de Carabobo y la Universidad de Oriente, entre otras. Esto ha obligado a reducir las becas universitarias y pagar salarios extremadamente bajos a los académicos, forzando el traslado de muchos de ellos hacia el sector privado o a emigrar. La dotación de laboratorios, bibliotecas y otras instalaciones no cumple con los estándares mínimos internacionales necesarios.

El Estado. Salud

El deterioro del sistema de salud venezolano se refleja en las cifras. Según el Banco Mundial, Venezuela es el país de Latinoamérica con menos camas en hospitales por cada mil habitantes, después de Guatemala y Honduras. La disponibilidad de camas en los hospitales ha disminuido a una tasa de 3,2% interanual, de 1,47 camas por cada mil habitantes en 1996 a 0,9 camas en 2011, último año reportado.

La crisis de la salud venezolana tiene varias aristas. En medicina preventiva, Venezuela es el país con el menor porcentaje de niños vacunados contra el sarampión antes de cumplir un año de edad, solo superando a Bolivia, República Dominicana y Haití. Este porcentaje disminuyó de 92% de niños vacunados en 1998 a 87% en 2011. Para 2014, varias enfermedades que se consideraban erradicadas han resurgido con fuerza debido a la negligencia de las autoridades. El Boletín Epidemiológico número 6 del Ministerio de Salud reporta que en las primeras cinco semanas de 2014 se notificaron 332 casos de tuberculosis, 10.883 de dengue o dengue grave, 36 de leishmaniosis, 15 de mal de Chagas y 7.415 de malaria.

El Estado. Corrupción

En Venezuela existen tres presupuestos paralelos. El presupuesto formal del Gobierno, las reservas internacionales del Banco Central de Venezuela que el presidente gasta de forma ilegal, y los fondos de la empresa petrolera estatal Pdvsa. Los dos últimos no son discutidos públicamente ni son sujetos a presentación de cuentas. Sobre el presupuesto oficial, la inmensa mayoría de los contratos son otorgados directamente sin licitación. El ex gobernador del estado Carabobo Luis Felipe Acosta Carles públicamente declaró que había otorgado unos 800 contratos sin licitación por decenas de millones de dólares porque en su estado siempre están en situación de emergencia [Coronel 2008].

El Plan Bolívar 2000, el primero de los programas sociales del presidente Chávez, se implementó a finales de 1999 y fue dirigido por oficiales de alto rango de las Fuerzas Armadas. El plan fue ejecutado sin ningún proyecto previamente estructurado, siendo objeto de todo tipo de irregularidades. Al principio operó como una partida secreta no auditable y posteriormente se justificaban sus gastos con facturas falsas y compras fantasma, tal como se afirma en el informe de la Contraloría General del 24 de enero de 2001 y el informe de la Comisión de Contraloría de la Asamblea Nacional de junio de 2002.

Los dineros del Fondo de Inversión para la Estabilización Macroeconómica (FIEM) han sido utilizados sin control. Aunque se introdujeron varias querellas judiciales por el uso indebido de 2 millardos de dólares por parte del presidente Chávez y su ministro de Finanzas Nelson Merentes, nunca se realizó ninguna investigación [Pérez 2004][23].

Según una investigación de Reuters, entre 2005 y 2011, el Fondo de Desarrollo Nacional (Fonden) había recibido unos 100.000 millones de dólares de los cuales apenas se sabe su destino debido a la escasa información que emite el Gobierno. El Fonden tiene varios años sin reportar el uso de sus fondos, lo que lo convierte en una caja negra que administra directamente el presidente [Agencia Reuters 2012].

El financiamiento ilegal de movimientos políticos en el exterior ha sido también una fuente de corrupción. El caso Antonini es emblemático. En agosto de 2007, una oficial de la aduana del aeropuerto de Buenos Aires le decomisa un maletín con 800 mil dólares en efectivo a Guido Alejandro Antonini Wilson, quien había ido a la Argentina en un vuelo privado pagado por los gobiernos de Venezuela y Argentina; dicho dinero estaba destinado a financiar la campaña presidencial de Cristina Kirchner. Antonini fue posteriormente acusado de lavado de dinero y contrabando, pero haciendo uso de su doble nacionalidad venezolana-americana, pudo escapar y obtener protección de la justicia estadounidense a cambio de proveer información para combatir el crimen organizado en la región. Situaciones similares han ocurrido con candidatos izquierdistas promocionados por Chávez en Bolivia, Nicaragua, México y algunos otros países.

En Santiago de Chile, el Gobierno venezolano realizó una transferencia a la Universidad Arcis, propiedad del Partido Comunista Chileno,

---

23   Merentes fue presidente del Banco Central de Venezuela hasta 2017.

por 13 millones de dólares americanos por orden del difunto presidente Hugo Chávez [Figueroa 2014].

Según Stratford, el ex presidente de la Asamblea Nacional Diosdado Cabello fue la "cabeza de uno de los principales centros de corrupción en Venezuela", siendo acusado en 2014 en una corte de Miami, Florida, por aceptar sobornos por $50 millones de dólares para recibir contratos del Gobierno venezolano [Delgado 2014]. El régimen venezolano también ha sido acusado de financiar al grupo terrorista islámico Hezbollah [US Department of Treasury 2006].

Los tres fiascos

Las instituciones que debieran ser el pilar del crecimiento económico en Venezuela están descompuestas. Son ineficientes, disfuncionales y están carcomidas por la corrupción. Sin un esfuerzo decidido para adecentarlas, muy difícilmente el país podrá emprender un proceso de crecimiento económico sostenible a largo plazo porque la ineficiencia del aparato productivo sería muy fuerte.

Aunque las soluciones de muchos de estos problemas están fuera del ámbito de la economía, tienen un papel fundamental en determinar el comportamiento económico. Las políticas económicas por sí solas no bastan. También se deben implementar políticas en el perímetro legal, cultural, de ingeniería, educación, medicina y algunos otros. Lo que todos tienen en común es que se necesitan recursos para poder abordarlos, recursos que hay que producir para poder aumentar el capital humano, el capital físico y los distintos factores que afectan la productividad. ¿Cómo conseguir esos recursos? La única opción es generarlos, desafortunadamente, con una economía que tiene problemas para producir. El elemento clave es "inversión". En el mundo moderno, no obstante, donde la competitividad es un factor determinante para atraer la inversión, es indispensable para el país tener "estabilidad macroeconómica" para atraer inversión productiva de bajo riesgo; en otras palabras, es muy importante que la tasa de inflación sea lo suficientemente baja para que las empresas puedan planificar con relativa certeza sus costos y sus ganancias. Con una alta tasa de inflación, el rápido aumento en los precios no permite calcular el monto a invertir ni el nivel de ventas futuras, por lo que la economía solo estaría en condiciones de atraer inversiones riesgosas y especulativas. También hay que crear las condiciones para que se asienten las industrias en las que el país tenga mayores ventajas. El país tiene casi cincuenta años implementando políticas de industrialización y estabilización macroeconómica equivocadas, que van en contra de la corriente del conocimiento que el mundo actual tiene sobre el comportamiento económico. El resto del libro se enfoca en analizar los "tres fiascos" de la economía venezolana: la política macroeconómica, la política comercial y la política petrolera. La corrección de estas políticas es indispensable para relanzar a Venezuela por la senda del desarrollo.

6
Petróleo, inflación y crisis

En su largo periplo por regresar a su casa en Ítaca, Odiseo se dirige hacia las "almas al Érebo de los muertos", donde ve a Sísifo, quien, soportando pesados dolores, estaba condenado por toda la eternidad a llevar una enorme piedra entre sus brazos hacia la cumbre de una montaña, pero cuando ya casi llegaba a la cresta, una poderosa fuerza hacía rodar la piedra hacia abajo, y Sísifo debía comenzar nuevamente.

Si en esta historia sustituimos el Érebo por Venezuela, a Sísifo por las políticas económicas y la piedra por la economía, pareciera que estuviéramos refiriéndonos a la historia económica de Venezuela de las últimas décadas. La historia de Sísifo presenta una analogía con un fenómeno que ha venido ocurriendo cada cierto tiempo en Venezuela, nunca de gran intervalo: me refiero al colapso del bolívar. El ciclo siempre es el mismo: comienza con un auge económico insostenible que eventualmente conduce a un colapso, con consecuencias severas sobre la producción, el empleo y los precios. Entre 1980 y 2015 ha habido ocho crisis cambiarias y una crisis financiera[24] más una que se está gestando en estos momentos, posiblemente acompañada con un capítulo de hiperinflación que está tocando la puerta. Indaguemos primero sobre el desempeño de los primeros gobiernos democráticos antes de analizar el período de las crisis.

Al comienzo todo iba bien

Esta ha sido una historia de amor y dolor. Primero vino el amor. Érase una vez un país muy pobre. Sus habitantes vivían de la agricultura, principalmente del café y en menor medida el cacao; su principal herramienta era el arado y su principal fuente de energía era la animal. No existía sistema de saneamiento y drenaje para disponer de agua limpia y drenar las aguas residuales. La gente se alumbraba con velas y casi nadie sabía leer. Si piensa que me refiero a algún país pobre de África, me he mofado de usted porque me estoy refiriendo a

---

24   Las crisis cambiarias fueron en los años 1983, 1986, 1989, 1994, 1996, 2003, 2010 y 2013, y la crisis financiera en el año 1994.

la Venezuela de comienzos del siglo XX. Pero, ¡eureka!, descubrimos petróleo.

Había señales de que existía petróleo en Venezuela desde los tiempos de la colonia, pero a comienzos del siglo XX todavía se desconocía su potencial petrolero. En esos años, no obstante, se comenzaron a otorgar concesiones para la explotación de petróleo sin éxito, hasta que una subsidiaria de la Royal Dutch Shell consigue petróleo en grandes cantidades en 1922. Desde entonces, con una producción de petróleo creciente y un precio del petróleo estable, Venezuela gozó de un largo período de prosperidad económica que duró décadas, convirtiendo al país más pobre de Suramérica en la sociedad más rica y moderna de América Latina. Entre el reventón del Barroso II y 1970, su ingreso per cápita aumentó nueve veces. Venezuela era el destino de inmigrantes españoles, italianos, portugueses, libaneses y chinos, a los que luego se unen inmigrantes del resto del continente, especialmente de Colombia y República Dominicana. Se había convertido en la meca de Suramérica.

En 1958, el país amanece con nuevas luces. Había caído la dictadura de Marcos Pérez Jiménez y una era democrática comienza. Rómulo Betancourt es electo presidente y la política del Gobierno gira de las obras majestuosas capitalinas al desarrollo económico y social en todo el país. En política internacional, se reimplanta la Doctrina Betancourt y el Gobierno no reconoce a ningún régimen de facto. La Doctrina Betancourt es una precursora de la actual Carta Democrática de la Organización de Estados Americanos.

Betancourt recibe una situación económica difícil que sortea con mucha habilidad. Durante los últimos años de la dictadura hubo un derroche del gasto público en medio de ingresos petroleros extraordinarios provenientes de nuevas concesiones petroleras que la dictadura otorgó y hereda una sustancial deuda flotante[25]. Aunado a una caída en los precios del petróleo, se produce una recesión.

A nivel macroeconómico, a pesar de la actividad guerrillera, las insurrecciones militares y la recesión heredada, durante la administración de Betancourt la economía crece 6,5% interanual. Su Gobierno heredó una tasa de desempleo de 10% que se mantiene durante todo el período, lo que se debió a que el sector construcción, el sector que más empleo ofrece, se mantuvo estancado. En el sector petrolero, los precios se mantienen estables y la producción aumenta a un ritmo de 4,4%. Esto

---

25 Esta es una deuda a corto plazo que se renueva constantemente. Usualmente se adquiere debido a que conlleva menores tasas de interés.

significa que hubo mayor crecimiento económico en otros sectores. La tasa de inflación promedió 1,5%. La tasa de cambio fue devaluada de 3,33 Bs/US$ a 4,47 Bs/US$.

Durante su gestión se alcanzan logros importantes. En lo institucional, se crean la Corporación Venezolana del Petróleo (CVP) y la Corporación Venezolana de Guayana (CVG). Su gestión fue fundamental en la creación de la Organización de Países Exportadores de Petróleo (OPEP).

En agricultura, la tasa de crecimiento económico fue de 7,6% interanual, lo que supera sustancialmente el 4,5% de crecimiento durante la dictadura. La producción de maíz aumentó de 357 mil toneladas en 1958 a 500 mil toneladas en 1963. La producción de arroz aumentó de 19 mil toneladas a 130 mil toneladas en el mismo período; la de ajonjolí, de 21 mil toneladas a 32 mil toneladas; la de algodón, de 21 mil toneladas a 40 mil toneladas; la de caña de azúcar, de 2 millones de toneladas a 2 millones 900 mil, y así sucesivamente. Durante el período de Betancourt, el país logró por primera vez autoabastecerse de carne vacuna. La manufactura gozó de un crecimiento promedio de 8% interanual y su participación en el producto interno bruto aumentó de 14% a 17%.

Betancourt firma la reforma agraria en el marco de un ambicioso programa de construcción y desarrollo de sistemas de riego y asistencia técnica y crediticia. Durante su período, 70 mil familias campesinas reciben títulos de propiedad de la tierra y créditos del Banco Agrícola y Pecuario. Los sistemas de riego existentes se amplían en más de 30 mil hectáreas y se inicia la construcción de 8 sistemas de riego para 73 mil hectáreas adicionales. De estas se terminan las represas de Guanapito y la de Cojedes-Sarare; también se inicia la construcción de once embalses: Quebrada Seca, Lagartijo, Guanapito, Las Majaguas, El Isiro, Santa Clara, Mapara, Camatagua, Clavellinos y El Pilar, y se culminaron los de Pueblo Viejo y Macagua.

Con la democracia, la luz comienza a llegar aceleradamente a todas partes del país. Durante el período de Betancourt el consumo de electricidad se duplicó, de 1.915 millones de kilovatios-hora a 4.000 millones de kilovatios-hora, el suministro de agua potable aumentó en 130 millones de metros cúbicos y la población con acceso al agua potable se elevó en más de 500 mil habitantes.

En comunicaciones, de 14.700 km de carreteras se aumentó a 16.100 km, pero esta cifra no revela el esfuerzo del Gobierno: para 1958, solo 5.500 km estaban pavimentados; para 1963, se habían pavimentado 11 mil km, o sea el doble. Durante este período se construyen el puente sobre el lago de Maracaibo, la autopista Puerto Cabello-Valencia y, en general, 107 km adicionales de autopistas. Se crean 6 aeropuertos y se amplían otros 29. En vivienda, se construyen 55 mil directamente por el Estado y 150 mil campesinos fueron dotados de una vivienda sana.

En educación, la matrícula escolar se eleva de 1 millón a 1 millón 700 mil alumnos, un 70% de aumento, y se logra que casi el 90% de la población en edad escolar de primaria asistiera a la escuela. Para ello se construyen 6.300 aulas, lo que constituye un gran contraste con las 5.700 construidas en los sesenta años anteriores. En 1959, se crea el Instituto Nacional de Cooperación Educativa (INCE) para dar entrenamiento a los obreros y empleados de las empresas agrícolas e industriales.

En el área de salud, se crean hospitales con una capacidad de 5 mil camas que constituyeron el 20% de los servicios asistenciales públicos. Entre los hospitales inaugurados están el Oncológico Padre Machado, Pediátrico Elías Toro, Militar Carlos Arvelo, Universitario de Maracaibo, Ildemaro Salas, Francisco Rísquez (Caracas), Psiquiátrico El Peñón, Naval Raúl Perdomo Hurtado y Luis Razetti (Barcelona).

En 1964 asume la presidencia Raúl Leoni. Su gestión fue esencialmente una continuación de la de Betancourt. A nivel macroeconómico, la producción mantiene su ritmo de crecimiento de 5,4% interanual y la tasa de desempleo disminuye sustancialmente a 6,6%. Esto último se debió en alta medida a la reactivación del sector construcción, el cual creció en promedio 9% durante su período. En el sector petrolero, la producción aumenta a una tasa de 3,5% interanual y el precio se mantiene estable. Esto indica que la mayor parte del crecimiento estuvo en el sector no petrolero. La tasa de inflación promedió 1,5% y la tasa de cambio no tuvo variaciones.

Durante su administración, la industria siderúrgica y agroindustrial se fortalecen con tasas de crecimiento interanual de 7,5% y 6,2%, respectivamente. La producción de arroz aumenta en 107%, la de maíz en 39,5%, la de ajonjolí en 134% y la de caña de azúcar en 36,6%. Para finales de su período, Venezuela solo importaba el 15% de su consumo agrícola. La manufactura siguió creciendo rápidamente a una tasa interanual de 7,5%.

Entre los proyectos de infraestructura importantes realizados durante la administración de Leoni están la primera etapa de la represa del Guri y la ampliación de las centrales térmicas de La Cabrera, Las Morochas, La Fría y Punto Fijo. También se creó la Empresa de Electrificación del

Caroní (Edelca) y la Siderúrgica del Orinoco (Sidor), se amplía la planta petroquímica de Morón y se inicia la construcción de la de El Tablazo.

En vialidad, se construyen 2.569 km de vías, se reconstruyen 1.424 km y se pavimentan o mejoran 8.289 km. La red vial pasa de 28.198 km a 37.511 km de longitud durante su período. Entre las obras viales destacan el Puente Internacional José Antonio Páez, la autopista Valencia-Puerto Cabello y la interestatal Coche-Tejerías, las carreteras Ciudad Bolívar-Ciudad Piar y Barinas-La Pedrera y los ramales San Fernando de Apure-Achaguas, Upata-El Manteco, El Clavo-El Guapo y Guanta-Cumaná-Altos de Santa Fe; a nivel urbano, se construyen las avenidas Libertador, Maracaibo-San Francisco, Valle-Coche, Barcelona-Puerto La Cruz-Guanta y el distribuidor La Araña.

En educación, se construyen 929 edificios con 6.512 aulas para 293 mil alumnos, y comedores escolares para 241 mil niños. La matrícula escolar pasa de 1.603.700 alumnos en 1963 a 2.082.900 en 1969. También se decreta la fundación de la Universidad Simón Bolívar.

El agua potable siguió fluyendo. Entre 1964 y 1969 se adicionan 1.183 metros cúbicos que benefician a 665 mil personas, pero con capacidad para 1,4 millones, y llegan a 2,19 millones los habitantes con acceso a acueductos rurales.

En salud, se construyen hospitales con capacidad para 4.277 camas. Mención especial tienen los centros asistenciales de Maturín, Acarigua-Araure, Cabimas, Puerto Cabello, San Felipe, El Tigre, Cantaura-Anaco, Cumaná, Carúpano. También se amplían los hospitales Universitario de Maracaibo, Barcelona, Maracay, Valencia, San Cristóbal, Valera, Ciudad Bolívar, Villa de Cura, Río Caribe, Cumanacoa, Tovar, Colón, Upata, Caicara del Orinoco, Quíbor, Tucupita, El Vigía y Caja Vieja.

En 1969, por primera vez en la historia de Venezuela un partido de gobierno le transmite el mando a un partido de oposición. Rafael Caldera es el nuevo presidente para el período 1969-1974. A nivel macroeconómico, la economía crece a un ritmo promedio de 4,7% y la tasa de desempleo disminuye hasta ubicarse en 4,9%. Durante su administración, después de haberse mantenido estable por más de una década, la tasa de inflación aumenta ligeramente con respecto a los diez años anteriores y se duplica en el último año de su gestión, ubicándose en 4,1%. La tasa de cambio tuvo una pequeña revaluación a 4,30 Bs/US$. En el sector petrolero, la producción de petróleo crudo, que había crecido permanentemente desde el comienzo de la industria, comienza a decrecer continuamente hasta 1975. En 1970, la producción de petróleo crudo en Venezuela alcanza su máximo nivel; para 1975, esta había disminuido a una tasa de 13,9% interanual, una caída de más de un tercio en la producción. Esta caída se vio parcialmente compensada con un aumento en los precios del petróleo de 83%.

Su administración fue notoria por la construcción de viviendas, la cual superó la cifra de 100.000 en 1973. En educación, la matrícula escolar aumenta en 33,3% y el personal docente en 46,5%; se duplica la matrícula de educación media y se triplica la de educación superior. También se abren 23 nuevos institutos de educación superior, entre ellos el Instituto de Altos Estudios de la Defensa Nacional. En salud, se crean hospitales con capacidad para 3.354 nuevas camas adicionales. De especial notoriedad es el Hospital Miguel Pérez Carreño.

En infraestructura, se culminan el Poliedro de Caracas, el Parque Central y los edificios del Banco Central de Venezuela (BCV), del Ministerio de Educación y de los Tribunales. Se culminan también el distribuidor Ciempiés, el segundo piso de la Autopista del Este, la prolongación de la Cota Mil, la autopista Prados del Este-La Trinidad y se comienzan las obras del Metro de Caracas. En comunicaciones, se construyen el puerto y el aeropuerto de Margarita, los canales del Neverí y del Manzanares en Cumaná, el aeropuerto de La Chinita y el paseo Ciencias de Maracaibo. Se culminan la represa José Antonio Páez en Santo Domingo y la segunda etapa del Guri, así como las represas Cumaripa, Cabuy y Guaremal en Yaracuy y Dos Cerritos y Pao-Cachiche en Lara y Cojedes. También, la autopista Valencia-Campo de Carabobo, el puente sobre el río Limón, en la Guajira, la catedral de San Felipe, el Ateneo de Caracas, el Teatro de la Ópera de Maracay y los museos de Arte Contemporáneo en Caracas y Jesús Soto en Ciudad Bolívar.

Durante este quinquenio, el mercado petrolero daba señales de cambios drásticos. Una tasa de inflación creciente y una producción de petróleo cayendo envían señales contundentes de que las cosas estaban cambiando. Se estaba creando un escenario diferente y el empuje de los años iniciales de la democracia perdería fuerza. Tres razones: la política de la OPEP, la política de industrialización y una pobre política monetaria.

Los primeros *booms* del petróleo

La felicidad de los primeros años de la democracia no sería perpetua. Desde finales de los setenta, cuando casualmente los precios del petróleo alcanzan niveles nunca antes observados, la economía venezolana comienza a hacer agua. Esta historia no comienza en Caracas, sino en El Cairo el 28 de septiembre de 1970, cuando el presidente de Egipto,

Gamal Abdel Nasser, muere repentinamente de un ataque cardiaco. Eran los años de la Guerra Fría y Nasser había sido un decidido impulsor del panarabismo y el socialismo árabe, y un aliado cercano de la Unión Soviética. Su sucesor, Anwar el-Sadat, tenía planes distintos: impulsar una economía egipcia que tenía varios años estancada. Egipto consumía más del 20% de su ingreso nacional en gastos militares y con esa enorme carga era imposible revivir la economía, por lo que Sadat decide buscar una paz permanente con Israel, alejarse de la Unión Soviética y acercarse a los Estados Unidos y a Occidente. Como buena señal, Sadat purga a los elementos prosoviéticos del Ejército y expulsa a los asesores militares de la URSS, aunque sigue recibiendo ayuda militar de este país. Sus esfuerzos fueron inútiles y Sadat diseña una nueva estrategia para forzar a Israel y Occidente a negociar un acuerdo: ir a la guerra.

El 23 de agosto de 1973, Sadat viaja a Riyad para pedirle al rey Faisal de Arabia Saudita apoyo para ir a la guerra contra Israel. El apoyo saudita era clave para poder usar el petróleo como arma de guerra. El rey Faisal odiaba a Israel y a los nacionalistas árabes por igual. De estos últimos temía que su radicalismo socavara la legitimidad de su reino. También sabía que su país tenía con los Estados Unidos no solo estrechos lazos económicos, sino también estratégicos, relacionados con la seguridad nacional. Por otra parte, así como el rey Faisal se había distanciado de Nasser por su radicalismo, simpatizaba con Sadat por haber desmantelado el legado de Nasser e intentado alejarse de la Unión Soviética. Al final privó la política interna. El rey Faisal temía que, si no apoyaba un frente de Estados árabes contra Israel, surgieran brotes guerrilleros que atentasen contra las instalaciones petroleras sauditas, por lo que finalmente decide apoyar a Egipto en una nueva guerra contra Israel.

El 6 de octubre de 1973, mientras se celebraba el día de Yom Kipur, el feriado más sagrado en Israel, 222 jets egipcios atacan por sorpresa posiciones israelíes en la franja occidental del canal de Suez y el Sinaí. Simultáneamente, aviones sirios atacaban por el norte. Había comenzado la cuarta guerra árabe-israelí. Los Estados Unidos proveían de armamento a Israel y la Unión Soviética a Egipto y Siria. Entretanto, los países de la OPEP se habían reunido a mediados de septiembre en Viena para acordar nuevos precios de referencia[26] con las transnacionales del petróleo. Con nerviosismo, las transnacionales ofrecen un 15%,

---

26 El precio de referencia es el que se usaba en los contratos entre los países de la OPEP y las empresas transnacionales para propósitos de calcular los impuestos que las empresas debían pagar.

pero los productores de petróleo querían un aumento de 100%. Las empresas consultaron a sus gobiernos y estos se opusieron rotundamente.

Luego de fracasar las negociaciones, cinco estados árabes e Irán se reúnen en Kuwait, donde deciden unilateralmente aumentar el precio de referencia en 70%, llevándolo a 5,11 dólares por barril, que era aproximadamente el precio en un nervioso mercado *spot*. Ese mismo día, los países árabes también acuerdan un embargo petrolero contra los Estados Unidos y sus aliados.

La guerra progresaba y hubo momentos difíciles para cada bando. Luego de varias semanas de guerra, Israel logra detener la ofensiva egipcia, poniendo en peligro a su Tercer Ejército, algo que resultaba inaceptable para los soviéticos, por lo que Moscú busca un cese al fuego, el cual acuerda con los Estados Unidos. El 25 de octubre, cesan las hostilidades y comienzan las negociaciones entre Egipto e Israel.

El embargo árabe, no obstante, continuaba. De 20,8 millones de barriles diarios a comienzos de octubre, los árabes habían disminuido su producción a 15,8 millones de barriles diarios. El mercado entró en pánico. En noviembre, en una subasta de petróleo nigeriano, el precio supera los 16 dólares por barril, y a mediados de diciembre otra subasta en Irán lo lleva a 17 dólares por barril. Una empresa japonesa llegó incluso a cotizar el petróleo a 22,6 dólares. En diciembre de 1973, la OPEP se reúne nuevamente en Teherán y decide colocar el precio de referencia en 11,65 dólares. En los días siguientes, el embargo se fue desvaneciendo. En menos de dos años, el precio del barril de petróleo se había quintuplicado[27].

¡Eureka! Gritaron los países productores. "Tenemos que acostumbrarnos a administrar la abundancia", afirmó el presidente mexicano José López Portillo. En Venezuela, se acababan de realizar elecciones. En una campaña electoral desplegando una energía desbordada en comparación con su principal adversario, Carlos Andrés Pérez es electo presidente con 48,7% de los votos. Su partido, Acción Democrática, obtiene la mayoría absoluta en el Congreso. Había que "administrar la abundancia con criterio de escasez", dijo el nuevo presidente. El Gobierno recibe grandes recursos financieros adicionales por el aumento en los precios del petróleo y decide aprovechar ese ingreso para realizar grandes obras, y en efecto, grandes proyectos se comienzan a construir para la "Gran Venezuela": autopistas, escuelas, viviendas, parques industriales, el Metro de Caracas, astilleros, plantas hidroeléctricas y rascacielos que

---

27 Casi toda la discusión sobre petróleo en este capítulo se basa en Yergin (2009).

aparecen por doquier. También se crea la Orquesta Sinfónica Simón Bolívar, una de las más importantes de Latinoamérica.

El Gobierno de Pérez se propone crear y fortalecer grandes empresas estatales consideradas estratégicas y fomentar la pequeña y mediana empresa privada, en el marco de un programa para promover la sustitución de los productos importados por producción nacional. Los recursos financieros que arroja el petróleo permiten nacionalizar la industria del hierro en 1975 y la industria del petróleo en 1976.

En 1977 se crea la empresa petroquímica estatal Pequiven y en 1978 se inaugura la planta de aluminio Venalum. También se crea la plantación de pino para pulpa de papel de Uverito. Asimismo, se crea Corpoindustria, un ente financiero estatal para apoyar a la pequeña y mediana industria. En infraestructura, se inaugura el cable submarino para suministrar energía eléctrica del Guri a la isla de Margarita.

En educación, se inicia el programa de becas de estudios en el exterior Gran Mariscal de Ayacucho y se fundan las universidades Ezequiel Zamora en Barinas, Francisco de Miranda en Coro, Rómulo Gallegos en Guárico y Nacional Abierta en Caracas. También se crea el programa "Acude" para erradicar el analfabetismo en el país [Buffone 2013a].

Los grandes proyectos que se habían comenzado resultaron muy ambiciosos y los recursos financieros adicionales provistos por el petróleo resultaron insuficientes, pero el Gobierno consideró que no era conveniente detenerlos, por lo que, presumiendo que un mercado petrolero controlado por la OPEP mantendría altos los precios del petróleo, idea que compartían el resto de los países productores, decide adquirir préstamos en los mercados financieros internacionales avalados con la producción futura de petróleo y la deuda pública aumenta de 800 millones de dólares en 1973 a 11 mil millones en 1978.

A nivel macroeconómico, durante la administración Pérez, la economía crece a una tasa promedio de 6% y la tasa de desempleo disminuye a 4,6%. "Hay pleno empleo", se decía, el país gozaba de abundancia. En el sector petrolero, después de cinco años cayendo continuamente, la producción se estabiliza. Después de quintuplicarse en su primer año de Gobierno, los precios del petróleo se mantienen estables. La tasa de cambio se mantiene en 4,30 Bs/US$.

Pero no todo marchaba bien. En el último año de su Gobierno, 1978, la economía cae en recesión; la producción aumenta 2%, un poco menos que la población. La inflación había subido más de lo deseado, de 3,4% en promedio durante los cinco años precedentes, se eleva, en promedio, a 8,4%. El Gobierno reacciona regulando los precios de los alimentos y otros productos de primera necesidad, pero, aun así, los precios siguen su trayectoria ascendente.

De vuelta en el Medio Oriente, hacia finales de la década, cuatro sucesos perturbarían nuevamente la tranquilidad de Venezuela y del mundo: la Revolución islámica, la crisis de los rehenes, la invasión soviética a Afganistán y la guerra entre Irán e Iraq. Esta vez la historia comienza en Teherán, donde el inmenso flujo que ingresó por el *boom* del petróleo había sido gastado en obras extravagantes o perdido en los caminos de la corrupción, mientras que muchos problemas sociales brotaban en sus entrañas: la agricultura estaba en crisis, la población rural emigraba hacia las ya sobrepobladas ciudades, la inflación hacía estragos y la infraestructura estaba deteriorada; los apagones eran comunes y en todas las ciudades, incluyendo Teherán, se iba la luz cuatro o cinco horas diarias. La población estaba cada vez más molesta con el régimen del sha Mohammad Reza Pahlavi y el descontento estaba siendo capitalizado por su enconado enemigo, el ayatolá Ruhollah Musaví Jomeini, y los fundamentalistas islámicos. Jomeini odiaba tanto al sha como a los Estados Unidos, a los que consideraba el principal sostén del régimen del sha. Jomeini llama a la revolución con una retórica llena de sangre y venganza. Su mensaje tiene acogida. Desde mediados de 1978 se comienzan a ver signos de la furia en contra del régimen del sha. En agosto de 1978, grupos fundamentalistas queman una docena de salas de cine por transmitir películas "pecaminosas"; en Abadán queman una sala de cine con 500 personas adentro. Para septiembre, las protestas se habían tornado violentas y comienzan una serie de huelgas que incluye a los trabajadores petroleros.

A finales de octubre, las huelgas habían paralizado al país y la industria petrolera estaba sumergida en un caos. La producción de petróleo disminuye rápidamente de 5,5 millones de barriles diarios a menos de un millón en noviembre, y hacia finales de diciembre la industria estaba totalmente paralizada. El 16 de enero de 1979, un sha enfermo con un cáncer terminal deja Teherán. Después de algunas luchas entre grupos rivales opositores, el ayatolá Jomeini forma un nuevo Gobierno e impone un régimen fundamentalista islámico.

En el mercado petrolero, la interrupción de la producción iraní había sido parcialmente provista por otros productores, de forma que, para el primer trimestre de 1979, la producción mundial de petróleo apenas había disminuido en 2 millones de barriles diarios en un mercado que demandaba 50 millones de barriles diarios, menos del 5% de la oferta mundial. No obstante, en una reacción desproporcionada, el precio del petróleo en el mercado *spot* aumenta en 150%. Esa reacción tenía una sola explicación: un pánico detonado por cinco circunstancias. Primero, un aparente consumo creciente de petróleo. Segundo, la interrupción de los contratos de suministro de petróleo iraní. Tercero, las contradictorias políticas de los gobiernos de los países industrializados. Cuarto, la ansiedad de los demás productores de obtener una gran renta petrolera, y quinto, una ola de incertidumbre y miedo causada por la confusa situación. Las compañías petroleras reaccionan comprando tanto petróleo como pueden para aumentar sus inventarios por el temor de que luego no consigan.

La situación se complica el 4 de noviembre de 1979, cuando un grupo de jóvenes iraníes asaltan la Embajada de los Estados Unidos en Teherán, tomando como rehenes a sesenta y tres funcionarios norteamericanos. En respuesta, el presidente estadounidense James Carter ordena un embargo al petróleo iraní y congela los activos de Irán. El segundo *shock* petrolero había tomado un giro político. El asalto había sido una respuesta a la relación entre los Estados Unidos y el sha, quien había llegado a Nueva York para recibir tratamiento médico. El sha debió salir de los Estados Unidos para morir al poco tiempo en El Cairo. Posteriormente, una misión militar estadounidense para rescatar a los rehenes fracasa. La toma dura 444 días. Los rehenes son finalmente liberados cuando Ronald Reagan asume la presidencia de los Estados Unidos.

Un tercer suceso que complica el escenario ocurre en diciembre de 1979, cuando la Unión Soviética invade Afganistán, país fronterizo con el este de Irán, para proteger a un régimen comunista aliado contra grupos guerrilleros islámicos. La invasión perturba el ambiente político tanto en los países del Golfo como en Occidente. Parecía que Rusia estaba a un paso de materializar su sueño histórico de tener una salida hacia el golfo Pérsico y así influir activamente en los asuntos del Medio Oriente.

El nerviosismo en el mercado petrolero causó cotizaciones que alcanzaron 45 dólares por barril. En Arabia Saudita estaban preocupados porque el alto precio del petróleo podría detonar una depresión económica, destruir la confianza de los consumidores en el petróleo y estimular el desarrollo de energías alternas en gran escala, y que todo esto en conjunto los terminaría perjudicando, por lo que intentaron mantener los precios bajos incrementando su producción al máximo.

Para finales de 1979, a pesar de la parálisis de la producción iraní, la producción de la OPEP se había ubicado en 31 millones de barriles diarios, 3 millones más que su producción en 1978. Sin embargo, una señal pasó desapercibida: la producción adicional no terminaba en los tanques de gasolina de los automóviles en los países consumidores sino en los inventarios de unas compañías petroleras temerosas de una interrupción en el suministro. Esto indicaba claramente que el aumento en los precios era, hasta cierto punto, ficticio. Los países productores, los de la OPEP en particular, habían perdido el contacto con la realidad del mercado y seguían apostando por mantener precios altos. Era cuestión de tiempo para que la realidad los encarara.

En junio de 1980, la OPEP se reúne en Argelia. El precio del petróleo promediaba 32 dólares por barril, casi tres veces su valor promedio año y medio antes, pero la tendencia era hacia la baja. Los inventarios de las empresas estaban altos, había una recesión económica en proceso y la demanda por petróleo de la OPEP estaba bajando. En septiembre, algunos países de la OPEP deciden disminuir su producción en 10%.

La siguiente reunión de la OPEP comenzó el 22 de septiembre de 1980 en Viena. Ese mismo día, aviones iraquíes atacan una docena de objetivos militares en Irán y sus tropas se apostan en la frontera con acometidas de artillería. La guerra entre Iraq e Irán había comenzado. La causa de la guerra era la agitación que desde Irán se hacía sobre los grupos chiíes de Iraq en contra del régimen iraquí, la creencia del presidente iraquí Saddam Hussein de que el potencial militar de Irán estaba debilitado y una disputa limítrofe sobre el río Shatt-al-Arab, donde estaba localizada la mayor parte de las instalaciones petroleras y por donde salía la mayor parte del petróleo de ambos países. Pero al ataque iraquí siguió un contrataque iraní. Para finales de año, las instalaciones petroleras de ambos países estaban severamente dañadas y 4 millones de barriles diarios de petróleo, 15% de la producción de la OPEP y 8% de la producción mundial, habían salido del mercado. Los precios en el mercado *spot* aumentaron rápidamente. El barril árabe liviano alcanzó su récord máximo de 42 dólares por barril. El miedo había inundado el mercado nuevamente y, en diciembre de 1980, los ministros de la OPEP deciden aumentar nuevamente el precio hasta 36 dólares por barril.

Las circunstancias, no obstante, habían cambiado. La demanda se estaba debilitando. La contracción económica había comenzado, Occidente estaba decidido a bajar la inflación aun a costa de una dura recesión y sus gobiernos lograron persuadir a las empresas de no caer en pánico y disminuir sus altos inventarios. La caída en la producción de Iraq e Irán fue fácilmente compensada con la producción de otros países. Los saudíes habían continuado aumentando su producción lanzando 900 mil barriles de petróleo adicionales al mercado, pero, más importante aún, los altos precios habían estimulado la producción en México, el mar del Norte, Alaska y otros países fuera de la OPEP. Ante el debilitamiento de los precios, las compañías comenzaron a vender sus inventarios. Los países de la OPEP reiteradamente recortaron su producción procurando aumentar el precio, pero esas deficiencias fueron cubiertas por nuevos productores hambrientos de una participación mayor en el mercado. Para 1981, el precio del petróleo estaba 27% más bajo que en 1979. Los temores sauditas se estaban haciendo realidad [Yergin 2009, pp. 675-714].

De regreso a Venezuela, en las elecciones de 1978, Copei, el principal partido de oposición, de ideología demócrata cristiana, gana las elecciones. En 1979 se inaugura un nuevo Gobierno y Luis Herrera Campins es el nuevo presidente. Los cambios en el mercado petrolero no iban a pasar desapercibidos. No obstante, se continúa construyendo una gran infraestructura. Se inauguran el complejo Parque Central, el Teatro Teresa Carreño, la línea 1 del Metro de Caracas, el Estadio Brígido Iriarte, el Parque Naciones Unidas y se inicia la construcción de la autopista a Oriente. Entran en funcionamiento 22 hospitales, entre ellos el Materno Infantil de Caricuao, el Uyapar de Ciudad Guayana, Las Garzas de Barcelona, el Hospital de Guatire, el Pastor Oropeza de Barquisimeto, el Patrocinio Peñuela en San Cristóbal y el Adolfo Pons en Maracaibo. Se construyen 1.380,7 kilómetros de carreteras que incluyen, entre obras iniciadas, continuadas o concluidas, las autopistas José Antonio Páez, Mérida-Panamericana, San Cristóbal-La Fría, Centro-Occidental, El Palito-Morón, Ciudad Bolívar-Ciudad Guayana, Barcelona-Cumaná, Ciudad Guayana-Upata, Guacara-Bárbula, el eje vial Valera-Trujillo y las intercomunales Maracay-La Encrucijada, Punto Fijo-Judibana, San Felipe-Cocorote, Punto Fijo-Punta Cardón, Barquisimeto-Duaca, Baruta-El Hatillo, San Fernando de Apure-Biruaca, Barcelona-Puerto La Cruz y La Encrucijada-San Juan de los Morros. Durante esta administración se construyen 194.431 viviendas. Otra obra emblemática fue el Museo de los Niños [Buffone 2013b].

A nivel macroeconómico, la economía se mantiene en recesión. En promedio, la producción se contrae 1,2% interanual y la tasa de desempleo se duplica. La inflación fue alta los primeros años, aunque luego disminuye, registrando 7% en 1983. En el sector externo, el Gobierno devalúa el bolívar en febrero de 1983 e impone un control de cambios sui géneris. Durante este período, la deuda externa se cuadruplica, alcanzando 40 mil millones de dólares, y la producción de petróleo retoma su tendencia descendente, cayendo a una tasa promedio de 16,8%.

Estos episodios contienen varios enigmas con elementos comunes. Durante el período 1973-1983, los precios del petróleo, el valor de las exportaciones y la deuda pública crecen desproporcionadamente y la tasa de inflación se duplica. También hubo importantes diferencias. La expansión de los primeros años (1973-1977) fue seguida por una recesión (1978-1983). ¿Fue la recesión de Luis Herrera la continuación de la de 1978 o un episodio distinto?

Con Pérez, la producción de petróleo y el precio del dólar se mantienen estables, con Herrera Campins la producción de petróleo continúa cayendo y el bolívar sufre su primera crisis cambiaria. ¿Qué explica las semejanzas y las diferencias entre ambos períodos? ¿Se pudo haber hecho un mejor trabajo?

Inflación y dinero

En esta historia nos interesa entender por qué en Venezuela la tasa de inflación y el precio del dólar se comportaron en la forma que lo hicieron. ¿Por qué aumentó la inflación? ¿Qué explica las variaciones en los niveles de empleo? ¿Por qué la crisis cambiaria ocurre en 1983 y no antes? La diatriba popular ha sugerido muchas explicaciones, cada una buscando su villano favorito. Algunos culpan a la corrupción, otros al despilfarro del Gobierno, hay quienes critican el turismo a Miami y así sucesivamente. La explicación que más se escucha, sin embargo, es que fue consecuencia de una baja en los precios del petróleo. Pero la realidad es algo más compleja y los fenómenos que nos proponemos explicar, en vez de estar vinculados con algún villano detestable, son usualmente asociados con los nombres de Milton Friedman, Robert Mundell, Marcus Fleming y Paul Krugman[28].

Antes de continuar, conviene entender cómo funciona la inflación. Para ello haremos una breve reseña histórica. La discusión la comienza Aristóteles cuando afirma que debe haber un "precio justo". El tema se olvida hasta ya avanzada la Edad Media, en el siglo XIII, cuando el obispo Alberto Magnus concluye que el precio justo es igual al costo de producirlo. En su *Suma Teológica*, "Cuestión 77", su discípulo Santo Tomás de Aquino piensa que este depende de las necesidades humanas.

Magnus busca una explicación en la oferta y Aquino en la demanda. El sacerdote Jean Buridan (1300-1358) finalmente concluye que el precio justo es el que determinan la oferta y la demanda [Rothbard

---

28   De los cuatro, tres de ellos ganan el premio Nobel: Milton Friedman, Robert Mundell y Paul Krugman.

2006, capítulo 3]. Un problema más complejo era qué determinaba el precio del dinero. En esos tiempos se pensaba que estaba dado por su contenido en oro o plata, pero luego del descubrimiento de América, esa creencia cambió. La inmensa cantidad de oro y plata que llegó a España causó la primera gran inflación en la historia a pesar de que los reyes españoles no habían degradado la moneda. Son los escolásticos de la Escuela de Salamanca quienes desarrollan una "teoría cuantitativa" según la cual el aumento generalizado en los precios habría sido causado por la mayor cantidad de oro y plata (dinero) que circulaba. Con la llegada del absolutismo, la Iglesia pierde influencia y las ideas sobre el dinero y los precios se olvidan [Grice-Hutchinson 1952, p. 2].

La teoría cuantitativa reaparece a comienzos del siglo XVIII de la mano de John Locke y Richard Cantillon. Hacia mediados de siglo, David Hume escribe una versión más acabada. Desde entonces, nadie ha puesto en duda la relación entre la cantidad de dinero y los precios. No obstante, en un mundo regido por el patrón oro[29], los precios no crecían permanentemente como ocurre en el mundo moderno, sino que fluctuaban, subían y bajaban. Eso ocurría porque la cantidad de dinero estaba dada por la capacidad de las minas de oro y plata. El tema no despertó mayor atención por más de un siglo, hasta que Milton Friedman rescata la importancia del dinero en la economía [Hume 1748; Noguera 2015, p. 104, capítulo 4, capítulo 6].

La patología de la inflación se puede ilustrar con manzanas. Suponga que la economía en conjunto solo produce diez manzanas, cada manzana cuesta un bolívar y la cantidad total de dinero en la economía son diez bolívares. En este caso, los diez bolívares comprarán las diez manzanas, las cuales son consumidas y desaparecen, pero los diez bolívares siguen circulando. El próximo período se vuelven a producir diez manzanas más y el proceso se repite. El precio de las manzanas es estable.

Suponga ahora que caen diez bolívares adicionales del cielo, si es que podemos llamar al Gobierno cielo, de forma que ahora la cantidad total de dinero aumenta a veinte bolívares. Al precio inicial de un bolívar, las personas comprarán diez manzanas, pero se quedarán con diez bolívares adicionales que no tienen en que gastarse: bienvenida la escasez. Esto ilustra las situaciones de controles de precios, de tan frecuente uso en Venezuela, donde los productos que son regulados a precios muy bajos se vuelven escasos e incluso desaparecen del mer-

---

29 El patrón oro (plata) es un sistema en el cual el dinero consiste en monedas de oro (plata) o en billetes que puedan ser cambiados en el banco por oro (plata).

cado. Si los precios no son regulados, las fuerzas de la oferta y la demanda actuarán para llevar el precio a dos bolívares por manzana, de forma que los veinte bolívares en circulación puedan comprar solo las diez manzanas que se producen.

Las cifras del BCV ilustran el comportamiento de la inflación. Entre 1959 y 1973, durante los gobiernos de Betancourt, Leoni y Caldera, los precios aumentan a un ritmo de 1,9% interanual, pero durante los diez años siguientes, este se eleva a 10,7%. Como en el ejemplo de las manzanas, los precios crecen más rápido cuando la cantidad de dinero se acelera. Si ojeamos las cifras que publica el Banco Central, durante los primeros quince años, la cantidad total de dinero que circulaba aumenta alrededor de 8% cada año, mientras que en los diez años siguientes esa cifra se eleva a un 20%. El período en el que más creció la cantidad de dinero hubo una mayor tasa de inflación. Eso explica el aumento en la tasa de inflación entre 1974 y 1983.

La crisis cambiaria de 1983: no fue el petróleo

Una enfermedad que ha agobiado a Venezuela en los últimos cuarenta años son las reiteradas crisis cambiarias. ¿Por qué ocurren? ¿Por qué se convirtieron en una epidemia desde los ochenta? ¿Por qué no sucedieron antes? La explicación que usualmente se escucha en el público, los políticos e incluso algunos analistas económicos es que el colapso del bolívar en 1983 se debió a los menores precios del petróleo en 1982. Eso es totalmente falso. La evidencia no soporta esa afirmación.

Desde que Antonio Guzmán Blanco creó e instituyó el bolívar como moneda nacional en 1870, Venezuela había mantenido una tasa de cambio fija. Al principio con respecto a la plata y luego con respecto al dólar estadounidense. La institución encargada de garantizar que el tipo de cambio permanezca fijo es el Banco Central. Durante los setenta, ese precio era de 4,30 Bs/US$. El BCV fijaba el precio asegurándole a quien quisiera comprar dólares, fueran personas, empresas o Gobierno, venderle cualquier cantidad de dólares a ese precio, de forma que ningún comprador querría pagar un precio mayor. De igual forma, le aseguraría a cualquiera que quisiera vender dólares que se los compraría al precio fijado, por lo que ningún vendedor encontraría compradores si los ofreciera a un precio mayor. Para que este sistema pueda funcionar, el Banco Central tiene una cuenta en dólares en algún lugar del mundo, usualmente en los Estados Unidos, que utiliza para este propósito. Esos dólares que el Banco Central tiene depositados en el exterior son las reservas internacionales. Si las fuerzas del mercado presionan un mayor precio del dólar, el BCV vende parte de sus reservas internacionales y estas disminuyen, y el dinero (en bolívares) que circula también. Si, por el contrario, presiona hacia la baja, el BCV compra dólares a cambio de bolívares para aumentar la demanda y las reservas internacionales aumentan, y asimismo lo hace la cantidad de dinero en circulación. Una crisis cambiaria ocurre cuando el Banco Central no es capaz de vender dólares debido a que se ha quedado sin reservas internacionales.

¿Por qué ocurrió la crisis cambiaria de 1983? En el primer *boom*, el precio del petróleo alcanza su valor máximo en 1978, cuando la cesta de referencia de la OPEP se cotiza en 12,7 dólares por barril, cuatro veces más que en 1973. En el segundo *boom*, la cesta OPEP sube inicialmente a 17,3 dólares y alcanza un máximo de 32,5 dólares en 1981. Hay quienes le atribuyen la crisis a una caída en el precio del petróleo, pero en 1982 y 1983 el precio promedio de la canasta OPEP en esos dos años fue de 32,4 y 29 dólares por barril, respectivamente[30]. No fue una caída desproporcionada.

La década de los setenta fueron años de inflación en los Estados Unidos. Como la inflación erosiona la capacidad de compra del dinero, se preguntará el lector cuánto poder de compra habrán perdido los dólares en 1983 en comparación con los de 1973. En ese caso, el análisis anterior se mantiene intacto. Luego de considerar la inflación en dólares, las cifras de la OPEP arrojan que en 1982 el barril de petróleo tenía 5,2 veces el poder de compra de 1973; esta cifra baja ligeramente (a 4,7 veces) en 1983.

Si observamos el valor de las exportaciones, con respecto a 1973, estas aumentan 2,4 veces en 1974 y 3 veces en 1979. En 1982, el año crítico, todavía eran superiores a las registradas al inicio del segundo *boom* y 3,4 veces mayores que en 1973. En 1983 se exportaron la misma cantidad de dólares que al inicio del segundo *boom*. Estas cifras hacen difícil justificar que la crisis cambiaria de 1983 fue producto de una caída en los precios del petróleo. ¿Qué causó entonces la crisis de 1983? El problema es de rivalidad: la inflación no se lleva bien con un precio del dólar fijo.

Las crisis cambiarias de cualquier tipo están siempre relacionadas con el dinero. Hay dos razones. Como en el ejemplo de las manzanas, cuando el Banco Central imprime dinero, de una u otra forma ese dinero llega a las manos de las familias, las empresas o del mismo Gobierno, quienes se darán cuenta de que, con los precios existentes, podrán comprar más cosas, y más cosas querrán comprar. Así aumentan las ventas

---

30 Cifras similares se observan en otros marcadores como el West Texas Intermediate o el Brent.

de los productos nacionales e importados. Pero, como con las manzanas, la mayor cantidad de dinero hará que los precios de los productos nacionales en bolívares suban y los productos importados queden en mejor posición de competir ya que, como son comprados con un precio del dólar fijo, se podrán ofrecer precios más bajos y habrá una tendencia a sustituir bienes nacionales por bienes extranjeros, por lo que las importaciones y la demanda de dólares aumentan.

En Venezuela, durante el primer *boom* petrolero, de 3,3 mil millones de dólares que recibió en 1973, el Banco Central aumentó su ingreso de dólares a 15 mil millones en 1978. En el segundo *boom*, el ingreso de dólares llegó hasta 25 mil millones en 1982. En 1983, a pesar de que los precios del petróleo habían bajado, el Banco Central recibió 16 mil millones de dólares, una cantidad similar a la de 1979. Esos dólares los disfrutaron todos los venezolanos. Algunos en Miami, otros comprando más cosas y el Gobierno gastando más. Todos recibieron una parte.

La segunda razón se relaciona con la banca comercial. La función de un banco es recibir depósitos del público y luego prestarlos a las familias, las empresas o el Gobierno. Los bolívares que imprime el Banco Central entran a la economía a través de los bancos comerciales, quienes se ven en la necesidad de bajar la tasa de interés porque necesitan atraer más clientes para poder prestar mayores cantidades de dinero. Pero la menor tasa de interés hace que sea más rentable comprar dólares para colocarlos en el exterior a tasas de interés más elevadas y los inversionistas (empresas y personas) comenzarán a disminuir sus cuentas en bolívares para comprar dólares que depositan en el exterior.

Estas dos razones hacen que la demanda de dólares aumente y, para evitar que el precio del dólar suba, el Banco Central vende más dólares de lo usual y las reservas internacionales disminuyen. A estas alturas el Banco Central está entrampado. A medida que imprime más dinero, la demanda excesiva de dólares continúa aumentando, y como al Banco Central se le ha dado la responsabilidad de mantener el precio del dólar constante, debe satisfacer la creciente demanda de divisas vendiendo cada vez más dólares de sus reservas internacionales. Si estas reservas fueran infinitas, no habría ningún problema, pero desafortunadamente no lo son, y a medida que se imprima más dinero del necesario, las reservas internacionales irán disminuyendo hasta que se acaben. En ese momento el Banco Central no dispondrá de dólares para vender y no será capaz de garantizar el precio del dólar fijado. Pero la gente querrá demandar más dólares, así que el Gobierno tiene dos opciones: devaluar el bolívar para disminuir su demanda (aumentar el precio del dólar) o racionar la compra de dólares (control de cambios).

¡Un momento! Las reservas internacionales probablemente no lleguen a cero lentamente. Las personas no son tontas. La gente observa los síntomas de lo que ocurre en la economía. Lo hacen los inversionistas cuando monitorean el comportamiento de las reservas internacionales, otros cuando leen los periódicos o escuchan la opinión de los expertos y hay quienes escuchan al vecino comentar. De alguna u otra forma la gente sabe que el Banco Central se está quedando sin reservas internacionales y que, si hay una devaluación, podrá comprar menos productos con sus bolívares y por ende se empobrecerá, por lo que preferirá cambiar sus bolívares por dólares, para verse con más bolívares luego de la devaluación o protegerse contra un posible control de cambios. Esta fuerza es más poderosa que cualquier llamado de patriotismo al cual con frecuencia hacen los gobiernos en estas situaciones. A medida que las reservas internacionales descienden, se va creando un ambiente de creciente nerviosismo ante el temor de una indetenible devaluación, y en algún momento, algún evento, incluso un comentario, detona una estampida de personas comprando los dólares de las reservas internacionales masivamente antes de que se acaben, ocasionando la "crisis cambiaria". Lección: la inflación no es compatible con una tasa de cambio fija porque conduce inevitablemente a una crisis cambiaria. Esta historia ilustra la teoría sobre crisis cambiarias de primera generación, atribuida a Paul Krugman, quien gana el Premio Nobel, entre otras cosas, por su aporte al entendimiento de las crisis financieras y cambiarias.

La profecía de Krugman se ha cumplido reiteradamente en Venezuela. Durante la crisis de 1983, el aumento en la cantidad de dinero ocurrió porque, al aumentar las exportaciones por petróleo, las empresas petroleras le venden sus dólares al Banco Central a cambio de bolívares que necesitan para pagar impuestos y financiar sus actividades. Algo similar ocurre cuando el Gobierno pide prestado en el exterior. En cualquier caso, el Gobierno recibe bolívares adicionales que entran a circular en la economía; es decir, la cantidad de dinero aumenta, y el Banco Central abulta sus reservas internacionales. Posteriormente, los mismos bolívares adicionales que entraron por exportaciones drenan los dólares de las reservas internacionales, y los dólares adicionales que entraron por las exportaciones de petróleo se van. Pero hay algo más: los dólares que existían antes de que comenzara el *boom* también se van. La razón es que la inflación es muy terca, y una vez que llega cuesta mucho dominarla, y si el Banco Central sigue imprimiendo bolívares para mantenerla, so pena de entrar en una recesión, esos bolívares adicionales que mantienen la inflación viva terminan de evaporar las restantes reservas internacionales.

¿Cómo se aplica este cuento a Venezuela? Como en el cuento de Krugman, la tasa de cambio estaba fija a 4,30 Bs/US$ y el mayor ingreso de dólares creó una mayor cantidad de bolívares que finalmente ocasionó la crisis. Indagando en el flujo de divisas del Banco Central, se observa que las reservas internacionales aumentaron en 6,3 mil millones de dólares entre 1974 y 1976. Esto hizo que el Banco Central tuviera que inyectar 10 veces más dinero[31] que el existente en 1973 y 15 veces más al existente en 1972. Aunque existió la iniciativa de crear el Fondo de Inversiones de Venezuela para drenar una parte de los dólares adicionales fuera de la economía, la magnitud de dicho fondo fue relativamente pequeña, y aunque el Banco Central retiró algo de ese dinero, aun así, para 1978 la cantidad de dinero impreso por el Banco Central había aumentado tres veces. Las importaciones aumentaron progresivamente de 2,6 mil millones de dólares en 1973 a más de 11 mil millones en 1978, pero luego empezó a revertirse y las reservas internacionales disminuyeron en 2,8 mil millones durante 1977 y 1978. Todo indicaba que ya había una crisis en gestación.

¿Por qué la economía no entró en crisis? El vertiginoso aumento en los precios del petróleo en 1979 y los dos años siguientes proporcionaron dólares adicionales que la escondieron. Para 1982, el ingreso por exportaciones había crecido en más del doble con respecto a 1978, y en una proporción similar aumentó la cantidad de dinero. La profecía de Krugman se puso en funcionamiento nuevamente y la historia comenzó a repetirse, pero en esta ocasión ningún aumento en el precio del petróleo vino al rescate. Los precios del petróleo no subieron de forma indefinida y en 1982 tocaron techo, y la tasa de cambio fija hizo que la inmensa cantidad de dólares adicionales buscara su camino de vuelta al extranjero. El volumen de importaciones y salida de capitales había aumentado progresivamente de 2.600 millones de dólares en 1973 a 13.600 millones en 1982 y la tendencia era a seguir aumentando. Solo en 1982, las importaciones excedieron a las exportaciones en más de 4 mil millones de dólares. En esos tiempos era común ver docenas de barcos esperando atracar en algún muelle descargando grandes canti-

---

31 Para estos efectos uso la base monetaria como medida de dinero ya que ese es el dinero que el Banco Central crea directamente.

dades de bienes y los productos en el exterior se habían hecho tan baratos que era común ver gentes de todos los estratos sociales viajando a Miami para pasar vacaciones y comprar algunos bienes "baratos", de allí el popular refrán de "está barato, dame dos". Todos los elementos estaban en su sitio para la profecía de Krugman. La crisis cambiaria era inevitable. En 1983, el Banco Central debía afrontar una demanda de al menos 14 mil millones de dólares en importaciones y las arcas en dólares del Banco Central eran exiguas. Para ese momento, ya el bolívar estaba bajo ataque, todos andaban desesperados por comprar tantos dólares como pudieran y el Gobierno tuvo que devaluar.

¿Qué políticas alternativas tenía el Gobierno? ¡Algunas! Puesto que el origen del problema estaba en el sector externo, la solución había que buscarla allí. El Gobierno pudo haber mantenido la tasa de cambio fija de 4,30 Bs/US$, pero para ello tenía que drenar el dinero que estaba entrando. ¿Cómo podía drenar ese torrente de dinero que entraba? Para ello el Banco Central puede tomar dos vías. La primera, comprarles los dólares a las petroleras a cambio de bolívares que luego llegan al Gobierno vía impuestos, pero que, en vez de gastarlos, el Gobierno los deja depositados en el Banco Central, de forma que no circulen, lo que mantendría la cantidad de dinero estable y la inflación controlada. Al mismo tiempo, el Gobierno dispondría de un fondo en bolívares que podría utilizar en el futuro en caso de emergencias, el Banco Central acumularía reservas internacionales y el sector privado se mantendría funcionando como si nada hubiese pasado.

La otra vía consiste en que el Gobierno gaste el mayor ingreso que tiene pero que el Banco Central retire esa misma cantidad de dinero del mercado mediante operaciones de mercado abierto, es decir, emitiendo bonos a la banca comercial. ¡Suena complicado, verdad! Pero esto consiste simplemente en que el Banco Central les pida dinero prestado a los bancos comerciales para almacenarlo en sus bóvedas, a una tasa de interés que se llama de "redescuento". Para lograrlo, el Banco Central debe atraer más compradores de bonos aumentando la tasa de redescuento. Eso hará que los bancos comerciales también aumenten sus tasas de interés y que la inversión privada disminuya. En la práctica, lo que ocurre es que el Gobierno estaría gastando el dinero que antes gastaban los privados.

Una tercera opción es dejar flotar la tasa de cambio. En este caso, el Banco Central no interviene, es decir, no compra ni vende dólares, por lo que las reservas internacionales no varían y tampoco lo hace la cantidad de dinero que circula. De esta forma la inflación también se mantiene bajo control, pero esta política tiene consecuencias distintas a la anterior. La mayor cantidad de dólares hace que el bolívar se aprecie, es decir, que el precio del dólar baje. Esto hace que los privados aumenten las importaciones, haciendo disminuir la producción local, lo cual es compensado con un mayor gasto del Gobierno y con una depreciación del bolívar.

Las dos primeras opciones son fáciles de implementar, pero ¿pueden los gobiernos resistir la tentación de gastar un dinero que tienen depositado en el Banco Central? La historia dice que usualmente no, pero la experiencia reciente en algunos países nos dice que una legislación moderna que regule el uso de dichos fondos en un sólido Estado de derecho puede obligar al Gobierno a calmar su ansiedad de más dinero. La tercera opción es algo más complicada porque hace que la economía temporalmente se afecte; es decir, la mayor demanda del Gobierno afecta las tasas de cambio, y esto a su vez afecta temporalmente el gasto del Gobierno y de los privados.

¿Qué tan importante puede ser el efecto de las tasas de interés? Para saber dónde rinde más tener el dinero colocado, los economistas le descuentan la tasa de inflación a la tasa de interés ya que la inflación hace que cada vez se compren menos productos con el dinero depositado. Entre 1960 y 1978, la tasa de interés estuvo cerca de 10% y el rendimiento del dinero en Venezuela era similar al de los Estados Unidos, pero con el aumento en la inflación que vino con el *boom* del petróleo, colocar dinero en Venezuela rendía 30% menos que colocarlo en los Estados Unidos.

Esta situación se agrava en 1979, cuando Paul Volcker es nombrado presidente de la Reserva Federal de los Estados Unidos. A diferencia de Venezuela, donde el aumento en los precios del petróleo causó un *boom*, en los países desarrollados ocasionó una recesión al aumentar el costo del combustible. La Reserva Federal respondió inicialmente imprimiendo los dólares necesarios para comprar el petróleo adicional; el resultado fue que aumentó la tasa de inflación. En 1979, la Reserva Federal bajo el liderazgo de Volcker se decidió a bajar la inflación y una de las medidas que tomó fue aumentar sustancialmente la tasa de interés.

Inicialmente el Gobierno de Luis Herrera se propuso reducir la inflación y aumentó la tasa de interés hasta alrededor de 13%, pero el manejo de la política monetaria fue muy torpe, se creó un clima de mucha incertidumbre para los negocios y el ahorro que debió ir a la inversión buscó salida en otro lado. Por otra parte, la inflación se ubicó alrededor de 13% promedio, de forma que colocar dinero en Venezuela tenía rendimiento cero, mientras que en los Estados Unidos las tasas de interés promediaron 15%, es decir, 1,6 veces la tasa de inflación allá, lo que estimuló a muchos inversionistas a usar los dólares adicionales del petróleo para colocarlos en el país del norte. Por otra parte, presuponiendo que la entrada de dólares seguiría indefinidamente porque la OPEP sería capaz de mantener altos los precios del petróleo, se cometieron torpezas como la del entonces presidente del Banco Central, Leopoldo Díaz Bruzual, quien recomendó a los venezolanos comprar dólares e invertirlos fuera de Venezuela para disminuir la cantidad de dinero en circulación de esa forma. Obviamente, los inversionistas así lo hicieron. Adicionalmente, los compromisos del Gobierno habían aumentado sustancialmente debido al pago de la deuda externa.

Una pregunta que se hará el lector es por qué las crisis cambiarias no ocurrían antes de 1973. La razón es la estabilidad del mercado petrolero. Hasta comienzos de los setenta, los precios del petróleo eran bajos y muy estables y las exportaciones de Venezuela consistían únicamente de petróleo, de forma que la cantidad de dinero que entraba por exportaciones era consecuencia de un aumento en la producción de petróleo, no del precio, la cual era lo suficientemente lenta para que creciera al ritmo de las importaciones y el resto de la producción.

7
La guerra del petróleo hace agua al bolívar

La OPEP se crea en 1960 con el objetivo explícito de defender un precio justo y afirmar su soberanía sobre los recursos petroleros de sus respectivos países. Inicialmente, la OPEP ubicó su sede en Ginebra, pero los suizos se negaron a otorgar estatus diplomático a los representantes de la OPEP, por lo que la organización decide ubicarse en Viena. En sus comienzos, la OPEP era vista como una organización misteriosa y peculiar, sin mayor poder. Todo esto iría a cambiar en la década de los setenta. El petróleo era fundamental para el comercio, los países de la OPEP se habían convertido en los señores del petróleo y parecía que tenían el poder de determinar si la economía mundial entraba en recesión o sufriría de inflación.

A mediados de los setenta, todos los países reconocían que los miembros de la OPEP eran dueños de sus recursos naturales, de forma que el nacionalismo petrolero ya no era tema. Los ahora ricos países exportadores de petróleo, que estaban obteniendo recursos financieros mucho mayores que los que nunca habían soñado, se embarcaron todos en ambiciosos programas de industrialización, construcción de infraestructura, subsidios y compra de armas, así como la adquisición de productos de lujo, un derroche financiero y una creciente corrupción. En los países desarrollados, todos querían venderles sus productos a los países de la OPEP, pero al igual que ocurrió en Venezuela, el ingreso masivo de dólares a tasas de cambio fijas hizo que dichos recursos financieros, así como habían llegado, desaparecieran. De 67 mil millones de dólares de superávit en conjunto en sus balanzas de pagos en 1974, esta cifra disminuye a dos mil millones en 1978.

En la OPEP, todos estaban contentos con los nuevos precios y produciendo a máxima capacidad. La excepción era Arabia Saudita, a la que le preocupaban los precios altos. En su interior, la OPEP estaba dividida entre un grupo radical y otro moderado liderado por Irán y Arabia Saudita, los dos principales productores de petróleo de la OPEP, que en conjunto extraían el 48% del petróleo producido por la organización. También entre los moderados estaban los países del Golfo: Kuwait y los Emiratos Árabes. Entre los radicales estaban Libia, Argelia, Iraq y Venezuela.

El sha de Irán consideraba el aumento de los precios en 1973 una gran victoria de la OPEP y a la vez un logro personal. Como en ese entonces las reservas de petróleo de Irán eran limitadas, el sha prefería aprovechar unos precios altos antes de que sus reservas de petróleo se acabaran. En el otro lado del golfo Pérsico, los sauditas nunca vieron con buenos ojos el aumento de los precios en 1973. Tenían varias razones. Primero, a diferencia de Irán, sus grandes reservas de petróleo los hacían pensar en el mercado a largo plazo y temían que el aumento exagerado, más las expectativas que este creaba, podían causar una recesión económica en Occidente, incentivaría políticas de conservación y fomentaría el desarrollo de fuentes alternas de energía. Pero había otro problema: el sha tenía grandes ambiciones de alcanzar la hegemonía militar sobre el golfo Pérsico y unos precios altos del petróleo le permitirían adquirir más armas, lo que cambiaría el equilibrio estratégico del área. Segundo, les preocupaba que una recesión en Occidente afectase su estabilidad política, lo que constituiría una amenaza directa para su propia seguridad ya que a mediados de los setenta los partidos comunistas eran una opción de poder en algunos países de Europa, en particular Italia, y temían que esto le permitiera a la Unión Soviética interferir con fuerza en los asuntos del Medio Oriente. Tercero, los sauditas pensaban que unos precios altos del petróleo podían socavar su política con respecto al conflicto árabe-israelí. Por último, temían perder el control de las decisiones de la OPEP, lo cual era vital para el reino. El *lobby* de los sauditas por precios moderados llegó al punto de que, en 1977, el ministro de petróleo saudí, Ahmed Yamani, le pidió al presidente estadounidense James Carter que influyera sobre Irán y Venezuela para que no presionaran por aumentos adicionales.

Por su parte, los Estados Unidos, durante toda la década de los setenta, aunque deseaban precios más bajos, buscaban principalmente precios estables. No querían que los precios del petróleo bajaran bruscamente. Pensaban que una caída drástica de los precios del petróleo podría debilitar las economías de Arabia Saudita e Irán, conducir al derrocamiento de sus gobiernos y abrirles espacio a los soviéticos en el golfo Pérsico. Ambos países tenían nexos políticos y económicos muy estrechos con los Estados Unidos. Adicionalmente, una baja brusca en los precios detendría las costosas inversiones para extraer petróleo en Alaska, el mar del Norte y otros lugares.

A mediados de los setenta, repentinamente, el sha cambia de opinión sobre los precios altos. La euforia de los petrodólares comenzó a minar la economía iraní: derroche de recursos, inflación, corrupción y tensiones políticas y sociales comenzaron a emerger. En mayo de 1977, el sha sorprendió a los demás productores llamando a moderar los precios. La disputa entre Arabia Saudita e Irán había cesado.

Los altos precios del petróleo tuvieron repercusiones no solo entre los países de la OPEP sino también en el resto del mundo. La dependencia del petróleo del Medio Oriente y Venezuela trajo preocupaciones sobre la seguridad de los países desarrollados, y todos ellos emprendieron planes para reducir la dependencia del petróleo importado. La estrategia en todos estos países fue la misma: usar fuentes de energía alterna, buscar otras fuentes de petróleo y políticas de conservación.

Diferentes países tomaron diferentes medidas. En vez de usar petróleo, Japón comenzó a desarrollar programas para usar otras fuentes para generar energía eléctrica, en particular, aceleraron sus planes de desarrollar energía nuclear, aumentaron sus importaciones de carbón y gas natural licuado y disminuyeron sus compras en el Medio Oriente en favor de la cuenca del Pacífico. Francia también giró hacia el uso de la energía nuclear y el carbón, e hizo gran énfasis en políticas de conservación de energía. En pocos años, Francia se convirtió en el país con mayor producción de electricidad usando energía nuclear. Los demás países desarrollados imitaron a franceses y japoneses y, para comienzos de los ochenta, el petróleo había perdido el mercado de la generación eléctrica.

En los Estados Unidos, al principio se impusieron controles de precios, e inmediatamente después del embargo[32] el Congreso aprobó 10 mil millones de dólares para construir un oleoducto desde Alaska. En otro ámbito, a partir de 1975 la industria automotriz comienza un ambicioso programa para aumentar la eficiencia en el consumo de gasolina. Con un galón de gasolina, un automóvil en 1975 podía rodar 13 millas, diez años más tarde rodaba 27,5. Esto permitió a los Estados Unidos ahorrar 2 millones de barriles diarios que de otra forma hubiera tenido que importar. Adicionalmente, creó la Reserva Estratégica de Petróleo, un almacén de petróleo para situaciones de emergencia, como compensar cualquier interrupción futura en el flujo de petróleo a los Estados Unidos. Durante la administración del presidente Carter, se levantó el control de precios del petróleo con el objetivo de disminuir el consumo de gasolina y se hizo mucho énfasis en usar carbón como alternativa e implementar políticas conservacionistas.

---

32   En 1973, los países árabes petroleros impusieron un embargo de petróleo a los Estados Unidos por su apoyo a Israel durante la guerra del Yom Kipur.

En el terreno macroeconómico, los nuevos precios del petróleo condujeron a una recesión en los países desarrollados. La inflación subió a dos cifras; la producción de los Estados Unidos disminuyó 6% entre 1973 y 1975 y el desempleo se duplicó, alcanzando 9%; en Japón, en 1974, la producción disminuyó por primera vez desde la Segunda Guerra Mundial. Para controlar la alta inflación de los setenta, la Reserva Federal (Fed) restringió la cantidad de dinero. Ahora las familias y las empresas norteamericanas podían comprar menos, y las menores ventas ocasionaron un aumento en la tasa de desempleo y la peor recesión en los Estados Unidos desde la Gran Depresión. La disminución de la producción en los Estados Unidos redujo sustancialmente la demanda mundial de petróleo.

Todas estas medidas estaban destinadas a disminuir la demanda de petróleo, pero también hubo cambios en el lado de la oferta. Los altos precios del petróleo permitieron que las empresas transnacionales reorientaran sus inversiones en busca de petróleos más costosos en los Estados Unidos, Canadá y el mar del Norte. Así también evitaban los problemas del nacionalismo de los países en desarrollo. Para 1975, Gulf ya tenía el 100% de sus inversiones en Norteamérica y el mar del Norte, y para 1976, la Royal Dutch-Shell tenía el 80% de sus inversiones en el mar del Norte.

La construcción del oleoducto de Alaska comenzó unas semanas después de que empezara el embargo de petróleo árabe en 1973. Comenzó a funcionar en 1977 con una capacidad inicial de 1,7 millones de barriles diarios, pero con la adición de un químico recién desarrollado llamado *slickem*, el cual reducía la fricción dentro del oleoducto, su capacidad aumentó a 2,1 millones de barriles diarios.

La mayor parte de la inversión se hizo en el mar del Norte, ubicado entre Noruega y el Reino Unido. Desde 1920 se había estado buscando petróleo allí con resultados muy decepcionantes; en noviembre de 1969, hubo un reventón en el lado noruego del mar, el Ocean Viking, que reveló el potencial petrolero de la zona. En 1970 la British Petroleum encontró petróleo en el lado británico y en 1971 la Exxon y la Shell descubrieron el pozo Brent, que almacenaba una gigantesca cantidad de petróleo. En sus comienzos, la extracción de petróleo en la zona era difícil y costosa y entre 1970 y 1974 la producción pasó de casi cero a 37 mil barriles diarios, pero en 1975 aparecieron nuevas tecnologías que, con el alto precio, permitieron extraer petróleo en cantidades grandes. Así la producción de petróleo del mar del Norte pasó de 200 mil barriles diarios en 1975 a 3,5 millones en 1987. Para

1983, la producción de petróleo del mar del Norte era mayor que la de Argelia, Libia y Nigeria juntas.

No solo en los países desarrollados se encontró petróleo. Después de haber sido un importante exportador de petróleo, luego de su nacionalización en los años treinta, la compañía de petróleo mexicana, Pemex, no había sido capaz de satisfacer su propia demanda interna a mediados de los setenta y México era un importador neto de petróleo. En 1972, sin embargo, el reventón del pozo Reforma, al sur de Tabasco, demostró nuevamente la capacidad petrolera del país. Sus reservas de petróleo de 2.800 millones de barriles en 1972 aumentaron a 16.000 millones en 1978 y a más de 22.550 millones a finales de los ochenta, y su producción de petróleo pasó de 400 mil barriles diarios en 1974 a más de 2,5 millones en 1989. México se había convertido nuevamente en un protagonista importante en el mercado internacional del petróleo. Otros países también se unieron al club de exportadores de petróleo, entre ellos Egipto, Malasia, Angola, China y muchos otros pequeños. Incluso la Unión Soviética había aumentado sustancialmente sus exportaciones a Occidente. A finales de los setenta la OPEP producía dos tercios del petróleo que se mercadeaba en el mundo no comunista, pero en 1982, los países no OPEP habían superado la producción de esta organización.

En los países de la OPEP también había sucesos que afectaban el mercado. En 1981, Arabia Saudita inundó el mercado con petróleo barato para forzar a la OPEP a disminuir el precio del petróleo, lo cual hicieron luego de su reunión de octubre de ese año. Nigeria, el principal competidor del petróleo del mar del Norte en calidad y un importante miembro de la OPEP, ya había venido perdiendo clientes; sus exportaciones habían estado disminuyendo desde 1981. En febrero de 1983, la British National Oil Company reduce el precio en el mar del Norte en 3 dólares. Esto fue devastador para Nigeria. Muchos clientes del petróleo nigeriano prefirieron comprar el petróleo más barato que obtenían en el mar del Norte, haciendo que las exportaciones de Nigeria disminuyeran de dos millones de barriles diarios en 1980 a menos de un millón de barriles diarios en 1983. El ministro de petróleo de Nigeria, alarmado, comenzó a presionar en la OPEP por una guerra de precios. Para empeorar las cosas, a mediados de la década, Irán e Iraq habían reanudado sus exportaciones de petróleo.

Algo adicional también hizo cambiar la mecánica del mercado petrolero. El 30 de marzo de 1983, el New York Mercantile Exchange (Nymex) introdujo el petróleo en el mercado de futuros; esto les permitía a los compradores de petróleo asegurar un precio máximo y a los vendedores de petróleo un precio mínimo en los siguientes tres, seis o doce meses, lo que les permitía a ambos, compradores y vendedores, protegerse contra la volatilidad del mercado. Por otra parte, la presencia de especuladores le daba liquidez al mercado, es decir, permitía que un comprador/vendedor de petróleo encontrase fácilmente alguien a quien venderle/comprarle su contrato. La presencia de miles de compradores y vendedores en los mercados de futuro de petróleo aminoraba el poder de mercado de la OPEP.

Entre 1979 y 1983, las nuevas tecnologías, el uso de fuentes de energía alternas, la recesión económica, la mayor producción de los países no OPEP y la acumulación de inventarios hizo disminuir la demanda de petróleo de la OPEP de 22 a 10 millones de barriles diarios, menos de la mitad, y su participación en el mercado disminuyó de 43% a 27%, un poco más de la mitad. En un afán de recuperar parte del mercado, la OPEP decidió declarar una guerra de precios lanzando todavía más petróleo al mercado. Los precios bajaron a niveles críticos para los productores de petróleo. El precio de la cesta de petróleo OPEP, por ejemplo, disminuyó de un máximo de 32,5 dólares por barril en 1981 a 13,5 dólares en 1986, menos de la mitad de su precio en cinco años.

En Venezuela, la guerra de los precios del petróleo tuvo consecuencias severas. El pobre desempeño económico de la administración de Luis Herrera Campins le permitió a la oposición asumir el Gobierno en 1984. El nuevo presidente fue Jaime Lusinchi. Durante su administración se realizaron obras importantes como el paseo Vargas y la urbanización Juan Pablo II, se construyeron 313.308 viviendas y se terminó la Línea 2 del Metro de Caracas. En vialidad, se dio inicio a la autopista de Oriente y se construyeron 14.736 kilómetros de carreteras.

La infraestructura eléctrica tuvo grandes avances, con una importante expansión de las centrales hidroeléctricas de Guri y de Uribante-Caparo y la construcción de la represa del río Turimiquire. También se concluye Planta Centro, la planta con mayor capacidad de generación de electricidad de origen térmico en América Latina. El suministro de agua potable crece en 513 millones de metros cúbicos y la población con acceso a cloacas aumenta en más de un millón de habitantes. En lo social, la matrícula escolar creció en 1.193.153 estudiantes y se decretaron 15 instituciones de educación superior. La capacidad de los hospitales públicos aumento en 1.997 camas. Entre los hospitales, sobresale el Domingo Luciani de El Llanito.

A nivel macroeconómico, durante sus dos primeros años, la economía no crece, pero en los últimos tres años lo hace en 5,3% en promedio cada año, reduciendo la tasa de desempleo a 7,3%. En la industria petrolera, la producción de petróleo siguió cayendo a una tasa promedio de 12,4%. Esto le ocasionó serios problemas al Gobierno. La tasa de inflación aumentó de 7% en 1983 a 36% en 1988, alcanzando un máximo de 40% en 1987. Más nunca Venezuela ha disfrutado de una inflación de un dígito.

El golpe de timón

El Gobierno de Jaime Lusinchi fue difícil. Su administración recibió una economía en recesión, con una tasa de desempleo de 10,6%, la producción cayendo en 5,6%, una tasa de inflación de 7% y un control de cambios muy peculiar que se mantuvo durante toda su administración. En realidad, el control de cambios que impuso la administración de Luis Herrera no era tal. El Gobierno impuso un régimen con dos tasas de cambio. Las importaciones que el Gobierno consideraba esenciales tenían un trato preferencial: eran compradas a 4,30 Bs/US$. Para comprar dólares a esta tasa, debía obtenerse un permiso del Gobierno. Para todos los demás pagos en dólares había un dólar libre, es decir, uno que fluctuaba de acuerdo a la oferta y la demanda y en el que el Banco Central no vendía ni compraba dólares de las reservas internacionales para controlarlo. Entre 1984 y 1988, el dólar para productos preferenciales es devaluado progresivamente de 4,30 Bs/US$ hasta 7,50 Bs/US$ y el dólar libre se deprecia hasta 34 Bs/US$. Este episodio, no obstante, no terminaría con su Gobierno; solo en febrero de 1989, un nuevo Gobierno con menos de un mes de instalado debió enfrentar una nueva crisis cambiaria. Ese año, la producción se contrae en un crítico 8,6% y la tasa de inflación aumenta a 81%.

Durante sus dos primeros años, el Gobierno de Lusinchi mantuvo la política conservadora de su predecesor: el Gobierno recaudaba más impuestos de los que gastaba y el dinero que circulaba crecía en 9% en promedio. Su política conservadora mantuvo la inflación relativamente controlada, pero la producción estaba estancada y la tasa de desempleo había aumentado a 13%. La economía sufría una recesión severa. Imagínese, en el ejemplo de las manzanas, que hay cinco manzanas a un precio de un bolívar, pero solo hay cuatro bolívares en total. En ese caso solo se podrán vender cuatro manzanas; habrá una que se queda sin vender, cuyo dueño tendrá que despedir trabajadores. La poca demanda haría no obstante que los precios bajasen hasta que se pudieran vender las cinco manzanas otra vez. Eso es lo que estaba ocurriendo, el Gobierno estaba gastando menos y la cantidad de dinero no crecía lo suficiente. El menor gasto hacía que disminuyeran las compras de todo tipo de productos, en particular los extranjeros, por lo que las importaciones eran menores que las exportaciones y el Banco Central engordaba sus reservas internacionales.

El año crítico fue 1986, cuando el precio del petróleo y las exportaciones se reducen a menos de la mitad en un año. Eso implicaba que el Gobierno recibiría menos impuestos del petróleo para financiar su gasto y que habría menos dólares para pagar las importaciones. La situación era complicada. La economía estaba en recesión, había menos dólares entrando por exportaciones de petróleo y también entraban menos bolívares. Si el Gobierno se ajustaba a su nuevo presupuesto de ingresos, tendría que reducir su gasto, lo que implicaba el despido de una cantidad de empleados públicos y una disminución en sus compras, lo cual a su vez afectaría las ventas de muchas empresas que también tendrían que despedir trabajadores. Obviamente, el problema se centraba en que todos, las familias, las empresas, el Gobierno y los extranjeros estaban gastando muy poco en productos nacionales.

Ante esta difícil situación, el Gobierno de Lusinchi opta por refinanciar la deuda externa, un proceso que ya había iniciado, y dar su famoso "golpe de timón", el cual consistió en controlar los precios de un número de bienes considerados esenciales, mantener bajas y controladas las tasas de interés e imprimir la cantidad de bolívares que el Gobierno estaba dejando de percibir por la caída en las exportaciones. En palabras técnicas, aumentó el déficit fiscal hasta casi 6% del ingreso nacional.

En dos años, el aumento en la cantidad de dinero triplicó la tasa de inflación, llevándola de 9% a casi 30%. Pero ya sabemos que una inflación así es incompatible con una tasa de cambio fija y la profecía de Krugman entró en acción. La mayor tasa de inflación encareció los productos nacionales, por lo que las familias y las empresas prefirieron comprar más productos importados. Entre 1985 y 1988, las importaciones aumentaron de 11 mil millones a 16 mil millones de dólares. Para estimular la inversión privada, el Gobierno fija las tasas de interés a niveles muy bajos, y en efecto la inversión creció a un ritmo de 6% interanual. La mayor demanda hizo crecer la economía y disminuir el empleo, pero en tres años también las reservas internacionales disminuyeron en 9 mil millones de dólares. En febrero de 1989, cuando Carlos Andrés Pérez asume su segunda presidencia, había unos 6 mil millones de reservas internacionales, más de la mitad de las cuales consistía en oro y otros papeles no fácilmente negociables. En otras palabras, no había dólares para seguir financiando ese nivel de importaciones. La crisis cambiaria era inevitable.

El Gobierno entrante no tuvo otra opción sino devaluar el bolívar. Adicionalmente, elimina los controles de cambios y de precios y se abre al comercio internacional. El dólar preferencial desaparece y se establece un único precio de 38,9 Bs/US$ que aumentaba ligeramente cada día. La devaluación del bolívar más la liberación de los precios regulados y el aumento en la cantidad de dinero ese año hicieron que la inflación alcanzara 81%, la producción disminuyera en 8,6% y la tasa de desempleo se ubicara en 9,9%.

La crisis cambiaria de 1989 hizo que la producción nacional, que había aumentado 16% entre 1985 y 1988, retornara a su nivel de 1985; la tasa de desempleo, que había disminuido a 7%, aumentó a 10%, y el ingreso per cápita, que había aumentado de 8.500 a 9.000 dólares, cayó en 1989 a 8.100 dólares. La aparente ganancia entre 1985 y 1988 no solo se desvaneció de golpe en un año, sino que al final quedamos peor que al principio.

Ya sabemos que el Gobierno puede gastar más imprimiendo dinero. Solo él tiene ese poder, y en efecto venía imprimiendo dinero cada año, pero ¿por qué tuvo que aumentar la tasa de inflación para poder gastar más? Este es un fenómeno distinto: el impuesto de la inflación. Nuestro ejemplo de las manzanas lo ilustra.

Suponga ahora que la producción total es de once manzanas, cada manzana cuesta un bolívar y hay once bolívares circulando que pertenecen a los privados. Suponga también que el Gobierno cobra un bolívar en impuestos cada período; como en el ejemplo anterior, el precio se mantiene estable. Los privados comprarán diez manzanas, el Gobierno comprará una sola y la tasa de inflación será cero.

Suponga que, en el próximo período, el Gobierno quiere comprar seis manzanas, pero sigue recibiendo un bolívar en impuestos y no está dispuesto a aumentar los impuestos. Ese bolívar comprará una manzana, pero ¿cómo adquiere las otras cinco? Una opción es imprimir cinco bolívares adicionales sin que nadie se dé cuenta, los cuales se los da a los privados a cambio de las manzanas. Como el Gobierno compra primero, adquiere las seis manzanas que quería, una la paga con impuestos y las otras cinco imprimiendo dinero. El problema es que ahora los privados tendrán quince bolívares circulando para comprar las cinco manzanas restantes, es decir hay 50% de bolívares adicionales. La ley de la oferta y la demanda hará que el precio suba a tres bolívares y la tasa de inflación se ubique en 300%.

Una de las características de la inflación es que es "terca". Una vez que aparece no se quiere ir. La razón es que la gente no es tonta, y el que crea que lo es, el tonto es él, situación en que se encuentran muchos gobiernos. El Gobierno pudo adquirir las cinco manzanas adicionales por un "efecto sorpresa": imprimió dinero de forma "clandestina", sin que la gente se diera cuenta, pero esto no lo puede hacer de forma perpetua. En un discurso, Abraham Lincoln dijo que "se puede engañar a alguna gente todo el tiempo y a todo el mundo por un tiempo, pero no se puede engañar a todo el mundo todo el tiempo". Este adagio se aplica perfectamente a la reacción de la gente sobre las políticas del Gobierno. Cuando imprimen dinero por primera vez, agarra a todos desprevenidos, pero la gente se adapta a la nueva inflación y cuando el Gobierno intente repetir su hazaña, las empresas ya habrán aumentado los precios basadas en las expectativas que tengan sobre la inflación. El intento del Gobierno por obtener recursos adicionales falla.

Aun cuando el ciudadano común no sea experto en economía y no entienda mucho su vocabulario técnico, observa lo que ha ocurrido, se informa por la prensa, habla con el colega, escucha al experto, etc., es decir, usa toda la información presente y pasada a la que tiene acceso para formular sus expectativas de precios. Esto ocurre con empresas y trabajadores por igual. Si los privados hubieran sabido de antemano que las manzanas subirían a tres bolívares, el Gobierno las hubiera tenido que comprar a ese precio, es decir, las empresas se adelantan al Gobierno, que tendrá los mismos seis bolívares, pero ahora podrá comprar solo dos manzanas. Si el Gobierno quiere comprar seis manzanas nuevamente, deberá cobrar dos bolívares en impuestos e imprimir quince bolívares adicionales para un total de treinta bolívares. El precio de las manzanas aumentará entonces a seis bolívares, es decir, la tasa de inflación se estabiliza en 300%.

Debido a este fenómeno, si el Gobierno quisiera aumentar su gasto nuevamente el período siguiente imprimiendo dinero, tendría que aumentar la inflación a un nivel aún mayor. Algunas definiciones ayudarán a una mejor exposición. Imprimir dinero tiene un costo al cual llaman "señoreaje" y la porción del gasto público que "no" se financia con impuestos se llama "déficit fiscal", el cual consiste en los préstamos que recibe el Gobierno más la cantidad de dinero que le imprime el Banco Central. Debido a este fenómeno, la inflación aumentó durante el Gobierno de Lusinchi para poder financiar una parte de su presupuesto debido al menor ingreso que por impuestos el Estado estaba recibiendo.

La crisis era evitable

El problema que tuvo que enfrentar el Gobierno de Lusinchi fue de naturaleza distinta al que originó la crisis cambiaria de 1983. Esta última ocurre porque habían entrado muchos bolívares por exportaciones. La de 1989 ocurre porque las exportaciones disminuyeron a la mitad y el Gobierno decide imprimir los bolívares que había dejado de obtener por las exportaciones de petróleo, pero la causa fue la misma, un aumento exagerado en la cantidad de dinero.

¿Tenía otras opciones el Gobierno de Lusinchi? ¿Cuál era el diagnóstico? La producción estancada, la tasa de inflación en 11%, un alto desempleo de 13% y sin dinero suficiente para financiar el gasto del Gobierno ni las importaciones. La crisis comienza a desenvolverse en 1986. Ese año, las ventas de petróleo bajan a la mitad, las importaciones se mantienen al mismo nivel que en los años previos y el déficit en la balanza de pagos fue de 2.200 millones de dólares. En otras palabras, el Gobierno necesitaba esa cantidad adicional de dólares para financiar las importaciones.

Hay un aspecto que revelan las cifras. Antes de 1974, los ingresos del Gobierno por inversiones en el exterior eran prácticamente cero. Los números cambian con el *boom* petrolero. En 1974, el país recibe por ese concepto 182 millones de dólares y esa cifra continúa creciendo hasta alcanzar 676 millones de dólares de 1981. Estos ingresos eran producto de colocaciones del Gobierno en el exterior, como los préstamos que realizaba el Fondo de Inversiones de Venezuela o algún otro organismo público. Pero durante esos años el Gobierno también se estuvo endeudando, deudas que debió comenzar a pagar de manera significativa a partir de 1982. Los pagos del Gobierno, principalmente por deuda pública, fueron de mil millones de dólares en 1982, cifra que fue aumentando rápidamente hasta superar los dos mil millones de dólares en los años siguientes. Esos pagos también contribuyeron a la crisis de 1986.

La economía estaba muy controlada. Existían controles de precios y de tasas de interés y de cambio. Las políticas de protección a la industria nacional habían creado sustanciales barreras al comercio exterior, tanto para importar como para exportar. La estrategia de imprimir bolívares para financiar el gasto y usar los dólares de las reservas internacionales para financiar las importaciones no funcionó. En tres años se gastaron casi 10 mil millones de dólares y la tasa de inflación aumentó cerca de 30%.

Al igual que en el período 1974-1983, como el problema se origina en el sector externo, había que buscarle solución en el mismo sitio. Uno de los objetivos más importantes era impedir que la tasa de desempleo no aumentase más para evitar una depresión económica que podía tener consecuencias sociales y políticas muy severas. Para evitar que aumentara el desempleo, se debía impedir que cayera la demanda, es decir, que cayeran las compras y por ende las ventas de las empresas. También, por supuesto, se necesitaban más dólares para financiar las importaciones.

El Gobierno tenía opciones, 2.200 millones de dólares no es tanto dinero para esos niveles. El Fondo Monetario Internacional (FMI), cuya función es precisamente asistir a los países en crisis, se los hubiera prestado o conseguido, pero ni el FMI ni ningún inversionista le iba a prestar ese dinero si no unificaba el precio del dólar y eliminaba algunos controles. Con un dólar unificado, los productos que tenían trato preferencial aumentaban de precio, incentivando la producción de esos bienes y disminuyendo las importaciones de esos productos. Un argumento similar aplica a los demás controles de precios. Hubo conversaciones, pero no hubo acuerdo.

¿Qué más podía hacer? El Gobierno venía teniendo un superávit en la cuenta corriente, es decir, las exportaciones eran mayores que las importaciones. Ese superávit andaba alrededor de los 2.000 millones de dólares, una cifra parecida al déficit que estaba enfrentando. Cuando se tiene un superávit en dólares, como en este caso, el Gobierno deposita ese dinero en algún banco en los Estados Unidos, digamos el Bank of America, que es el país que emite el dólar, pero el Bank of America a su vez lo prestará a alguien más dentro de los Estados Unidos o en cualquier otra parte del mundo. Esto quiere decir que ese superávit de 2 mil millones de dólares está siendo prestado a alguien en el exterior, de forma que la solución estaba en atraerlo.

Para enfrentar una situación de este tipo el Gobierno cuenta con varias herramientas como la tasa de interés, la tasa de cambio y los controles al comercio. Suponga que el Gobierno hubiera aumentado la tasa de interés. En 1986, la tasa de inflación y la tasa de interés en Venezuela estaban a la par, por lo que colocar dinero en el sistema financiero venezolano no producía ningún retorno, solo impedía que no se diluyera con el aumento de los precios. Mientras tanto, en los Estados Unidos, la tasa de interés era cinco veces superior a la tasa de inflación. La tentación de sacar dinero de Venezuela y colocarlo en los Estados Unidos era muy alta.

¿Qué tanto afecta la tasa de interés al flujo de dólares que entran y salen de la economía? ¿Es significativo? Una ojeada a las cifras nos da una idea. Usemos por ejemplo la economía de los Estados Unidos para efectos de comparación. Entre 1974 y 1979, el rendimiento de los depósitos en los Estados Unidos era ligeramente más alto que en Venezuela, alrededor de 20% más de retorno; es decir, si un depósito en Venezuela pagaba bolívares equivalentes a 100 dólares en intereses, ese mismo depósito en los Estados Unidos obtendría 120 dólares. Durante ese período, entre transacciones de valores y depósitos a corto plazo, los venezolanos enviaron al exterior 420 millones de dólares por año. En palabras simples, compraron dólares por ese monto para depositarlos en algún banco extranjero. A partir de 1980, cuando la Reserva Federal comienza a aumentar la tasa de interés para controlar la inflación, esa diferencia se eleva a 80% y sigue subiendo hasta alcanzar más de 600% entre 1987 y 1989. En nuestro ejemplo anterior, si un banco venezolano pagaba el equivalente a 100 dólares en intereses, un banco estadounidense hubiera pagado 600 dólares. La tentación era muy grande y los capitales venezolanos comenzaron a volar al norte. Entre 1980 y 1992, los venezolanos depositaron en el exterior más de 1.700 millones de dólares por año, un total de más de 22.400 millones de dólares durante ese período.

En 1993, cuando comenzaron a bajar los intereses en los Estados Unidos, los venezolanos repatriaron 380 millones de dólares, pero a partir de 1994 esa diferencia volvió a aumentar y siguieron saliendo capitales. Aunque no todo ese dinero salió debido a las mayores tasas de interés en los Estados Unidos, estas cifras sugieren que, en efecto, aumentar la tasa de interés en unos puntos en Venezuela le hubiera podido ahorrar al país varios millones que se necesitaban entre 1986 y 1989, los años críticos.

Pensará el lector que una mayor tasa de interés reduce las inversiones. El lector está en lo correcto, pero una mayor tasa también atrae más ahorros que los bancos venezolanos tendrían que prestar, sea al sector privado o al Gobierno, por lo que el gasto en total aumenta. Si el Gobierno es cauto y no pide prestado, todo ese ahorro irá a la inversión privada. Por otra parte, la tasa de interés no es el factor determinante de la inversión. Si aparecen oportunidades para hacer buenos negocios, habrá inversión.

Otra opción que tenía el Gobierno en 1986 era devaluar el bolívar, lo cual hizo. Eso le permitiría, por cada dólar del petróleo, obtener más bolívares para financiar el presupuesto, pero al mismo tiempo debía sacar de circulación parte (o todos) de los bolívares adicionales que causaba la devaluación, lo cual no hizo. Lo importante es que el poder de compra del dinero se mantenga constante. Una devaluación también hubiera ayudado a incrementar las exportaciones no tradicionales, pero, a pesar de la devaluación, las exportaciones apenas aumentaron. ¿Qué ocurrió? Que nosotros vivimos en un mundo integrado y cuando tomamos decisiones debemos considerar qué está pasando a nuestro alrededor. La tasa de inflación en el exterior había descendido notablemente, mientras que en Venezuela aumentaba, por lo que nuestros productos, a pesar de la devaluación, se estaban encareciendo con respecto a los extranjeros. Una tercera opción de política pudo ser abrirse al comercio. Luego de la apertura al comercio en 1989, las exportaciones del sector privado venezolano aumentaron en mil millones de dólares.

También se pudo hacer algo con los productos cuyos precios están regulados. Si el precio de un producto está regulado es porque la demanda es mayor que la oferta, lo que empuja el precio a un nivel más alto, de lo contrario no tendría sentido el control. La cuestión está en que un mayor precio estimula una mayor producción. Ese es un resultado ampliamente documentado por los economistas académicos. La mayor producción ayuda a aumentar el empleo y a disminuir el nivel de importaciones. Adicionalmente, el fisco también se beneficia ya que las empresas deberán pagar mayores impuestos. Aquí aparece otra pregunta: ¿qué hacer con los más pobres que no podrán pagar dicho aumento? Los pobres deberían ser subsidiados por el Gobierno, no por la empresa, ya que esto último implica un costo alto en términos de producción y empleo.

El Gobierno tenía una carta más que podía jugar en su tablero económico: el precio del petróleo. Si los precios son altos, los países exportadores se favorecen, y si son bajos, los consumidores como Alemania y Japón se benefician. Para 1984, la política de la OPEP no funcionaba, sus miembros violaban sus cuotas a medida que veían sus ingresos mermar, la producción del mundo no OPEP seguía creciendo y la demanda mundial de petróleo seguía disminuyendo. Arabia Saudita, que había asumido dentro de la OPEP el papel de amoldar su producción para mantener el precio convenido, había visto disminuir su producción de 10 millones de barriles diarios a menos de 4 millones, y sus ingresos por petróleo habían mermado de 119 mil millones de dólares en 1981 a 36 mil millones en 1985. Los sauditas estaban amenazando a los demás productores OPEP con inundar el mercado si seguían violando sus cuotas.

La OPEP podía seguir reduciendo su producción para aumentar los precios, pero ¿cuánto mercado estaba dispuesta a ceder a los países no

OPEP? Pero no solo la OPEP tenía problemas. En algunos países no OPEP, el costo de producción ya no hacía rentable seguir produciendo. En el mar del Norte, por ejemplo, muchos productores aspiraban a que el precio no cayera por debajo de 18 o 20 dólares, pero en 1985 el precio estaba bastante por debajo de ese nivel. En el Reino Unido, aunque el costo de extraer petróleo en algunos pozos, como en la plataforma Ninian, era tan bajo como 6 dólares, los altos impuestos hacían inviable la producción. Más aún, en vez de las empresas, el principal afectado era el Tesoro británico. El Tesoro noruego enfrentó una situación similar cuando sus ingresos disminuyeron en 20%. Con los precios tan bajos, los japoneses, aparte de verse afectados por la menor recaudación de impuestos, veían peligrar su programa de diversificación de energía. Países no OPEP como México, Egipto, Omán, Malasia y Angola estaban siendo afectados de tal forma que en 1986 fueron invitados como observadores a la reunión de la OPEP.

En medio de ambos grupos estaban los Estados Unidos, que eran el mayor importador y consumidor de petróleo del mundo, a la vez que el segundo mayor productor, y una parte importante de su sistema financiero dependía de altos precios del petróleo para su fortaleza. La industria petrolera norteamericana estaba en problemas financieros, muchos taladros habían sido detenidos y las regiones petroleras estaban en recesión. Para los estadounidenses, los precios del petróleo eran un problema de seguridad de Estado. Había un país que requería particular atención, la Unión Soviética, que obtenía del petróleo y el gas su principal fuente de moneda dura (dólares). Un precio alto del petróleo les permitiría a los soviéticos comprar en Occidente la tecnología moderna que necesitaban con urgencia para sus planes de modernización, planes que las potencias democráticas querían evitar. Por otra parte, con precios bajos, los estadounidenses tendrían que aumentar sus importaciones de petróleo, quedando debilitados militar y estratégicamente *vis-à-vis* de la Unión Soviética. A los sauditas también les preocupaba esa situación ya que su propia seguridad de Estado dependía del apoyo norteamericano.

Países productores y consumidores estaban abiertos al diálogo para aumentar el precio. La solución era obvia, había que reducir la producción, pero ¿cómo? Un alto ejecutivo de Petróleos de Venezuela, Alirio Parra, quien había trabajado con Pérez Alfonzo durante la fundación de la OPEP, se acordó de un libro titulado *The United States Oil Policy* publicado en 1926, escrito por John Ise, un profesor de la Universidad de Kansas, que trataba varias situaciones similares ocurridas en la industria petrolera norteamericana en sus comienzos. Parra pudo conseguir una copia del libro, el cual le sirvió de base para comenzar a trabajar sobre un nuevo sistema de precios que tomase en cuenta el hecho de que el petróleo era un competidor de otras fuentes de energía. El *lobby* de Parra dentro de la OPEP permitió que se creara consenso en la organización para establecer como objetivo un precio de 18 dólares por barril. Con ese precio, los países exportadores podían alcanzar sus objetivos de recaudación de impuestos y seguir estimulando sus economías. A los países consumidores también les gustaba ese precio porque les permitía recaudar suficientes impuestos a la vez que financiar el desarrollo de fuentes alternas de energía.

La OPEP había retornado a su sistema de cuotas, el cual había interrumpido durante la guerra de precios, pero la OPEP sola no podía llevar toda la carga del ajuste de precios. Se necesitaba la cooperación de los países no OPEP, cuyos principales productores, como México, también recortaron su producción. Incluso la Unión Soviética accedió a recortar su producción en 100 mil barriles diarios.

La relación entre los países exportadores y consumidores de petróleo cambió. Finalmente, la OPEP se reúne en Ginebra en diciembre de 1986 y acuerda fijar el precio de referencia de 18 dólares. Irán e Iraq, a causa de la guerra que todavía mantenían, quedaron fuera del acuerdo de cuotas. El acuerdo se mantuvo hasta 1989.

De vuelta a Venezuela, el Gobierno, siendo uno de los protagonistas del mundo petrolero, sabía que un precio del petróleo tan bajo no era sostenible y que iba a subir, como en efecto ocurrió. En 1987, las exportaciones de petróleo aumentaron en casi mil millones de dólares. Eso le hubiera permitido financiar el nivel de importaciones que venía de los años anteriores y provisto suficientes recursos para hacer crecer la economía y generar empleo. En cambio, la expansión monetaria ocasionó un déficit de 1.400 millones en 1987 y 5.900 millones en 1988, haciendo ineludible la evitable crisis cambiaria de 1989.

El balance

Un aspecto esencial en este análisis es el comportamiento de la producción, del ingreso per cápita y de la distribución del ingreso. Durante los diez años del *boom* petrolero (1974-1983), la economía apenas creció 2,3% interanual, un desempeño muy inferior al 5,6% de los quince años anteriores (1958-1973). Incluso durante el quinquenio de Pérez, el cual usualmente es recordado por la abundancia, el notable crecimiento económico de 6% en promedio fue menos de un punto superior al de los años de Betancourt y Leoni. Más enigmático es el desempeño de la economía durante la administración de Luis Herrera, quien recibe el doble de recursos financieros que Pérez y aun así la economía decrece. La caída de la producción durante el Gobierno de Luis Herrera es fácil de explicar si se observa que la inversión disminuye 12,9% en promedio durante cada año de su administración. El enigma, no obstante, crece al observar que durante los cinco años del Gobierno de Pérez la inversión crece en 16% interanual, en contraste con el 3,5% que había tenido los quince años precedentes, sin tener un desempeño sustancial mejor. ¿Cómo dilucidar esto? El crecimiento promedio de la inversión en el sector público fue enorme, 20,4%, lo que se vio reflejado en un aumento de 18,2% promedio en la producción del sector público. La sorpresa la da el sector privado. La inversión privada durante ese período creció a una tasa de 13,5% promedio, pero su producción apenas aumentó en 2,8%. Estas cifras sorprenden aún más si se observa que en los 15 años precedentes la inversión privada aumentó 6,6% interanual, lo que resultó en un aumento de la producción privada de 4,3%. En otras palabras, a pesar de que la inversión privada se duplica, el rendimiento de esta inversión disminuye a la mitad. Este resultado, arrojado por las cifras oficiales, contrasta con lo que usualmente dice la intuición. El enigma se vuelve más interesante. ¿Será que los inversionistas privados de golpe se volvieron ineficientes? ¿Se hicieron repentinamente más torpes? Puesto que una máxima de la economía es que las personas y las empresas responden a incentivos, la respuesta no hay que buscarla en chivos expiatorios sino en un fenómeno económico: los incentivos existentes que causaron este comportamiento.

8
La profecía autocumplida

La década de los noventa comienza en Venezuela con una mala herencia. Según cifras del Banco Mundial, después de tener algunos años creciendo, la crisis de 1989 hizo disminuir la producción al mismo nivel que en 1978, pero hay una variante: la población había crecido en 33%, es decir, había perdido una cuarta parte de su poder adquisitivo en una década. La tasa de desempleo era alta (10%), el país afrontaba una recesión severa y la tasa de inflación estaba sobre 30%. Las cuentas del Gobierno mostraban un déficit de 6% del PIB; es decir, para poder financiar su presupuesto de gastos, el Gobierno debía cobrarle en impuestos al sector privado una cantidad equivalente al 6% de todo lo que la economía produce y que hasta ese momento venía siendo financiada imprimiendo dinero.

Un punto significativo es que el sector público había crecido 22% durante ese mismo período mientras que el sector privado había disminuido en 7%. En otras palabras, el alto desempleo y el menor ingreso estaban causados por el pobre desempeño de un reducido sector privado. Esto se debía en parte al mal clima generado por un excesivo control estatal de la economía y parcialmente porque los precios estaban controlados a niveles tan bajos que no les era rentable a las empresas producir. El sector público no podía por sí solo revertir este proceso. El Banco Central no tenía suficientes dólares para mantener la tasa de cambio y el Tesoro Nacional estaba en mengua.

En esas condiciones Carlos Andrés Pérez asume la presidencia por segunda vez en 1989. A pesar de eso, la segunda administración de Carlos Andrés Pérez tiene obras importantes que mostrar como la construcción de 253.490 viviendas (50.698 por año) y la inauguración de la Línea 1 del Metro hasta Palo Verde, iniciada en su administración anterior; también comienza los trabajos de la Línea 3 de Metro entre Plaza Venezuela y La Rinconada, e inicia la construcción de los embalses El Diluvio y Vílchez. En educación, inaugura la Universidad Politécnica Antonio José de Sucre.

Su segunda presidencia se distinguió por la protección ambiental. Se crearon 11 parques nacionales: Chorro El Indio, Sierra La Culata y Cerro Saroche, Turuépano, Mariusa (en el Delta del Orinoco), Ciénagas de Juan Manuel y Parima-Tapirapecó. De estos, sobresale el Parque Ciénagas de Juan Manuel, donde se produce el Relámpago del Catatumbo, el fenómeno natural de mayor generación de ozono del mundo. Entre sus dos administraciones, Carlos Andrés Pérez había creado 21 parques nacionales, la mitad de los que existen en el país. En lo institucional, impulsó la elección directa de alcaldes y gobernadores, a quienes les dio autonomía financiera para realizar obras.

No obstante, su reto más importante era la situación macroeconómica. Apenas asume, unifica el precio del dólar y libera los precios, con excepción de algunos bienes considerados esenciales. También aumenta el precio de la gasolina y el de los servicios públicos y elimina varios subsidios. Para sanear las finanzas del Estado, privatiza muchas empresas públicas que generaban pérdidas como la línea aérea Viasa, el Banco República, la compañía de teléfonos (Cantv) y la de agua (INOS). También aumenta las tasas de interés para estimular el ahorro y generar recursos para la inversión. Debido a la apretada situación económica, obtiene préstamos blandos (baja tasa de interés) del Fondo Monetario Internacional (FMI) y renegocia nuevamente las condiciones de la deuda externa.

Durante los tres años que siguieron, 1990-92, la producción crece a un ritmo de 6,5%, 9,7% y 6,1%, respectivamente. Varios sectores estaban motorizando esas cifras con altas tasas de crecimiento; en promedio, la manufactura crece al 7,5% y la construcción en un impresionante 24,5%. La infraestructura de electricidad y agua se expande sustancialmente al crecer a unas tasas de 6,1% y 5,1% respectivamente. En el sector petrolero, la producción retoma una ruta ascendente al crecer 9,6% y los precios se mantienen alrededor de los 18 dólares por barril planeados por la OPEP. La tasa de inflación, no obstante, subió a más de 30%. Las reservas internacionales aumentaron en 1990 y 1991, pero disminuyen en 1992. Para este último año, las importaciones de mercancías del sector privado se habían triplicado y la inversión (pública y privada) creció más del doble. En palabras sencillas, ambos, el Gobierno y los privados, estaban recibiendo dinero desde el exterior para invertir, y el déficit ocurre por la necesidad de mercancías para esas inversiones, una situación que en principio pudiera ser beneficiosa[33]. El plan parecía dar resultados, pero el final no sería tan feliz.

---

33 Australia y Canadá han mantenido un déficit en la balanza de pagos desde principios del siglo XX hasta hoy, que ha sido precisamente para financiar crecientes inversiones en esos países.

La crisis bancaria de 1994

Las mujeres tienen reputación de que les gusta comprar muchos zapatos. Imagínese usted por un momento que existiera un único fabricante de zapatos. Este monopolista intentará sacar el mayor provecho de esa ventaja, impondrá un precio alto, habrá poca producción y generará poco empleo. Tampoco pondrá mucho cuidado en la calidad de los zapatos ya que a la final todos tienen que comprarle a él. En otras palabras, los monopolios son ineficientes.

Suponga ahora que aparece un competidor. Para poder introducir su producto en el mercado, el segundo fabricante intentará vender zapatos con mejor calidad, y como habrá más zapatos en el mercado, el precio baja. Con un tercer competidor el cuento se repite, mejora la calidad y el precio vuelve a bajar, y así sucesivamente, por lo que conviene que haya muchos competidores vendiendo zapatos. No obstante, a la larga, si hay demasiados fabricantes, el precio será tan bajo que será menor que el costo de producir zapatos, algunos de los fabricantes se arruinarán y saldrán del mercado y la cantidad de fabricantes se reduce.

En el mercado de los bancos ocurre lo mismo, solo que, en vez de zapatos, estos compran y venden préstamos, reciben depósitos de los ahorristas y se los prestan a los inversionistas. Como en el caso de los zapatos, un monopolio en la banca es ineficiente y no conviene. También ocurre que mientras más bancos haya, el mercado será más competitivo y, si hay muchos bancos, algunos de ellos se arruinarán. Pero la analogía con los zapatos llega hasta allí. Si un fabricante de zapatos quiebra, eso es problema de él, pero si un banco quiebra, es problema de todos porque puede poner en peligro al sistema financiero. Cuando un banco quiebra, muchos depositantes pierden sus ahorros, y las empresas que financian sus operaciones con el crédito del banco cierran y despiden a sus trabajadores. Además, existe el peligro de que unos depositantes asustados retiren sus ahorros en los demás bancos por temor a perderlos también; es decir, hay el riesgo de un pánico bancario. Aun si el Gobierno garantiza los depósitos de los ahorristas, el país pierde porque el rescate se estaría haciendo con el dinero de los impuestos que todos pagamos.

¿Qué tan dañino es un pánico bancario? La respuesta es ¡bastante! El paradigma del pánico bancario son los ocurridos durante la Gran Depresión. El llamado "Martes Negro", 29 de octubre de 1929, el colapso de la Bolsa de Valores de Nueva York, da origen a la Gran Depresión. El precio de muchas acciones disminuye hasta casi cero dólares, las pérdidas de ese día alcanzan 16 mil millones de dólares, una cifra astronómica para esos días, muchos inversionistas se arruinan y en total las acciones pierden 80% de su valor. Esto ocasiona varios capítulos de pánico bancario. Solo en los Estados Unidos quiebran más de 10 mil bancos, el 40% de su sistema bancario. Las empresas quiebran de forma masiva y el paro aumenta a niveles desproporcionados. En los Estados Unidos, uno de cada cuatro trabajadores queda desempleado, y en Alemania uno de cada tres. Millones de personas pierden sus hogares. En 1932, el peor año de la depresión, la producción total había caído en 46% en los Estados Unidos, 41% en Alemania, 24% en Francia y 23% en el Reino Unido. En Alemania, la furia de la población hace elegir a Adolfo Hitler como canciller y luego presidente, con las consecuencias que todos sabemos: el Holocausto y la Segunda Guerra Mundial [Blum, Cameron y Barnes 1970, p. 885].

En Venezuela, la crisis financiera de 1994, con la consecuente crisis cambiaria, también fue de gran magnitud. Imagínese que usted tiene un ingreso de Bs. 100 cada mes para financiar sus gastos usuales: el alquiler de la vivienda, los servicios de agua y luz, el teléfono, el supermercado, etc. Imagínese ahora que a todos les rebajan el salario en 2 bolívares, y que después el Gobierno le quita de forma arbitraria 18 bolívares más para evitar que quiebren unos bancos que fueron mal manejados por sus dueños y por el mismo Gobierno. Finalmente, usted se queda con solo Bs. 80 para cubrir unos gastos que antes financiaba con Bs. 100. Adicionalmente, el Gobierno lo obliga a usted a endeudarse y pagar en cada período 25% de lo que gana. Se ve duro, ¡cierto! Ese fue el costo de la crisis financiera de 1994[34].

El daño no llega hasta allí. Entre enero y agosto de 1994, las reservas internacionales disminuyen en 4 mil millones de dólares, la tasa de inflación aumenta a 61%, muchas empresas quiebran y la tasa de desempleo sube a 8,7%, el bolívar se devalúa 94%, de 91 Bs/US$ a 176 Bs/US$, y se establece un estricto control de cambios que paraliza, en vez de estimular, la economía. El 51% de la banca comercial (18 bancos) cerró o fue intervenido por el Gobierno. Asimismo ocurre con sus empresas financieras relacionadas. Miles de depositantes vieron congelados sus depósitos por varios meses para ser devueltos ya devaluados. La crisis dura 18 meses. Estudios del Banco Mundial estiman que el costo total

---

34 Cifras oficiales del Banco Central de Venezuela estiman en 2,3% la caída de la producción en 1994, y estudios del Fondo Monetario Internacional estiman que el rescate de los bancos tuvo un costo de 13% del producto interno bruto en 1994 y de 4% en 1995. Adicionalmente, la deuda del Gobierno aumentó en 7% en 1994 y en 16% en 1995 para el mismo fin [García-Herrero 1997].

de la crisis de 1994-97 llegó al 22% del valor de la producción del país [Klingebiel y Laeven 2002].

La banca venezolana

Los mercados financieros son complicados. Cualquier lector no experto que haya intentado leer algún reporte observará que entiende muy poco de lo que allí se dice. Sin embargo, las ideas que están detrás de ellos son muy sencillas. Un mercado financiero es todo aquel donde se compra o vende un "papel" que establece las condiciones en las que un prestamista le entrega dinero a un prestatario, a cambio de un interés o renta, para que lo invierta en producir algún producto. Ese papel del que hablamos se llama "instrumento financiero" y puede tomar varias formas. Una muy común son las acciones, que le otorgan a su dueño la propiedad de una parte de una empresa y el derecho de recibir un dividendo por las ganancias. Otro instrumento financiero son los "bonos". Estos son simplemente contratos que establecen las condiciones de un préstamo, es decir, la tasa de interés, los plazos de pagos, etc. Existen muchos instrumentos financieros y los ingenieros especializados trabajan diariamente en diseñar uno nuevo, cada vez más con condiciones complicadas y nombres más estrambóticos. Las empresas que participan en ese mercado son las "instituciones financieras".

Existen muchos tipos de instituciones financieras como los fondos mutuales, las empresas de seguros, los fondos de pensiones, pero nosotros estamos interesados en una institución muy particular, los "bancos comerciales". Los bancos tienen dos funciones, la primera es facilitar los pagos, lo que ocurre cuando se emite un cheque o se realiza una transacción. La otra es recibir depósitos de ahorristas que no necesitan ese dinero en lo inmediato y prestárselo a una persona o empresa que tenga en mente alguna buena inversión.

Los bancos necesitan especial atención. Un monopolio no es conveniente, pero demasiada competencia tampoco lo es porque se convierte en un sistema frágil. Uno de los problemas principales con el mercado bancario es determinar cuánta eficiencia se quiere perder a cambio de menor fragilidad.

La combinación eficiencia-fragilidad no es el único problema con la banca. Una máxima en el mercado de préstamos es que se tiende a arriesgar más el dinero de otro que el dinero propio. La razón es sencilla. Por una parte, nadie quiere invertir en un proyecto de alto riesgo si existe uno de bajo riesgo que le reporta las mismas ganancias. En consecuencia, las inversiones que arrojan mayores ganancias son las más riesgosas. Como el dinero que presta el banquero es de los ahorristas y no suyo, existe la tentación de prestarlo para proyectos de alto riesgo que produzcan grandes ganancias. Si el proyecto es exitoso, el banquero gana, pero si fracasa, el ahorrista pierde. Habrá algunos banqueros responsables, pero también los hay sinvergüenzas.

Un tercer problema con los bancos es que, al prestar el dinero ajeno, le otorgan menos atención a la responsabilidad del inversionista. Por ejemplo, prestan dinero a empresarios que tienen tradición de no pagar sus deudas. Los bonos emitidos por esas empresas se llaman bonos basura o chatarra.

Una cuarta preocupación: la banca es un castillo de naipes. Usualmente la gente guarda su dinero en los bancos y no en cofres en sus casas, y no van todos a la vez a retirar su dinero. Suponga que el banco recibe un depósito en efectivo. Ese dinero se lo prestará a un inversionista para algún proyecto. En ese momento el banco duplica la cantidad de depósitos. Está el depósito del ahorrista original más el del inversionista que también deposita el préstamo en un segundo banco (o el mismo banco). El dinero que recibe el segundo banco es ficticio, ya que el depósito original lo tiene el primer banco. Luego el segundo banco repite la operación y así sucesivamente. Ese es el proceso multiplicador que se enseña en los cursos introductorios de economía. Lo cierto es que los bancos siempre prestan más dinero del que tienen y, por ende, también tienen mayores depósitos de los que pueden pagar. Por eso, si todos van al mismo tiempo a retirar su dinero a un banco, es decir, se produce una corrida bancaria, ese banco no tendrá suficiente dinero para pagarles a todos. Si se producen corridas en todos los bancos se dice que hay pánico bancario.

Los bancos tienen problemas adicionales. Muchas veces reciben depósitos a corto plazo a ser pagados en 30, 60 o 90 días, o simplemente en una cuenta corriente que el depositante puede retirar cuando quiera, pero a su vez el banco usa el dinero de los depositantes para otorgar préstamos para proyectos que toman mucho más tiempo en concluirse. Ese es el caso por ejemplo de la industria de la construcción. Toma tiempo construir un edificio y luego vender sus apartamentos u oficinas.

Un sexto problema es que los bancos realizan muchas actividades que no se reflejan en sus balances contables, como el cobro de tarifas o los depósitos que realizan en el extranjero. Por todas estas razones a la sociedad le conviene que el sistema bancario esté altamente regulado.

¿A qué regulaciones deben estar sujetos los bancos? Cualquier libro introductorio de dinero, banca y mercados financieros dice que los bancos deben estar sujetos a las siguientes regulaciones [Mishkin 2015]:

1. Los bancos deben exigir garantías a los préstamos otorgados para disminuir el riesgo.
2. Diversificar sus activos, en particular sus préstamos, para disminuir el riesgo. En otras palabras, no hay que poner todos los huevos en una misma cesta.
3. Los dueños de los bancos deben tener un mínimo de capital propio en el banco, de forma que si al banco le va mal, al dueño del banco también le va mal, lo que hará que sea más cuidadoso. Los acuerdos de Basilea sugieren que el capital de los dueños del banco debe ser al menos 8%.
4. Los bancos deben hacer públicos reportes periódicos sobre el balance de sus actividades y emitir información sobre lo riesgoso de sus activos y la calidad de sus préstamos e inversiones.

Las autoridades deben cumplir las siguientes funciones reguladoras:

1. Supervisar las actividades de los bancos que están fuera de su hoja de balance, como la venta de préstamos, por ejemplo.
2. Impedir restricciones a la competencia, pero a la vez vigilar por la solidez del sistema bancario.
3. Supervisar a los dueños y la directiva de los bancos para procurar que estos no sean dirigidos por gente irresponsable.
4. Tener un depósito de garantía que les asegure a los depositantes que su dinero está seguro, de forma de evitar las corridas bancarias. En Venezuela existe el Fondo de Protección Social de los Depósitos Bancarios (Fogade) para ese propósito.
5. Prohibir los préstamos privilegiados, es decir, prohibir que los bancos les presten dinero a personas o empresas que tengan una relación cercana con el banco, como los mismos banqueros y sus familiares y empresas.

El lector se preguntará cuántas de estas regulaciones se cumplían en Venezuela en 1989. La respuesta es muy corta: NINGUNA.

La regulación bancaria es un campo complejo pero muy importante. Las autoridades financieras de los países desarrollados acordaron crear el Comité de Supervisión Bancaria de Basilea para implementar el llamado "Acuerdo de Basilea", firmado en esa ciudad suiza, con recomendaciones detalladas sobre la regulación bancaria. Si el país quiere tener una buena regulación bancaria, lo más fácil es acatar las recomendaciones del Acuerdo de Basilea.

Retornemos al caso venezolano y la situación de su sistema bancario antes de la crisis de 1994. En 1989 existían en Venezuela una gran cantidad de bancos especializados pertenecientes a distintos grupos financieros. El país tenía varias décadas con un sistema bancario bastante débil. Varios bancos habían quebrado por concentrar sus préstamos en exceso en vez de diversificar sus inversiones[35], otorgar excesivos préstamos privilegiados[36] y por tener una mala gerencia. En cada caso, el Gobierno salió al rescate del banco, de forma que los ahorristas tenían poco cuidado de dónde depositaban su dinero. Esta actitud del Gobierno a su vez estimulaba a los bancos a incurrir en inversiones más riesgosas: si sale bien gana el banquero, si sale mal paga el Gobierno (y los contribuyentes). Por otra parte, muchas de estas quiebras tuvieron motivaciones políticas y, cuando el Gobierno decidió intervenir, ya los dueños habían sacado el capital del banco. El sistema bancario necesita reformas que eviten este tipo de retaliaciones políticas que al final afectan a los depositantes y al público en general; por ejemplo, darle mayor independencia a la Superintendencia de Bancos.

La Superintendencia de Bancos[37] no tenía autoridad legal para ejercer sus funciones. No podía supervisar las actividades fuera de la hoja de balance[38], forzar un aumento de capital, aprobar ventas, fusiones o disoluciones de instituciones financieras, ejecutar una intervención temprana y analizar el riesgo de los créditos otorgados o el grado de insolvencia. Todo el poder y las decisiones recaían en el ministro de Hacienda. Adicionalmente, la superintendencia tenía un presupuesto muy pequeño e inapropiado. En la práctica, los bancos funcionaban sin ninguna supervisión. Además, no estaba bien definido el papel que debían desempeñar la Superintendencia de Bancos, el Banco Central y Fogade en caso de que un banco estuviera insolvente.

Un estudio del Banco Mundial publicado en octubre de 1989 hace importantes observaciones al respecto y advierte que la poca supervisión podría conducir a la insolvencia de varios bancos. Muchos de ellos

---

35 Pusieron todos los huevos en la misma cesta.

36 Los banqueros se prestaban los depósitos a sí mismos

37 Ese es el organismo responsable de supervisar a los bancos. Está adscrito al Ministerio de Finanzas.

38 Las sucursales de los bancos en el exterior, por ejemplo.

estaban poco capitalizados, sin suficiente respaldo por malas deudas y publicaban muy poca información sobre sus actividades. Con frecuencia los bancos no entregaban a la superintendencia los reportes de auditoría que les requerían, y, cuando lo hacían, la mayor parte de la información era falsa. Una ley de 1975 prohibía que los bancos extranjeros operasen en el país.

En 1989, con el programa de ajustes acordado con el Fondo Monetario Internacional, el Gobierno inicia una reforma del sistema bancario. Desafortunadamente, las reformas fueron muy tímidas. No obstante, se eliminan algunas regulaciones financieras y se permite la libre competencia entre los bancos para captar depósitos. Esto hizo que los intereses comenzaran a subir y que algunos bancos expandieran sus actividades a inversiones de mayor riesgo en busca de mayores ganancias. También se incrementaron las malas prácticas bancarias como los préstamos privilegiados. En 1990 y 1991, una porción importante del negocio bancario financió proyectos de construcción y turismo e incursionó en el inestable y siempre riesgoso mercado de acciones, es decir, en la Bolsa de Valores. Algunos grupos financieros comenzaron a tener pérdidas en el rendimiento de sus inversiones y se volcaron a incrementar sus tarifas y vender sus activos a empresas que con frecuencia pertenecían al mismo grupo.

Para 1994, los grupos financieros eran consorcios propietarios de bancos comerciales e hipotecarios, aseguradoras, empresas de *leasing*, corretajes de bolsa, fondos de activos líquidos, sucursales en el extranjero y compañías financieras. En la práctica, las "compañías financieras" eran bancos comerciales diseñados legalmente para no aparecer como bancos, evitando de esta forma estar sujetos a los pocos controles que el Gobierno ejercía sobre la banca. Las sucursales extranjeras con frecuencia se utilizaban para deshacerse de activos con problemas, de forma que en los balances internos los bancos aparecieran sólidos.

En total había unas 150 instituciones financieras en Venezuela pertenecientes a estos grupos financieros, los cuales usualmente también estaban vinculados con importantes empresas comerciales e industriales. No obstante, los seis bancos más grandes del país, controlados por unas pocas familias, tenían más de la mitad de los activos de todo el sistema financiero. Los bancos casi no transaban sus acciones en la Bolsa de Valores, por lo que tampoco estaban sujetos al escrutinio de ese tipo de empresas.

La subversión financiera

Las crisis cambiarias o financieras son sucesos muy peculiares. Si todos creen que el banco va a quebrar, todos van al banco a sacar su dinero y el banco en efecto quiebra, así el banco en realidad esté sólidamente administrado. Por el contrario, si creen que está funcionando bien, dejarán su dinero allí depositado y el banco operará normalmente. A este tipo de situaciones se las llama "profecías autocumplidas".

Para 1992, un frágil sistema financiero venezolano solo estaba a la espera de algún evento que lo llevara al colapso. En 1989, la economía marchó mal a causa del colapso de la moneda y los ajustes macroeconómicos, pero durante los tres años siguientes, la producción creció a una tasa promedio de 7,5%. Eso suena bien, pero no sonará tan bien al saber qué causó ese crecimiento.

El Gobierno siguió políticas conservadoras en 1989, es decir, disminuyó la cantidad de dinero que imprimía y recortó sus gastos con el objetivo de compensar el efecto de la devaluación y en general los ajustes de ese año sobre la inflación. Eso contribuyó para que la caída en la producción fuese tan grande. Esa política cambia en 1990, 1991 y 1992, cuando el gasto del Gobierno aumenta sustancialmente. La política monetaria fue expansiva en 1990 y 1991, la cantidad de dinero que imprime aumenta en más de 90%, pero en 1992 se modera. El sector privado siguió estancado en 1990, pero reacciona con mucha fuerza en 1991 y 1992, cuando la inversión privada aumenta alrededor de 40% cada año. La tasa de inflación también aumenta sustancialmente en esos años, ubicándose siempre por encima de 30% y reflejando la política expansiva.

A pesar de los aparentemente buenos indicadores de 1992, en ese año empiezan los problemas. Las intentonas golpistas del 4 de febrero y 27 de noviembre de 1992 dislocarían no solo la política sino también la economía. Aunque las intentonas fracasan, se alborotan los enemigos de la democracia y en particular los del partido de gobierno, Acción Democrática. Los huérfanos de Gómez, López Contreras, Medina Angarita y de la derecha militarista, agazapados pero vivos y con profundos rencores, comenzaron a conspirar para deponer al Gobierno. Por otra parte, había muchos comunistas que nunca abandonaron el camino de la subversión y tenían años intentando organizar una rebelión civil. La diferencia es que ahora reaparecen como aliados de Hugo Chávez y los militares golpistas. Estos grupos habían tenido un éxito relativo en penetrar las Fuerzas Armadas, formando un movimiento militarista de izquierda crítico de la democracia.

Cuando el fantasma del comunismo estaba desapareciendo en la Unión Soviética y en el resto del mundo, vino de visita a Venezuela para quedarse por tres décadas. El pobre desempeño de la economía en las dos décadas precedentes le abonó el camino. Luego de la primera intentona, comienza una campaña sistemática en contra de la democracia y los partidos políticos, principalmente contra AD, Copei e incluso el MAS, a los que la población comenzó a rechazar. En esa campaña participaron medios de comunicación, artistas y pseudointelectuales que pudieron darle un giro al escenario político, pero el viraje no fue a la derecha, sino hacia una izquierda más radical. Los movimientos que crearon el expresidente Rafael Caldera para lanzar su candidatura presidencial y Andrés Velásquez, del partido Causa R, tomando la bandera antipartido y recibiendo el apoyo de los grupos marxistas más radicales, pasaron de ser grupos minúsculos para convertirse repentinamente en movimientos nacionales. Muchos de estos grupos también tenían estrechos vínculos con los militares insurrectos. La victoria del partido Causa R en la Alcaldía de Caracas y en el minero estado Bolívar en las elecciones regionales de 1992 creó un ambiente muy tenso. La Causa R tenía una buena opción de ganar las elecciones presidenciales. Al final ganó Caldera, pero entre Caldera y Andrés Velásquez, el candidato de la Causa R, obtuvieron más del 50% de los votos, lo que confirmaba los temores del viraje a la izquierda populista de los controles de precios, de cambios y de una actitud hostil contra la empresa privada.

Hacia finales de 1992, la inversión privada ya había comenzado a caer y en 1993 estaba completamente paralizada. Ese año la producción del sector privado disminuyó en -1,8%, en particular la construcción cayó en -5,5%, la manufacturera en -2,3% y el sector de restaurantes y hoteles en -7,8%. La economía había entrado en una fuerte recesión [García-Herrero 1997; Krivoy 2003].

En 1992 comienzan a producirse salidas de capitales. Inversionistas y gente común prefería tener su dinero depositado en algún lugar seguro del mundo, fuera de Venezuela. Para detener la salida de capitales y disminuir la tasa de inflación, el Gobierno comenzó a aplicar una política restrictiva, es decir, disminuyó la cantidad de dinero que estaba imprimiendo. También vende reservas internacionales para frenar la depreciación del bolívar, como una medida adicional para controlar la inflación. No obstante, las salidas de capitales siguieron y la política monetaria restrictiva, al hacer más escaso el dinero que circula, hizo subir la tasa de interés.

La continua salida de capitales estaba afectando los depósitos de la frágil banca venezolana. Comenzó como una corrida en cámara lenta que se fue acelerando. Ante la pérdida de depósitos, los bancos inician una guerra aumentando sus tasas de interés para evitar que siguieran saliendo capitales y captar depósitos de los otros bancos. La política restrictiva del Gobierno y la competencia entre bancos en conjunto hizo que algunos bancos ofrecieran tasas de interés pasivas mayores a 80%. Con una economía en recesión, era difícil prestar esos ahorros para inversiones lo suficientemente productivas, por lo que cada vez se reforzaba el otorgamiento de préstamos riesgosos.

Por otra parte, la política expansiva del Gobierno aumentando la cantidad de dinero circulante incrementó sustancialmente la tasa de inflación; además, desde 1990, una parte de esa liquidez había comenzado a crear algunas "burbujas financieras" en los mercados de valores e inmobiliario. El dinero en exceso buscó colocación comprando algunos activos, especialmente acciones en la Bolsa de Valores. En dos años, las acciones de la Bolsa de Valores de Caracas habían aumentado, luego de descontar la inflación, en un promedio de 668%. También invirtieron bastante en proyectos de construcción y el precio de los inmuebles se infló exageradamente.

Las burbujas se comienzan a desinflar hacia el segundo semestre de 1992, perdiendo algunas de ellas más del 60% de su valor. Los precios de las acciones comenzaron a bajar, muchos apartamentos financiados con créditos bancarios quedaron sin venderse y los bancos empiezan a tener crecientes y severos problemas para recuperar los créditos otorgados. A pesar de las reiteradas advertencias del Banco Central de Venezuela sobre el estado de los bancos, las autoridades hicieron caso omiso. Había demasiados bancos y no todos podían coexistir.

Las salidas de capitales continuaron durante todo 1993. Para finales de año comienzan los rumores sobre el mal estado de los bancos y las corridas se aceleran. En enero de 1994 el Banco Latino, el segundo más grande del país, que para entonces tenía el 10% de todos los activos de la banca venezolana, colapsa. Para diciembre de 1993, el retiro de depósitos era el doble de su capital. Los retiros estaban siendo financiados con la venta de algunas propiedades y con préstamos adquiridos del Banco Central. En enero de 1994, el Gobierno decide cerrar el banco y todas las empresas de ese grupo financiero. Todos sus activos fueron congelados por dos meses y medio; quienes tenían sus ahorros allí depositados, los recuperaron después de ser depreciados por la inflación. También hubo quienes no los pudieron recuperar. Fogade cubrió las pérdidas del Banco Latino, las cuales fueron mucho mayores de lo esperado porque las inversiones de alto riesgo que habían fracasado habían sido ocultadas en transacciones fuera de sus hojas de balance.

El cierre del Banco Latino crea un pánico bancario. Rafael Caldera estaba asumiendo la presidencia en esos días. Los rumores de devaluación, congelación de fondos y control de cambios aceleraron los retiros y las salidas de capitales. Fogade comenzó a asistir a los bancos con las corridas. Cuando Fogade agotó sus fondos, el Banco Central imprimió dinero para que continuara asistiendo a los bancos. Esta situación se mantuvo hasta junio, cuando ocho grupos financieros, que sumaban 21% de los depósitos totales, fueron intervenidos por el Gobierno[39]. A finales de mes, el Gobierno suspende algunas garantías constitucionales que afectaban la propiedad privada y la libre actividad económica, lo que incrementó el nerviosismo. Para julio, las salidas de capitales se habían consumido US$ 3.790 millones de las reservas internacionales, el 45% de los activos externos, y el Gobierno impone un estricto control de cambios y devalúa el bolívar, situándolo en Bs. 170 por dólar.

El Gobierno carecía de una política coherente y completa para enfrentar la crisis y sus principales funcionarios se contradecían con frecuencia en público. Esto, sumado a la precariedad financiera de Fogade, incrementó la desconfianza del público, las corridas de bancos se intensificaron con fuerza y los depositantes cambiaban sus ahorros hacia bancos que consideraban más seguros. Entre agosto y septiembre, el Gobierno tuvo que nacionalizar dos de los bancos más grandes, el de Venezuela y el Consolidado, y entre noviembre y diciembre debió intervenir tres bancos más[40]. Muchos banqueros trasladaron los recursos de sus bancos a otras cuentas antes de ser intervenidos, por lo que el Gobierno recibió unos bancos que ya carecían de muchos de sus activos. Esto alimentó las corridas y en febrero de 1995 debieron intervenir tres bancos más (Ítalo, Principal y Profesional). En agosto de ese año, también intervinieron el Banco Empresarial. En diciembre de 1995, el Gobierno vuelve a devaluar el bolívar ubicando la tasa de cambio en Bs. 290 por dólar.

En marzo de 1996, el Gobierno llega a un acuerdo con el Fondo Monetario Internacional, elimina el control de cambios, devalúa la moneda nuevamente a más de Bs. 400 por dólar, aprueba una drástica

---

39 Estos fueron los bancos de Maracaibo, Barinas, Construcción, Fiveca, Metropolitano, La Guaira, Bancor y Amazonas.

40 Estos fueron los bancos Andino, Progreso y República.

reforma de las leyes bancarias y comienza a privatizar los bancos nacionalizados.

¿Se podía hacer un mejor trabajo?

¿Cómo quedaron las cosas luego de la crisis de 1994? La respuesta es fácil: muy mal. Entre 1992, año en que comienza la crisis política, y 1996, año en que termina la crisis financiera, los precios aumentaron 350 veces, el precio del dólar había subido seis veces, el ingreso nacional era el mismo, pero la población 8% más grande. La pregunta realmente importante es: ¿se pudo hacer un mejor trabajo? Como en los casos anteriores, la respuesta es SÍ.

Detalles aparte, la idea general sobre lo ocurrido en la crisis de 1994 es simple. Había un sistema bancario frágil, los golpes de 1992 detonan el miedo, las empresas se paralizan, los ahorristas cambian sus bolívares por dólares, los bancos se quedan sin proyectos que financiar y sin dinero con que devolver los depósitos, lo que causa corridas bancarias y muchos bancos quiebran. En el ínterin, el Gobierno imprimía dinero para socorrer a los bancos y los ahorristas cambiaban esos bolívares por más dólares hasta que las reservas internacionales se acabaron.

Volvamos a la pregunta inicial: ¿qué se podía hacer? Lo ideal es que se hubieran aprobado las reformas a las leyes bancarias acordadas con el FMI en 1989 y que el Banco Mundial estaba financiando. También que los golpistas de 1992 no se hubieran alzado, ni que los políticos oportunistas sacaran provecho de la situación. Pero, con todos esos supuestos, posiblemente estaríamos en Disneylandia y no en Venezuela, porque lo cierto es que todas esas cosas ocurrieron y las autoridades económicas no tenían control sobre ellas. Apuntemos a los hechos clave:

1. Las empresas habían paralizado la inversión.
2. Los depositantes querían dólares y no bolívares.
3. No hay proyectos que financiar y los bancos quiebran.
4. El Gobierno imprime dinero y las reservas internacionales se acaban.
5. El Gobierno devalúa en 1995 y luego nuevamente en 1996.

El último punto se discutió varias veces en el capítulo anterior: la inflación y un precio del dólar fijo no se llevan bien, conducen inevitablemente a una crisis cambiaria. Comencemos con los puntos 4 y 5. El lector pensará: ¿pero se tenía un dólar flotante en esos años? La respuesta es no. El Banco Central compraba o vendía dólares para colocar su precio en algún nivel deseado, pero nunca flotó libremente. Más aún, cuando comienzan las corridas de bancos, la venta de reservas internacionales aumenta precisamente para atajar el precio del dólar.

Cuando comienzan las corridas bancarias en 1992, al principio los inversionistas buscaban colocar su dinero en otra parte mientras se aclaraba la situación en Venezuela, pero después aparecen rumores sobre quiebras de bancos y una posible devaluación o control de cambios. El Gobierno intentó resistir, pero a mediados de 1995 opta por devaluar. Lo hizo tan mal que estropeó lo que buscaba: detener la salida de capitales. Existen dos reglas de oro cuando se decide devaluar la moneda. Primero: la devaluación tiene que ser lo suficientemente grande para calmar las expectativas de una posible devaluación futura, de lo contrario habrá validado las expectativas previas sobre una devaluación y habrá más salidas de capitales. Segundo: después de la devaluación, hay que dar señales claras de que el Gobierno tiene la situación bajo control, que los inversionistas no saldrán perjudicados, etc. No hacerlo desataría dudas sobre el comportamiento futuro de la economía.

El Gobierno violó ambas reglas. En el segundo trimestre de 1994, se devalúa el bolívar en 25%. Con eso enviaba la señal de que estaba dispuesto a volver a devaluar. Adicionalmente, la cantidad de dinero que circulaba aumentó ese año en 130%.

El manejo de la crisis fue torpe antes y después de la devaluación. En 1993, con la crisis en proceso, el Congreso le da poderes al Gobierno para aprobar de forma apresurada una nueva ley de bancos. La nueva ley no mejoraba la supervisión de los bancos. En enero de 1994, ya con un pánico bancario andando, el Gobierno aprueba un impuesto de 0,075% sobre las transacciones financieras. El solo anuncio de la ley estimuló la salida de capitales y distorsionó el sistema de pagos.

Antes de asumir la presidencia el 2 de febrero de 1994, siendo presidente electo, Caldera no fija posición sobre la crisis bancaria y la opinión pública percibía al nuevo presidente como enemigo de los dueños del Banco Latino. Una vez asumido el Gobierno, el nuevo ministro de Hacienda, Julio Sosa, anuncia públicamente que no descartaba la intervención de otros bancos. Todo esto aumentó la incertidumbre.

Luego de la devaluación, el Congreso otorga poderes especiales al presidente, quien modifica varias veces las leyes financieras. El 29 de junio de 1994, nombran una Junta de Emergencia Financiera que preside el ministro de Hacienda, Julio Sosa, e integran adicionalmente tres altos funcionarios. Los miembros de la junta con frecuencia hacían declaraciones públicas contradiciéndose.

Finalmente, los banqueros amigos del Gobierno recibían un trato preferencial. El Banco Andino era un pequeño banco regional cuyo presidente era el senador Bernardo Celis, miembro del partido de gobierno. Cuando el banco tuvo problemas, en vez de ser intervenido como los demás, se le asignó un plan de reestructuración para evitar que perdiera sus activos. Celis era adicionalmente el presidente de la Comisión de Finanzas del Senado. Todo esto en conjunto reforzaba la percepción de que el Gobierno no tenía una política clara sobre cómo abordar la crisis.

Hasta aquí sabemos que la política cambiaria no funcionó, que la devaluación estuvo mal hecha y que no había una política de bancos coherente. ¿Qué alternativas había? Empecemos por aclarar: no existe plan mágico. La situación política era turbia, los inversionistas están asustados y todos quieren comprar dólares. La recesión era inevitable, pero la pregunta es cómo suavizarla y acortarla lo más posible. El Gobierno saliente y el entrante debieron definir públicamente las políticas a seguir con respecto a los bancos y apegarse estrictamente a ellas. Eso hubiera impedido las declaraciones tremendistas y contradictorias de ministros y otros funcionarios.

Un aspecto crucial fue una errónea política monetaria. En vez de intentar controlar el precio del dólar e imprimir dinero para salvar a los bancos, el Gobierno debió hacer exactamente lo contrario: dejar flotar el precio del dólar y aplicar una política monetaria más conservadora, es decir, no imprimir tanto dinero. ¿Cuáles serían las consecuencias de esta política? Al dejar flotar la tasa de cambio, el Banco Central no compra ni vende dólares, las reservas internacionales se mantienen intactas y el precio del dólar lo fija el mercado. Adicionalmente, la cantidad de dinero en la economía no cambia, no hay salida de capitales porque el Banco Central no vende dólares y las compras nerviosas de dólares no descapitalizarían al sistema bancario, porque quien cancela sus depósitos para comprar dólares le dará sus bolívares a otro privado, que tendrá que depositarlos en otro o en el mismo banco. En otras palabras, el poder de compra de los bolívares no hubiera disminuido, lo que a su vez hubiera disminuido la cantidad de bancos a intervenir.

En el caso particular de Venezuela, esta estrategia tiene una gran ventaja. El principal proveedor de dólares es Pdvsa, quien se los vendería todos al público, no al Banco Central, a cambio de unos bolívares que en su mayoría van a parar al Gobierno en forma de impuestos. De forma que pudiera implementarse una política coordinada entre el Ministerio de Hacienda y el Banco Central para depositar esos bolívares en bancos con problemas de liquidez, aunque no en los insolventes[41],

---

41   Es decir, tienen problemas de caja porque, por ejemplo, tienen inversiones con retorno a

lo que hubiera evitado el desangre de Fogade.

Por otra parte, una política monetaria conservadora, donde no se abusara de la impresión de dinero, mantendría la tasa de inflación bajo control[42]. Más aún, una tasa de cambio libre hubiera presionado las tasas de interés temporalmente a la baja. La razón es que la gente quiere comprar dólares y deshacerse de los bolívares, por lo que está menos interesada en pedirlos prestados, lo que haría bajar la tasa de interés.

¿Cómo se hubiera comportado la tasa de cambio? El nerviosismo del público hubiera hecho subir el precio del dólar, como en efecto ocurrió. El Gobierno se puso nervioso pensando que la situación se le estaba escapando de las manos, pero la realidad es que su equipo económico no entendía lo que ocurría y su respuesta fue controlar la economía "por la fuerza" e imponer un estricto control de cambios... Jugada equivocada... El aumento exagerado en el precio del dólar era un efecto temporal que los economistas monetarios llaman un efecto "overshooting"[43]. Las empresas y las familias usan una parte de su dinero para comprar productos y el resto para depositarlo, comprar acciones, bonos, etc. Los dólares que van a presionar la tasa de cambio son estos últimos. Como la cantidad de dinero se ha limitado debido al dólar libre, la demanda sobre el dólar tiene techo. Al imprimir más dinero del necesario, como en efecto lo hizo el Gobierno, ese techo se borra. Una vez que el pánico hubiese cesado, las cosas hubieran vuelto a la normalidad y el precio del dólar alcanzado un valor estable.

¿Hubiera habido recesión? Sin duda, a esas alturas era inevitable, pero se hubieran salvado el sistema bancario y las reservas del Banco Central. Por otra parte, la duración y el impacto de la recesión hubiesen sido bastante menores y manejables. Al no dejar escapar los bolívares (y los dólares), el poder de compra de esos bolívares aprisionados hubiese sido más alto, por lo que las ventas hubiesen sido más altas también. Al pasar la crisis, la producción en consecuencia volvería a tomar su ritmo normal.

El cuento suena muy bonito, pero, ¿funciona en la práctica? Absolutamente. La mejor prueba de ello la tenemos en ese experimento

---

largo plazo (como edificios) pero necesitan dinero de urgencia.

42   Aunque una política restrictiva hubiera aumentado el retorno de los depósitos (interés menos inflación), la menor inflación hubiera hecho que la cartera de los bancos fuese menos riesgosa. Por ejemplo, no es lo mismo tener una tasa de interés de 40% que duplica una tasa de inflación de 20%, que una tasa de interés de 90% que también duplica una inflación de 45%.

43   "Overshooting" es una palabra inglesa que significa "pasar por encima" o "pasarse del lugar de destino", el cual ha sido muy bien estudiado y documentado en la literatura económica especializada.

al que llaman la "Gran Depresión". Existen bastantes paralelismos entre la crisis venezolana de 1994 y lo que ocurrió durante la Gran Depresión. Este episodio comienza el 19 de octubre de 1929, el llamado "Martes Negro", cuando colapsa la Bolsa de Valores de Nueva York. Durante la década de los veinte, los Estados Unidos habían experimentado un gran *boom* económico, pero para 1929 la economía había entrado en recesión. La especulación en la bolsa, no obstante, continuaba y los precios de las acciones seguían subiendo.

En esos tiempos casi no existían regulaciones bancarias, por lo que los bancos hacían con el dinero de los depositantes lo que mejor les pareciera. Los estadounidenses pensaron que el *boom* de la bolsa no terminaría y siguieron comprando acciones que seguían subiendo de precio. Los banqueros no escapaban a aquel ambiente y, consecuentemente, estuvieron prestando mucho dinero a especuladores para que lo invirtieran en la bolsa. Después del Martes Negro, cuando las acciones comienzan a bajar, los especuladores no tenían dinero para pagar los préstamos recibidos de la banca. Durante el año más crítico de la depresión, las acciones habían perdido el 80% de su valor inicial. Los bancos empezaron a tener problemas para satisfacer las demandas de unos depositantes temerosos que fueron en masa a retirar sus ahorros y una oleada de pánico bancario comienza. En realidad hubo varias oleadas en los tres años que siguieron. Se estima que en ese período quebraron unos 9 mil bancos. Hasta aquí el paralelismo con el caso venezolano es bastante claro. Sistema bancario frágil, créditos riesgosos, recesión económica y pánico bancario. ¿Qué papel jugó la política monetaria?

En esos tiempos, las reglas bancarias eran algo distintas que ahora. El dinero consistía en monedas de oro y plata que la gente almacenaba en los bancos principalmente por razones de seguridad, pero también para facilitar los pagos. Como comprobante del depósito, los bancos privados imprimían billetes o abrían una cuenta de cheques tal como se hace hoy para contabilizar cuántos dólares quedaban en su cuenta. Quien respaldaba esos billetes y esa cuenta de cheques era un banco comercial, no el Gobierno.

¿Qué ocurría cuando había corridas de banco? La gente acudía en masa a retirar su "oro" o "plata". Los primeros de la fila lograban hacerlo, los demás se quedaban con billetes emitidos por ese banco privado y las cuentas de cheques que carecían de valor porque el banco no podía redimirlos en oro. El banco quedaba arruinado y los depositantes que no llegaran a tiempo perdían todo su dinero. El dinero no pagado a los ahorristas desaparecía y, por ende, la cantidad de dinero que circulaba en la economía disminuía, lo que a su vez acentuaba la depresión. Un fenómeno similar ocurrió en Venezuela cuando la gente compraba dólares a cambio de bolívares.

Pero lo interesante de esta historia no es tanto qué pasó en los Estados Unidos sino qué pasó en el resto del mundo. En ese entonces la tasa de cambio no se fijaba contra el dólar sino contra el oro. Una onza de oro valía una cantidad determinada de dólares, libras, marcos o cualquiera que fuera la moneda[44]. Las transacciones internacionales se conducían tal como se hace hoy, solo que en vez de transar dólares en esa época los países transaban oro.

Una vez que comienza la depresión, algunos países como los Estados Unidos, Francia y Alemania siguieron atados al patrón oro, es decir, mantuvieron una tasa de cambio fija con respecto al oro. Otros países como el Reino Unido, China o Japón abandonaron el patrón oro, es decir, ni compraban ni vendían oro de sus reservas y la tasa de cambio quedaba flotante. Los mecanismos descritos arriba comenzaron a funcionar y los países que dejaron flotar su tasa de cambio tuvieron una recuperación mucho más rápida que los que mantuvieron una tasa de cambio fija [Bernanke 1995].

La guinda

Cuando el Gobierno finalmente firma un convenio con el Fondo Monetario Internacional en 1996, parecía que las cosas se endereza-rían. En 1997, la economía comienza a crecer de nuevo a una asombro-sa tasa de 6,4%, se había aprobado una nueva ley de bancos, esta vez mucho mejor estudiada y mejor asesorada por expertos extranjeros, y parecía que el país había entendido que la vía de los controles exce-sivos no era un buen camino. Parecía que todo retornaba a la norma-lidad y que Venezuela se portaría bien. Sin embargo, un evento en un país lejano dislocaría esas esperanzas. Tailandia, un pequeño país del Sudeste Asiático, con una población de unos 50 millones de habitantes, devaluó su moneda, el bath, en 1997. Un asunto que debió ser problema solo para los tailandeses tuvo repercusiones financieras a nivel mundial.

Tailandia era un país agrícola que había llegado tarde al milagro asiático. Su auge comienza cuando muchas empresas extranjeras, es-pecialmente japonesas, deciden instalar plantas para aprovechar una mano de obra más barata. Durante las décadas de los ochenta y noven-ta, Tailandia tuvo un impresionante crecimiento con tasas de 8% inte-

---

44   En Venezuela se usaba la plata en vez del oro.

ranual. Las ciudades se llenaban de edificios modernos y mucha gente empezó a salir de la pobreza. Los Estados Unidos estaban atravesando una recesión y la Reserva Federal mantuvo las tasas de interés bajas. En Tailandia, la tasa de cambio era fija, 25 baths por dólar, así que la rentabilidad en baths se traducía directamente en la misma rentabilidad en dólares, y Tailandia comenzó a recibir inversiones extranjeras en masa buscando mayores ganancias. En los noventa la inversión privada en Tailandia se quintuplicó.

El gran volumen de inversiones que recibió Tailandia se tradujo en un gran aumento en el crédito, especialmente en el sector hipotecario, y hacia mediados de la década los precios de los inmuebles estaban creciendo más allá de lo razonable. Los salarios también aumentaron y la mano de obra tailandesa comenzó a hacerse más cara y menos atractiva para las inversiones, y las exportaciones comenzaron a disminuir. El alto ingreso hizo aumentar sustancialmente las importaciones y Tailandia comenzó a tener un déficit en su balanza comercial. En 1996, el yen japonés y el yuan chino son devaluados y la competitividad de Tailandia sigue disminuyendo. Las inversiones japonesas empiezan a irse, algunos especuladores y empresas financieras quiebran y las inversiones extranjeras se detienen. Adicionalmente, los Estados Unidos habían salido de la recesión, la Reserva Federal había aumentado la tasa de interés y muchas inversiones del Sudeste Asiático retornan a Norteamérica. Las empresas tailandesas debían pagar préstamos más costosos, los precios de los inmuebles y las acciones comenzaron a bajar y las salidas de capital aumentaron.

En febrero de 1997, Somprasong Land, una importante constructora tailandesa, no pudo pagar su cuota 3,1 millones de dólares en intereses y Figure One, el banco más grande de Tailandia, quiebra. Esto detona un ataque especulativo de inversionistas vendiendo acciones para comprar dólares. El Banco Central de Tailandia vendió sus reservas internacionales para defender el bath, pero el 2 de julio de 1997 desistió y lo dejó flotar. Anonadados inversionistas, sin entender qué estaba pasando, calmaron sus temores vendiendo sus inversiones y comprando dólares en los vecinos países de Malasia e Indonesia. Las bolsas de valores de estos países colapsaron y tuvieron que devaluar la moneda. El nerviosismo continuó y los inversionistas empezaron a atacar el won coreano y Corea del Sur termina devaluando también. Hacia finales de año varios bancos y casas corredoras de bolsa japoneses quebraron. Japón, no obstante, logró estabilizar la bolsa y el yen, pero su economía se hizo más lenta.

El colapso de Asia hizo que buena parte del mundo entrara en recesión, lo que hizo disminuir la demanda mundial de petróleo y bajar sus precios en un tercio. En 1998, Venezuela estaba enfrentando una situación similar a la de 1986. Pero, a diferencia de 1986, sus reservas internacionales eran escasas. El Gobierno venezolano opta por restringir el gasto oficial y disminuir la cantidad de dinero en circulación. Esta fue una política restrictiva que hizo que el país entrara en recesión. Al igual que en 1986, la balanza de pagos tuvo un superávit de más de 2,5 mil millones de dólares que pudieron usarse para evitar que la recesión fuese más profunda de lo que fue, aunque la tasa de inflación hubiese sido más elevada.

Vladímir Ilich Lenin afirmó en una ocasión que "la mejor forma de destruir el sistema capitalista es corromper su moneda". En este sentido, Venezuela hizo un buen trabajo. Entre 1983 y 1998, el precio del dólar aumentó 120 veces, de 4,30 bolívares por dólar a más de 500 bolívares, y el nivel de vida en Venezuela había regresado al de 1956, es decir, había retrocedido más de 40 años. La mesa estaba servida para la próxima dictadura. La democracia venezolana había llegado a su fin.

9
La inflación del siglo XXI

Con el siglo XXI, el aire en Venezuela cambia. Un militar golpista gana las elecciones y es electo presidente y el país amanece con una nueva Constitución. Hay promesas de cambio y en efecto hubo cambios, no solo de élites, sino también de políticas y de régimen. Con el nuevo régimen, la economía pasa a un segundo plano en favor de los intereses políticos del Gobierno y en particular del nuevo presidente, Hugo Rafael Chávez Frías. Aunque electo democráticamente la primera vez, el presidente Chávez concentró toda su agenda en mantenerse en el poder, imponer un nuevo sistema económico y exportar su revolución. ¿Cómo lo hizo?

Su estrategia para mantenerse en el poder fue simple. Proveer al sector más pobre de la población grandes transferencias de dinero en forma de programas sociales o simplemente ayuda directa en dinero, el control o chantaje directo sobre los ayudados y los empleados públicos para garantizar su lealtad al régimen, un control progresivo de los medios de comunicación, la organización de grupos milicianos que defiendan su proyecto y doblegar la propiedad privada de forma que los ciudadanos dependan cada vez más del Estado. El elemento más importante, no obstante, fue la sumisión de todas las instituciones del Estado a los intereses del presidente: el Tribunal Supremo de Justicia, el Parlamento, la Fiscalía, la Contraloría, las autoridades electorales, etc. Solo unas pocas alcaldías y gobernaciones de estado quedaron fuera de su dominio. Para garantizar su legitimidad, Chávez organizó un sinnúmero de elecciones, de las cuales salió victorioso en todas menos una, pero con un ventajismo enorme: el uso de todos los recursos del Estado para promoverse, el control abusivo de los medios de comunicación, una fuerte limitación del radio de acción de la oposición, la parcialización abierta de las principales instituciones como el Consejo Nacional Electoral, etc. La perfecta democracia liberal de la cual hablamos en el capítulo 4.

En el marco de esta estrategia, las obras y las acciones del Gobierno se enfocaron en aquellas que podían dar beneficios electorales, de allí que los programas sociales fueron la primera prioridad de su Gobierno. Algunos de estos programas tenían algún tipo de fachada institucional, como los centros ambulatorios de la llamada Misión Barrio Adentro, otros consistían en transferencia directa de dinero o "regalos" de televisores, neveras, cocinas, muebles, automóviles e incluso apartamentos. Todos estos programas siempre fueron dirigidos al sector más vulnerable de la sociedad: los pobres.

Con estos objetivos en mente, la construcción de obras estuvo bastante relegada. No obstante, hay algunas obras que destacan como el Hospital Cardiológico Infantil en Caracas, el segundo puente sobre el río Orinoco y el tren entre Caracas y los Valles del Tuy, el cual había sido planificado mucho antes de que llegara a la presidencia. El régimen que presidió Hugo Chávez, para haber estado 14 años en la presidencia, tiene muy poco que mostrar en comparación con los 40 años del régimen democrático que lo precedió. Un estudio realizado muestra que en educación, por ejemplo, la democracia creó 130 instituciones de educación superior (3,2 por año) y el chavismo solo 31 (2,2 por año), pero la mayoría de ellas no tienen un nivel mínimo de calidad bajo ningún estándar y están orientadas a promocionar la doctrina del Gobierno. La democracia construyó 574 bibliotecas (14 por año) contra 107 (7,6 por año) construidas por el chavismo. En salud, los regímenes democráticos aumentaron la cantidad de camas en hospitales públicos en un promedio de 620 al año versus 350 camas por año durante el chavismo. Sobre la protección del ambiente, la democracia decretó 41 de los 43 parques nacionales existentes, el chavismo no decretó ninguno. La democracia construyó 78 embalses (1,9 al año); con Hugo Chávez se construyeron solo dos.

Durante los 40 años de democracia, la red vial se expandió en 71.168,4 km, los cuales constituyen las tres cuartas partes de toda la red vial del país. El Gobierno de Hugo Chávez no emitió cifras; no obstante, en autopistas, mientras la democracia construyó 1.185 km (28,9 por año), el régimen de Hugo Chávez construyó solo 285 km (20,4 por año). Desde que se comenzó a construir en 1976, la democracia puso en servicio 39 estaciones del Metro de Caracas en 23 años (1,7 por año); el chavismo puso en servicio solo 8 estaciones en 14 años (0,6 por año). La construcción de viviendas, que ha sido una de las principales banderas del chavismo, arroja las siguientes cifras: la democracia construyó 1.496.306 viviendas (37.408 por año), de las cuales 820.078 (54.672 por año) fueron construidas durante sus últimos 15 años; con Hugo Chávez se construyeron 406.251 viviendas (29.018 por año).

Adicionalmente, durante los catorce años de Hugo Chávez la tasa de homicidios aumenta de 4.550 en 1998 (19 por cada 100.000 habitantes) a 16.072 en 2012 (55 por cada 100.000 habitantes) y la deuda pública se eleva de 27.860 millones de dólares en 1998 a 104.870 en 2012. Aunque el régimen chavista ha realizado una intensa propaganda en demostrar su obra social, las cifras oficiales demuestran que en ningún concepto el régimen que presidió Hugo Chávez supera la obra social de la democracia venezolana.

Esta última conclusión tiene particular relevancia si se toma en cuenta que, calculado en dólares de 2015, es decir, ajustando los precios con la inflación, durante los 40 años de democracia el país recibió 980 mil millones de dólares por exportaciones de petróleo, es decir, un promedio de 24 mil millones de dólares cada año. Durante la presidencia de Chávez, casualmente la cifra es muy parecida, 965 mil millones de dólares, excepto que solo fueron catorce años; es decir, 60 mil millones de dólares por año. Tres veces más de lo que dispusieron los gobiernos democráticos.

El gran *boom*

La recesión causada por la crisis asiática de 1997 no solo afectaría esa región, sino que tuvo un efecto contagioso en todos los continentes. El nerviosismo de los inversionistas, ante un evento que no podían explicar, provocó ataques especulativos en muchos países emergentes para colocar su dinero, principalmente en los Estados Unidos. Esto afectó a países que incluso se venían portando bien.

Después de seis años de reformas económicas, la economía rusa parecía pujante. Mostraba un superávit comercial, la hiperinflación había pasado, la producción crecía y sus relaciones con Occidente eran buenas. El flujo de inversiones y préstamos del exterior a los bancos rusos iba en aumento. Pero el ataque especulativo de 1997 debido a la crisis asiática puso las cosas malas. Ese año, Rusia atravesó por una crisis política entre el Ejecutivo y el Parlamento que causaba mal ambiente. Siendo el petróleo el principal producto de exportación de Rusia, su menor precio afecta las finanzas del Estado. La situación se agrava cuando el presidente del Banco Central advierte, ignorando que estaban presentes unos reporteros, que Rusia podría declararse en *default* en unos tres años. La salida de capitales se hizo más intensa. El Gobierno responde aumentando la tasa de interés, pero la crisis de confianza era severa. Rusia había perdido más de 6 mil millones de dólares de reservas internacionales. El 2 de septiembre de 1998, Rusia deja flotar la moneda y se declara insolvente [Chiodo y Owyang 2002].

El pánico financiero pronto se extendió a América Latina. La crisis asiática no solo había causado una disminución de los precios del petróleo sino también de las materias primas en general, que son los principales productos de exportación de Argentina y Brasil. En ambos casos las exportaciones bajaron y no podían financiar el nivel de importaciones. Sus balanzas de pagos estaban en déficit y sus gobiernos vieron disminuir la recaudación de impuestos, por lo que también enfrentaban déficits para financiar el gasto público. Luego de gastar 30 mil millones de dólares para defender su moneda, Brasil termina devaluando y negociando un préstamo de 30 mil millones de dólares con el Fondo Monetario Internacional. La producción en Brasil disminuyó 4% en 1998. Argentina siguió el mismo camino y terminó devaluando su moneda también [Sachs 1999; Geithner 2003].

En agosto de 2000, Hugo Chávez muestra su preocupación por los bajos precios del petróleo y emprende una gira por varios países del Medio Oriente. Visita Iraq y se reúne con Saddam Hussein. El motivo de su viaje era hacer subir los precios del petróleo. Al regresar de su viaje, los precios subieron y, con un gran despliegue propagandístico, se publicitó que había sido gracias al *tour* de Chávez. Nada más falso. Como en todos los mercados, el precio del petróleo lo determina la oferta y la demanda. Ningún japonés, italiano o chileno decidirá si le echa o no gasolina a su automóvil porque Chávez se paseó con Saddam. Con la crisis asiática, el petróleo Brent alcanza su precio mínimo de 9,45 dólares por barril el 22 de diciembre de 1998. Con la recuperación de la economía mundial, su precio comienza a subir, alcanzando un máximo de 37,4 dólares el 7 de septiembre de 2000, para luego comenzar a bajar. En la reunión ordinaria que se realizó tres días después del *tour* de Chávez, la OPEP decide aumentar las cuotas de producción para disminuir los precios del petróleo. El precio del Brent luego disminuye hasta enero de 2002, cuando comienza a subir de forma persistente durante seis años, hasta alcanzar 144 dólares por barril.

En episodios anteriores los precios del petróleo habían aumentado bruscamente como consecuencia de conflictos en el Medio Oriente, pero en esta ocasión ningún conflicto fue lo suficientemente severo. Hubo situaciones puntuales tales como huracanes, el conflicto en Iraq, la huelga petrolera en Venezuela, el conflicto en el delta del Níger, ataques terroristas, la Primavera Árabe o la crisis griega, que alteraron los mercados por un breve período para luego desvanecerse[45]. Entretanto, la OPEP siguió su política de subir y bajar las cuotas de acuerdo a su

---

45   Los estudios muestran la interesante incógnita de que los eventos geopolíticos afectaron los precios del petróleo hasta finales del siglo XX, pero ningún efecto han tenido durante el siglo XXI [Noguera 2016].

conveniencia. Entonces, ¿por qué subieron los precios del petróleo? La respuesta la encontramos en la China y en la India.

Hacia 1970, la China y la India estaban entre los países más pobres del mundo. La civilización emerge en China con la dinastía Xia hacia el año 2200 a. C. y se unifica como Estado en el año 221 con la dinastía Qin. Entre los siglos VIII y XII, China experimentó un impresionante auge económico sin precedentes en lo industrial y comercial. Los chinos inventaron el papel, la pólvora, la imprenta, la brújula, la cerradura y construyeron canales sobre los ríos para facilitar la navegación. Para el siglo XVIII, no obstante, China se aísla del resto del mundo y el estándar de vida europeo sobrepasa al chino. La Revolución Industrial no llegó a China [Pomeranz 2000; Ashton *et al.* 1984].

En 1949, el Partido Comunista llega al poder con Mao Tse-tung a la cabeza. De inmediato nacionaliza el sistema bancario y el sector transporte, y en 1953 emprende un plan económico al estilo soviético basado en la planificación centralizada, la propiedad estatal de la industria y la colectivización de la agricultura. En particular, quería desarrollar la industria pesada y de equipos militares. Con este propósito las industrias del hierro, el acero, el carbón, el cemento, la generación de electricidad y construcción de maquinarias eran consideradas estratégicas y tuvieron una gran expansión durante los primeros años. Para 1956, la propiedad privada había desaparecido de la industria moderna y para 1958 también en las zonas agrícolas. El liderazgo chino, no obstante, estaba preocupado por la disparidad entre un rápido crecimiento de la industria y uno bajo en la agricultura, por lo que decidió abandonar el modelo soviético de industrialización y reemplazarlo por otro conocido como el "Gran Salto Adelante".

La población rural fue organizada en comunas, cada una con aproximadamente 5 mil familias. Se reemplazaron los complejos industriales tradicionales y se instalaron hornos en los patios traseros de las distintas comunas para la fundición de acero en pequeña escala. Cada zona estaba dirigida por un miembro del Partido Comunista. Las comunas probaron ser muy complicadas de administrar y de muy baja productividad y los campesinos tenían muy poco incentivo para trabajar, por lo que la productividad agrícola disminuyó. El acero que producían los hornos en los patios de las casas era de tan mala calidad que era inservible. La tremenda presión de las autoridades centrales hizo que, a pesar de que las cosechas eran cada vez menores, los funcionarios locales comenzaran a competir enviando reportes falsos sobre aumentos en la producción agrícola; en ocasiones los reportes decían que la producción se había duplicado. Tenían temor de ser sancionados si no alcanzaban las metas propuestas. Basado en esos reportes, el Gobierno decide aumentar cada vez más las exportaciones agrícolas, utilizar más campesinos en la construcción de obras públicas[46] y reducir la cantidad de tierra a ser cultivada. La producción agrícola llegó a ser la cuarta parte de lo que se producía antes de comenzar el Gran Salto Adelante. El episodio termina con una gran hambruna. Las autoridades nunca emitieron cifras oficiales, pero las estimaciones van desde 20 hasta 45 millones de muertes [Dikötter 2010]. Esta ha sido la hambruna más grande en la historia de la humanidad.

Al final de la Segunda Guerra Mundial, la India era un país tan pobre como la China. La calidad de vida de un indio en 1990 era la misma que en 1950. Su pobre desempeño hizo acuñar la expresión "la tasa india de crecimiento"[47] para referirse a las economías estancadas. Hay quienes han afirmado que eso fue consecuencia de su cultura, pero el desempeño de las últimas décadas parece desmentir dicha creencia. La civilización del Valle del Indo es una de las más antiguas. Tuvo su época de oro alrededor del siglo III a. C. Los europeos comienzan a llegar a la India en el siglo XVII. Durante el siglo XIX, los conflictos entre los distintos reinos indios le facilitaron al Reino Unido obtener el poder político del subcontinente. La resistencia pacífica fue un signo distintivo del movimiento de independencia liderado por Mahatma Gandhi y Jawaharlal Nehru. En su protesta, Gandhi decide no utilizar ni consumir ningún producto que no fuera hecho en la India. Los británicos se retiran de la India después de la Segunda Guerra Mundial y Nehru se convierte en primer ministro [Ludden 2002].

Nehru opta por un modelo Fabiano, una propuesta británica para alcanzar el socialismo por la vía pacífica. El Gobierno operaba con un sistema de planificación centralizada e intentó cerrar su economía lo más que pudo. Con un control de cambios y los aranceles muy altos se protegían de la competencia extranjera y había un estricto control sobre la inversión foránea.

Los mercados nacionales también estaban muy controlados. Para crear una empresa se estableció el *Licence Raj*[48], un sofisticado sistema de licencias y regulaciones excesivamente complejas y burocráticas que implementó Nehru en 1947 para poder registrar una empresa. En

---

46   En total movieron a unos 100 millones de campesinos a otras funciones.

47   La expresión fue acuñada por el economista indio Raj Krishna.

48   "Licence Raj" es un término en hindi cuyo significado es ley o regla.

general, se requerían unos 80 permisos del Gobierno. Luego el Estado decidía qué y cuánto iba a producir la empresa, fijaba el precio de sus productos y decidía cuáles serían sus fuentes de financiamiento. Una vez operando, la empresa no podía despedir a sus trabajadores. Todo esto dificultaba el comercio exterior. En efecto, para 1990, las exportaciones y las importaciones representaban solo un 5% de la producción india. Confiaban en que hacer crecer el mercado interno, y no el comercio internacional, podía llevarlos al desarrollo. Estas condiciones permitieron la existencia de unas pocas empresas en cada industria. El esfuerzo de los inversionistas por ende se volcó a la obtención de licencias en vez de capturar nuevos mercados. El Estado era inmenso, poseía muchos monopolios muy ineficientes dando pérdidas en medio de una corrupción perversa. Esto impidió a la India construir una infraestructura que le permitiera desarrollarse [Datt y Sundharam 2009].

La vida de ambos países, no obstante, iría a cambiar. Cuando Deng Xiaoping toma el poder en China en 1978, emprende un conjunto de reformas para liberalizar la economía. Deng elimina las comunas agrícolas y le asigna una parcela a cada campesino, quien debía pagar un impuesto al Gobierno y vender el remanente para uso propio. Esto permitió que los campesinos aumentaran su nivel de vida sustancialmente. En las ciudades, permitió que las empresas estatales pudieran vender a precios de mercado la producción por encima de la cuota asignada y permitió la instalación de empresas privadas. China se abrió a la inversión extranjera por primera vez, aunque solo en zonas económicas especiales que se convirtieron en el motor económico del país. A mediados de los ochenta comienza la descentralización del control estatal sobre la economía para estimular a los líderes locales y privatizar varios sectores y se reabrió la Bolsa de Valores de Shanghái [Brandt y Rawski 2008, pp. 9-10, 17-18].

El proceso de privatización se aceleró después de 1992. En 1997 y 1998 el Gobierno privatiza todas las empresas estatales, excepto unos pocos monopolios como el petróleo y la banca; entre 2001 y 2005, reduce los aranceles, las barreras al comercio y reforma el sistema bancario, y se une a la Organización Mundial de Comercio (OMC). Para 2005, el sector privado aportaba más de la mitad de la producción total y China había sobrepasado a Japón como la economía más grande de Asia. A partir de entonces, no obstante, el nuevo líder chino, Hu Wen, ha detenido las privatizaciones y aumentado los subsidios [Brandt y Rawski 2008, pp. 128, 573; Scissors 2009].

El crecimiento de la economía china ha sido espectacular. Desde que comenzaron las reformas en 1978 hasta 2014, la economía creció a una tasa promedio de 9,5%. Durante el mismo período, el ingreso per cápita aumentó de 1.500 dólares a 6.000 dólares anuales, es decir, se cuadruplicó, y el salario se quintuplicó. Según el Banco Mundial y el Fondo Monetario Internacional, la economía china pasó de ser el 1% al 11% de la producción mundial. Actualmente, China es el país con la mayor producción de concreto, acero, barcos y textiles y tiene el mercado automovilístico más grande del mundo.

India comenzó sus reformas para liberalizar su economía después que China. El país estaba teniendo problemas con su balanza de pagos desde 1985, y para finales de 1990 estaba en una crisis severa, sus reservas internacionales estaban menguadas y el Gobierno estuvo muy cerca de suspender los pagos de la deuda externa. Las reformas fueron emprendidas con el apoyo del Banco Mundial y del Fondo Monetario Internacional, pero India debió modificar sus políticas económicas. El Gobierno de India aceptó el plan de reformas propuesto. En 1991, India elimina el control de cambios y deja flotar el dólar [Cerra y Saxena 2002].

En el primer *round* de reformas, entre 1991 y 1996, reduce los aranceles, permite libremente la inversión extranjera directa y elimina el *Licence Raj*, reduciendo el número de permisos necesarios para abrir una empresa de unos 80 a unos 4 de naturaleza ecológica. Privatiza muchas empresas, muchas de ellas monopolios del Estado tales como hoteles, la empresa de telecomunicaciones VSNL, la empresa de automóviles Maruti Suzuki y los aeropuertos. Desde entonces la liberalización de la economía ha continuado. Antes de 2015, China era el país de mayor crecimiento económico del mundo, pero ese año la India tuvo un desempeño mejor, con un 7,6% de crecimiento en su producción versus 6,9% en China [*The Economist* 2008].

Desde que comenzaron sus respectivas reformas en 1978 y 1991 hasta 2014, la producción en China e India ha crecido a la espectacular tasa promedio de 9,2% y 6,2%, y de mantener ese ritmo, duplicarían su producción cada 8 y 11 años respectivamente. El ingreso per cápita en China se cuadruplicó y en la India creció casi tres veces. En efecto, según cifras del Banco Mundial, el ingreso per cápita en China aumentó de 1.500 a 6.000 dólares, y en la India de 722 a 1.800 dólares. La inversión extranjera en India en 1991, al comienzo del proceso de liberalización, apenas fue de 132 millones de dólares; en el primer semestre de 2015, la India recibió en inversión extranjera la impresionante cantidad de 31 mil millones de dólares, más de los 28 mil millones y 27 mil millones de dólares recibidos en China y los Estados Unidos respectivamente [*The Times of India* 2015; *Financial Times* 2015]. Antes de las reformas, cada uno representaba el 1% de la producción mundial. Cifras del Banco Mundial muestran que para 2014 esta cifra había aumentado al 11% en China y al 3% en India, convirtiendo a ambos países, especialmente China, en motores económicos del Asia y el mundo. Antes de 2015, las industrias acerera y textil han crecido muy rápidamente en China, y las de telecomunicaciones y la tecnología de la información en India.

El espectacular crecimiento económico de China e India requirió de un insumo imprescindible: petróleo. Después de que la economía mundial se recuperó de la crisis asiática, el precio del petróleo Brent estuvo fluctuando entre 18 y 30 dólares por barril hasta el año 2004. Hasta ese año, si bien las economías de China e India habían crecido enormemente, sus niveles de producción eran todavía relativamente pequeños en comparación con la economía mundial, por lo que su influencia en el mercado petrolero era relativamente poca. En efecto, en 1991, cuando la India inicia la liberalización de su economía, las importaciones de petróleo eran menos del 2% del comercio internacional. Aunque la cifra aumenta a una velocidad considerable, para 2003 la participación conjunta de China e India en las importaciones de petróleo no alcanzaba el umbral del 10%.

En solo 4 años, las importaciones de petróleo en China se duplican, de 4% en 2003 a 8% del comercio internacional. China se había convertido en el tercer país con mayores importaciones de petróleo, después de los Estados Unidos y Japón, que se había convertido en un nuevo protagonista del mercado petrolero mundial. La India estaba en vías de seguir a China en importancia, aunque su participación en el comercio mundial del petróleo todavía no era tan relevante como la de China. Para 2014, ambos países habían duplicado nuevamente sus índices, al aumentar China al 15% e India al 9% sus participaciones en el mercado petrolero. Debido al buen comportamiento de la economía mundial y el impulso causado por la mayor demanda de China e India, el precio del petróleo Brent sube de 31 dólares por barril en enero de 2004 hasta alcanzar un máximo de 133 dólares en julio de 2010.

En Venezuela, a pesar de que la cantidad de barriles de petróleo crudo exportado había venido descendiendo continuamente, para 2008 el valor de sus exportaciones fue casi tres veces más que al inicio del *boom* en 2004, y más de siete veces que en el último año del período presidencial precedente. En efecto, según las estadísticas de la OPEP, el valor de las exportaciones de Venezuela aumentó 2,78 veces entre 2004 y 2008, y 7,3 veces entre 1998 y 2008. La magnitud del *boom* en los precios del petróleo y sus implicaciones para Venezuela quedan evidenciadas cuando se observa que entre 1999 y 2008, según la OPEP, el país recibió 400 mil millones de dólares, de los cuales 300 mil millones fueron entre 2004 y 2008, los años del *boom*. El valor de las exportaciones petroleras creció a un ritmo de 170% interanual.

Antes del *boom* petrolero, entre los años 1999 y 2004, la economía había tenido un desempeño bastante pobre. En promedio, el crecimiento de la producción durante ese período fue de apenas 1,3%. Como mencionamos anteriormente, esa era la "tasa india de crecimiento", término utilizado entonces para referirse a las economías que están estancadas. Los sectores favorecidos fueron la minería, los bancos y las comunicaciones. Este último sector ha tenido un crecimiento espectacular en todas partes del mundo con la revolución del internet y la tecnología de la información.

Con el *boom*, entran muchos dólares a las reservas internacionales, pero también muchos bolívares a la economía y muchas más cosas que comprar. No hubo salida de capitales debido a que el Gobierno había impuesto un estricto control de cambio en febrero de 2003, pero sí se reflejó en una mayor inflación. De 19% en 2004, la tasa de inflación sube hasta 32% en 2008, casi el doble. El control de cambio no impidió que las importaciones se triplicaran[49]. Esto le permitió a mucha gente hacer buenos negocios. Las reservas internacionales en divisas (dólares) se duplicaron[50].

Durante el período del *boom*, la producción creció a un ritmo de 8,5% interanual, la cual contrasta con la "tasa india" de los años anteriores. Los sectores que empujaban ese crecimiento eran construcción, comercio, comunicaciones y banca[51]. Aunque todo parecía ir bien y la economía se veía pujante, esas cifras engañaban, la economía tenía un talón de Aquiles: el aparentemente buen comportamiento de la economía se debía al aumento en la cantidad de dólares del petróleo, que el Gobierno luego utiliza en proyectos de construcción y que, una vez que ese dinero llega a los privados a medida que el Gobierno va efectuando

---

49　El valor de las importaciones aumenta de 18.851 millones de dólares en 1999 a 64.760 millones en 2008. Durante los primeros años previos del chavismo, 1999-2004, las importaciones habían fluctuado alrededor de 20 mil millones cada año; durante los cuatro años del *boom*, aumentaron en promedio a 40 mil millones.

50　En efecto, aumentaron de 15 mil millones de dólares a finales de 2004 a 32 mil millones a comienzos de 2009.

51　Durante los años 2005-08, la construcción creció 20%, el comercio 14%, las comunicaciones 22% y las instituciones financieras 21%.

pagos, estimula al comercio a importar bienes y servicios[52], pero el sector privado tenía problemas. En 2008, por ejemplo, cuando el petróleo alcanza su nivel más alto[53], la producción aumenta 5%[54], pero el sector público había crecido 17% y el sector privado tuvo crecimiento "cero", es decir, estaba totalmente estancado. En palabras sencillas, el crecimiento económico se debió fundamentalmente a las construcciones que hizo el Gobierno y al servicio que prestan los comerciantes para traer productos importados. Ese año, la inversión del sector privado cayó en -18%; por sectores, la inversión en maquinarias y equipos disminuyó en -23% y la inversión en construcción disminuyó en -2%. El panorama futuro no se veía bien. Cualquier eventualidad que detonase una caída en la demanda de petróleo dejaría al descubierto el crecimiento ficticio de la economía venezolana.

Cuando EEUU se resfría

Apenas termina la Segunda Guerra Mundial aparece un nuevo conflicto. La Unión Soviética busca exportar el comunismo al resto del mundo. Occidente, liderado por los Estados Unidos, aplica una política de contención. Por cada arma sofisticada que inventaba uno, respondía el otro con una más poderosa. De repente, todo se derrumbó, la Unión Soviética se derritió y al fantasma del comunismo le pasó como a las ánimas benditas del purgatorio: quedó para ser venerado por un minúsculo grupo supersticioso.

En realidad, la caída del comunismo comienza antes, en 1978, cuando Deng Xiaoping le da un giro a China hacia el capitalismo. Posteriormente cae el Muro de Berlín, el resto de la Europa socialista y en 1991 colapsa la Unión Soviética. Cuando se abre el telón y se ve la realidad de los países que habían adoptado el comunismo, todo el aparataje propagandístico marxista se derritió y la realidad quedó al descubierto.

El colapso del comunismo tuvo importantes consecuencias. Una de ellas fue que los países subsidiados por la Unión Soviética, como Cuba y Corea del Norte, de repente se vieron con severos problemas econó-

---

52 Los sectores banca y comunicaciones también tuvieron un buen desempeño; la banca al prestar los servicios necesarios para que los demás sectores operen y comunicaciones debido a los nuevos desarrollos de la tecnología de información (internet) que se está expandiendo en todas partes del mundo.

53 El barril del petróleo Brent registró su precio máximo de 43 dólares el 3 de julio de 2008, y el precio promedio de ese año fue de 97 dólares.

54 Esto contrasta con los primeros años del *boom*, cuando crece entre 10% y 20%.

micos, y muchos movimientos radicales revolucionarios de cualquier estirpe de repente desaparecieron. Existían porque Moscú les daba armas, entrenamiento y dinero. Por otra parte, aunque la transición no fue fácil, en millones de personas que vivieron en estos desplomados regímenes existía la ansiedad de encaminarse hacia una economía de mercado y abrirse a la inversión extranjera.

Muchos en los países de Occidente percibieron estos sucesos como un triunfo del mercado sobre la intervención estatal. El espíritu del capitalismo como una forma superior de organizarse comenzó a penetrar en todas partes del mundo, y asimismo lo hizo en la entonces ideología política y económica dominante.

En los círculos académicos, el enfoque keynesiano de intervención del Estado con la política fiscal, o el de Milton Friedman de política monetaria fueron desplazados por nuevos enfoques, la escuela de las expectativas racionales de Robert Lucas y la del ciclo económico real de Finn Kydland y Edward Prescott, según las cuales el ciclo económico había dejado de ser problema. A nivel político, el espíritu antirregulación también penetra con fuerza.

En los Estados Unidos, como consecuencia de la Guerra de Vietnam, las reformas a la seguridad social y los *shocks* del petróleo en los setenta, la inflación había aumentado a dos cifras. El nuevo presidente de la Reserva Federal, Paul Volcker, se propone como objetivo doblegar la inflación, hacerla retornar a alrededor de 5% o menos.

En 1987, Alan Greenspan es nombrado presidente de la Reserva Federal (Fed)[55] y con él aparece una nueva ola antirregulación. Durante los noventa, las empresas finalmente comenzaron a sacarles provecho a las nuevas tecnologías de la información, las cuales se expandieron por todo el globo, creando oficinas virtuales, admitiendo una actualización permanente de los inventarios, permitiendo asentar servicios en otras partes del mundo, etc. Esto hizo que las empresas aumentaran espectacularmente la productividad, el empleo y la tasa de crecimiento en los Estados Unidos, Europa y casi todo el resto del mundo. De forma que Greenspan recibió una economía bastante tranquila y pujante, y durante su período la economía estuvo funcionando bastante bien.

El objetivo de un banco central, en lo esencial, se resume a subir la tasa de interés cuando hay un *boom* que cause inflación, y disminuirla cuando crece el desempleo más de lo debido. También debe vigilar que

---

55   Este es el Banco Central de los Estados Unidos.

no aparezcan burbujas[56]. En este terreno la política de Greenspan, respaldada por muchos economistas, era la de advertir sobre el fenómeno pero no hacer nada, solo esperar que la burbuja se desinflara sola. Así ocurrió con la burbuja de las acciones punto-com. En los noventa, luego del gran éxito de Microsoft, Apple y otras empresas de tecnología de la información, había un gran optimismo sobre cualquier tipo de empresa relacionada con internet. Por otra parte, la economía marchaba bien y se pensaba que no habría más recesiones. Así, aparecieron muchas empresas que colocaron acciones en el mercado de valores tratando de imitar la hazaña de Microsoft.

Había un problema: existían muchas empresas y el mercado no era tan grande para alojarlas a todas, por lo que algunas tendrían que cerrar, pero las acciones de estas empresas siguieron subiendo, alcanzando su punto máximo a mediados de 2000. Durante los dos años que siguieron, dichas acciones habían perdido alrededor de la mitad de su valor. La burbuja se desinfló sola y la economía no sufrió mayores daños. Al poco tiempo, no obstante, saldría otra burbuja con consecuencias severas.

En 1938, el Gobierno estadounidense crea una agencia, Fannie Mae, con el explícito propósito de financiar viviendas. En 1981, Fannie Mae tiene una idea: titularizar las hipotecas teniendo las viviendas o edificaciones como garantía. El negocio funcionaba de la siguiente forma: suponga que alguien ha prestado un millón de dólares en hipotecas a 30 años, luego el individuo divide las hipotecas en digamos 1.000 acciones de mil dólares cada una. El comprador de la acción adquiere el derecho de cobrar una milésima parte de los intereses y el capital que vayan pagando los dueños de las casas hipotecadas. El comprador está amarrado sin embargo por 30 años. Las acciones eran vendidas solamente a compradores clasificados AAA; es decir, de primera (*prime*) [Fabozzi y Modigliani 1992].

En 1984, a los ingenieros financieros de un banco de inversión, Lehman Brothers, se les ocurre algo nuevo que ofrecer: obligaciones de deuda con garantía (CDO por sus siglas en inglés). Las CDO eran titularizaciones iguales a las que hacía Fannie Mae, pero con dos características adicionales:

1. Había dos tipos de CDO: unas acciones de primera (*prime*) y otras acciones de segunda (*subprime*). Las acciones *prime* cobraban pri-

---

56 Este es un fenómeno en el cual el precio de un activo sube muy por encima de su precio fundamental; es decir, cuando se está pagando demasiado por el rendimiento que produce dicho activo.

mero pero pagaban un bajo retorno; las acciones *subprime* cobraban después de que todas las acciones *prime* habían recibido sus pagos, eran más riesgosas pero podían producir mejor retorno.

2. Con frecuencia, se organizaba una subasta para la compraventa de CDO. De esta forma el accionista no está amarrado por 30 años sino que, cuando desee su dinero, va a la subasta, vende la acción y se sale.

Las agencias clasificadoras les asignaban un *rating* AAA a las CDO *prime*, sin importar la calidad de la hipoteca que soporta esas acciones; a las *subprime* les otorgaban AA o A. Las CDO fueron un éxito, aparecieron inversionistas en gran escala adquiriéndolas, y así fue apareciendo una creciente cantidad de dinero para financiar casas. Los precios de las casas en consecuencia comienzan a subir.

Lehman Brothers, no obstante, estaba haciendo algo que no le correspondía: el papel de un banco. Detengámonos un momento en este punto y preguntémonos: ¿qué es un banco? El lector podrá pensar en un edificio majestuoso cuyos dueños tienen mucho dinero. Usualmente eso es cierto, pero lo que realmente caracteriza a un banco es que recibe depósitos del público que el depositante puede retirar cuando le plazca y presta el dinero depositado para financiar proyectos de inversión. Cualquier institución que haga eso es un banco, así no se llame banco. A consecuencia de la Gran Depresión, las leyes en casi todas partes del mundo dividieron a las instituciones financieras entre bancos comerciales y bancos de inversión. La historia, hasta los tiempos de la Gran Depresión, está llena de corridas bancarias. El proceso o fenómeno funciona de esta forma: si alguien piensa que a un banco le está yendo mal, indistintamente de si es cierto o no, esa persona va a retirar su dinero de ese banco. Si esa información, verdadera o falsa, se riega y llega a los demás depositantes, y estos creen que el banco va a quebrar, se detona un "efecto dominó" y todos a sacar su dinero del banco, lo que en efecto lo hace quebrar. A este fenómeno los economistas se refieren como las "profecías autocumplidas": si la gente cree que el banco va a quebrar, en efecto el banco quiebra. Las leyes modernas usualmente proveen mecanismos para evitar que esas corridas ocurran.

Volviendo con el caso de las CDO, Lehman Brothers recibía dinero del público a cambio de acciones para financiar la construcción de viviendas, y dichas acciones podían ser vendidas en cualquier momento para que el individuo recuperase su dinero, pero eso es lo que acabamos de decir que hace un banco, y, como todo banco, está sujeto a fenómenos como corridas que lo arruinan *ipso facto*. El problema es que Lehman Brothers no era legalmente un banco comercial sino un banco de inversión, y por ende no estaba sujeto a las regulaciones bancarias ni tenía derecho a ser rescatado en caso de tener problemas. A las instituciones como Lehman Brothers se las conoce como la "banca en la sombra".

Usualmente, los bancos monitorean la calidad de los individuos o instituciones a los que les prestan dinero, pero en el caso de las CDO, los prestamistas le daban dinero a todo el que quisiera, así su ingreso no fuese suficiente para pagar la hipoteca. La razón de este comportamiento es que el prestamista, Lehman Brothers, por ejemplo, luego de prestar el dinero para hacer casas, no se quedaba con la hipoteca, sino que la vendía en forma de CDO. Esto hizo que su interés principal fuese conseguir muchos compradores sin importar su capacidad de pago y no buscar buenos compradores que pudieran pagar la hipoteca. Por otra parte, como los precios de las viviendas habían comenzado a subir, y seguían subiendo, el dueño de una CDO podía venderla por un precio aun mayor, por lo que también parecía ser negocio para él.

Mientras los precios estuvieran subiendo, todos estaban felices, y en realidad todos pensaban que los precios iban a seguir subiendo de forma indefinida. Estaban equivocados. Los precios de las viviendas dejaron de subir a mediados de 2005 y la burbuja se comenzó a desinflar. A mediados de 2006, ya se estaba sintiendo la debilidad del mercado y los precios comienzan a bajar a una velocidad cada vez mayor. Los precios siguieron cayendo durante los dos años siguientes. Adicionalmente, se hizo más difícil vender viviendas porque todos esperaban comprar una más barata, y seguía aumentando el número de inversionistas queriendo vender sus CDO sin encontrar compradores.

En 2008, Lehman Brothers quiebra, y Bear Stearns y Merrill Lynch son vendidos. Estos eran tres de los mayores bancos de inversión de los EEUU. Los otros dos bancos de inversión, Morgan Stanley y Goldman Sachs, decidieron convertirse en bancos comerciales [Labaton 2008]. El Gobierno tuvo que nacionalizar AIG, la compañía de seguros más grande del mundo.

Las consecuencias de esta crisis fueron grandes. Las acciones en el mercado de valores disminuyeron en 40%, la inversión en viviendas disminuyó a la mitad, la tasa de desempleo subió de 5% a 9% y la producción en los Estados Unidos disminuyó en 0,32% en 2007 y en 2,08% en 2008. La crisis se contagió a Europa y otros países como Japón y Rusia a través del comercio exterior, pero también de las colocaciones de muchos extranjeros (individuos y gobiernos) en activos norteamericanos. El mundo entró en recesión.

En el mercado mundial de petróleo, la demanda de crudo de la OPEP disminuyó en 40%. Los precios también bajaron. El marcador Brent se cayó de 132 dólares por barril en el segundo trimestre de 2008 a 40 dólares por barril en el último trimestre de ese año, que es cuando registra su valor más bajo. El precio del marcador Merey del petróleo venezolano disminuye de 87 dólares por barril en 2008 a 56 dólares en 2009. Esto se reflejó en las exportaciones petroleras que se habían mantenido subiendo hasta el cuarto trimestre de 2008, cuando tuvieron una caída brusca de casi dos tercios[57].

La inflación sostenida por varios años comienza a traer problemas. En 2005, el Gobierno fijó el precio del dólar en 2,15 bolívares. Desde ese año hasta 2013, la tasa de inflación fluctuó alrededor de 24% cada año. Esto significa que los productos importados cada vez se hacen más baratos para adquirirlos, por lo que aumenta la demanda para traer productos extranjeros, es decir, las importaciones. A esto hay que agregarle un número no insignificante de empresas que cerraron, bien sea porque fueron expropiadas, quebraron o simplemente cerraron por el mal ambiente de negocios, y que, por ende, los productos que estas empresas antes fabricaban dentro de Venezuela dejaron de ser producidos y comenzaron a importarse; algunos de estos incluyen productos venezolanos emblemáticos como el café, la carne de pollo, etc. En efecto, las importaciones venezolanas aumentaron de manera continua de 18.851 millones de dólares en 1999 hasta 95.291 millones en 2012[58]. Mientras el precio del petróleo se mantuvo subiendo, las exportaciones proveían los dólares para pagar esas importaciones, pero asimismo aumentaba también la cantidad de dinero en circulación. Cuando los precios del petróleo se desploman con la gran recesión, había demasiado dinero circulante y muchos comerciantes querían seguir trayendo productos importados. Aunque el control de cambio le permitió al Gobierno controlar esa demanda, los niveles de importaciones siguieron siendo muy altos, pero muchos de los bolívares que estaban circulando quedaron sin destino, no tenían nada que comprar, por lo que comienzan los problemas de escasez. Como en el cuento de las manzanas, había 5 manzanas, pero solo 4 bolívares.

---

57   En el tercer trimestre de 2008 ingresaron 29 mil millones de dólares por exportaciones de petróleo; en el cuarto trimestre estas disminuyen a 11 mil millones, un 63% menos.

58   Las excepciones fueron los años de inestabilidad política, 2002 y 2003, y el año de la crisis *subprime*, 2012, cuando disminuyen un 10%.

Para enfrentar esta situación, el Gobierno comienza a endeudarse. Aun así, el Banco Central cada vez tenía menos dólares en las reservas internacionales: de 32 mil millones de dólares[59] que había en el primer trimestre de 2009, disminuyeron a 17 mil millones un año más tarde; es decir, los dólares de las reservas internacionales cayeron a la mitad en un año. En 2011, volvieron a caer a la mitad y siguieron cayendo hasta 2013, cuando se ubicaron en menos de 5 mil millones. Desde entonces han estado oscilando entre mil y tres mil millones de dólares.

Para disminuir la presión sobre las importaciones y adicionalmente levantar más recursos para el fisco, el Gobierno hace varias devaluaciones a lo largo de 2010 hasta fijar el precio del dólar en 4,30 bolívares.

El precio del petróleo comienza a recuperarse en 2011. El marcador Brent alcanza su menor precio de 39,6 dólares por barril en diciembre de 2008 y empieza a aumentar de forma sostenida hasta alcanzar un máximo de 123,26 dólares en abril de 2011. Los precios del petróleo se mantuvieron sobre 100 dólares por barril hasta el tercer trimestre de 2014. Unos precios parecidos a los que había experimentado en el momento de precios más altos durante el *boom* de 2005-08.

A pesar de los precios tan altos, a diferencia del primer *boom*, los dólares de las reservas internacionales siguieron disminuyendo de forma sostenida. ¿Por qué las exportaciones petroleras pudieron financiar las importaciones y hacer aumentar las reservas internacionales durante el *boom* petrolero de 2005-08 y fueron (in)capaces de hacerlo durante el *boom* 2009-14? La diferencia está en que durante el período 2005-08 los precios estuvieron subiendo y en el período 2009-14 se mantuvieron estables.

Hemos afirmado muchas veces que la inflación no se lleva bien con una tasa de cambio fija porque le da a la economía un poder de compra adicional que gastará en importaciones[60]. Mientras el precio del petróleo se mantuvo subiendo, podía financiar esas importaciones adicionales, pero una vez que se estabiliza, comienza a funcionar la dinámica descrita por Paul Krugman sobre crisis cambiarias: al financiar un exceso de importaciones, se pierden reservas internacionales hasta que no sea sostenible mantener el tipo de cambio fijo y hay que devaluar[61]. Eso explica las varias devaluaciones que se han hecho

---

59   Ese fue el nivel máximo que llegaron a tener las reservas internacionales.

60   En este caso, el control de cambio impide el canal especulativo.

61   Los dólares de las reservas internacionales disminuyeron continuamente desde un máximo de 32 mil millones de dólares a finales de 2008 hasta 2 mil millones a mediados de 2015, y la tendencia es que sigan disminuyendo.

continuamente desde 2014. Esta dinámica volvería a destapar su cara cuando el precio del petróleo se desplomara de nuevo, algo que sucedería el siguiente año.

A mediados de 2014, los precios del petróleo comienzan a caer. El marcador Brent, de 114 dólares por barril en junio de 2014, cae en picada a 50 dólares en enero de 2015, y luego a 29 dólares en enero de 2016. Desde entonces ha estado fluctuando cerca de 50 dólares. ¿Qué pasó?

Esa caída no debió ser una sorpresa porque el precio de las demás materias primas, metales y productos agrícolas, había estado bajando desde 2011 como consecuencia de una desaceleración de la producción mundial, pero el precio del petróleo, no obstante, se mantuvo sobre 100 dólares. Esto se debió en gran medida al riesgo geopolítico y a la política de la OPEP, pero ¿por qué bajó a mediados de junio de 2015? Existen cinco razones importantes.

Como en todos los mercados, el precio del petróleo lo determina el equilibrio entre la oferta y la demanda. En el lado de la oferta, están los países de la OPEP y los países no OPEP, y ambos tienen mucho peso en el mercado. El petróleo es una industria "intensiva en capital"; es decir, se necesitan máquinas, equipos y otra infraestructura de mucho valor para encontrarlo y extraerlo. El costo de encontrar petróleo e instalar la estructura y equipos necesarios para extraerlo es muy alto, pero una vez instalada toda la infraestructura necesaria, el costo de extraerlo es relativamente bajo. Por eso, una vez que un yacimiento de petróleo comienza a producir, las compañías seguirán produciendo aun si el precio es bajo. Esto explica por qué se continuó extrayendo petróleo en casi todas partes del mundo a pesar del colapso de los precios en 2014 y 2015. La oferta de este petróleo no OPEP, sin embargo, es muy variada. Hay petróleos convencionales como en Rusia y China, hay petróleos en alta mar, como en Brasil, en las arenas bituminosas de Canadá o el petróleo de esquisto[62] en los Estados Unidos.

El crecimiento del petróleo de esquisto ha sido espectacular, considerando que antes de 2008 no había producción y que en 2014 se estaban produciendo 1,25 millones de barriles diarios. A pesar de que el menor precio comenzó a hacer difícil la extracción de petróleo de esquisto, las empresas han sido hábiles, cerrando plataformas petroleras de baja producción, concentrándose en las más productivas y renegociando con sus proveedores para bajar costos.

---

62   Este es un tipo de petróleo no convencional extraído dentro de una piedra llamada esquisto.

Por el lado de la demanda, casi todos los países han visto reducido su nivel de actividad económica. Cifras del Banco Mundial nos dicen que la tasa de crecimiento de 10,6% que mostró China en 2010 se redujo a 7,4% en 2014. Otros países tuvieron comportamientos similares en ese mismo período: India redujo su tasa de crecimiento de 10,3% a 7,4%, Japón disminuyó de 4,7% a -0,1%, toda Europa de 2,1% a 1,3%. Entre los países grandes, solo los Estados Unidos mantuvieron su tasa de crecimiento alrededor de 2,2%. La menor actividad económica trae como consecuencia un menor consumo de petróleo.

Por otra parte, la OPEP no ha actuado de forma cohesionada. Algunos países como Nigeria o Venezuela, cuyas economías han sido muy afectadas, presionan por recortar la producción para aumentar los precios. Otros como Arabia Saudita y Kuwait prefieren incrementar la producción para ganar mercados. El resultado es que el cartel, en conjunto, ha aumentado la producción.

Algo que ha ayudado a bajar los precios ha sido el menor riesgo geopolítico. Iraq está recuperando su producción e Irán está reinsertándose en el mercado internacional después de firmar los acuerdos sobre energía nuclear.

Otro factor ha sido la apreciación del dólar. La debilidad de las economías del resto del mundo frente a la de Estados Unidos ha hecho apreciar al dólar. Como el precio del petróleo se cotiza en dólares, esto significa que en cada país el petróleo sale más caro al convertirlo a su moneda.

Como es usual, esta fuerte disminución en los precios del petróleo hizo que las exportaciones disminuyeran en 41,28% con respecto al año anterior, de 74.710 millones de dólares en 2014 a 43.946,8 en 2015. La caída en el valor de las exportaciones de petróleo significó menores ingresos para el Gobierno y menos dólares para las importaciones. Para financiar el déficit que tiene en su presupuesto, el Gobierno ha optado por imprimir dinero, cada vez en cantidades mayores. La tasa de inflación en consecuencia se ha sextuplicado en tres años[63]. Para el momento en que esto se escribe, el país está al borde de una inevitable crisis de proporciones muy grandes, ante una inevitable devaluación que en esta ocasión viene con una tasa de inflación de 3 o 4 dígitos.

---

[63] Aunque el Gobierno tiene varios años que no reporta estadísticas, el FMI ha reportado tasas de inflación en Venezuela de 21% en 2012, 40,7% en 2013, 62,2% en 2014, 121,7% en 2015, 254,4% en 2016 y 652,8% en 2017 y estima que en 2018 será de 2.350%, lo que la colocaría en un escenario de hiperinflación, entendiendo por esto uno en que la tasa de inflacion mensual supera el 30%.

Después de 18 años de revolución chavista, el balance ha sido pobre. Entre 1998 y 2017, la producción ha crecido a una tasa promedio de 1,7%, la "tasa india". Si tomamos en cuenta el crecimiento de la población, se concluye que el ingreso per cápita en Venezuela tuvo crecimiento "cero" en los 18 años que lleva el chavismo gobernando. En efecto, el ingreso per cápita en 2015 es el mismo que en 1998, que fue el último año de la democracia.

10
¿Por qué un país rico sigue políticas malas?

Se dice que Albert Einstein dijo: "No pretendamos que las cosas cambien si siempre hacemos lo mismo". Aunque no es seguro que esta frase sea realmente de Einstein, lo que sí es cierto es que es una gran verdad, pero ese parece ser el caso de los gobiernos de Venezuela, que han venido repitiendo las mismas políticas durante los últimos 40 años, obteniendo siempre los mismos resultados.

En general, es difícil creer que las cosas salen mal porque los gobernantes son malévolos y quieren hacer un mal trabajo a propósito. Puede que haya alguno así, pero esa no es la regla. Usualmente los gobernantes intentan hacer el mejor trabajo que pueden una vez que se instalan en el cargo para el cual han sido elegidos. No obstante, lo que define los resultados del trabajo no son las intenciones sino las buenas políticas. Hemos documentado cómo la política monetaria implementada en Venezuela ha tenido reiteradamente los mismos pésimos resultados. ¿Por qué ha ocurrido eso? ¿Qué ha hecho que reiteradamente se hayan aplicado las mismas malas políticas? Yo tengo una hipótesis: Venezuela nunca ha tenido una escuela moderna de Economía sobre la cual los gobernantes se puedan apoyar.

No tenemos escuela

¿Qué es una escuela? El diccionario de la Real Academia Española la define como un "establecimiento público donde se da a los niños la instrucción primaria". Esta definición también se extiende a cualquier otro tipo de instrucción. La palabra "escuela" tiene dos significados adicionales: el primero consiste en la "doctrina, principios y sistema de un autor o conjunto de autores", el segundo es un "conjunto de discípulos y seguidores de una persona o de su doctrina, su arte, etc.". Dicho en palabras más sencillas, hay escuelas que están orientadas a la enseñanza y otras a la investigación. En Venezuela hemos tenido excelentes escuelas con ambas orientaciones.

Las universidades venezolanas que tienen escuelas enfocadas en la investigación son pocas. Ninguna universidad, no obstante, hace investigación en todas las áreas de enseñanza que se ofrecen. Con frecuencia hay ciertas áreas donde hay más actividad científica que en otras. La Universidad Central de Venezuela, por ejemplo, tiene una gran tradición de una intensa actividad científica en escuelas como Medicina y Ciencias Básicas (Matemática, Física y Química). En esas escuelas, los profesores tienen un título de doctorado obtenido en alguna universidad internacionalmente reconocida y una carga académica relativamente ligera que les permite dedicar buena parte de su tiempo a realizar investigaciones, cuyos resultados son publicados en revistas científicas también reconocidas internacionalmente. Para estos efectos, usualmente se consideran las revistas que aparecen en la lista del ISI Web of Knowledge del grupo Thomson Reuters[64]. El número de publicaciones por año depende del área de conocimiento. En Economía, en una escuela competitiva a los profesores usualmente se les exige al menos una o dos publicaciones por año. Mientras mejor estén clasificadas las revistas, mayor será la reputación del profesor y de la escuela a la que pertenece.

¿Por qué esto es tan importante? Porque una escuela fuerte en investigación implica que sus académicos se encuentran en la frontera del conocimiento en sus respectivas áreas y, por otra parte, que están creando conocimiento nuevo, el cual puede ser usado posteriormente en esa u otra área de conocimiento o aplicado al mundo real. Los buenos académicos en Economía que tienen este perfil usualmente son capaces de tener una visión abstracta del todo, dentro de su área de experticia, y colocar cada elemento de política en el punto adecuado.

El caso más sobresaliente es el de los Estados Unidos, donde hay más de cien universidades de muy buen nivel, varias de ellas entre las mejores del mundo como Chicago, Princeton o Stanford, donde se realiza investigación en Economía, siendo muchos de sus resultados aplicados luego al mundo real. Los gobernantes estadounidenses, nacionales y locales, descansan sobre el conocimiento de los académicos de estas universidades. Pero este no es solo el caso de los Estados Unidos sino también el de todos los países desarrollados. En el Reino Unido están la London School of Economics, el University College London y muchos otros; en España se encuentran la Universidad Pompeu Fabra o la Autónoma de Barcelona, y así sucesivamente.

Pero no hay que pensar que eso es algo exclusivo de los países desarrollados; en las últimas décadas han emergido en varios países de Latinoamérica excelentes escuelas de Economía orientadas a la inves-

---

64   ISI son las siglas del Institute for Scientific Information.

tigación que cumplen ese rol. En Chile, por ejemplo, están las universidades Católica, de Chile, de Santiago y de Concepción, en México está el ITAM, en Colombia la Universidad de los Andes y así sucesivamente. En Chile, por ejemplo, los últimos presidentes del Banco Central vienen de ser investigadores académicos, así como varios de los últimos ministros de Finanzas. Eso no implica que ese tipo de posiciones de gobierno deban estar reservadas para académicos investigadores, pero sí es conveniente que los lineamientos generales (y a veces bien puntuales) de las políticas sean parte de la consulta y la diatriba entre académicos investigadores.

En Venezuela, desafortunadamente, ese no ha sido el caso. La actividad de investigación en Ciencias Económicas en el país es básicamente nula o, en el mejor de los casos, de muy mala calidad. Aunque puede que exista alguna publicación de algún académico en alguna revista ISI, estas son usualmente iniciativa del autor, y son muy pocas como para afirmar que en efecto haya una escuela orientada a la investigación.

Durante los cuarenta años de democracia (1958-1998), las escuelas de Economía estuvieron siempre "controladas" por una izquierda marxista altamente ideologizada. La actividad intelectual de sus profesores se limitó principalmente a escribir libros que solo tenían circulación nacional, aislados de los círculos académicos científicos internacionales. No se hacía investigación que se publicase en revistas científicas internacionalmente reconocidas y el aporte que se haya hecho al conocimiento es casi nulo, si es que hubo alguno. En esencia, fueron todas escuelas orientadas a la enseñanza. Durante la época chavista, ese panorama ha cambiado en el sentido de que la escuela marxista ha ido desapareciendo, pero nuestras universidades actualmente están en postración.

Hasta hace poco, el profesorado venezolano se ha identificado ideológicamente con el neomarxismo, del cual se desprende el estructuralismo propuesto por Raúl Prebisch y la Cepal, cuyas políticas las siguió todo el continente, siempre con los mismos malos resultados. La concepción y las políticas recomendadas por los académicos venezolanos eran en general hasta hace poco las que proveía el estructuralismo. Pero el mundo es más amplio que eso. En las democracias occidentales, principalmente en los Estados Unidos y el Reino Unido, se estuvo llevando un debate intenso sobre cómo funcionan las economías de mercado y cuáles son las políticas adecuadas que se deben implementar. En general, esas ideas llegaron a Venezuela de manera muy débil, usualmente siendo despreciadas con la etiqueta de ser "neoliberales".

Cuando cae la dictadura en 1958, existía consenso en que la democracia debía ser el objetivo político principal. También lo había sobre objetivos sociales y en política petrolera. No existía, no obstante, la intelectualidad venezolana que les diera soporte teórico a las políticas económicas. Irónicamente, las políticas diseñadas por los partidos políticos democráticos, siendo que ninguno de ellos era marxista, fueron todas de corte neomarxista. Esto es particularmente cierto a partir de los setenta.

De manera curiosa, cuando principalmente por razones políticas los gobernantes venezolanos no se apoyan en el neomarxismo de los académicos venezolanos, buscan el apoyo de la Cepal, un organismo de las Naciones Unidas para el desarrollo de la América Latina, el cual era el epicentro del neomarxismo latinoamericano y su propuesta económica, el estructuralismo. Esto ocurrió de forma similar en todos los países de América Latina. Con el tiempo, a medida que iban fracasando, algunos países latinoamericanos fueron abandonando el modelo cepalista. Cuando la democracia venezolana adoptó el estructuralismo, que en esencia lo usa hasta el día en que esto se escribe, firmó su sentencia de muerte.

Una consecuencia importante de esta situación es que los gobiernos democráticos confiaron en empresarios y banqueros para la conducción de la economía, pensando que estos tenían el conocimiento necesario, pero una cosa es ser banquero y otra totalmente distinta es ser banquero central. De igual forma, una cosa es ser un empresario exitoso y otra ser un buen ministro de Finanzas, el cual debe tener una visión global de dónde está el país y hacia dónde llevarlo.

También había un problema de formación. Eran muy pocos, si es que existían, los venezolanos que hubieran estudiado un doctorado en Economía o Finanzas en alguna buena universidad de los Estados Unidos o Europa. En consecuencia, durante la era democrática, el país fue gobernado fundamentalmente por gente sin la preparación necesaria para las responsabilidades que tenía. Hay una anécdota muy elocuente que cuenta Octavio Lepage que ilustra este problema:

–...era ministro del Interior y en el proceso de renegociación de la deuda viene a Venezuela aquel famosísimo economista estadounidense Paul Volcker. Manuel Azpúrua invita a Volcker a su casa, con cena, e invita a Lusinchi y a los ministros de la economía y algunos empresarios amigos de él. A mí no me invita, no tenía por qué hacerlo, por supuesto, pero yo me dije: "Voy a esa vaina". Yo, que nunca me había coleado antes, ni cuando muchacho en una fiestecita, ni en el bailecito de esos de juventud, me presenté allá. Me di cuenta de que había sorprendido al anfitrión y, por supuesto, no había puesto para mí en la mesa. Me hice el loco. Fui con el propósito de no hablar nada, sino de escuchar y darme cuenta de la magnitud del problema. Ahí estaban el anfitrión, Carmelo Lauría, Héctor Hurtado, Benito Raúl Lozada, quizás Carlos Rafael Silva, que estaba en el BCV; total que observé dos cosas: primero, el desnivel de conocimientos entre aquel señor Volcker y todos sus contertulios, y segundo, la entidad del problema.

–¿Los ministros del área económica del Gobierno carecían de los conocimientos que tenía Volcker?

–Exacto. Por supuesto que los presidentes de la república de ninguna manera están obligados a ser enciclopedistas, no tienen por qué saber de economía, ni de medicina, ni de educación, tienen que tener cualidades de gerente, de saber seleccionar y de saber utilizar los conocimientos de sus colaboradores para redondear un Gobierno eficiente. Lusinchi no tenía por qué saber esas complejidades, allí había gente que sí tenía que saberlo y los conocimientos eran insuficientes. Lo pensé en aquel momento. Me fui convencido de que no iban a salir las cosas bien para Venezuela de esas negociaciones y efectivamente se hizo el arreglo, que Lusinchi dijo era el mejor refinanciamiento del mundo, cosa que no era verdad. Eso generó muchos problemas para Venezuela [Conde 2012, pp. 119-120].

Esta es una de las razones por las que hubo tanto inconveniente con los ministros de la economía de Carlos Andrés Pérez en su segundo período de gobierno. Eran gente joven, alrededor de 35 años, que habían culminado sus estudios doctorales en Economía pocos años antes en varias de las mejores universidades del mundo y a quienes les dieron responsabilidades muy importantes. Tenían una excelente formación académica. Pienso que les faltaba experiencia para las responsabilidades que tuvieron, sobre todo el manejo político. La interacción con la población fue muy pobre. Recuerdo a Miguel Rodríguez diciendo varias veces que las empresas ineficientes tenían que cerrar. Eso es fácil decirlo, pero para aquel empresario que tiene invertido mucho dinero en su empresa no suena tan divertido, así como no les sonará divertido a los trabajadores que quieren trabajar en esas empresas. Eso pudo haberse manejado mejor. Posiblemente con la apertura algunas empresas irían a cerrar, pero la labor del Gobierno es siempre inspirarles confianza a las empresas.

¿Por qué Carlos Andrés Pérez le da la responsabilidad de transformar la economía venezolana a este conjunto de jóvenes? En realidad,

Pérez cambia su forma de ver el mundo en los diez años que siguieron a su primera presidencia. Recorrió mundo y observó que los países que han tenido éxito hacen las cosas de forma distinta, y él quiso implementar reformas para modernizar el país, pero ¿con quién hacerlas? Había un problema de capital humano y Pérez confió en la habilidad de este grupo de jóvenes que eran los únicos conocidos. Posiblemente ellos fueron los primeros venezolanos que llegaron de los Estados Unidos con un doctorado en Economía.

Los problemas de comunicación y falta de tacto político los ilustra Octavio Lepage en otra anécdota. Luego de decir que había conocido a Miguel Rodríguez, Moisés Naím y algunos otros, Lepage dice que lo "impresionaron... porque era gente que se veía muy capaz, con mucha facilidad de palabra, tenían criterio y lo expresaban bien", pero luego continúa diciendo:

> Pienso que no tenían ningún entrenamiento político, no captaron la necesidad de crear climas favorables de opinión para que su proyecto se comunicara. Como tenían fe ciega en sus ideas, en que eran correctas, pensaron por eso que todo el mundo debía entenderlas, y no es así, menos en la cuestión económica y, menos aún, en una democracia venezolana acentuadamente populista, como la que tuvimos nosotros [Conde 2012, p. 131].

Luego, sobre las reformas, afirma Lepage:

> Sin duda alguna yo abrigaba ciertas reservas frente a una innovación tan drástica en relación con lo que se había venido practicando durante tantos años, sobre todo durante la última década. Nos habíamos acostumbrado a desempeñarnos políticamente en ese escenario acentuadamente populista y aquello nos resultaba difícil de aprender y de aplicar, rompiendo con una tradición de 40 años. En ese populismo caímos tanto Copei como nosotros, todos los gobiernos. Betancourt y Leoni menos... [Conde 2012, p. 132].

El estructuralismo

La Gran Depresión tuvo influencias marcadas sobre el pensamiento latinoamericano del siglo XX. La principal de ellas fue abonar el terreno para que las ideas neomarxistas vieran aplicación práctica en el continente. Raúl Prebisch, quien se formó en la escuela neoclásica durante los años veinte, cambia radicalmente su forma de ver la economía después de vivir los efectos de la Gran Depresión en la Argentina. Antes de continuar, resulta conveniente hacer un repaso sobre el estado del pensamiento macroeconómico en el mundo anglosajón hasta los años sesenta.

El siglo XVII fue el de la revolución científica con la aparición de la física moderna. Una característica de las ciencias naturales es que se rige por leyes, como la ley de gravedad, que son las mismas en todas partes, y que la naturaleza tiende a una situación de equilibrio del cual no se mueve a menos que sea objeto de una fuerza exterior. Por ejemplo, cuando alguien agarra una piedra y la lanza, la saca de su equilibrio inicial, la piedra andará por los aires un rato, pero luego caerá y volverá a una nueva situación de equilibrio. Un siglo más tarde, Adam Smith captura esa idea para aplicarla a los fenómenos sociales; en particular, afirma que la economía se rige por las mismas leyes en todas partes, como la ley de la oferta y la demanda, y existe un "estado natural" o "equilibrio" al cual la economía converge si es afectada por un *shock* exterior, por ejemplo, una decisión del Gobierno de imprimir dinero. En consecuencia, este enfoque formula hipótesis que pueden ser contrastadas con la realidad, y a partir de ellas deducir lógicamente nuevos resultados.

Hacia finales del siglo XIX estas ideas son refinadas en lo que se conoce como el "modelo neoclásico". Al "estado natural" lo identifican con una "tasa natural de desempleo" o "tasa de pleno empleo". Una consecuencia es que, si la economía converge por sí misma al equilibrio o estado natural, entonces no hace falta la intervención del Gobierno para influir en ella, solo hay que esperar que ella converja por sí misma.

La Gran Depresión fue una prueba de fuego para el modelo neoclásico. La economía no retornaba al equilibrio por sí misma y la tasa de desempleo era astronómicamente alta. En ese escenario, John Maynard Keynes crea la macroeconomía, la cual intenta explicar el comportamiento del empleo, la producción y los precios en una economía de mercado. Keynes desafía el modelo neoclásico, afirmando que las recesiones son causadas por los "espíritus animales" de los inversionistas y que la economía tarda demasiado tiempo en converger a su equilibrio. Afirma que hay muchos equilibrios y que el Gobierno debe expandir el gasto para generar empleo en tiempos de recesión para hacer retornar la economía a su nivel de pleno empleo. En la óptica keynesiana, en la práctica el Gobierno debía decidir permanentemente el nivel de empleo en la economía.

A mediados de los cincuenta aparece la escuela monetarista liderada por Milton Friedman, que retoma el modelo neoclásico y dice que las recesiones son causadas por la inestabilidad de la cantidad de dinero en la economía, y que la forma de mantener el empleo es manteniendo la cantidad de dinero constante. Los monetaristas identifican la tasa natural de empleo con aquella que hace que el nivel de inflación sea estable. Por encima de esa tasa, existe una presión de la demanda que hace aumentar la tasa de inflación; por debajo, no hay suficiente demanda y se produce una situación de desempleo[65]. Keynesianos y monetaristas mantuvieron un largo debate sobre el funcionamiento de la macroeconomía, al cual se unieron luego otras escuelas que fueron apareciendo como la de expectativas racionales, los nuevos clásicos y los neokeynesianos, que han ido llegando a consensos importantes sobre cómo funcionan las economías de mercado, en lo que se ha llamado la "síntesis neoclásica". En términos de política, los keynesianos pensaban que la política fiscal era útil para expandir la demanda, mientras que los monetaristas decían que aumentar la cantidad de dinero tenía más fuerza.

Un tema en el que acordaban keynesianos y monetaristas por igual es la "teoría cuantitativa del dinero", es decir, que el único causante de una inflación sostenida es el crecimiento en la cantidad de dinero. En otras palabras, si en promedio la cantidad de dinero permanece creciendo en, digamos, 10% durante un período de tiempo lo suficientemente largo, en promedio los precios también crecerán en 10%. En palabras de Milton Friedman: "La inflación es siempre y en cualquier lugar un fenómeno monetario".

Fuera del mundo anglosajón, el consenso sobre el modelo neoclásico fue objeto de críticas duras. Desde finales de la Segunda Guerra Mundial, emerge un enfoque neomarxista en la Cepal liderado por Raúl Prebisch, que cuestionaba el modelo neoclásico, tanto su interpretación keynesiana como las contribuciones de los monetaristas, proponiendo un enfoque "heterodoxo cepalista" o "escuela estructuralista", que iría a predominar en toda la América Latina hasta aproximadamente 1990, cuando las crisis económicas evidenciarían su fracaso y obligarían a su abandono. En Venezuela, la influencia estructuralista se mantiene hasta hoy.

De las tres premisas básicas neoclásicas, que la economía se rige por leyes, que existe un equilibrio o estado natural y que los precios son determinados por la cantidad de dinero, los estructuralistas rechazan las tres. Como todas las teorías hegelianas/historicistas, el estructuralismo no asume ninguna hipótesis, ni usa la deducción lógica,

---

65   A comienzos de los sesenta, los keynesianos rechazaban la idea de la tasa natural y afirmaban que para cada nivel de inflación existía una tasa de desempleo de equilibrio. No obstante, para finales de la década, ambos aceptaban la existencia de una tasa natural.

sino que asume que la actualidad es producto de un proceso histórico de cambios estructurales que ocurren a través del tiempo [Bresser-Pereira 2012]. En consecuencia, no hay leyes que rijan la economía, sino que cada una tiene su propia dinámica. En particular, afirman que las economías latinoamericanas tienen un comportamiento distinto. En efecto, Raúl Prebisch, el más representativo de los estructuralistas latinoamericanos, afirma:

> Creí, y sigo creyendo, en las ventajas de una competencia ideal y en la eficacia técnica del mercado, y también en su gran significación política. Pero el capitalismo periférico es muy diferente de todo eso. Y la observación de la realidad me ha persuadido de que esas teorías no nos permiten interpretar, ni atacar, los grandes problemas que derivan de su funcionamiento [Prebisch 1979, p. 171].

Los estructuralistas también niegan la existencia de un "equilibrio" o "estado natural" en la economía. En esto, asumen la teoría keynesiana en su versión original, según la cual la economía no tiende a un equilibrio, sino que hay muchos equilibrios con altas o bajas tasas de desempleo. En las décadas que siguieron, no obstante, los keynesianos aceptan la existencia del estado natural, aunque algunos afirmaban que la economía tardaba mucho en converger. Para los estructuralistas, la economía está en permanente movimiento y es decisión de los gobiernos decidir en qué nivel ubicar la tasa de desempleo. En palabras de Raúl Prebisch:

> El sistema tiende pues a su crisis y no al equilibrio dinámico que supone la teoría neoclásica, aunque se cumpla sin restricción alguna la libre competencia [Prebisch 1979, p. 171].

> Como el juego de las relaciones de poder no responde a principio regulador alguno, lejos de llevar al equilibrio dinámico del sistema, conduce a la crisis del mismo con el andar del tiempo [Prebisch 1979, p. 171].

> Los neoclásicos... demostraban, en efecto, que el libre juego de las fuerzas de la economía, sin interferencia alguna, llevaba a la mejor utilización de los factores productivos en beneficio de toda la colectividad, tanto en el campo internacional como en el desarrollo interno... pero muy otra es la situación cuando en estas tierras periféricas se pretende explicar el desarrollo prescindiendo de la estructura social... Pues resulta entonces claro y

convincente que el juego espontáneo de la economía no puede conducir al equilibrio [Prebisch 1979, p. 172].

Concluyendo que

Constituye un craso error de las teorías convencionales atribuir al mercado el papel de supremo regulador de la economía. Dista mucho de serlo... [Prebisch 1979, p. 175].

La última sección del artículo arriba citado se intitula "El sistema no tiende a su equilibrio".

Los estructuralistas también niegan la teoría cuantitativa. Según ellos, la inflación no es un fenómeno monetario. No niegan que un aumento en la cantidad de dinero haga subir los precios, pero le dan un papel poco importante:

...la tesis tan corriente de que la inflación solo se debe al desorden financiero y a la incontinencia monetaria de los países latinoamericanos es inaceptable para nosotros... en la realidad latinoamericana existen factores estructurales muy poderosos que llevan a la inflación y contra los cuales resulta impotente la política monetaria... la inflación no sabría explicarse con prescindencia de los desajustes y tensiones económicas y sociales... sino como parte integrante de la política de desarrollo [Prebisch 1961, p. 1].

No podría concluirse de todo esto que la inflación sea inevitable en nuestros países... Para evitarla se necesita sin embargo una política racional y previsora de desarrollo económico y mejoramiento social, esto es, un cambio fundamental de actitudes que lleve a buscar otra respuesta que no sea la inflacionaria a esos desajustes y tensiones que surgen del desarrollo. No es este un problema técnico solamente, sino fundamentalmente político... [Prebisch 1961, p. 1].

Hay inflación porque la economía es estructuralmente vulnerable, porque hay factores regresivos de distribución del ingreso, porque hay insuficiencia de ahorro para acelerar las inversiones, dada una determinada estructura económica y social... [Prebisch 1961, p. 3].

Aquí Prebisch, en lugar de la cantidad de dinero, esgrime que la inflación es un problema "fundamentalmente político", y la solución hay que buscarla en la política y no en otras variables económicas, como la cantidad de dinero, por ejemplo. En esto se opone a keynesianos y monetaristas por igual.

Esta posición de los estructuralistas fue en buena medida una reacción contra Milton Friedman y la posición monetarista de que la inflación es un fenómeno exclusivamente monetario [Dornbusch y Edwards 1989, p. 5]. Paul Krugman, Premio Nobel de Economía en 2008, escribió un excelente artículo el 15 de febrero de 2007 en *The New York Review of Books* titulado "¿Quién fue Milton Friedman?". Señala Krugman que Milton Friedman desempeñó tres papeles importantes en la vida intelectual del siglo XX. El primero fue ser "el economista de los economistas", el teórico, quien desarrolló un análisis técnico con poco carácter político sobre el consumo y la inflación. Friedman no niega la curva de Phillips que dominaba el mundo keynesiano, según la cual la inflación y el desempleo están negativamente correlacionados, pero afirma en un famoso discurso en 1967 que esta relación era solo temporal, y que si el Gobierno intentaba mantener el desempleo a un nivel muy bajo estimulando permanentemente la demanda, el desempleo finalmente aumentaría a su nivel natural y la inflación se estacionaría en un nivel mayor, en un fenómeno que Paul Samuelson llamó "estanflación". La evidencia de los setenta corroboró la teoría de Friedman.

Luego existió el Friedman que promovió las políticas económicas conocidas como monetaristas. Friedman enfatiza en el control de la cantidad de dinero que circula en la economía para controlar la inflación. Estas políticas fueron adoptadas por la Reserva Federal de los Estados Unidos y el Banco de Inglaterra desde 1980, y aunque se demostró que funcionan, se observó también que el proceso es duro.

El tercer Milton Friedman fue un ideólogo que intentó llevar la idea del libre mercado hasta sus límites, proponiendo soluciones de mercado a los problemas de la educación, la salud y el tráfico de drogas, en los que los gobiernos tradicionalmente han tenido mucha injerencia. Fue un mismo hombre jugando tres papeles distintos. Su bien merecida fama de ser un economista teórico profundo le permitió ser influyente en su rol como divulgador y propagandista, pero hay una diferencia importante entre su trabajo como teórico de la economía y su trabajo como apologista del libre mercado. Mientras su trabajo como teórico es universalmente admirado, su trabajo como apologista fue mucho más polémico y en ocasiones ambivalente.

Los estructuralistas, siendo una corriente neomarxista que pregona una fuerte intervención del Estado, se opusieron fervientemente al tercer Milton Friedman, al apologista del mercado, pero la intensidad del antagonismo los conduce a negar a los tres Milton Friedman, incluyendo al teórico que resaltaba el papel determinante del dinero para establecer los precios. Esa fue una actitud bastante osada de parte de los estructuralistas por dos razones. Primero, porque se estaban oponiendo a una teoría que había venido siendo aceptada desde el final de la Edad Media. La relación entre el dinero y los precios la formulan por primera vez los eruditos de la Escuela de Salamanca cuando observan cómo la inmensa cantidad de dinero que venía de América había hecho aumentar los precios en Europa. Esa relación, la teoría cuantitativa, fue reformulada y refinada varias veces a lo largo de la historia por John Locke, David Hume e Irving Fisher antes que Friedman. La razón por la que Keynes no le da mayor importancia es porque en esos tiempos del patrón oro, en los que la cantidad de dinero estaba determinada por el oro que se extrajese en las minas, los precios eran bastante estables y por ende no estaban en el centro del problema macroeconómico. Friedman es quien rescata el rol del dinero y su importancia en la determinación de los precios y la actividad económica.

Por otra parte, los estructuralistas, aunque negaban la teoría cuantitativa, no proponían una teoría del dinero y los precios, sino que lo dejaban como un asunto que era determinado por la política. Prebisch lo afirma de una forma muy diáfana:

> Hemos visto a menudo hombres políticos que, movidos por el genuino impulso de elevar el bienestar mensurable de las masas populares, caen frecuentemente en la corrosiva ilusión inflacionaria. ¿Les hemos brindado acaso otra alternativa? ¿Nos hemos aproximado a ellos con un conjunto coherente y accesible de principios para hacerles escapar al dilema entre la inflación y una ortodoxia monetaria simplista y perturbadora? Los economistas latinoamericanos estamos en deuda con los hombres políticos de nuestros países [Prebisch 1961, pp. 1-2].

Para los estructuralistas, la prioridad es mantener el nivel en el ingreso y el empleo. La economía tiene ciclos de auge y caída. Durante el auge, el ingreso y el empleo aumentan y durante la caída bajan. Los estructuralistas afirman que cuando el ciclo se revierta y el ingreso caiga, la política a seguir es aumentar la cantidad de dinero para recuperar el nivel de ingreso disfrutado en el período de auge. Así lo afirma Prebisch:

> Todos concordamos en que hay que hacer un esfuerzo supremo para frenar la inflación y conseguir la estabilidad sobre bases firmes, pero nos inspira

honda preocupación conseguirlo a expensas del descenso del ingreso global, de su estancamiento o del debilitamiento de su ritmo de desarrollo...

Cuando las exportaciones aumentan en forma cíclica, el ingreso global se dilata con relativa facilidad, exigiendo un volumen de importaciones que se costean fácilmente con aquellas. Pero cuando sobreviene el descenso, no es posible mantener esas importaciones ni, en consecuencia, el nivel de ingreso anteriormente logrado... Acúdese pues a la expansión crediticia[66] y esta, al contrarrestar la tendencia descendente del ingreso, se opone también al reajuste de las importaciones y, por lo tanto, al restablecimiento del equilibrio interno [Prebisch 1961, p. 1-2].

Según Prebisch, cuando hay una expansión mundial, las exportaciones aumentan y asimismo lo hace el ingreso nacional, lo que estimula un aumento en las importaciones. Continúa afirmando luego que el crecimiento en las exportaciones, en vez de ocasionar un superávit en el sector externo, ocasiona un déficit. La hipótesis central en la teoría estructuralista es que la elasticidad-ingreso de las importaciones es mayor que uno, es decir, que si el ingreso aumenta en 1%, las importaciones aumentarán en más de 1%, digamos que 1,5%. La hipótesis es tan fuerte que utilizaremos las palabras de Prebisch:

Al dilatarse de este modo el ingreso global de la economía, las importaciones tienden a crecer generalmente con mayor intensidad —esto es, a aumentar cíclicamente su coeficiente— debido a los cambios que ocurren en la distribución del ingreso en favor de los empresarios y otros grupos sociales favorecidos en la escala distributiva [Prebisch 1961, p. 6].

De esta forma, si las exportaciones crecen digamos 1%, el ingreso crece también 1% automáticamente. Como la elasticidad-ingreso de las importaciones es mayor, por hipótesis, digamos que 1,5%, entonces las importaciones aumentarán 1,5%, ocasionando un déficit en el sector externo. Esto implica que, si las exportaciones crecen 1%, el ingreso debe crecer menos que esa cantidad para poder mantener equilibradas las cuentas del sector externo. En otras palabras, un aumento en las exportaciones, en vez de ocasionar un superávit, ocasiona un déficit en la balanza comercial.

---

66 La expansión crediticia es la impresión de dinero. Lo que coloquialmente se llama "imprimir dinero" en realidad es un préstamo o crédito que le otorga el Banco Central al Gobierno.

El resultado es extraño porque uno pensaría que, si se les vende más a los extranjeros, el saldo del comercio debería ser favorable. ¿Cómo explican los estructuralistas este extraño resultado? Justificando que la elasticidad-ingreso de las importaciones es mayor que 1%, es decir, que si el ingreso aumenta en 1%, las importaciones aumentan aún más. Según ellos, esto ocurre porque al aumentar el ingreso, la demanda de artículos industriales (comida, ropa, equipos, etc.) aumenta con mayor fuerza que la demanda de artículos primarios como petróleo, siendo que los países industrializados importan estos y los países periféricos aquellos. En consecuencia, para evitar que se produzca este déficit en la balanza comercial, los países periféricos deben "sustituir importaciones".

Cuando las exportaciones aumentan, el precio de nuestros productos de exportación en relación con los importados también aumenta, y asimismo crecen las ganancias de las empresas, lo que estimula la inversión y disminuye el desempleo. Como se argumentó anteriormente, los estructuralistas afirman que las importaciones también aumentan, pero en un nivel mayor al ingreso; las nuevas oportunidades de inversión estimulan el crédito bancario y la economía sobrepasa el nivel de pleno empleo, entendiendo por este último el nivel de empleo que no presiona la tasa de inflación. Al sobrepasar el nivel de pleno empleo, se genera una presión inflacionaria.

Prebisch señala que "la contracción suele despertar las fuerzas inflacionarias" [Prebisch 1961, p. 2]. Lo interesante de esta afirmación es que en la teoría económica convencional, sea keynesiana, monetarista o la síntesis neoclásica, una contracción significa una menor demanda que hace disminuir los precios; según lo estructuralistas, en Latinoamérica ocurre exactamente lo contrario. ¿Cómo justifican este argumento?

Cuando el ciclo se revierte y la economía mundial entra en recesión, asimismo descienden las exportaciones de los países periféricos, en particular los latinoamericanos. Al descender las exportaciones, desciende el precio de nuestros productos con respecto al de los productos importados, es decir, la relación de intercambio, y también disminuyen la demanda y las ganancias de las empresas, lo que desalienta la inversión y disminuye el nivel de empleo. El Estado asimismo disminuye la recaudación de impuestos, lo que ocasiona un déficit en el presupuesto del Gobierno.

Según Prebisch, con esta contracción de las exportaciones y el ingreso, el sector externo experimenta un déficit porque las empresas tratarán de mantener el nivel de inversión que tenían durante la fase del *boom,* lo que impide que las importaciones se reduzcan para recortar el déficit externo. Para financiar las inversiones, las empresas acudirían al crédito con los bancos, lo que, como hemos visto en capítulos anteriores, quiere decir que la cantidad de dinero que los bancos crean, y por ende la cantidad total de dinero, aumenta:

> El estado sufre, desde luego, estos mismos efectos depresivos al disminuir sus recaudaciones, y el empeño de mantener sus gastos e inversiones lleva generalmente al déficit, con sus inevitables efectos inflacionarios. Estos efectos tienden a aliviar la contracción de la economía y a alentar nuevamente las inversiones privadas, para lo cual suele acudirse a la expansión crediticia, con nuevos efectos compensadores en la actividad económica general.
> Sin embargo, al contrarrestarse así la consecuencia de la contracción de las exportaciones sobre el ingreso global, se impide o atenúa la disminución de las importaciones, agravando el desequilibrio exterior. De continuarse esta política, se vuelve inevitable la depreciación monetaria [Prebisch 1961, p. 6].

Como en el modelo neoclásico, los estructuralistas dicen que el aumento de precios tendrá como respuesta que los trabajadores pidan aumentos de salario: "La presión inflacionaria de la demanda hace subir los precios primero y provoca después el aumento de las remuneraciones para restablecer con toda razón el ingreso real de los trabajadores" [Prebisch 1961, p. 2]. Los estructuralistas afirman que a medida que los salarios van subiendo, los bancos centrales deben imprimir la cantidad de dinero necesaria para que esos salarios se puedan pagar, so pena de que pueda ocasionar desempleo.

> El aumento de remuneraciones es una reacción muy comprensible. Pero no resuelto el problema en este caso ni en el anterior, se traduce simplemente en la consabida espiral inflacionaria. Tampoco lo soluciona la política de continencia crediticia, pues si los bancos centrales no acompañan ese aumento con la expansión del circulante, desatan la contracción de la actividad económica. Por donde se ve que la contracción puede deberse no solo a la vulnerabilidad exterior de la economía sino al empeño de tratar con instrumentos monetarios las consecuencias de sus fallas estructurales [Prebisch 1961, p. 6].

Es precisamente la decisión de mantener los niveles de empleo y salario real constantes a toda costa lo que finalmente induce al Gobierno a imprimir el dinero que sea necesario para hacer retornar el empleo a su nivel inicial y al salario recuperar su poder adquisitivo, validando así la inflación ocasionada por el aumento en los salarios en respuesta al aumento inicial de precios. Esta es la "espiral inflacionaria" a la que se refieren los estructuralistas.

A diferencia de keynesianos y monetaristas, quienes por igual usan la política fiscal y la política monetaria para estabilizar los niveles de inflación y empleo, los estructuralistas afirman que "la solución no está en contrarrestar los efectos de la contracción, sino en prevenirlos mediante adecuadas transformaciones estructurales" [Prebisch 1961, p. 2]. Mientras tanto, justifican la espiral inflacionaria y, para combatirla, recomiendan imponer altos impuestos que hagan inaccesible por su alto precio el consumo de los productos que típicamente consumen las clases más adineradas. Si esto no fuese suficiente, proponen pedir prestado en el exterior para financiar el déficit externo:

> Supóngase que para restablecer el equilibrio exterior no basten aquellas importaciones atinentes a los grupos de altos ingresos y que sea indispensable acudir a importaciones que forman parte directa del consumo popular... No hay otra alternativa que la aportación de recursos internacionales para cubrir las inversiones en una cuantía equivalente a la presión inflacionaria [Prebisch 1961, p. 8].

Ahora, el impuesto a los productos de lujo y el crédito externo no son políticas que brinden una solución permanente; entonces, puesto que, según los estructuralistas, el sector externo es inherentemente deficitario, la solución estaría en "desviar la demanda excesiva de importaciones hacia la demanda interna para compensar en forma no inflacionaria la insuficiencia provocada por la caída de las exportaciones", es decir, sustitución de importaciones, producir dentro del país aquellos bienes que hasta entonces se estaban exportando.

Macroeconomía del populismo

Del estructuralismo se desprende un enfoque de política monetaria que Rudiger Dornbusch y Sebastián Edwards denominaron "macroeconomía del populismo" [Dornbusch y Edwards 1989] y que, con algunas variantes, ha sido implementado en todos los países de América Latina. Comienzan definiendo populismo como un enfoque económico que enfatiza el crecimiento económico y la distribución del ingreso obviando el riesgo de crear inflación y las restricciones externas que tiene la economía. Esta definición es compatible con el enfoque estructuralista que afirma que se debe expandir la demanda usando el crédito (imprimiendo dinero) para restablecer el nivel de ingreso.

Dornbusch y Edwards analizan las características más importantes del programa populista y las contrastan con la experiencia de la Unidad Popular de Salvador Allende en Chile (1970-1973) y la de Alan García en Perú (1985-1990). Para ello describen lo que llaman el "paradigma populista", según el cual el programa populista es una reacción a unas condiciones iniciales de recesión o depresión económica que reducen los estándares de vida. Para emprender el programa, la economía debe haber tenido un período de superávit que la haya permitido acumular suficientes reservas internacionales para financiar un programa expansionista.

Por otra parte, el programa populista rechaza el paradigma conservador de que la economía tiene restricciones. El programa estructuralista es claro al establecer que la política debe estar dirigida a mantener en alto el nivel de ingreso y de ser necesario utilizar recursos externos para financiar las importaciones en caso de que exista un déficit. Esto es equivalente a afirmar que la política debe ser expansiva sin tomar en cuenta las restricciones que impone el sector externo. Esto le da rienda suelta a una política expansiva.

La expansión no sería necesariamente inflacionaria porque el dinero juega un rol secundario en la determinación de los precios, los cuales son determinados por la política. Esto implica que la expansión monetaria solo tendría efectos sobre la producción, pero no esencialmente sobre los precios si los factores políticos se tienen bajo control.

Con estas premisas, el programa populista, basado en el estructuralismo, justifica una expansión de la demanda que tenga como objetivo la reactivación económica, una redistribución en el ingreso y la reestructuración de la economía, lo cual típicamente hace con compulsivos aumentos salariales. En la implementación del programa, Dornbusch y Edwards identifican cuatro fases.

En la primera fase, la política del Gobierno es vindicada pues la economía muestra crecimiento, el poder adquisitivo del salario aumenta y se genera suficiente empleo. El manejo político manifestado en el control de precios y el uso de reservas internacionales para financiar las importaciones no permite que la inflación sea un problema severo ni que haya problemas de escasez.

En la segunda fase comienzan a aparecer cuellos de botella debido a la fuerte expansión de la demanda y a que comienzan a escasear las reservas internacionales. Los síntomas de esta fase son la reducción en los inventarios de las empresas y aumentos de precios. El Gobierno se ve forzado a devaluar o imponer un control de cambios. En esta etapa, la inflación aumenta significativamente, pero los salarios se mantienen subiendo. El déficit del Gobierno empeora fuertemente como resultado de subsidios que debe implementar para mantener el poder adquisitivo del salario y la tasa de cambio.

En la tercera fase, la escasez se vuelve severa y la inflación de acelera. Se producen salidas de capitales y disminuye la recaudación de impuestos. El déficit fiscal se deteriora violentamente. El Gobierno intenta estabilizar eliminando subsidios y devaluando la moneda. El poder adquisitivo del salario cae dramáticamente. A estas alturas es claro que el programa ya ha fracasado.

En la cuarta fase el Gobierno debe aplicar un programa de estabilización con el FMI, o algún otro programa conservador que permita recuperar los niveles de reservas internacionales y detenga la salida de capitales.

Ciertamente, este paradigma captura muy bien los casos de Chile y Perú que analizan Dornbusch y Edwards. En Venezuela los gobiernos de Betancourt y Leoni no entran en esta categoría; tampoco lo hacen los gobiernos anteriores. A partir de los setenta, no obstante, se comienzan a practicar persistentemente políticas populistas, aunque no en las magnitudes de otros países latinoamericanos donde la inflación llegó a alcanzar hasta cinco cifras. Durante los dos gobiernos de Carlos Andrés Pérez, la política fue expansiva y la tasa de inflación aumentó sustancialmente. Durante su primera administración hubo aumentos compulsivos del salario, la inflación fue atacada con controles de precios y en su último año comienzan los cuellos de botella con un severo déficit de cuenta corriente[67] que hizo disminuir fuertemente las reservas internacionales. No obstante, el nuevo aumento en los precios del petróleo impidió que la economía se siguiera deteriorando.

En su segundo Gobierno, la expansión de la demanda hace aumentar la producción, el empleo y el poder adquisitivo del salario, aunque en esta ocasión no hubo decretos compulsivos. La expansión monetaria se refleja en el aumento en la tasa de inflación, la cual se mantiene sobre 30%. La alta inflación y un pésimo manejo macroeconómico crearon el escenario para la crisis de 1994, cuando comienza un nuevo episodio populista que concluye con la crisis de 1996.

El Gobierno de Luis Herrera Campins no es el típico paradigma

---

67   Esta es la diferencia entre las exportaciones y las importaciones.

populista. Su gestión más bien fue muy pobremente diseñada, y la devaluación de 1983 es ocasionada por la incompatibilidad de permitir que entrase toda esa cantidad de dinero producto del aumento en los precios del petróleo y mantener una tasa de cambio fija.

El Gobierno de Lusinchi recibió unas reservas internacionales mermadas. Sus dos primeros años fueron bastante conservadores, lo que permitió acumular suficientes reservas internacionales que permitieron financiar una fuerte expansión populista a partir de 1986, la cual culmina con la crisis de 1989. El de Lusinchi y la primera parte del segundo Gobierno de Caldera siguieron muy de cerca el típico estereotipo populista al que se refieren Dornbusch y Edwards.

Luego está la expansión en la demanda durante el chavismo. Durante los años de la bonanza petrolera, la expansión fue moderada al haber suficientes ingresos en dólares para financiarla. No obstante, cuando los precios del petróleo comienzan a bajar, el ingreso baja y el Gobierno adopta el paradigma populista en su entera dimensión, lo que ha llevado la economía a una inflación de, al menos, tres cifras desde 2016 y tiende a llevar a un escenario de hiperinflación en 2018.

11
¿Cómo se doblega la inflación?

La inflación no es amiga de la prosperidad económica. La gente sufre de estrés al ver sus salarios derretirse, redistribuye el ingreso a favor de quienes tienen más, reduce la producción, disminuye la competitividad de la economía y causa confusión e incertidumbre. Todo esto en conjunto aleja a la inversión y por ende frena el crecimiento económico. Venezuela es una economía que ha tenido una inflación de dos cifras por varias décadas. Según el FMI, en 2016 la inflación llega a 254,4%, en 2017 a 652,8% y está a las puertas de una hiperinflación en 2018.

Este capítulo aborda el tema sobre cómo disminuir la tasa de inflación a menos de 10% en economías de alta inflación o hiperinflacionarias. Como Venezuela nunca ha implementado un plan para bajar la tasa de inflación, ni siquiera se ha propuesto alguno, ilustraré las diferentes opciones políticas antiinflacionarias, con sus pros y contras, con la experiencia de otros países. Veremos cómo se han implementado, cuáles han sido sus resultados y cómo se han comportado esas economías en el ínterin. Las diferentes políticas macroeconómicas para doblegar la inflación se pueden clasificar en:

1. Heterodoxas
2. Ortodoxas
3. Caja de conversión
4. Uniones monetarias
5. Sustitución de monedas
6. Objetivo inflación.

El primer tipo, las políticas heterodoxas, fueron cubiertas extensamente en los capítulos precedentes, son el enfoque propuesto por la Cepal, que plantea propuestas contrarias a lo que usualmente dicen los libros de texto. Sobre las políticas basadas en "objetivo inflación" hablaremos en el siguiente capítulo, por lo que en este capítulo cubriremos los otros cuatro enfoques, las políticas ortodoxas, la caja de conversión, las uniones monetarias y la sustitución de monedas.

La dinámica de las economías de manzanas que utilizamos en los capítulos 6 y 7 para ilustrar qué causaba y cómo funciona la inflación sirve para ilustrar su comportamiento en economías de baja inflación, pero cuando la inflación alcanza niveles muy altos, ese comportamiento cambia, es distinto. Imagínese nuevamente que se producen 15 manzanas, cada manzana cuesta un bolívar y los privados en conjunto tienen 10 bolívares. El Gobierno tiene 5 bolívares. De forma que los privados pueden comprar 10 manzanas y el Gobierno 5.

En el primer caso que vimos, supusimos que el Gobierno quiere comprar 10 manzanas en vez de 5, pero como no quiere recaudar nuevos impuestos, decide imprimir los 5 bolívares adicionales que necesita. Quedarán 5 manzanas en el mercado y los privados podrán comprar solo cinco manzanas a dos bolívares cada una. También se argumentó que, si los privados supieran lo que iba a hacer el Gobierno, subirían todos los precios dos bolívares antes de que el Gobierno compre. La tasa de inflación en este caso es 100%.

El problema es el siguiente: cuando los privados no tienen certeza sobre qué hará el Gobierno, lo mejor que pueden hacer es formarse expectativas sobre lo que va a hacer. Suponga ahora que, en vez de dos, los privados "creen" que el Gobierno imprimirá dinero para hacer que los precios suban a 4 bolívares. Ellos se adelantarán y ofrecerán las manzanas a 4 bolívares y no habrá suficiente dinero para comprarlas todas, lo que causaría una recesión. No obstante, en la dinámica de la hiperinflación, el Gobierno valida ese aumento de precios imprimiendo más dinero, de forma que la tasa de inflación será 400%, cuatro veces más que en el caso previo. Esto nos indica el papel tan importante que juegan las expectativas y la credibilidad en la política antiinflacionaria.

En América Latina, la inflación fue un problema severo durante las últimas décadas del siglo XX. La mayoría de las veces, los gobiernos intentaron controlarla con programas "heterodoxos", siguiendo las sugerencias de la Cepal, que son políticas basadas en el ingreso, es decir, en controles de precios y salarios, y fijando el precio del dólar. El problema con este tipo de políticas es que no atacan el problema de fondo: imprimir dinero para financiar el gasto del Gobierno. Atacan las consecuencias, pero no las causas. En lo que sigue se analiza el caso de cinco procesos de estabilización. Los tres primeros, Alemania (1923), Bolivia (1985) y Perú (1990) aplicaron el mismo programa ortodoxo y en cada caso la economía se comportó de forma distinta, de allí el interés, porque nos da lecciones diferentes. Argentina implementó una junta de monedas o caja de conversión que tuvo un gran éxito inicial pero que terminó en una severa crisis. Abordaremos la causa del éxito y la del fracaso. Brasil cambió la moneda, pero no fue un simple cambio cosmético, sino que tuvo que implementar medidas complementarias para que funcionara. El programa de Brasil tiene algunas semejanzas interesantes con el de Alemania que luego discutiremos. Por último, analizaremos las uniones monetarias, es decir, la adopción del dólar, el euro o alguna otra moneda extranjera.

La hiperinflación alemana

La hiperinflación alemana de 1923 es una de las más altas de la historia. Mientras que en 1922 el billete de más alta denominación era de 50 mil marcos, en 1923 era de 100.000.000.000.000 marcos. Analicemos sus causas y por qué el plan de estabilización aplicado funcionó [Bresciani-Turroni, Constantino 1931, p. 335].

Las guerras napoleónicas pusieron fin al Sacro Imperio Romano Germano para dar lugar a la Confederación Alemana, la cual constaba de 39 Estados soberanos bajo la presidencia de la Casa de Austria. Desde entonces, el nacionalismo y la unificación de Alemania comenzaron a ser tema importante para los germanos. Esta se lleva a cabo finalmente después de la Guerra Franco-Prusiana de 1870, la cual termina con una contundente victoria prusiana. Alemania se reunifica y el rey de Prusia, Guillermo I, se convierte en el káiser de toda Alemania. Otto von Bismarck es nombrado primer ministro [Blackbourn y Eley 1984; Lee 1985].

Antes de la unificación, cada Estado alemán emitía su propia moneda, así que uno de los primeros problemas que Bismarck debió abordar fue la unificación de la moneda. Se decidió adoptar el patrón oro[68] y se creó el *goldmark*[69] (marco de oro), el cual se convirtió en moneda de curso legal a partir del 1º de enero de 1876. Al *goldmark* se le asignó el valor de 358 mg. de oro, es decir que el precio de 1 kilogramo de oro puro eran 2.790 *goldmarks* [Fergusson 2010].

Cuando estalla la Primera Guerra Mundial en 1914, comienza a haber corridas de bancos y el 31 de julio el banco central de Alemania, el

---

68   Patrón oro significa que, en este caso, el Banco Central alemán, el Reichsbank, se compromete a comprar y a vender cualquier cantidad de oro que el comprador/vendedor quiera al precio fijado.

69   El nombre oficial era simplemente "marco", el calificativo "de oro" se lo pusieron después para diferenciarlo de otras monedas que emitieron más adelante y que también llamaron marco. Aquí lo llamaremos también *goldmark* para evitar confusiones.

Reichsbank, suspende la convertibilidad del oro[70], elimina el *goldmark* y emite otra moneda, el *papiermark* (marco de papel)[71]. Pensando que sería una guerra corta, Alemania decide financiar la guerra endeudándose en vez de recaudar impuestos adicionales, como hicieron otros países. Después de ganar la guerra, según ellos, Francia pagaría la deuda alemana con oro. Pero la guerra fue más larga de lo inicialmente pensado, duró cuatro años, terminó en 1918 y Alemania fue derrotada y pierde los territorios de Alsacia y Lorena, los cuales pasan a manos francesas. Ese mismo año el káiser Guillermo II es derrocado y se instala el Gobierno republicano. El Partido Socialdemócrata de Alemania (SPD) asume el Gobierno durante los primeros años de la posguerra.

Como las principales batallas de la guerra ocurrieron en Francia, cuando termina, las principales regiones industriales francesas estaban devastadas. Bélgica también había sufrido daños importantes. Adicionalmente, los alemanes habían saqueado lo que pudieron para obtener cualquier material que pudieran usar para continuar la guerra. Por esa razón, los aliados fueron muy firmes en exigir que Alemania pagase reparaciones por los daños causados a Francia, Bélgica y algunos otros países [MacMillan 2003, p. 20].

En el Tratado de Versalles, Alemania admite su derrota y acepta pagar reparaciones por daños civiles ocasionados, pero no por el costo de la guerra. Se le exige un pago inicial de 20 millardos de *goldmarks*[72], que debían ser pagados en oro o en especies (madera, minerales, ganado, barcos, etc.), para financiar los gastos de ocupación de las tropas aliadas y comprar comida y materia prima en Alemania. También establece la creación de una Comisión de Reparaciones en 1921 que estudiaría la capacidad de pago de Alemania y decidiría el monto de las reparaciones que Alemania iría a pagar [Marks 1978, p. 231; Martel 2008].

Los primeros años después de la posguerra estuvieron signados por la incertidumbre sobre la magnitud de dichos pagos. En 1920, la tasa de inflación aumenta a 262%, y entre octubre de 1919 y marzo de 1920, el precio del dólar se triplica comportándose de forma errática, reflejando la incertidumbre sobre el futuro político y económico del país [Dornbusch 1985].

En mayo de 1921, el ultimátum de Londres le exige a Alemania pagar en reparaciones 132 millardos de *goldmarks* y le ordena a la Comisión

---

70   Quiere decir que deja de comprar o vender oro a cambio de marcos.

71   Esto lo hizo porque el material de las monedas del *papiermark*, que era papel, era más barato que el del *goldmark*.

72   Esta es una suma equivalente a unos 5 millardos de dólares de la época.

de Reparaciones exigir el pago por intereses sobre la deuda no pagada una vez que las finanzas alemanas se hubiesen recuperado. Los pagos podrían hacerse en oro o en especies[73]. También le exigían el pago de un millardo de *goldmarks* en los siguientes 25 días y 2 millardos de *goldmarks* más el 26% de sus exportaciones a partir del año siguiente, además de los gastos de ocupación. Los gastos de reparación representaban más de la mitad del ingreso por impuestos del Gobierno alemán [Boemeke *et al.* 1998, p. 410].

Entre 1919 y 1922, Alemania realizó los pagos correspondientes, que representaban alrededor del 10% de su ingreso nacional y una cantidad equivalente al 80% de sus exportaciones, la cual no era factible recaudar solo con impuestos directos. Eso indujo al Gobierno entre 1919 y 1923 a incurrir en déficits de 50% de su gasto. En otras palabras, a financiar la mitad de su presupuesto imprimiendo dinero. En 1922, la tasa de cambio se devaluó fuertemente y la inflación subió a 4.000%. Las dificultades económicas le hicieron a Alemania cada vez más difícil cumplir con sus compromisos de deuda y sus envíos de carbón comenzaron a decrecer por debajo de las cantidades acordadas. La incomodidad de los aliados, especialmente de Francia y Bélgica, era cada vez mayor. El 26 de diciembre de 1922, Alemania se declara incapaz de cumplir los términos de las reparaciones impuestas y decide suspender los pagos. El 9 de enero de 1923, la Comisión de Reparaciones declara a Alemania en mora [Holtfrerich 1986, p. 153; Keynes 1919, 1971; Sargent 1993; Webb 1989, p. 106].

Francia responde a la decisión alemana en enero de 1923 ocupando militarmente el Ruhr, la zona de mayor producción industrial de Alemania, para cobrarse directamente la deuda alemana con la producción de las empresas allí establecidas, pero los trabajadores alemanes responden declarándose en "resistencia pasiva", es decir, en huelga general. El Gobierno alemán apoya a los trabajadores imprimiendo dinero para pagar sus salarios, comprometiendo la estabilidad financiera del país. La cantidad de *papiermarks* en circulación comenzó a aumentar dramáticamente durante ese año. La tasa de inflación mensual, que había alcanzado 28% en diciembre de 1922, subió a 89% en enero de 1923 y a 111% en febrero de ese año. Luego de la crisis de enero, las autoridades intervienen vendiendo grandes cantidades de dólares para estabilizar el *papiermark*, lo que ocasiona una deflación de 17% en marzo

---

73   Las especies incluían carbón, madera, productos químicos o farmacéuticos, ganado, maquinaria agrícola, de construcción o de fábricas.

y una inflación de 7% en abril, pero que les hace perder la mayor parte de sus reservas internacionales (en oro en esa época), por lo que las autoridades dejan de apoyar al *papiermark* y la economía converge a una hiperinflación. A partir de mayo, la inflación y la depreciación del *papiermark* se aceleran, alcanzando una tasa de inflación mensual de 30.000% en octubre de 1923, esto equivale a 20% diario. Los precios se duplicaban cada cuatro días[74]. La inflación se retroalimentaba: durante el intervalo de tiempo entre la impresión de dinero y el gasto de ese dinero los precios habían subido tanto que no alcanzaba y había que imprimir más dinero. El Gobierno impuso controles de cambio intentando atajar los precios, pero fueron inútiles [Dornbusch 1985; Marks 1978].

Un punto importante es el siguiente: entre enero de 1922 y agosto de 1923, los precios crecieron 25.723 veces y la cantidad de dinero circulante creció 5.748 veces. Lo interesante aquí es que los precios crecieron mucho más que la cantidad de dinero. Eso ocurrió porque los alemanes evitaban usar *papiermarks* para tener moneda dura (dólares, por ejemplo). Estimaciones hechas dicen que el valor de las monedas extranjeras que circulaban en Alemania era varias veces la cantidad de *papiermarks* que circulaban, valorados ambos en unidades de oro [Sargent 1993].

Hacia el final del período hiperinflacionario, la tasa de cambio y los precios subían tan a la par que cualquier tipo de rigidez en la economía había desaparecido. En 1913, la cantidad de dinero en Alemania era de 6 millardos de *papiermarks*. En noviembre de 1923, una rodaja de pan costaba 428 millardos de *papiermarks* y un kilo de mantequilla casi 6 billones (millones de millones) de *papiermarks*. Desde que terminó la Primera Guerra Mundial hasta 1924, el nivel de precios había aumentado alrededor de un billón de veces [Bresciani-Turroni, Constantino 1931, p. 25].

Hacia finales de 1923, un nuevo Gobierno decide implementar un plan de estabilización. Varias medidas que tomaron lo permitieron. Primero, en octubre se da por terminada la resistencia pasiva. Segundo, una nueva legislación le permite al Gobierno suspender la Constitución si el interés económico lo requería. Tercero, en agosto de 1923 el Gobierno emite deuda por 500 millones de *goldmarks* en billetes de pequeña denominación, los cuales fueron aceptados por el público y

---

74   Keynes reporta cómo la gente ordenaba dos cervezas a la vez porque la segunda cerveza sería más cara, y que prefería trasladarse en taxi en vez de autobuses porque el pago se realizaba al final del viaje. Schacht reporta que la demanda de billetes era tan grande que había 133 empresas con más de 1.783 imprentas y 30 fábricas de papel trabajando 24 horas imprimiendo billetes para el Gobierno [Keynes 1923].

comenzaron a circular como moneda dura a pesar de que solo ofrecían una promesa del Gobierno de ser cambiados por oro.

Se aprobó una reforma monetaria que creaba una nueva moneda, el *retenmark* (marco seguro), a una tasa de cambio de 1.000.000.000.000 de *papiermarks* por un *retenmark*, el cual fue aceptado por los alemanes. Los precios se detuvieron, e incluso en junio de 1924 bajaron un poco. Siendo que lo que se hizo en la práctica fue cortarle 12 ceros a la moneda, ¿Por qué este plan funcionó? Porque en octubre habían creado por decreto una nueva institución, el Retenbank, que iría a sustituir al Reichsbank como banco central de Alemania. El decreto limitaba la cantidad de *retenmarks* que podía imprimir y fijaba también una cantidad máxima que podía darle al Gobierno. En tiempos cuando el Gobierno alemán financiaba casi el 100% de su presupuesto imprimiendo dinero, el Retenbank fue firme en no imprimir más dinero para el Gobierno [Sargent 1993].

Estas medidas obligaron al Gobierno a tener un presupuesto balanceado, es decir, a financiar sus gastos con impuestos. Para ello debieron aprobar una drástica reforma fiscal. En octubre de 1923, el Gobierno reduce su personal en 25%, todos los trabajadores por contrato cesaron y a los mayores de 65 años se les jubiló. En enero de 1924, hubo una nueva reducción de 10% de empleados públicos. Las empresas ferroviarias, que eran públicas, despidieron a 180 mil trabajadores, la Oficina de Correos despidió a 65 mil personas y el propio banco central despidió a unos 8 mil trabajadores. Adicionalmente, los aliados accedieron a renegociar los gastos de reparaciones [Young 1925].

Una vez que la economía se estabilizó, los alemanes comenzaron a deshacerse del dinero extranjero para utilizar el dinero propio, el *retenmark*. Usualmente, uno esperaría que una disminución en la cantidad de dinero en circulación disminuya la tasa de inflación y aumente la tasa de desempleo, pero eso no ocurrió en este caso y la estabilización vino acompañada, más bien, con un aumento en la producción y el empleo. En efecto, 1924 fue un buen año y la producción aumentó en Alemania [Sargent 1993].

¿Por qué no se deprimió la economía alemana con el programa de estabilización? La respuesta es que hubo credibilidad por parte del pueblo alemán sobre lo que el Gobierno estaba haciendo y prometía hacer. Para ello, el Gobierno debió tomar las medidas correctas y el pueblo recibir señales claras, como un aumento en la tasa de interés y reglas claras sobre las políticas monetaria y fiscal.

Hiperinflación en Bolivia

La inflación de 1984-85 en Bolivia ha sido la más alta de Latinoamérica y una de las más altas del mundo. La tasa de inflación salta de 25% en 1981 a 296% en 1982 y a 328% en 1983. En los dos siguientes años, el aumento de precios fue hiperinflacionario, registrando una tasa de cinco cifras medias entre agosto de 1984 y agosto de 1985. Morales y Sachs (1990) y Sachs (1986) documentan muy bien el caso boliviano. Al igual que en el caso de Alemania, en agosto de 1985 asume un nuevo Gobierno en Bolivia, que implementa un exhaustivo programa de estabilización que detiene la inflación en 10 días. Aunque los precios comenzaron a subir en enero del siguiente año, la inflación dejó de ser un problema en Bolivia. Fue un desempeño fantástico.

Algo interesante de la hiperinflación en Bolivia es que, a pesar de que implementó el mismo programa de estabilización ortodoxo que en Alemania, las causas que detuvieron la inflación fueron diferentes.

La historia comienza el 9 de abril de 1952, cuando el Movimiento Nacionalista Revolucionario de Víctor Paz Estenssoro toma el poder y comienza a implementar un programa económico consistente en nacionalizar las tres minas más grandes del país, implementar un extensivo programa de reforma agraria, adoptar un modelo de industrialización basado en la sustitución de importaciones y diversificación de las exportaciones, y algunos proyectos de colonización en tierras vírgenes al este del país.

Después de doce años de reformas de tinte izquierdista, el país se encontraba dividido y con mucha agitación política, los gobiernos civiles son derrocados y se instala una junta militar. En agosto de 1971 se produce un golpe de Estado dirigido por el general Hugo Banzer y respaldado por algunos grupos civiles. En sus comienzos, Banzer gobernó con una coalición de partidos que iban desde la izquierda radical hasta la derecha radical. A partir de 1974, no obstante, se apoyó en los militares y algunos tecnócratas y empresarios. El gobierno de Banzer tuvo la oposición de grupos de intelectuales, sindicatos y partidos de izquierda. No obstante, mantuvo gran popularidad en la clase media, los dueños de pequeños negocios y de algunos sindicatos a quienes les otorgaba buenas prebendas.

Banzer le dio la primera prioridad a la economía, al diseño de políticas que produjeran crecimiento económico, y en ese sentido y en general hizo un buen trabajo, ya que durante su Gobierno la producción creció a una tasa promedio de 5,4%. Pero esta aparente prosperidad tenía varios y muy importantes talones de Aquiles que pasarían factura durante los años ochenta. Primero, buena parte del crecimiento económico durante el Gobierno de Banzer se debió a subsidios que les otorgó a grupos privilegiados cercanos al régimen. Por otra parte, la prosperidad económica de su Gobierno se debía en buena medida al *boom* de las materias primas y a una fuerte entrada de capitales durante la década de los setenta que le permitieron financiar subsidios a grupos de interés y causar una sensación de bienestar económico.

A finales de los setenta, Banzer debió enfrentar crecientes presiones internacionales de los Estados Unidos y otros países por un retorno a la democracia, por lo que en 1978 organizó unas elecciones fraudulentas en las que ganó un candidato elegido por él, el general Juan Pereda. No obstante, la protesta masiva contra el fraude en las elecciones hizo que Banzer decidiera seguir en la presidencia, pero fue depuesto por un golpe militar. A partir de entonces, Bolivia comenzó un período de inestabilidad política en la que tuvo trece presidentes en menos de cinco años. En 1982, retorna la democracia y Hernán Siles Suazo fue llamado por el Congreso a asumir la presidencia. Fue el primer Gobierno democrático en 18 años. Siles había ganado unas elecciones dos años antes que los militares se habían negado a reconocer.

Junto con su partido, el izquierdista Movimiento Nacionalista Revolucionario (MNR), su Gobierno formó una coalición con el Movimiento de Izquierda Revolucionaria, el Partido Demócrata Cristiano y el Partido Comunista. Su elección había creado grandes expectativas de cambio económico y social y en un comienzo contó con el apoyo de los sindicatos, concediéndoles importantes aumentos salariales y algunas otras prebendas. A medida que la inflación se fue acelerando, no obstante, tuvo que eliminar algunas de ellas y los sindicatos se pusieron en su contra organizando huelgas.

Siles hereda un Gobierno con un ambiente político muy frágil y una situación económica muy difícil, con una tasa de inflación de 300%. Mientras que a Banzer le tocó una época de bonanza basada en el alto precio de las materias primas, a Siles le tocó lo opuesto, en buena medida como consecuencia de la recesión mundial por el aumento en los precios del petróleo, que luego se intensificó durante los ochenta.

El segundo problema era la deuda pública, la cual aumentó rápidamente en pocos años. En 1970, la deuda de Bolivia equivalía al 48,2% de la producción total del país. Este fue un año clave, ya que desde entonces se le había permitido regresar a los mercados financieros internacionales, a los cuales no había tenido acceso desde 1931, cuando había dejado de pagar la deuda del Gobierno. En 1977, Bolivia todavía tenía buenas relaciones con la banca internacional. Sin embargo, entre 1975 y 1983 la deuda pública boliviana aumenta de 48,6% a 111,8% de su ingreso nacional, lo que representaba un gran peso para el fisco. Las cosas empeoran a partir de 1980, cuando la Reserva Federal sube las tasas de interés para bajar la inflación en los Estados Unidos, lo que aumentó sustancialmente los pagos por la deuda externa. La banca internacional siguió otorgando créditos, pero a corto plazo y a tasas más altas. ¿En qué se gastaron esos créditos? La mayor parte en la empresa petrolera estatal, YPFB, también en el Complejo Minero Karachipampa, la compañía minera estatal Comibol y otros proyectos de inversión pública, la mayoría vinculados a los allegados al Gobierno.

El 17 de julio de 1980 comienza una nueva dictadura luego de un golpe militar encabezado por el general Luis García Meza, y Bolivia comienza a retrasarse en los pagos de la deuda, lo que finalmente conduce a su reestructuración en abril de 1981. No obstante, al siguiente año, Bolivia pierde el acceso a los mercados financieros internacionales, nadie le presta. Con la pérdida del crédito internacional, se acelera la salida de capitales. Ningún inversionista quería meter dinero en Bolivia.

La baja en el precio de las materias primas, el cese del crédito internacional y las salidas de capitales en conjunto crearon un déficit en el presupuesto, que el Gobierno no estaba en capacidad de cubrir con más impuestos y que decidió financiar imprimiendo dinero, lo que condujo a Bolivia a la hiperinflación.

Un programa de estabilidad exitoso comienza luego de que Víctor Paz Estenssoro es electo presidente y asume el cargo el 6 de agosto de 1985. Ese mismo mes, el nuevo Gobierno propone un plan que definió como la "Nueva Política Económica", el cual tenía una agenda que también incluía la apertura al libre comercio y la privatización de empresas públicas.

En lo que se refiere al aspecto macroeconómico, el programa contenía cuatro elementos:

1. Eliminar el control de cambios y adoptar una tasa de cambio flotante donde la compraventa de monedas extranjeras sea libre y el precio del dólar lo determine la oferta y la demanda. No obstante, no se deja que el precio del dólar caiga por debajo de cierta cota;

2. Una reducción drástica del déficit fiscal, aumentando los ingresos del Gobierno con un fuerte aumento en el precio de los servicios públicos, en especial el precio del combustible, y la congelación de los salarios del sector público;

3. Una reforma de las leyes fiscales para elevar las tasas de impuesto y dirigida a ampliar la base impositiva, la cual se aprobó un año más tarde; y

4. La firma de un acuerdo con el Fondo Monetario Internacional (FMI) que permitiera reestructurar los pagos de la deuda a gobiernos extranjeros.

A pesar de la insistencia del FMI, el Gobierno no reanudó los pagos a los acreedores privados, pero dejó de imprimir dinero de inmediato y casi detuvo la inversión pública con el objeto de reducir gastos. Los precios se detuvieron casi inmediatamente. De una tasa de 60.000% en su momento más crítico, la tasa de inflación bajó a 10,7% dos años después, en 1987.

¿Por qué hubo esa caída tan violenta de la inflación en Bolivia? La razón es la siguiente: para agosto de 1985, cuando Paz Estenssoro asume la presidencia, el dólar estadounidense estaba cumpliendo dos roles en Bolivia. Primero, era usado como unidad de cuenta, es decir, los precios de casi todos los productos, desde jabón, carne y sal hasta viviendas, eran fijados en dólares. Segundo, el dólar era utilizado como almacén de valor; la gente tenía casi todos sus ahorros y depósitos en dólares, y cuando recibía pesos bolivianos, los cambiaba de inmediato por dólares. Los cobros y pagos, no obstante, eran realizados en pesos bolivianos, a la tasa de cambio del mercado negro. El precio del dólar se estabiliza cuando el Banco Central deja de imprimir dinero y se compromete a tener un mínimo de reservas internacionales. Al estabilizarse el dólar, se estabilizan también los precios.

Observe que, en ambos casos, el boliviano y el alemán, la inflación se detiene de repente, pero por distintas razones. En Alemania, lo crucial fue la credibilidad de los alemanes en que el Gobierno convertiría el *retenmark* en oro en algún momento en el futuro. Los bolivianos, por el contrario, no tenían credibilidad en el Gobierno, pero el programa funcionó porque los precios todos estaban indexados al dólar. ¿Cómo sabemos que no había credibilidad? Por el comportamiento de la tasa de interés en pesos, las cuales permanecieron extraordinariamente altas por más de un año después de haberse iniciado el proceso de estabilización. Esto indica que los prestamistas estaban esperando tasas de inflación altas, es decir, no creían en el programa de estabilización, y fijaban las tasas de interés altas para protegerse del aumento de precios. Las tasas de interés fueron bajando paulatinamente, reflejando la creciente confianza de los prestamistas en la macroeconomía boliviana.

¿Cuánto costó el programa de estabilización? En otras palabras, queremos saber si la economía se expandió desde que comenzó el programa de estabilización o si pasó primero por una recesión, como usualmente sugiere la teoría. La evidencia es ambigua ya que en 1985 y 1986 la economía fue objeto de varios y fuertes *shocks* recibidos del exterior, que hicieron disminuir las exportaciones en una cantidad equivalente al 10% de la producción total del país. Con esa caída tan brusca en las exportaciones era muy difícil evitar una recesión, aun si existiese estabilidad macroeconómica. Sin embargo, a partir de 1987 la economía comenzó a crecer a un buen ritmo.

El *fujishock*

Luego de estar más de medio siglo alternándose gobiernos civiles y militares en el Perú, el izquierdista general Juan Velasco Alvarado lidera un golpe de Estado en octubre de 1968 contra el presidente Fernando Belaúnde Terry, el cual había sido elegido democráticamente en 1963. En 1975, Velasco a su vez es depuesto por otro golpe de Estado liderado por el general Francisco Morales Bermúdez.

En la segunda mitad de los setenta, los precios de las materias primas bajaron sustancialmente, en más de 25%, ocasionando una fuerte caída en el ingreso por exportaciones y por ende una recesión económica. El Gobierno devaluó la moneda y tomó medidas para facilitar el comercio exterior, y en 1979 la economía mostró nuevamente un buen ritmo de crecimiento económico [Chirinos 1985].

En 1980 se restablece la democracia y Fernando Belaúnde Terry es electo nuevamente presidente. Como el resto de los países de la región, a Perú le tocó lidiar con las condiciones externas adversas de esa década: la recesión de 1980-82 en los Estados Unidos, la caída en los precios de las materias primas, el aumento en las tasas de interés internacionales debido a la determinación de los Estados Unidos de doblegar la inflación y el consecuente aumento en el servicio de la deuda externa. Adicionalmente, Perú tenía un acceso muy limitado a los mercados financieros internacionales. Todo esto creó un gran déficit en el presupuesto del Gobierno que indujo al Perú a apelar a la ayuda del Fondo Monetario Internacional, el cual le impuso un programa ortodoxo de reducción del gasto público. El resultado fue que en 1982 y 1983 la producción cayó en 12% y 16%, respectivamente, y abandonó el programa.

En 1985, Alan García, del partido socialdemócrata APRA, gana las elecciones en medio de una situación especialmente difícil y de grandes expectativas, especialmente entre los más pobres. En 1984, la tasa de inflación se había ubicado sobre 130%, el pago de la deuda externa había sido aproximadamente igual al ingreso por exportaciones y el Gobierno había suspendido los pagos al FMI, cuyas políticas estaban siendo muy cuestionadas en esos momentos en América Latina por sus efectos recesivos. En cinco años, el ingreso per cápita había caído en 11%, los salarios del sector privado y público tenían respectivamente 16,6% y 41% menos poder de compra y las víctimas de la guerrilla Sendero Luminoso habían aumentado de 11 a 3.588 [Alzamora 1998; Chirinos 1985].

Para enfrentar la situación económica, Alan García anuncia un programa económico populista que impulsaría el crecimiento económico haciendo aumentar el consumo. Un aumento en los salarios, pensaban, aumentaría las ventas de las empresas y por ende sus ganancias, lo que estimularía la inversión, el empleo y la recaudación de impuestos, justificando a su vez el aumento de salarios.

El Gobierno basaba el éxito de su política en tres premisas. Primero, un aumento en la demanda aumentaba la producción, pero no estimulaba la inflación porque las empresas tenían mucha capacidad ociosa. Segundo, la tasa de interés no estimulaba el ahorro, pero sí desestimulaba la inversión, por ende, debía ser baja. Tercero, una devaluación no afectaba sustancialmente las exportaciones e importaciones y en consecuencia no constituía un serio problema, y la política de sustituir importaciones permitiría ahorrar suficientes dólares para equilibrar el sector externo [Carbonetto et al. 1987].

En efecto, la política económica consistió en aumentar los salarios por decreto y estimular la demanda aumentando el déficit fiscal, es decir, imprimiendo dinero para financiar un aumento en el gasto público. Cualquier brote de inflación sería atacado con controles de precios, de salarios, de tasas de interés y de las tarifas de los servicios públicos.

Los salarios aumentaron inicialmente 25% y se anunciaron incrementos trimestrales. Las reservas internacionales las protegerían con controles de cambio y no dedicando más del 10% de las exportaciones al pago de la deuda externa. La deuda peruana, que se cotizaba en 45 céntimos de dólar en 1985, se derrumbó en los mercados financieros, disminuyendo hasta apenas 5 centavos[75] en 1989. El Gobierno también rescindió los contratos con tres empresas petroleras estadounidenses [Reyna 2000, pp. 34-38].

---

75   Esto quiere decir que el Gobierno se comprometía a pagar 100 dólares al inversionista que le prestase 5 dólares.

El programa fue inicialmente exitoso. En 1986, la inflación había disminuido de 312% a 60% y la producción creció 9,5%. En 1987, los salarios tenían un poder adquisitivo 52% mayor que en 1985, la inflación disminuyó aún más, a 50%, y la producción creció otro 6,7% [Dornbusch 1985].

A pesar de las buenas noticias, a fines de 1985 ya se observaban las señales de alarma. La inflación, junto con el control de cambios, hacía aumentar las importaciones y encarecía las exportaciones. La inversión privada estaba estancada y el Gobierno empezó una creciente pugnacidad con la banca local. La respuesta del Gobierno fue siempre la de otorgar más subsidios, los cuales eran financiados con más impresión de dinero que posteriormente se traducía en menores reservas internacionales [Velarde y Rodríguez 1992].

El punto de inflexión fue el anuncio de nacionalizar la banca a mediados de 1987, y a comienzos de 1988 los resultados del programa se revierten. A pesar de los reiterados intentos de controlar los precios, la inflación explota y se ubica en 690%, haciendo aumentar el monto de los subsidios, ocasionando un alza considerable del déficit del Gobierno[76] que financiaba con más impresión de dinero. En 1989, la tasa de inflación escala a 3.400%, y en 1990, el último año de la gestión de Alan García, a 7.500%. Por su parte, según el Banco Mundial, la producción disminuye 9% en 1988, en 12% en 1989 y en 5% en 1990, y el ingreso per cápita disminuye en 11%, 14% y 7% respectivamente en esos mismos años. A comienzos de 1989, quedaban menos de 500 millones de dólares líquidos en reservas internacionales. El Gobierno había perdido el juego.

En las elecciones de 1990, un candidato desconocido, Alberto Fujimori, le ganaría las elecciones al reconocido escritor Mario Vargas Llosa, quien abiertamente ofrecía un programa ortodoxo de estabilización, planes de austeridad y políticas de mercado que la población veía con recelo.

Luego de asumir la presidencia, no obstante, Fujimori propone un programa ortodoxo muy similar al que había propuesto Vargas Llosa, pero el APRA de Alan García y Fredemo de Vargas Llosa, que habían obtenido la mayoría en ambas cámaras del Congreso, estaban obstruyendo el programa de reformas. El cuadro lo empeoraban los ataques terroristas de Sendero Luminoso, los cuales también habían aumentado sustancialmente. En respuesta, con el apoyo de las Fuerzas Armadas, Fujimori lleva a cabo un "autogolpe", disolviendo las cámaras del Congreso, sus-

---

76 Adicionalmente, en el intervalo de tiempo entre que el Gobierno cobraba los impuestos y los gastaba, los precios habían aumentado de tal forma que no alcanzaban para financiar el gasto previsto, así que se imprimía más dinero, creando un círculo vicioso.

pendiendo la Constitución y purgando la Judicatura [Levitsky 1999].

En agosto de 1990, Fujimori emprende de inmediato un programa ortodoxo de estabilización para detener la inflación. El objetivo central del programa consistió en eliminar el déficit fiscal disminuyendo el financiamiento del gasto del Gobierno con impresión de dinero y, por ende, la velocidad en la que estaba creciendo la cantidad de dinero en circulación. Para este propósito se creó un comité especial cuya función específica era hacer que los pagos del Gobierno fueran a la par con la recaudación de impuestos. Un comité similar se había creado también en Bolivia [Liviatan 1995].

Se implementó una reforma monetaria para restringir el crecimiento en la cantidad de dinero. La reforma no le impuso al Banco Central un objetivo explícito, pero sí le fijó límites al financiamiento del Gobierno mediante la impresión de dinero. A diferencia de los programas heterodoxos que buscaban detener la inflación fijando el precio del dólar, el programa de Fujimori dejó flotar libremente la tasa de cambio y limitó la cantidad de dinero en circulación para anclar la inflación.

La hiperinflación había hecho colapsar el gasto público, por lo que era irrealista reducirlo más; por ende, el Gobierno enfocó el ajuste fiscal en aumentar la recaudación de impuestos. El aumento en los ingresos se obtuvo aprobando nuevos aranceles, impuestos a los bienes inmuebles y otros de emergencia, exenciones de impuestos y un aumento drástico en el precio de los servicios públicos, en particular de la gasolina, que aumentó veinte veces.

Junto con el programa de estabilización, se comenzaron a implementar ambiciosas reformas estructurales para lograr un crecimiento económico sostenido que incluyeron la privatización de empresas públicas y la liberalización del comercio. Los depósitos en dólares fueron autorizados y se cambiaron las leyes laborales. Simultáneamente, las autoridades estaban determinadas a reinsertar al Perú en los mercados financieros internacionales, por lo que comenzaron a tener contactos amigables con los organismos multilaterales y la banca internacional.

El apego al programa de reformas y a mantener la disciplina fiscal indicaba que el compromiso de las autoridades peruanas para detener la hiperinflación y bajar la inflación a un dígito era tan fuerte como lo había sido en Bolivia. La hiperinflación se detuvo en seco, de 7.500% en 1990, la tasa de inflación bajó a 410% en 1991, pero, a diferencia de Alemania y Bolivia, en Perú la inflación fue persistente y, luego del declive inicial, las sucesivas bajas ocurrieron a un ritmo más lento. En Bolivia la tasa de inflación se ubicó en un dígito en dos años. En Perú, en 1992, la tasa de inflación registraba 74% y fue bajando paulatinamente hasta lograr ubicarse en un dígito (9%) en 1997.

¿Por qué la inflación en Perú fue tan persistente? La causa fue la incapacidad del Gobierno de convencer a los peruanos de que el programa mantendría la inflación baja a largo plazo. Perú había estado padeciendo de alta inflación desde mediados de los setenta y este no era el primer programa de estabilización que se anunciaba. Por el contrario, en el pasado se habían anunciado varios programas y la regla era que todos terminaban fracasando. De allí la necesidad de las autoridades peruanas de mantenerse apegadas al plan de estabilización, para generar credibilidad sobre su implementación a largo plazo.

Brasil: cruzeiro, cruzado y real

Pocos años después de terminar la Segunda Guerra Mundial, la inflación en Brasil alcanzó las dos cifras. No volvería a registrar un nivel menor al 10% sino hasta mediados de los noventa, luego de experimentar un período de hiperinflación. A mediados de los cincuenta, registraba 15% y para mediados de los sesenta había subido a 80%. En 1965-66 se aprobó una reforma financiera que creó un banco central, separó la banca comercial de la banca de inversión y le permitió al Gobierno endeudarse en moneda local para recoger parte del dinero en circulación[77]. En los cinco años siguientes, la deuda del Gobierno creció a niveles bastante mayores que sus necesidades financieras, a lo que respondió aumentando su presupuesto de gastos, especialmente de los gobiernos locales.

En los setenta se hablaba del milagro brasileño, con la producción creciendo a tasas de alrededor de 10%. El financiamiento de la inversión pública con ahorros privados parecía estar funcionando, pero el primer *shock* del petróleo en 1973-74 afecta esta estrategia de crecimiento, que el Gobierno enfrenta endeudándose en los mercados financieros internacionales e inyectándole más dinero a la economía. Ante el segundo *shock* del petróleo de 1979, el Gobierno decreta reiterados aumentos de salario que financia imprimiendo dinero. Para finales de la década, la deuda del Gobierno se había quintuplicado, el crecimiento económico desacelerado a la mitad y la inflación pasado la cota de 50% [Bevilaqua *et al.* 2001].

A principio de los ochenta, el Gobierno se propone balancear el sector externo. En particular, disminuir las importaciones para saldar los compromisos internacionales y para evitar que las reservas internacio-

---

77 El Gobierno vendía bonos a determinada tasa de interés a cambio de un dinero que sacaba de circulación.

nales siguieran cayendo. En 1981 restringe el crecimiento en la cantidad de dinero y la producción cayó en 10%. No obstante, la inflación, en vez de bajar, alcanzó la cota de 100%. Como el crecimiento en la cantidad de dinero con una tasa de cambio fija no es sostenible, el Gobierno tuvo que devaluar la moneda en 30% en 1983.

A partir de 1985, el Gobierno decide enfrentar y doblegar la inflación, cuya tasa ya era mayor de 200%. El aumento continuo de los precios tiene una prognosis particular. Primero, tiene un detonante: aumentar la cantidad de dinero más de lo necesario. Luego, un movimiento inercial que ocurre cuando los trabajadores y las empresas ajustan precios y salarios buscando mantener su poder de compra. El problema es que, cuando hacen eso, no habrá suficiente dinero para pagar esos aumentos. En ese punto el Gobierno tiene que tomar una decisión: validar los aumentos de precios y salarios imprimiendo más dinero, es decir, validar la inercia, o detener el aumento en los precios no imprimiendo más dinero, lo que hará que algunas empresas cierren y que aumente el desempleo.

El Gobierno implementa el Plan Cruzado, el cual pone en ejecución en febrero de 1986. El primer punto consistió en introducir una nueva moneda, el cruzado, que simplemente le quitó tres ceros a la moneda anterior, el cruzeiro. El plan se enfocó en políticas de ingreso para frenar el proceso inercial de la inflación. Se aumentó el precio de la electricidad en 20% y se decretó un control de precios y salarios, los cuales serían reajustados cada vez que los precios aumentaran 20%. También se introdujeron beneficios para los desempleados. No obstante, la principal herramienta utilizada para atajar la inflación fue mantener fijo el precio del dólar [Baer y Beckerman 1988].

Por otra parte, como la tasa de interés es más alta cuando la tasa de inflación aumenta, dando por sentado que la tasa de inflación en cruzados sería cero, el Gobierno disminuyó la tasa de interés en todos los contratos, de forma que, según ellos, el prestamista y el prestatario pagaran o recibieran la misma cantidad en términos de poder de compra.

Las políticas monetarias y fiscales fueron puestas en un segundo plano, acomodándose a las políticas de ingreso para mantener los niveles de empleo. Esto fue implementado, no obstante, de una manera sui géneris. Crearon el Conta Movimento del Banco do Brasil, un banco comercial del Gobierno, el cual actuaba como una autoridad monetaria paralela que tenía el poder de emitir dinero cada vez que lo considerase necesario o el Gobierno central lo requiriera para cumplir con sus objetivos de política económica, sin tener que pedirle permiso al Banco Central de Brasil.

En lo esencial, se estaba repitiendo el esquema de otras políticas hiperinflacionarias del continente: aplicar políticas de ingreso basadas en controles de precios, salarios, intereses y tasa de cambio para controlar la inflación, y a la vez expandir la cantidad de dinero de forma arbitraria. Los resultados fueron los predecibles. Inicialmente, el plan fue muy exitoso. En efecto, en 1986, la tasa de inflación mensual promedio se ubicó en 0,9% entre marzo y julio, No obstante, la economía se fue sobrecalentando y las ventas crecieron en 23% durante los seis primeros meses de 1986, en comparación con el mismo período de 1985. Los salarios aumentaron su poder adquisitivo en 14% entre marzo y septiembre. A medida que la cantidad de dinero aumentaba y los precios se mantenían congelados, la demanda de todos los productos iba aumentando, las empresas comenzaron a disminuir sus ganancias y por ende a perder interés en producir, ocasionando escasez. Así se fue creando una presión política para evitar una recesión, lo que significaba dejar aumentar la inflación al mismo tiempo que el Banco Central mantenía bajas las tasas de interés [García *et al.* 2015].

En julio de 1986, el Gobierno comenzó a implementar un nuevo paquete de medidas económicas, el Cruzadinho, para otorgar préstamos en combustibles, compra de vehículos, tickets aéreos y compraventa de dólares para gastos de viajes. Algunos precios fueron descongelados, la demanda aumentó y la economía se recalentó aún más. La inflación en 1986 cerró en 144%, la mitad del año anterior, pero los aumentos de precios locales en combinación con un precio fijo del dólar abarataban el precio de los productos extranjeros en comparación con los brasileños, haciendo disminuir las exportaciones y aumentar las importaciones, deteriorando las cuentas externas y reduciendo las reservas internacionales, y se acentuaron los rumores sobre una posible devaluación, lo que hizo aumentar la compra de dólares.

Para encarar la situación, en noviembre el Gobierno decide implementar el Plan Cruzado II, buscando elevar sus ingresos aumentando el precio de algunos servicios públicos y algunos impuestos indirectos. Estos aumentos hicieron subir los precios y el Gobierno reintrodujo la indexación de precios y salarios, una práctica muy común en Brasil desde los años sesenta y que nuevamente le daba fuerza a la inercia en la inflación, la cual era validada con repetidas expansiones monetarias, es decir, imprimiendo dinero. La tasa de inflación, solo en el mes de enero de 1987, se ubicó en 17%, y las reservas internacionales se deterioraron aún más. En febrero, el Gobierno decide suspender por tiempo indeterminado el servicio de la deuda externa con el objeto de parar la caída en las reservas internacionales y comenzar una fase de renegociación que apoyase la población.

En julio de 1987, las autoridades presentan el Plan Bresser. Como el Plan Cruzado, reimpone los controles de precios y salarios, pero aumenta el precio de los servicios públicos de electricidad y telefonía. Mantiene el impago de la deuda externa y la tasa de cambio fue objeto de un esquema de minidevaluaciones conocido como "crawling peg". También crea una "unidad de referencia de precio", la cual se usaría para indexar los niveles de salario trimestralmente. Se aumentaron las tasas de interés para que estuvieran por encima de la tasa de inflación y se planeó reducir el déficit fiscal, aunque solo un "déficit operacional", que consideraba pagos adicionales a los intereses de la deuda brasileña en cruzados para compensar el aumento en la inflación.

La reforma fiscal fue un fracaso. El déficit operacional alcanzó a 5,5% del ingreso nacional, una cantidad mucho mayor que el 3,5% que se esperaba. En febrero de 1988, no obstante, el Gobierno retrocede y decreta una liberación parcial de precios. La situación se complica cuando la inversión se desploma. En 1987, la tasa de inflación anual se vuelve a ubicar sobre 200%.

En enero de 1988 se implementó el programa Feijão-com-Arroz, que proponía una reducción paulatina del déficit fiscal y de la inflación. Se aplicaron políticas de ingreso al congelar algunos precios y salarios y se comenzó a pagar nuevamente la deuda externa. El entorno cambió y los resultados fueron distintos a los esperados. La cosecha de 1988 fue mala y una nueva Constitución, aprobada en octubre, aumentaba considerablemente el gasto del Gobierno central, en particular las transferencias que debía hacerles a los estados. Esto, junto con algunas otras medidas, monetizó el déficit y la inflación se triplicó en 1988, alcanzando 670% ese año.

En enero de 1989 anuncian el Plan de Verano, que en lo esencial era un programa ortodoxo, aunque con algunos elementos de políticas de ingreso. El plan, no obstante, fue bloqueado en el Congreso y nunca se implementó. La inflación en 1989 cerró en 1.160%. Así cerraba el último año de la década, con una inflación de 4 cifras y un ingreso per cápita que había disminuido en un tercio en 10 años.

En marzo de 1990, el primer presidente de Brasil electo democráticamente en 29 años, Fernando Collor de Mello, anunció el Plan Collor I. Para reducir el déficit fiscal, Collor propone un impuesto temporal sobre la intermediación financiera y la suspensión de incentivos fiscales, el aumento de otros impuestos de manera permanente, nuevos procedimientos para reducir la evasión fiscal, un número de privatizaciones y una reforma administrativa.

Para reducir las expectativas de inflación, el Plan Collor intenta disminuir la cantidad de dinero en circulación convirtiendo a la fuerza una gran porción del dinero que la gente y las empresas tenían en sus bancos en bonos del Gobierno. Esa porción alcazaba alrededor del 80% de los depósitos en la banca. Simultáneamente, para evitar una recesión, imprimiría dinero. Los precios y salarios fueron también congelados. La reforma fue muy impopular entre los empleados públicos y finalmente el programa casi no se implementó. Mientras tanto, la tasa de inflación alcanzó 2.170% y la producción cayó en 3% en 1990. En enero de 1991, el Gobierno anuncia el Plan Collor II, que en lo esencial era igual al primero. Una novedad de este plan es que la economía se abrió al comercio exterior y se pudieron privatizar algunas industrias. El plan fracasa parcialmente por la deposición del presidente Collor de Mello y la inestabilidad política del país que creó un clima de nerviosismo entre los inversionistas. La inflación fue escalando hasta pasar de 2.000% en 1994.

En 1994, Brasil anuncia el Plan Real. Una gran ventaja de este plan sobre los previamente anunciados es que desde el año anterior Brasil había normalizado sus relaciones con la banca internacional y muchos capitales comenzaron a entrar al país, al punto de que el Gobierno debió imponer controles sobre la entrada de capitales. Esto le permitió al Banco Central aumentar sustancialmente sus reservas internacionales [García et al. 2015; Carvalho y García 2008].

Se creó una nueva moneda, el real, valorada en 2.750 cruzeiros reales. El plan no fue aprobado por el FMI y no se llegó a ningún acuerdo con este organismo multilateral, pero tuvo un enfoque distinto a los planes anteriores para reducir el déficit y las distorsiones de los controles de precios.

En el Plan Real, la política fiscal fue negociada con el Congreso. Con el Fondo Social de Emergencia, se suspendió parte de los ingresos asignados a los estados y municipios y se aprobó un aumento al impuesto sobre la intermediación financiera.

En política monetaria, se estableció muy claramente la intención de limitar la emisión de dinero y asimismo se impuso una política de altas tasas de interés para restringir su circulación.

Para vencer el problema de la inercia, se creó una nueva unidad de cuenta, la Unidad Real de Valor (URV), para establecer una unidad paralela al devaluado cruzeiro real. La URV tenía una paridad uno a uno con el dólar. Los precios debían fijarse en URV por ley, pero las transacciones se hacían en cruzeiros reales. De esta forma los precios en cruzeiros reales subían a velocidad de hiperinflación, pero en URV permanecían constantes.

Este sistema permitió disminuir el problema de la distorsión de los precios relativos. Muchos precios eran negociados entre compradores y vendedores, aunque el Gobierno intervenía en aquellos precios de industrias muy concentradas, oligopólicas o monopólicas. Los salarios fueron convertidos en URV promediando el salario, medido en términos reales (en dólares), de los últimos cuatro meses. El 1º de julio de 1994, la URV desaparece para ser sustituida por una nueva moneda, el real, con una paridad igual a una URV, que era igual a un dólar. El plan fue un éxito. Para 1997, la tasa de inflación apenas registró 6,9% y el real se ha mantenido estable desde entonces. Actualmente, la política monetaria en Brasil se basa en el esquema "objetivo inflación", del cual hablaremos en los próximos capítulos.

Argentina: el plan de convertibilidad

Los problemas de inflación en la Argentina se remontan a finales del siglo XIX. Se estima que los precios en 1889 habrían subido en más del 30%, y en 1891 cerca del 50%. Un nuevo brote inflacionario ocurrió durante la Primera Guerra Mundial. Esa fue básicamente una inflación importada ya que los países beligerantes, en particular Italia, Francia y el Reino Unido, registraban tasas de inflación mayores de 100%. Al terminar la guerra, la tasa de inflación en la Argentina era de 26% [Asensio 1981, 1995; Wijnholds 2003; Williams 1920].

A mediados de los cuarenta, cuando Juan Domingo Perón llega al poder, las alzas de salario por decreto comienzan a hacerse frecuentes, y como la capacidad productiva de la economía no era suficiente para pagar esos salarios, comienzan a implementarse políticas monetarias para validar esos aumentos. En otras palabras, a imprimir dinero para que se pudieran pagar dichos salarios, creando una inercia de aumentos y validaciones. Entre 1945 y 1971, la tasa de inflación promedio en la Argentina fue de 25%, con un mínimo de 3,8% en 1954 y un máximo de 113% en 1959. Este promedio se ubicó en 60% entre 1971 y 1973, cuando el aumento en los precios de las materias primas le inyectó mucha liquidez [Rapoport 2011].

En 1973 retorna la democracia a Argentina y el peronismo vuelve al poder. La crisis del petróleo de esa década golpea duro a la economía y el déficit fiscal alcanza 14% del ingreso nacional. El precio del dólar estaba fijo a un nivel muy bajo, lo que encarecía las exportaciones y abarataba las importaciones, haciendo disminuir las reservas internacionales, que para finales de 1974 se habían reducido a un tercio de su nivel inicial. El Gobierno busca controlar la inflación con políticas de ingreso (controles de precios y salarios, etc.) y, simultáneamente, imprime dinero para financiar el déficit. La tasa de inflación en 1975 subió a 183% y en 1976 a 444%.

La invasión a las Islas Malvinas trae como consecuencia el retorno a gobiernos civiles. En 1983, Raúl Alfonsín es electo presidente y anuncia el Plan Austral para controlar la inflación y reactivar la economía. El Gobierno hizo el cambio estético de quitarle tres ceros al peso argentino y cambiarle de nombre por "austral". En el aspecto monetario, fue un plan heterodoxo basado en controles de precios y de la tasa de cambio. También declaró su intención de detener el financiamiento del déficit fiscal imprimiendo dinero. El plan fracasó, no obstante, porque hubo un inmenso gasto fuera del presupuesto y una política monetaria expansiva que imprimió el dinero para esos gastos. El Gobierno entonces anunció el Plan Primavera en agosto de 1988, el cual fue un típico programa heterodoxo basado en controles de precios, pero con un gran déficit fiscal financiado por el Gobierno. En pocos meses, el programa colapsó y la economía escaló hacia una hiperinflación, registrando una tasa de 1.542% en 1989 y de 2.305% en 1990. En la década de los ochenta, la producción disminuyó en 5% y el ingreso per cápita en 25% [Boughton 2001].

En 1989, el peronista Carlos Menem es electo presidente. Menen basó su campaña en vagas promesas de corte populista e inicialmente implementa un programa basado en políticas de ingreso (controles) y déficits financiados imprimiendo dinero, pero fracasa. En 1991, cambia de rumbo nombrando a Domingo Cavallo ministro de Economía y comienza a implementar políticas de corte ortodoxo y reformas orientadas hacia el mercado. Redujo el déficit del Gobierno con un programa masivo de privatizaciones y desreguló las leyes laborales para estimular la inversión extranjera. El eje central de su política fue la Ley de Convertibilidad, firmada el 1º de abril de 1991. Se creó una nueva moneda, el peso, con un valor igual a un dólar y equivalente a 10.000 australes argentinos. Se creó también la llamada "caja de conversión" o "junta de monedas", según la cual cada peso argentino estaría respaldado por un dólar estadounidense. La inflación se desploma en tres años. Para 1993, registraba 10%, y en 1994, 4%. El dólar podía circular libremente, por lo que se hablaba también de un sistema "bimonetario". En 1991 y 1992, la producción creció en 12% y en los dos años siguientes alrededor de 5%. Hubo considerable inversión extranjera en servicios públicos, puertos, trenes y bancos, entre otros. El país sufrió una recesión en 1995 producto del "efecto tequila", pero en 1996 la economía comenzó a crecer de nuevo [Saxton 2003].

El experimento desafortunadamente terminaría en una severa crisis. En 1999, Fernando de la Rúa es electo presidente y el país entra en otra recesión. El Gobierno estaba preocupado por el déficit fiscal que alcanzaba 2,5% de la producción en 1999, y pensaba que reduciéndolo inspiraría confianza. El problema era cómo hacerlo. Recortar el gasto era políticamente difícil, recortar impuestos para estimular el ingreso tardaría mucho en dar resultados. Los mercados financieros no estaban dispuestos a seguir prestándole dinero por la alta deuda, aunque el 10 de marzo de 2000, el FMI le aprueba un préstamo *stand-by*[78] por 7,2 millardos de dólares, y el 18 de diciembre le extiende otro por 40 millardos de dólares. El Gobierno tampoco quería abandonar la convertibilidad para ponerse a imprimir dinero, por lo que, por descarte, decide aumentar los impuestos. La mayor tasa de impuesto sobre la renta la ubica en 35%, un nivel similar al de los Estados Unidos, aunque, combinado con un impuesto de nómina al empleador, alcanzaba un 32,9%, El impuesto al valor agregado aumenta a 21%. También se crearon impuestos a las exportaciones y a las transacciones financieras.

Como era de esperarse, el aumento en los impuestos tiene efectos recesivos, al extraérseles dinero a los privados para que el Gobierno gaste lo mismo. La recesión se profundiza, la producción disminuye en 1,9%, 5,3% y 11,6% en los años 2000, 2001 y 2002, respectivamente. Esto resultó en una secuencia de ministros de Economía que fueron renunciando hasta que el 20 de marzo de 2001 nombran a Domingo Cavallo nuevamente como ministro de Economía. En esos momentos, el dólar estaba en su nivel más fuerte en los últimos 15 años, lo que perjudicaba a los exportadores. En respuesta, Cavallo anuncia cambios en el sistema de convertibilidad, introduciendo una ley para fijar el peso en una combinación 50-50 del dólar y el euro. Los inversionistas interpretan la propuesta como una señal de intención de devaluar el peso y comienzan a salir capitales, al principio lentamente. Las tasas de interés aumentan, al buscar los bancos retener los depósitos de los ahorristas. El 21 de junio, el Congreso argentino aprueba la propuesta de Cavallo, las tasas de interés empiezan a subir más rápidamente y las agencias

---

78   Un préstamo *stand-by* es una cantidad de dinero que el prestamista (en este caso el FMI) pone a disposición del prestatario (en este caso Argentina), el cual puede pedir prestado todo o parcialmente.

clasificadoras[79] rebajan la categoría de la deuda argentina. A comienzos de noviembre, Cavallo anuncia un nuevo conjunto de medidas para resolver el problema financiero del Gobierno. Después del 15 de ese mes empezaron a haber temores crecientes de que el Gobierno congelaría los depósitos bancarios en pesos, y los retiros de pesos comenzaron a hacerse masivos. En efecto, el 1º de diciembre el Gobierno ordena congelar temporalmente todas las cuentas y préstamos en pesos, a lo que se le dio el nombre de "corralito". Las transacciones en dólares continuaron. A pesar de la asistencia del FMI, la recesión se torna en depresión al no poder los negocios ni la gente realizar pagos [Saxton 2003].

La gente reaccionó con grandes protestas y cacerolazos. El 5 de diciembre, el FMI anunció que suspendería las cuotas del crédito que había otorgado a Argentina porque el Gobierno no estaba cumpliendo con las pautas del acuerdo. Luego de una huelga general, protestas y saqueos, Cavallo y el presidente De la Rúa renuncian. Eduardo Duhalde es nombrado presidente por el Congreso para terminar el período de De la Rúa. Duhalde estaba determinado a revertir las reformas promercado y, en particular, la Ley de Convertibilidad, la cual, a su juicio, estaba causando la recesión ya que el cambio uno a uno del peso con el dólar sobrevaluaba al peso [Krugman 2002; Roubini 2001]. Este es un argumento que había venido ganando fuerza en la Argentina. El 6 de enero de 2002 se aprueba la Ley de Emergencia Pública y Reforma del Régimen Cambiario junto con otras 22 medidas adicionales que le ponen fin a la Ley de Convertibilidad. Inicialmente, se establece un precio del dólar fijo en 1,44 pesos, pero luego se adopta un sistema de dólar flotante. Se convirtieron depósitos en dólares a depósitos en pesos a la tasa de 1,44 pesos por dólar, y el Banco Central toma las reservas en dólares de los bancos. Adicionalmente, el Gobierno libera 16 millardos de dólares que estaban congelados para darles soporte a los pesos en circulación dentro del marco de la Ley de Convertibilidad. La caja de conversión había dejado de existir.

El dólar, el euro y las uniones monetarias

Una estrategia que han seguido algunos países para doblegar el problema de la inflación ha sido renunciar a su moneda y adoptar una moneda fuerte en sustitución. Estos son casos particulares de uniones monetarias. Ecuador, por ejemplo, luego de haber estado registrando

---

79 Estas son empresas privadas, como Moody's y Standard and Poors, que clasifican todos los bonos, acciones y otros instrumentos financieros que se transan en la bolsa de valores en los Estados Unidos.

cifras de inflación de entre 20% y 50% desde los setenta, adoptó el dólar como moneda de curso legal en 2004 y desde entonces ha tenido tasas de inflación parecidas a las registradas en los Estados Unidos. Otro caso es el de Panamá, que permitió la libre circulación del dólar, el cual terminó por remplazar *de facto* al balboa como moneda de curso legal. Un caso planificado es el de la zona euro, cuando 19 países adoptan una nueva moneda en común, el euro. Algunos países de la eurozona como Francia, Irlanda, Italia, Grecia, Portugal y España, que habían tenido persistentes tasas de inflación superiores al 10%, se plegaron a un banco central con una fuerte ascendencia alemana, cuya fobia por la inflación había perdurado desde los tiempos de la hiperinflación de los años 20, logrando mantener desde entonces tasas de inflación menores al 5%.

¿Qué tan beneficiosas son las uniones monetarias? Los beneficios en términos de inflación son obvios. Están importando una inflación baja que le impone un banco central sobre el cual ellos no tienen ascendencia. En el caso de Panamá y Ecuador, ese banco central es la Reserva Federal de los Estados Unidos, y en el caso de los países europeos, el Banco Central Europeo. Pero en términos de producción, los beneficios pueden ser algo distintos. Ciertamente, en todos los casos lograron obtener altas tasas de crecimiento económico en sus comienzos, pero, con el tiempo, la buena suerte inicial puede cambiar, y es que las uniones monetarias tienen un hándicap muy importante en el "problema de los *shocks* asimétricos".

Cada región del mundo es distinta, y la región que es pujante por razones geográficas, sus recursos naturales o humanos o de cualquier otra índole, puede que no lo sea en el futuro. Esto puede deberse a los cambios en la tecnología, los gustos y las poblaciones y otras cosas. Hacia finales del siglo XIX y comienzos del XX, por ejemplo, Chile era el principal productor mundial de salitre. Su uso como abono natural lo convirtió en el motor de su economía y principal producto de exportación, pero el salitre pierde relevancia económica después de que se inventara el salitre sintético a fines de la Primera Guerra Mundial. Así, las áreas de explotación salitrera se deprimieron en beneficio de un posterior auge en las zonas cupríferas.

Conocida es la aparición de pueblos pujantes en los Estados Unidos en los primeros años de explotación petrolera, que se convirtieron en pueblos fantasma una vez que los pozos del petróleo allí encontrado se secaron. La gente que trabajaba en esos pueblos se fue a buscar mejor vida en otras partes. Cuando la industria textil aparece en Inglaterra, Manchester se convierte en una gran metrópoli debido a la migración de trabajadores buscando mejores oportunidades, pero ocurre a costas de la depresión económica en algunas zonas rurales. En Venezuela, cuando aparece el petróleo, mucha gente que vivía en las zonas agrícolas migra a las ciudades de la costa o a las zonas petroleras, abandonando el campo y deprimiendo la agricultura. Estos cambios que ocasionan un *boom* en alguna región y simultáneamente deprimen otras regiones son usualmente referidos como "*shocks* asimétricos", los cuales ocurren con mucha frecuencia en todas partes del mundo.

La característica común que tienen los cuatro ejemplos que acabamos de comentar es que las migraciones permiten que las economías se ajusten. El *boom* de las ciudades atrae a la gente del campo que busca mejores oportunidades. Situaciones similares ocurren si la población de una región crece más rápido que las oportunidades que ofrecen las industrias allí ubicadas. Las migraciones resuelven el problema. ¿Pero qué ocurre cuando la migración no es posible? La industria en *boom* no tendrá suficientes trabajadores y posiblemente no podrá desarrollarse, y quienes viven en la zona deprimida no tendrán otras opciones sino quedar desempleados. Pero este es el caso usual cuando los *shocks* asimétricos ocurren entre países. Si alguien se quiere mudar de Mérida a Caracas porque aparece una buena oportunidad, solo necesita querer mudarse, pero si esa oportunidad aparece en los Estados Unidos, Japón o México, no podrá mudarse a menos que tenga un permiso del Gobierno del respectivo país.

Con frecuencia, los *shocks* asimétricos se producen porque el país deprimido produce bienes y servicios muy caros y no puede competir con el exterior. Esta situación tiene dos soluciones posibles. La primera, prohibir la entrada de productos extranjeros. En este caso, el Gobierno decide qué consumen y qué no consumen sus habitantes. ¿Cuál es el producto que no entrará? ¿Internet? ¿Medicinas o comida? ¿TV por cable? Esta opción puede funcionar, pero su implementación puede ocasionar la retaliación de los países extranjeros afectados. Otra solución es hacer que toda la producción nacional sea más barata, lo cual se logra de una forma muy sencilla: devaluando la moneda. La crisis de 1992 en el Reino Unido ilustra muy bien este caso.

Los *hedge funds* son "fondos de cobertura de riesgo", que en realidad no cubren a sus clientes contra ningún riesgo, sino que hacen exactamente lo contrario. Ellos captan recursos del público para "jugar" en los mercados de futuros. En ocasiones el *hedge fund* pide prestado algún activo financiero (bonos, acciones, derivados, mercancía), el cual vende y promete devolverlo en algún momento determinado en el futuro

(30, 60 o 90 días, por ejemplo). Si el precio disminuye, compra el activo antes de devolverlo y se gana la diferencia. En la jerga financiera se dice que el *hedge fund* "se fue en corto". A veces, piden dinero prestado para comprar un activo financiero que venden posteriormente a mayor precio, en este caso se dice que el *hedge fund* "se va en largo".

Este tipo de fondos pueden ser muy rentables, ya que pueden invertir una cantidad de dinero mucho mayor que su capital. También pueden ser muy eficientes perdiendo dinero si se hace la jugada equivocada. Estas son instituciones no reguladas que solo necesitan tener capital suficiente para captar fondos y hacer que les crean sus promesas, así que su mejor activo es una buena reputación. El Quantum Fund, fundado en 1969 por George Soros, es un *hedge fund* que era muy notorio a comienzos de los noventa por la filantropía de su dueño.

En 1990, el Reino Unido se había unido al Mecanismo de Tipos de Cambio (ERM por sus siglas en inglés) del Sistema Monetario Europeo, el cual era una etapa previa a la adopción de una moneda única en Europa, el euro. Para ese tiempo no existía el Banco Central Europeo y, para efectos prácticos, ese papel lo estaba supliendo el banco central alemán, el Bundesbank. Alemania había comenzado el proceso de reunificación luego de la caída del Muro de Berlín y estaba gastando mucho dinero en la reconstrucción de la Alemania del Este, y temiendo que el excesivo gasto ocasionara un brote de inflación, el Bundesbank mantuvo las tasas de interés altas, atrayendo capitales y sobrevaluando el marco. El Reino Unido a su vez había entrado al sistema con un precio de la libra esterlina muy alto, que estaba afectando sus exportaciones y ocasionando una recesión.

Mientras tanto, Soros hacía planes para ganar mucho dinero. Durante un buen tiempo, con un perfil muy bajo, el Quantum Fund obtuvo líneas de crédito que le permitieron pedir prestadas libras esterlinas para comprar 15 millardos de dólares. El Fondo estaba bastante largo en dólares y corto en libras. En agosto de 1992, Soros cambia el bajo perfil por una estrategia de mucho ruido, dando entrevistas a periódicos y medios de comunicación financieros y advirtiendo sobre una posible devaluación de la libra. Soros apostaba porque el Gobierno tendría que devaluar la libra y lo logró. Los mercados financieros se pusieron nerviosos y empezó un ataque contra la libra. En unas pocas semanas, el Banco de Inglaterra gastó 50 millardos de dólares de las reservas internacionales defendiendo la libra. A mediados de septiembre, el Gobierno aumenta las tasas de interés para defender la moneda, pero políticamente esta medida trajo problemas, así que tres días más tarde el Reino Unido se sale del

ERM y deja flotar la libra esterlina, lo cual continúa ocurriendo hasta el día de hoy. Soros se ganó varios millardos de dólares y se convirtió en el especulador más famoso de todos los tiempos [Krugman 2009].

¿Estuvo bien lo hecho por Soros? La libra se estaba vendiendo a un valor muy alto, eso era lo que ocasionaba la recesión, y esa percepción existía en los medios financieros y económicos, por lo que difícilmente hubiera podido mantener el mismo precio, con o sin Soros. Lo que sí hizo Soros fue acelerar una devaluación que de todas maneras venía, y la salida del Reino Unido del ERM. El primer ministro británico, John Major, quien se mostraba como el campeón de la zona euro, sufrió un revés político del cual nunca se recuperó. Con la devaluación de la libra, la economía británica se recuperó velozmente y comenzó una década de crecimiento rápido.

¿Qué nos enseña la experiencia británica? Una recesión ocasionada por una tasa de cambio sobrevaluada se corrige con una devaluación. Una tasa de cambio sobrevaluada simplemente quiere decir que los precios locales son más altos de lo que debieran ser y por ende el país pierde competitividad, haciendo que bajen las exportaciones y aumenten las importaciones. La solución es una devaluación, pero si el Reino Unido hubiera estado dentro de la zona euro, su opción sería salirse o esperar que la recesión hiciera bajar los precios y los salarios, lo cual podría ser un proceso largo. Esta es la situación que se presentó dos décadas más tarde en España.

Los activos bancarios de la banca española constan fundamentalmente de bonos del Gobierno. Entre 1997 y 2007, la banca otorgó muchos préstamos para la construcción, en particular para el desarrollo de complejos de viviendas. El precio de los inmuebles aumentó en cerca de 200%. Como en los Estados Unidos, la banca española expandió excesivamente el crédito y la titularización, la cual creció seis veces entre 2001 y 2005, alcanzando el valor total de 71,8 millardos de euros. Una característica de la banca española fue el excesivo crédito que recibió de bancos internacionales, el cual llegó a alcanzar 40% del balance total de la banca. Esto le permitió sostener un creciente aumento en el crédito hipotecario que ocasionó y alimentó una burbuja inmobiliaria. Estas características sobre el comportamiento de la banca son únicas del sistema español, que no se dieron en el resto de Europa, con excepción de Grecia [Gros 2012; Maudos y Fernández 2008, pp. 122-123; Quaglia y Royo 2015].

El exceso de oferta de viviendas finalmente comenzó a hacer quebrar los proyectos inmobiliarios y la burbuja se comenzó a desinflar.

A medida que esto ocurría, los bancos comenzaron a tener problemas, causando una recesión que comenzó en 2009 y de la cual España todavía no se ha recuperado completamente. Algunos economistas de renombre estuvieron especulando sobre una posible salida de España de la zona euro, ya que una devaluación hubiera hecho disminuir los precios, medidos en euros, haciendo su economía más competitiva y aumentando sus exportaciones, pero el Gobierno optó por permanecer en la zona euro y tomar el largo camino de disminuir los precios con una recesión que ha probado ser larga. España fue objeto de un "*shock* asimétrico". La recesión en España es solamente española, el resto de Europa, aunque creciendo lento, no tiene una situación tan grave, pero la actitud del Banco Central Europeo no ha estado en función de sacar a España de la recesión sino de mantener la tasa de inflación en la eurozona estable. Ciertamente, si los desempleados españoles emigraran a otros países de Europa, lo cual pueden hacer sin restricciones, y que ocurre con frecuencia entre dos regiones dentro de un mismo país, el desempleo en España posiblemente ya estaría resuelto, pero las diferencias culturales, y especialmente de idioma, hacen difícil y rígida la movilidad laboral en Europa. No es lo mismo que un estadounidense se mude de Nueva York a Los Ángeles que un andaluz emigre a Varsovia [Otero-Iglesias y Steinberg 2016].

Ecuador, país que adoptó el dólar como moneda, está actualmente atravesando por una recesión ocasionada por los bajos precios del petróleo, de la cual no puede salir usando política monetaria, ya que renunció a ella. El *shock* negativo que esto ha causado en Ecuador resultó positivo para la economía estadounidense, por lo que la Reserva Federal no tomará medidas expansivas que favorezcan la economía de Ecuador sino, si acaso, hará lo contrario. Experiencias como las de España y Ecuador nos dicen que, si bien la adopción de una moneda externa puede traer beneficios en términos de controlar la inflación, no nos exime del problema de los *shocks* asimétricos. Lo que es bueno para Ecuador no necesariamente lo es para los Estados Unidos, y lo que es bueno para España no necesariamente lo es para la eurozona.

12
Controversia y avenencia de las ideas

La macroeconomía es una de las áreas del conocimiento más controversiales que ha habido por las implicaciones políticas que tiene. Actualmente existe bastante consenso sobre muchos aspectos en los círculos académicos y quienes dirigen las políticas sobre cómo debiera implementarse la política macroeconómica, en particular la monetaria, pero no siempre fue así. Antes de discutir el estado actual del conocimiento en el área y, en particular, el tema de la conducción de política monetaria, conviene hacer un breve recuento sobre cómo han evolucionado las ideas y los principales puntos de controversia.

Nuestra historia comienza con la Revolución Industrial, la forma en que cambió la dinámica de la economía, los nuevos problemas que aparecieron, las explicaciones que se dieron, su relación con las ideologías modernas del siglo XX que tantas vidas cobraron y cómo estas han ido siendo desplazadas por un enfoque más técnico sobre cómo entender los problemas de la sociedad.

¿Cómo era la vida antes de la Revolución Industrial? Imagine que estuviéramos en el año 1700. Los cambios en la sociedad eran muy lentos, como también lo era la rutina de la vida diaria. El estilo de vida de un europeo del siglo XVIII era mucho más parecido al de un romano del siglo I que al de uno del siglo XX. La mayoría de la gente vivía y trabajaba en el campo. Entre 1300 y 1750, el campesino promedio trabajaba una pequeña parcela de tierra donde tenía una vivienda. Las herramientas que usaba, tales como el arado de madera y los animales de carga, se habían usado por siglos. Su dieta diaria consistía principalmente en pan de centeno oscuro y atol de avena. Muchos nunca llegaban a probar un bocado de carne en toda su vida. Incluso comprar una prenda de vestir era un lujo. La mayoría de la gente era analfabeta y el servicio de salud era casi inexistente, se limitaba a unas pocas casas de enfermos administradas por la Iglesia. Las plagas eran frecuentes y ocasionaban grandes mortandades. De una población total de 80 millones, la infame Peste Negra mató a 25 millones de europeos entre 1348 y 1351, es decir, a un tercio de la población [Cipolla 1978; Sider 2005].

Aunque el dinero existe desde tiempos inmemorables, las transacciones que en el mundo preindustrial se hacían utilizando dinero eran relativamente pocas. Los campesinos, quienes constituían la inmensa mayoría de la población, producían casi todos los productos que consumían, dejando una porción pequeña para el intercambio mediante el trueque, ya que el dinero era usualmente escaso. En las ciudades, el dinero se usaba más, aunque las transacciones de trueque también eran muy comunes. El principal uso del dinero era en el comercio exterior. En las economías preindustriales, aunque existían los ciclos económicos, no existían las recesiones económicas como hoy las conocemos. Usualmente, cada etapa del ciclo duraba décadas, quizás un siglo. Una generación podía nacer y vivir en una época de bonanza como en una época de depresión. La gran mayoría de la gente en la Europa preindustrial había vivido con un ingreso de subsistencia por milenios, sin ninguna posibilidad de ahorrar para la vejez. Asimismo, ocurría en el resto del mundo. Al tema del crecimiento económico tal como lo conocemos hoy, es decir, el diseño de políticas para aumentar el ingreso de la población y mejorar sus condiciones de vida, no se le prestó atención sino hasta mediados del siglo XX. La principal preocupación de los primeros economistas era entender los ciclos de auge y caída de la producción. Economistas notables del siglo XIX como David Ricardo, John Stuart Mill o Carlos Marx murieron pensando que estaban viviendo en una época de expansión en el ciclo y no que estaban en presencia de un nuevo fenómeno causado por la Revolución Industrial.

Las economías monetarias, aquellas donde todos usan dinero cotidianamente para comprar, aparecen con la Revolución Industrial a finales del siglo XVIII. Esto era algo novedoso. Existía poco o ningún conocimiento sobre el funcionamiento de este tipo de economías. Con el uso generalizado del dinero, comienzan a aparecer ciclos de auge y caída de la producción de duración relativamente corta, la mayoría de las veces menos de una década. Según documenta el National Bureau of Economic Research, durante el siglo XIX hubo un período de recesión en los Estados Unidos en cada década, y a veces dos. ¿Por qué apareció ese nuevo fenómeno?

La macroeconomía antes y durante la Gran Depresión

La macroeconomía estudia las fluctuaciones que en la producción y el empleo tienden a mostrar los países. Se ocupa de determinar cuáles son los niveles de inflación, tasas de interés, precios, empleo y tipo de cambio, y los efectos que sobre estas variables tienen políticas del

Gobierno tales como un aumento o disminución del gasto público, en los impuestos o en la cantidad de dinero. La macroeconomía fue el centro del debate ideológico del siglo XX. Desde libertarios hasta comunistas, pasando por toda la gama intermedia, opinaron sobre los temas que estudia la macroeconomía. Con frecuencia se habló de revoluciones y contrarrevoluciones ideológicas, a medida que el debate iba tomando fuerza hacia uno u otro lado [Klein 1949; Johnson 1971; Begg 1982].

El título de esta sección es una ironía ya que la macroeconomía no existía ni antes ni durante la Gran Depresión. Durante esos años el mundo se estaba enfrentando a un fenómeno que ya había experimentado, pero que nunca había estudiado seriamente. No sabía cómo enfrentarlo y las ideologías desplazaron al inexistente conocimiento científico.

A comienzos del siglo XX circulaban algunas ideas importantes sobre temas de gran interés, pero que se abordaban de forma inconexa. Las dos principales eran: el papel del dinero en la economía y el ciclo económico. Sobre el dinero, dos importantes ideas estaban circulando. La primera era la teoría cuantitativa, de la que ya hemos hablado, según la cual un aumento en la cantidad de dinero que circula en la economía a la larga se refleja completamente en un aumento proporcional en los precios. La segunda era la dicotomía entre variables reales y nominales, entendiendo por esto que un aumento en la cantidad de dinero temporalmente se refleja de forma parcial en la producción (y en el empleo) y también parcialmente en un aumento en los precios.

La corriente de pensamiento económico que domina desde finales del siglo XVIII hasta mediados del siglo XIX es conocida como la "economía clásica" y la corriente que domina desde mediados del siglo XIX hasta los años de la Gran Depresión es conocida como la "economía neoclásica". La escuela clásica[80] es una respuesta de los científicos sociales a la revolución de las corrientes filosóficas del materialismo y el empirismo, según las cuales la naturaleza está regida por leyes inmutables. Su influencia más significativa ocurre con Isaac Newton y el nacimiento de la filosofía natural, el campo de la ciencia que hoy se denomina física. Su influencia permeó la interpretación de muchos pensadores sobre el comportamiento humano y de las sociedades, dando origen, en particular, a un enfoque según el cual una economía, al igual que en el mundo de la física, también tiende a autorregularse sin nece-

---

80 El término "economía clásica" fue acuñado por Carlos Marx para referirse a la teoría económica desarrollada por sus predecesores, en particular David Ricardo y James Mill. Keynes posteriormente extendió el término para referirse a sus predecesores también [Keynes 1936, capítulo 1, nota al pie 1].

sidad de una intervención externa, y en particular de la intervención humana. Algunos escritores se han referido a este enfoque inicial como "el maravilloso mundo de Adam Smith" [Cahan 2003; Heilbroner 1999].

La influencia de Smith se siente en el trabajo de los economistas clásicos, liderados por David Ricardo, quienes se enfocan en el estado permanente hacia el cual la economía converge, al cual denominaban "equilibrio". No negaban la existencia del ciclo económico, pero relegaban la importancia que las desviaciones temporales de dicho equilibrio pudieran tener, por lo que consideraban innecesaria la implementación de políticas que hicieran retornar la economía a su nivel natural.

Los economistas clásicos afirman que eventualmente un aumento en la cantidad de dinero se refleja solo en los precios, y que la producción y el empleo no se ven afectados una vez que todos los precios se ajustan de forma permanente. A esta propiedad se le llama "neutralidad del dinero". Los clásicos, no obstante, ignoran el proceso que ocurre mientras los precios no se han ajustado, es decir, mientras no sean estables. Los economistas neoclásicos aceptan que el dinero es neutral, pero comienzan a prestarle atención al proceso que ocurre mientras los precios no han terminado de ajustarse [Meltzer 1995].

La teoría cuantitativa desciende de Nicolás Copérnico, Martín de Azpilcueta y los escolásticos de la Escuela de Salamanca, quienes observaron cómo las crecientes cantidades de oro y plata que provenían de Suramérica ocasionaban un aumento de los precios en Europa. En 1691, John Locke la revive afirmando que los precios son proporcionales a la cantidad de dinero. Durante el siglo XVIII, Richard Cantillon y David Hume introducen la noción de causalidad, es decir, que un aumento en la cantidad de dinero crea una mayor demanda y por ende tiene el efecto inicial de aumentar los precios y la producción; esta es la *no neutralidad del dinero*. No obstante, afirman que el efecto sobre la producción es temporal, que al final los precios aumentarán en la misma proporción que la cantidad de dinero y que la producción retornará a su nivel inicial; esta es la *neutralidad del dinero*.

La teoría cuantitativa fue ampliamente aceptada tanto en los círculos académicos como en los del Gobierno hasta los tiempos de la Gran Depresión. El debate en el Parlamento británico durante el siglo XIX sobre la denominada "controversia bullionista" se centró en torno a cuál era la definición correcta de dinero, dando como resultado la adopción de la "doctrina de los *real bills*", según la cual, si un banco o el banco central se limitaba a descontar los papeles comerciales de buena calidad, es decir, a imprimir dinero para realizar préstamos a inversiones productivas, la cantidad de dinero se movería junto con las "necesidades del comercio", haciendo que la demanda adicional causada por la impresión de dinero fuese compensada por la producción futura de la inversión actual, por lo que no tendría efecto sobre los precios. La doctrina de los *real bills*, actualmente muy desprestigiada, fue impulsora de la severidad de la hiperinflación alemana y de la Gran Depresión [Mints 1945].

En 1802, Henry Thornton, uno de los protagonistas de la controversia bullionista, fue el primero en observar que, aparte del Gobierno, el cual acuña e imprime el dinero que circula en forma de monedas y billetes, los bancos también crean dinero. Thornton observa que cuando un individuo deposita en un banco, digamos, 100 libras esterlinas, el banco usa una porción de ese dinero, digamos 90 libras esterlinas, para otorgarle un crédito (préstamo) a un tercero. De esta forma, el individuo que inicialmente hizo el depósito posee 100 libras esterlinas en el banco, y el individuo que recibió el crédito tiene 90 libras, por lo que la cantidad total de dinero aumenta de 100 libras a 190 libras. También afirma que un aumento en la cantidad de dinero, sea creado por el Gobierno o por los bancos, temporalmente disminuye la tasa de interés, estimulando la inversión y presionando un alza en los precios. La teoría cuantitativa estuvo en el centro de la controversia bullionista y buena parte del debate se desenvolvió en torno a qué se consideraba dinero.

Al comienzo de la Gran Depresión, la teoría cuantitativa tenía más de un siglo reinando en los círculos académicos. Gozó de ese estatus hasta que aparece la *Teoría general* de John M. Keynes. En los años previos a la *Teoría general* aparecen dos importantes contribuciones. La primera, Irving Fisher y la escuela de Cambridge refinan la teoría cuantitativa, explicando cómo el dinero afecta la producción y los precios; y la segunda, Irving Fisher y Arthur C. Pigou demuestran que, controlando la cantidad de oro, las reservas de los bancos y la cantidad de dinero que el público desea tener, se podía controlar la cantidad total de dinero. A diferencia de los economistas clásicos, los neoclásicos se preocupan sobre la no neutralidad del dinero a corto plazo [Humphrey 1974].

Algunos economistas como Knut Wicksell integraron la teoría cuantitativa al análisis del ciclo económico, argumentando que la cantidad de dinero era la principal causante de los períodos de auge y caída en la producción. Un aporte crucial de Wicksell fue su énfasis en la diferencia entre lo que él llamó la "tasa natural de interés", que consistía en el margen de ganancias de la inversión, y la tasa de interés sobre préstamos; esta diferenciación fue lo que permitió identificar la forma en que interactúa el mercado de productos con el mercado financiero. A pesar de estos avances, ninguna de estas teorías decía nada relevante sobre cómo conducir la política económica en la contingencia de una crisis de desempleo. El conocimiento general sobre cómo funcionan las economías de mercado permaneció en un estado de confusión.

El otro tema de interés antes de la Gran Depresión era el ciclo económico. Aunque Adam Smith afirma que la oferta y la demanda se igualan en los distintos mercados, reconoce que también existe un período de ajuste que pasa por una etapa de desequilibrio. La pregunta que surge es si dichos desequilibrios se compensan de forma tal que la oferta y la demanda total de la economía se igualan. Si esto no ocurriese, entonces sucedería que la economía de mercado no funciona bien al no utilizar de manera eficiente los recursos de que dispone. Jean-Baptiste Say afirma que es imposible que exista un exceso generalizado de la oferta ya que, cuando se produce cualquier producto, el productor se vuelve ansioso de ofrecerlo en el mercado a cambio de una cantidad de dinero, de la cual busca deshacerse demandando algún otro bien. Esta es la llamada "ley de Say".

Esta ley pronto encuentra enconados adversarios y desde comienzos del siglo XIX la palabra "crisis" se utiliza para referirse a los ciclos de auge y caída en la producción. Thomas Malthus y Simonde de Sismondi son los primeros que proponen una teoría de subconsumo, según la cual las familias deciden consumir menos de lo que se produce, impidiendo que la demanda alcance a la oferta y ocasionando períodos de sobreproducción que generan desempleo. No obstante, los argumentos de David Ricardo a favor de la ley de Say prevalecieron durante la primera mitad del siglo XIX.

Carlos Marx también ofrece una teoría de subconsumo. Según él, como las empresas quieren maximizar sus ganancias, buscan sustituir a los trabajadores por máquinas que les permitan producir a un menor costo, pero la mayor producción a su vez ocasiona que su tasa de beneficios (ganancias) decrezca. El continuo incremento en la producción y desempleo conduce a un estado de sobreproducción que ocasiona una crisis y hace disminuir los precios, haciendo quebrar a muchas empresas y permitiendo operar solo a las más eficientes, lo que concentra el poder económico cada vez más en unos pocos. Según Marx, a medida que pasa el tiempo, este proceso crea un creciente "ejército industrial de reserva", desempleados en términos modernos, haciendo las crisis cada vez más severas y finalmente conduciendo a la revolución. Nada podía detener este proceso.

A comienzos del siglo XX aparecen un número de explicaciones sobre la causa de los ciclos de auge y caída en la producción y qué podía hacerse para atenuarlos. Friedrich A. Hayek y los economistas de la escuela austriaca argumentan que las crisis cíclicas eran ocasionadas por períodos de sobreinversión causados por un exceso de crédito otorgado por los bancos que era seguido por un período de contracción por la venta de activos, pero que estos ciclos eran inevitables, por lo que no sería prudente que el Gobierno interfiriera con ellos, ya que de hacerlo empeoraría la situación. Stanley Jevons argumenta que las crisis eran provocadas por fenómenos de la naturaleza, como las manchas solares, que afectaban las cosechas [Haberler 1937; Robbins 1971; Schumpeter 1934].

Algunos economistas eran más optimistas acerca de la posibilidad de implementar una política de estabilización, es decir, de eliminar o aminorar los ciclos de auge y caída. Arthur Pigou y Dennis Robertson afirman que existen factores reales, psicológicos y monetarios, que afectan la producción y el empleo, pero que la rigidez de los salarios hacía que el proceso de ajuste fuese lento, enfatizando que la política monetaria no era efectiva y por ende era conveniente aumentar el gasto en obras públicas para contrarrestar los efectos del ciclo. Ralph Hawtrey argumentaba lo contrario.

Las teorías del ciclo económico propuestas eran esencialmente narraciones sobre una sucesión de eventos que denominaban "fases", que estaban usualmente guiadas por un solo factor exógeno. Algunos de estos factores eran de naturaleza "real" como los cambios en el clima y la tecnología, otros eran de naturaleza monetaria como el comportamiento de los bancos (incluyendo los bancos centrales), y aun otros de naturaleza psicológica como las olas de optimismo y pesimismo de los inversionistas. Si el factor se movía favorablemente, las cosas iban bien; si no, iban mal.

A diferencia de los economistas clásicos, los socialistas del siglo XIX, en particular los marxistas, concebían al ciclo económico como algo inherente a las economías de mercado, un proceso endógeno en el cual la intervención del Gobierno para atenuarlo era inútil. Solo había que esperar el desenlace del proceso, el fin del capitalismo. Curiosamente, la escuela austriaca, ubicada en el extremo opuesto al marxismo, también afirmaba que el Gobierno no debía intervenir, pero, a diferencia de los socialistas del siglo XIX, su justificación era que el ciclo económico se regulaba por sí solo y que cualquier intervención del Gobierno empeoraría las cosas.

Las explicaciones de los economistas prekeynesianos no decían nada sobre cómo la interacción de los diferentes mercados afectaba al ciclo, por lo que difícilmente pudieran calificarse como teorías económicas. La discusión sobre la conducción de la política monetaria estaba divorciada de la forma como la conducían los gobiernos. Aunque en ocasiones hubo discusiones sobre si debía mantenerse el patrón oro, cambiarse al patrón plata, a un patrón bimetálico o algún otro arreglo cambiario, en la práctica el objetivo de la política monetaria era manipular la tasa de interés para evitar que el banco central perdiera reservas de oro y así poder mantener constante el precio del oro, es decir, seguir atado al patrón oro. Objetivos económicos tales como metas de producción, empleo y precios no estaban en la agenda de los gobiernos ni de los banqueros centrales. La cantidad de dinero en la economía estaba gobernada por la doctrina de los *real bills*, la cual, más que una teoría elaborada científicamente, se había convertido en un dogma que se impuso a raíz de la controversia bullionista, en la que imperaron los intereses del Banco de Inglaterra, que para entonces era un banco privado. La severidad de la Gran Depresión obligó a cambiar la atención de los enfoques dinámicos sobre los ciclos de auge y caída hacia otros que pudiesen decir algo que pudiera hacer el Gobierno para que la economía saliese del severo problema en que estaba. En esos tiempos de confusión surge la "revolución keynesiana".

La revolución keynesiana

El debate macroeconómico desde la Segunda Guerra Mundial ha estado protagonizado por tres corrientes. La primera, el enfoque clásico, es partidaria de una economía de mercado sin intervención alguna del Gobierno. La segunda, el enfoque heterodoxo, es partidaria de eliminar la economía de mercado en favor de una sustancial intervención estatal. La tercera, una mezcla de las dos anteriores, es partidaria de una economía de mercado en la que el Gobierno intervenga para matizar los ciclos de auge y caída. De esta última corriente han existido cientos de matices que han sesgado la opinión hacia uno u otro lado, que implican una mayor o menor intervención estatal en la economía.

El estado de la ciencia hasta mediados del siglo XX, en particular de las matemáticas y las estadísticas, así como la ausencia de computadores digitales, hacía imposible contrastar cuál de estos matices se ajustaba mejor a los hechos y cuantificar los efectos de políticas alternativas. Esto hacía prevalecer el debate ideológico sobre la investigación científica en la política económica.

Nuestro cuento comienza durante los años de la Gran Depresión, cuando todavía predominaba en la academia la economía neoclásica. El libro de John Maynard Keynes *Teoría general de la ocupación, el interés y el dinero* tuvo un impacto intelectual y político profundo al permitir abordar problemas sobre el diseño de políticas económicas que permitiesen combatir las crisis de desempleo. La trascendencia de la obra de Keynes probablemente ha estimulado más páginas de discusión, análisis y controversia que el trabajo de cualquier otro economista [Heilbroner 1999].

Keynes afirma que las depresiones económicas ocurren porque los mecanismos de mercado no pueden funcionar por sí solos para sacar a la economía de una depresión, y que una intervención del Gobierno para estimular la demanda, preferiblemente aumentando el déficit fiscal (pidiendo prestado para financiar un aumento en el gasto), resulta un remedio efectivo.

¿Qué es lo novedoso de la teoría keynesiana? Cuando Keynes escribe su *Teoría general*, la mayoría de sus componentes tenían ya décadas rondando. Ideas tradicionalmente vistas como keynesianas, como el ajuste lento de los salarios para explicar el desempleo y justificar el aumento del gasto público para combatir las depresiones, ya habían sido exploradas anteriormente. También habían sido escritas explicaciones sobre el comportamiento aislado de cada uno de los mercados. El salario y el empleo eran determinados por la demanda y la oferta de trabajo, la tasa de interés por la oferta de ahorros y la demanda de fondos para financiar la inversión, y el nivel general de precios por la oferta y demanda de productos. Más aún, las ideas más controversiales de Keynes que lo apartan de la corriente de pensamiento que prevalecía entre sus contemporáneos son las que menos han perdurado en el tiempo. Entonces, ¿en qué consistió el genio de Keynes? Al igual que Adam Smith siglo y medio antes que él, su gran aporte fue ensamblar esas ideas en una sola estructura teórica que explicase cómo interactúan los mercados de productos, financiero y de trabajo para determinar el nivel de producción, empleo, interés y precios en cada período de tiempo y así poder tomar decisiones de política para contrarrestar los ciclos de auge y caída. Esa unificación es lo que le da a su explicación el carácter de teoría, es la base sobre la cual se desarrolla la macroeconomía que conocemos hoy en día y que lo convierte a él en el creador de la ciencia macroeconómica tal como la entendemos hoy [Laidler 1999][81].

---

81   En realidad, la exposición de Keynes fue verbal y en ocasiones algo confusa y bastante com-

¿Qué plantea la teoría keynesiana? Utilizando un enfoque psicológico, Keynes argumenta que la economía está gobernada por los "espíritus animales" de los inversionistas. Si una ola de pesimismo se apodera de sus mentes, en vez de invertir en proyectos riesgosos, las empresas prefieren utilizar su dinero para comprar algún activo que produzca un rendimiento seguro, como bonos del Gobierno, es decir, prestándole dinero al Gobierno[82]. El dinero que los inversionistas le pagan al Gobierno por la venta de los bonos sale de circulación, por lo que la cantidad de dinero que circula disminuye. Este cambio en el portafolio de los inversionistas hace que la economía tenga menos dinero del necesario para mantener el nivel de producción y dar empleo a todos los trabajadores. Así, las empresas y las familias en conjunto gastan menos, la demanda total de la economía disminuye y los precios en general bajan. Pero la historia no termina allí: al disminuir la demanda, las ventas caen aún más, causando asimismo una mayor caída en la producción, las ganancias de las empresas y el nivel de empleo, ocasionando un ciclo vicioso. Los keynesianos denominan a este fenómeno "efecto multiplicador".

Es importante enfatizar que mientras mayor sea la cantidad de bonos que los inversionistas quieran comprar en respuesta a un cambio en la tasa de interés, menor es la cantidad de dinero que quieren invertir para construir capital, mayor el impacto de una caída de la inversión sobre la producción y más inestable es la economía. Los economistas clásicos reconocen que el desempleo es causado por el aumento en el poder adquisitivo del salario que ocurre cuando los precios bajan, en otras palabras, porque los salarios están muy altos, pero que la disminución en el empleo a su vez resulta en un menor salario que reduce la cantidad de dinero al nivel necesario para dar empleo a todos los trabajadores, quienes finalmente retornan a su nivel inicial de poder adquisitivo; en ese punto, las empresas recuperan sus márgenes de ganancias y la producción y el empleo su nivel original de pleno empleo, por lo que solo hay que esperar que la economía reaccione por sí sola.

Keynes no niega la idea de que los mercados se autorregulan y acepta el argumento de los clásicos, pero afirma que los salarios son rígidos a la baja, en el sentido de que disminuían muy lentamente ante una caída en la demanda de trabajadores, lo que hace que no haya suficiente dinero

---

pleja. La base de los modelos modernos no la escribió directamente Keynes, sino John R. Hicks en su famoso artículo "Mr. Keynes and the Classics", el cual se ha utilizado para fines pedagógicos en todas las escuelas de Economía desde la posguerra [Hicks 1937].

82 En los Estados Unidos se considera que los bonos del Gobierno, deuda pública, es un activo seguro. Este no es el caso con la deuda púbica en otros países del mundo.

circulante para pagar a todos los trabajadores. Si los salarios no disminuyen, el menor nivel de precios permite a los trabajadores comprar más productos, aumentando su poder adquisitivo y reduciendo las ganancias de las empresas. Esto último hace que los precios y las ganancias de las empresas vuelvan a disminuir y que se despidan aún más trabajadores, lo que resulta en un desempleo todavía mayor. En consecuencia, la economía traslada su equilibrio inicial a uno nuevo caracterizado por baja producción y una reducción involuntaria en el empleo que resulta de la insuficiente cantidad de dinero que circula. Este análisis conduce a la conclusión de que la economía es inestable, alternando períodos de prosperidad con otros de estancamiento que dependen de circunstancias externas, como las olas de pesimismo u optimismo. El análisis así expuesto también justifica la implementación de políticas de estabilización que permitan que la economía retorne a sus niveles iniciales de empleo.

Aunque Keynes reconoce que existe un "efecto hicksiano", según el cual una menor demanda de crédito debido a la menor inversión ocasiona una disminución en la tasa de interés que a su vez estimula un mayor crédito e inversión, afirma que este efecto no es lo suficientemente fuerte para contrarrestar la caída en el ingreso. Keynes afirma que, si la rigidez de los salarios a la baja es persistente y duradera, el resultado será una situación de desempleo prolongado, la cual ilustra con su famosa frase "a largo plazo todos estamos muertos".

Keynes acepta que una reducción en el salario hace retornar el nivel de empleo a su estado inicial, pero él no estaba interesado en ofrecer esa solución a la depresión. En su lugar propone que el Gobierno gaste lo que no quieren gastar los privados, de forma que la demanda total se mantenga constante. Una política de este tipo acelera el retorno a los niveles iniciales de producción y evita las crisis prolongadas de desempleo. Esto le daba al Gobierno una responsabilidad que hasta entonces no había tenido: la de mantener permanentemente una *buena entonación* de la producción y el empleo.

Keynes también reconoce que una expansión monetaria tiene un efecto similar. Cuando las autoridades incrementan la cantidad de dinero que está circulando, la mayor parte de ese dinero es depositada en bancos comerciales que se ven en la necesidad de prestarlos a empresas o individuos, y para incentivar una mayor demanda de préstamos, las tasas de interés disminuyen, lo que abarata los costos financieros de las empresas, incentiva la inversión y aumenta la producción y el empleo.

Haber vivido durante los años de la Gran Depresión hizo que Keynes le diese poca importancia al papel de la política monetaria. Durante esos años, las recurrentes quiebras de bancos ocasionaron una gran desconfianza del público sobre la solidez de la banca, por lo que la mayor parte del dinero depositado en los bancos estaba en cuentas de cheques que permitían recuperarlo en cualquier momento si había alguna sospecha de que el banco pudiese quebrar. Por otra parte, el poco nivel de inversión había hecho que las tasas de interés bajaran hasta, literalmente, casi cero, por lo que la diferencia entre tener dinero depositado en una cuenta de cheques o ganando intereses era prácticamente nula. Esta situación obligó a los bancos a tener mucha cautela para otorgar créditos. Más aún, en esas circunstancias, si el Gobierno decidiera aumentar la cantidad de dinero que circula, como la tasa de interés no puede ser menor que cero, no habría ningún estímulo adicional a la inversión y todo el dinero adicional se destinaría a comprar activos como bonos del Gobierno, devolviéndole a este el dinero que acaba de poner en circulación. Este fenómeno, conocido como la "trampa de la liquidez", permite concluir que la forma adecuada para estimular la demanda y aumentar la producción y el empleo es aumentar el gasto público o disminuir la recaudación de los impuestos, es decir, mediante una expansión fiscal.

Una característica del análisis keynesiano es que solo explica efectos de corto plazo, queriendo decir con esto que los efectos ocurren antes de que los precios y salarios se ajusten a la baja. Esta rigidez en los precios y los salarios es lo que evita que las ganancias de las empresas y el poder adquisitivo de los trabajadores retornen a su nivel inicial y hace posible un "equilibrio" con desempleo. Keynes nunca se preocupó por conciliar el efecto de corto plazo con el de largo plazo que enfatizaban los economistas clásicos.

En sus comienzos, algunos vieron el keynesianismo como un enfoque alterno e irreconciliable con el enfoque clásico de que los mercados se autorregulaban, pero es precisamente la integración de ambos plazos, el de la teoría keynesiana con la que enseñaba Alfred Marshall, la tarea que emprenden los sucesores de Keynes. La teoría keynesiana tal como la conocemos actualmente fue desarrollada durante la década de los cuarenta y los cincuenta, y es usualmente relacionada con los nombres de John R. Hicks, Paul A. Samuelson, Robert Solow, Franco Modigliani, James Tobin y Don Patinkin, entre otros. Sobre la base de la *Teoría general*, los keynesianos desarrollan formulaciones matemáticas que permiten darles precisión a los argumentos de Keynes. De ellos, Hicks, Samuelson, Solow, Modigliani y Tobin terminan por ganar el Premio Nobel de Economía por su contribución a desarrollar y darle forma, o refinar, en palabras de Michael Woodford, la teoría propuesta inicialmente por Keynes [Friedman 1957; Hicks 1939; Lange 1944; Modigliani y Brumberg 1954; Patinkin 1957; Samuelson 1944; Tobin 1957; Woodford 1999].

Un aporte keynesiano de importantes implicaciones es la "curva de Phillips", la cual establece que existe una relación inversa y estable entre la tasa de inflación y la tasa de desempleo. Este divorcio entre la inflación y el desempleo parecía estar validado por todos los estudios estadísticos de la época. El argumento es el siguiente: como los precios y la producción suben cuando la demanda sube, un aumento general en la demanda de productos incentivará a las empresas a aumentar la producción y el empleo, por lo que la tasa de desempleo baja. Mientras mayor sea el estímulo de la demanda, mayor será la disminución en la tasa de desempleo. Simultáneamente, la mayor demanda se refleja en un mayor nivel de inflación. De esta forma, los keynesianos justifican el "divorcio" entre la tasa de inflación y la tasa de desempleo. Sus implicaciones de política son muy importantes, ya que establece que existen muchas posibles tasas de desempleo en equilibrio, cada una asociada con una tasa de inflación diferente, y el papel de los gobiernos es en consecuencia decidir la combinación adecuada de inflación y desempleo [Phillips 1958].

Keynesianos y monetaristas: ¿aliados o rivales?
Durante las décadas de los cincuenta y los sesenta, la teoría keynesiana reina en el mundo académico y de las políticas públicas, Las prescripciones de política son de corte keynesiano, las economías se comportan como predecía la curva de Phillips y las autoridades deciden en cada período si quieren más empleo a costa de una mayor inflación o viceversa. Desde los años cincuenta, sin embargo, había estado emergiendo una nueva escuela que formulaba severos ataques y objeciones a la teoría keynesiana y que finalmente revolucionaría nuestro entendimiento sobre cómo funcionan las economías de mercado. Esta corriente es la "escuela monetarista", usualmente asociada con los nombres de Milton Friedman, Karl Brunner y Allan Meltzer. Los monetaristas argumentan que había que retornar al enfoque clásico que enfatiza la efectividad del sistema de mercado para autorregularse. Como ha ocurrido con frecuencia en otros episodios de la historia de las ideas económicas, el cambio de enfoque lo motorizan sucesos políticos. En esta ocasión fueron la reforma del sistema de seguridad social de los Estados Unidos y la Guerra de Vietnam [Friedman 1946, 1949; Modigliani 1977].

Corrían los años sesenta. La experiencia de la Gran Depresión y la Guerra Fría les habían enseñado a las democracias occidentales la importancia de la seguridad social. En los Estados Unidos, este aprendizaje se refleja inicialmente en las reformas que implementa el presidente Franklin D. Roosevelt con las políticas del New Deal. De particular relevancia fue la reforma de 1961 que redujo la edad mínima de jubilación a 62 años y la de 1965 que creó el Medicare, un programa de cuidados médicos administrado por el Gobierno para beneficiar a los mayores de 65 años y a los jóvenes discapacitados o con algunas enfermedades terminales, y al cual se incorporaron unos 20 millones de personas durante los tres años que siguieron [Skocpol, 1995].

El otro episodio, la Guerra de Vietnam, fue consecuencia de la pugna entre los Estados Unidos y la Unión Soviética durante la Guerra Fría. Teniendo como escenario Vietnam, Laos y Camboya, la guerra, que comienza en 1955, fue la continuación de la Primera Guerra Indochina (1946-54), que divide al país entre el régimen comunista de Vietnam del Norte, apoyado por la Unión Soviética y China, y el régimen nacionalista de Vietnam del Sur, apoyado por los Estados Unidos. La guerra termina en 1975 con la caída de Saigón, actual Ciudad Ho Chi Minh. El conflicto estalla con el intento de reunificar Vietnam después de obtener su independencia de Francia. A comienzos de los sesenta, los Estados Unidos se envuelven directamente en la guerra con el envío masivo de tropas, las cuales se retiran una década más tarde, en 1973. En 1975, Vietnam del Norte invade el Sur y Vietnam se reunifica bajo un régimen comunista [Young 1991].

Ambos eventos, el Medicare y la Guerra de Vietnam, requirieron ingentes recursos que el Gobierno norteamericano no tenía y que decide financiar comprando bonos de la Reserva Federal, es decir, imprimiendo dinero. Durante la década de los sesenta, la economía se había comportado según los preceptos keynesianos; la curva de Phillips parecía funcionar; entre 1960 y 1969, la tasa de inflación aumenta de 1,4% a 5,6% y la tasa de desempleo disminuye de 5,2% a 3,5%. Pero, a comienzos de los setenta, la economía se comporta de forma inesperada. La tasa de inflación sigue subiendo hasta situarse en 8,9% en 1973, pero la tasa de desempleo también aumenta y se ubica en 4,9% ese mismo año. Ambos, la inflación y el desempleo, habían aumentado, la curva de Phillips no funcionó y la economía keynesiana se encontraba con un fenómeno que no podía explicar; peor aún, cada vez más economistas sospechaban que habían sido precisamente las recetas keynesianas las causantes del deterioro simultáneo en la inflación y el empleo [Barsky y Kilian 2000].

La tasa de inflación en los Estados Unidos se mantuvo alta durante toda la década de los setenta y principios de los ochenta. La aparición de una inflación crónica como problema económico después de dos décadas de precios relativamente estables aumentó la dureza de las críticas contra el keynesianismo, tanto en la academia como en la clase política, y abrió un debate con importantes consecuencias para la conducción de políticas macroeconómicas.

Pocos años antes, en 1967, Milton Friedman había pronunciado un discurso en la 18.ª Asamblea Anual de la Asociación Americana de Economistas que resultó profético. Friedman argumentaba que la curva de Phillips era inestable porque, si la inflación persistía durante un período suficientemente largo, la relación inversa entre la tasa de inflación y la tasa de desempleo le daría paso a un aumento simultáneo de la inflación y el desempleo, precisamente lo que pasó a comienzos de los setenta. Esta predicción le dio gran popularidad al enfoque monetarista. El argumento era demoledor para la teoría keynesiana, que pensaba que la curva de Phillips era una relación estable [Friedman 1968].

¿Cómo justificaba Friedman su teoría? Una parte esencial de la agenda monetarista consistió en incorporar la teoría de los mercados a la macroeconomía para hacerla retornar a la corriente de pensamiento prekeynesiana (o neoclásica). Al igual que los keynesianos, Friedman argumenta que un aumento permanente en la cantidad de dinero causa una disminución en la tasa de interés que estimula el gasto en la inversión y por ende la demanda, dando lugar a un aumento en la tasa de inflación y en la producción, y por ende una disminución en la tasa de desempleo. Hasta aquí funciona la curva de Phillips porque ese no es el final de su historia. Friedman afirma que si la demanda aumenta permanentemente, algo que solo puede ser ocasionado a su vez por un aumento permanente en la cantidad de dinero, y por ende en los precios, eventualmente los trabajadores, al ver disminuido su poder de compra debido a los precios más altos, pedirán aumentos de salarios, elevando el costo de las empresas y disminuyendo su margen de ganancias, lo que desestimula la inversión y por ende la producción y el empleo. Este proceso continuaría hasta que la producción y el empleo retornaran a su nivel inicial, pero con una tasa de inflación permanentemente mayor. En consecuencia, un aumento en la cantidad de dinero solo tendría como efecto permanente un aumento proporcional en los precios, sin afectar la producción y el empleo. Friedman etiqueta ese nivel de empleo en el cual la economía tiende a permanecer como la "tasa natural de empleo". En otras palabras, Friedman sostiene que el dinero es *neutral* y que el efecto sobre la producción y el empleo es temporal.

Sobre la depresión, Friedman desafía la hipótesis keynesiana de rigidez de los salarios afirmando que en realidad estos son perfectamente flexibles y que, en consecuencia, no existe un desempleo involuntario; por el contrario, afirma que el desempleo que se genera es voluntario ya que este es consecuencia de la resistencia de los trabajadores a ver disminuidos sus salarios en respuesta a un menor nivel de precios. También argumenta que la evidencia encontrada sobre la curva de Phillips, el divorcio entre la inflación y el desempleo, era una simple ilusión estadística que resultaba de no poder diferenciar entre el cambio en los precios y el cambio en las expectativas que los trabajadores tienen sobre cómo cambiarán los precios.

Observe la importancia de las expectativas de precios de los trabajadores en el argumento de Friedman. Cuando la demanda disminuye, los precios y la producción se reducen, y la incapacidad de los trabajadores para interpretar correctamente que una disminución en el nivel de salario no causa una disminución en su poder de compra los induce a no aceptar nuevos trabajos, por lo que el desempleo que resulta no es involuntario sino el resultado de percepciones erróneas, pero tan pronto como las expectativas se sitúan en la realidad, la economía retorna a su nivel natural de empleo, por lo que el divorcio entre inflación y desempleo que plantea la curva de Phillips solo es un fenómeno temporal. En consecuencia, a diferencia de los keynesianos, Friedman sostiene que las políticas de estabilización no son en realidad necesarias ya que, si los salarios son flexibles, el mecanismo hicksiano será lo suficientemente fuerte para que la disminución en los precios permita que haya la suficiente cantidad de dinero para generar el empleo necesario.

Durante los setenta, cada vez más economistas en los Estados Unidos y Europa, tanto en la academia como en el Gobierno, compraron más la tesis de Friedman, pero ¿podrían los monetaristas cantar victoria en el debate con los keynesianos sobre el comportamiento de la macroeconomía? La respuesta es "no". ¿Podrían cantar victoria los keynesianos? La respuesta es "tampoco". El debate teórico entre keynesianos y monetaristas no culmina en la formulación de dos teorías rivales sino en la reconciliación de dos puntos de vista complementarios. Se pudiera decir que los keynesianos adoptan los planteamientos monetaristas más importantes para extender su teoría, pero también se pudiera argumentar que los monetaristas adquieren la estructura teórica keynesiana para fundamentar sus puntos de vista. Los keynesianos lograron entender bastante bien el comportamiento macroeconómico a corto plazo; los monetaristas tienen el mérito de completar esa historia para incorporar el "efecto permanente" que una perturbación de la economía causada por cambios en la inversión, la cantidad de dinero o el gasto del Gobierno tiene sobre los precios, la producción y el empleo. Los keynesianos se enfocan en el corto plazo, los monetaristas en el largo plazo. La curva de Phillips resulta ser un fenómeno temporal y a largo plazo el divorcio entre la inflación y el desempleo desaparece.

La teoría que emerge de la reconciliación keynesiana-monetarista es lo que los economistas han llamado la "síntesis neoclásica", la cual ha resultado ser desde entonces el caballo de batalla de la política macroeconómica de los gobiernos y los bancos centrales. La experiencia de los primeros años de la década de los setenta en los Estados Unidos y varios países europeos demostró dos cosas. La primera es el papel de la política monetaria como el determinante más importante de la inflación, y la segunda, que el largo plazo de Keynes no es tan largo, que cuando llegue todavía estaremos vivos y que por ende debemos preocuparnos por él. Pero, si ambos aceptan la misma teoría, ¿en dónde radica la polémica entre keynesianos y monetaristas? La respuesta está en la implementación de la política macroeconómica.

Políticas keynesianas versus políticas monetaristas

Con frecuencia se argumenta que una diferencia esencial entre keynesianos y monetaristas es que los keynesianos son partidarios de usar la política fiscal y los monetaristas la política monetaria para combatir los episodios de alto desempleo. El nombre de Keynes ha estado siempre presente en el transcurso de esta polémica. Keynes murió en 1946, Friedman comenzó a desarrollar su obra en la década de los cincuenta y el término "monetarismo" fue acuñado por Karl Brunner en un artículo publicado en 1968, por lo que es imposible saber cuál habría sido la respuesta de Keynes a las críticas formuladas por los monetaristas [Brunner 1968].

El énfasis del análisis monetarista es la inflación, pero Keynes escribió sobre un mundo donde predominaba el patrón oro, y por ende el nivel de precios no cambiaba sustancialmente, no existía el fenómeno de la inflación, por lo que nunca se enfrentó a un escenario en el que debiera decidir si era preferible controlar el nivel de empleo o la tasa de inflación. Por el contrario, todo pareciera indicar que él aceptaba la neutralidad del dinero a largo plazo y que se oponía férreamente a generar una situación de inflación permanente, como argumenta en su libro *Las consecuencias económicas de la paz*, publicado en 1919.

Al igual que Keynes asumió muchas de las hipótesis de la economía clásica y neoclásica, asimismo hicieron los monetaristas. Por otra parte, hay tópicos sobre los cuales Keynes no hizo afirmaciones contundentes acerca de sus diferencias con los economistas clásicos. Estas dos omisiones hacen difícil y estéril discutir cuáles son las verdaderas diferencias existentes entre el pensamiento de Keynes y los postulados de los clásicos y los monetaristas. En 1981, Allan Meltzer afirmó que "ningún conjunto de afirmaciones es la correcta reformulación de la *Teoría general*"; lo mismo puede ser dicho del monetarismo. Esta discusión es importante porque indica que la controversia keynesiano-monetarista no fue entre Keynes y Friedman sino más bien entre los seguidores de Keynes versus Friedman y sus seguidores [Meltzer 1981, 1983; Patinkin 1984].

Los keynesianos desechan utilizar la política monetaria por no tener suficiente fuerza para estabilizar la economía y los monetaristas descartan el uso de la política fiscal por su incapacidad de implementar la *buena entonación* [Friedman y Schwartz 1963; Friedman 1962, capítulo 5]. En otras palabras, los keynesianos prefieren que la política de estabilización la conduzca el Gobierno central y los monetaristas que la implemente el banco central. ¿Con qué argumentos defienden sus puntos de vista?

Para poder ofrecer diferentes explicaciones a la depresión y recomendar diferentes prescripciones de política, keynesianos y monetaristas debían diferir en algunos aspectos. Aunque ambos reconocían que un aumento en la tasa de interés ocasiona una disminución en la demanda de crédito y un aumento en la compra de bonos del Gobierno, la principal fuente de disensión era la potencia que un cambio en la tasa de interés tiene sobre la inversión y la compra de bonos del Gobierno. En específico:

1. Los keynesianos piensan que el efecto de la tasa de interés sobre la inversión es muy débil, mientras que los monetaristas afirman que este efecto es muy fuerte.
2. Los keynesianos afirman que el efecto de la tasa de interés sobre la compra de bonos del Gobierno es muy fuerte y los monetaristas dicen que este efecto es insignificante.
3. Los keynesianos creen que la inversión está gobernada por espíritus animales, como las olas de optimismo y pesimismo.
4. Los monetaristas sostienen que la cantidad de dinero que los individuos quieren usar para especular (comprar bonos del Gobierno) más la que quieren usar para realizar transacciones (comprar cosas) es estable; en términos técnicos, que la demanda de dinero es estable [Friedman 1969].

Estas diferencias, por baladíes que parezcan, tienen importantes consecuencias y sitúan el debate entre keynesianos y monetaristas en el terreno de las matemáticas y las estadísticas, en cuantificar la verdadera magnitud de cómo afecta la tasa de interés la demanda de bonos del Gobierno y de inversión. ¿Por qué estas desavenencias "empíricas" resultan en explicaciones tan disímiles sobre la causa de la depresión y tienen implicaciones tan severas de política? Para responder esta pregunta, retornemos al argumento keynesiano y supongamos que los "espíritus animales" propagan una ola de pesimismo que hace que la inversión disminuya. Ambos concuerdan en que habrá en consecuencia una menor necesidad de obtener crédito, lo cual hace disminuir la tasa de interés, y esto a su vez induce a las empresas a invertir en la producción de bienes y servicios e incentiva una menor compra de bonos del Gobierno. Las semejanzas llegan hasta aquí.

Un keynesiano tradicional piensa que la menor inversión hace que los inversionistas le busquen otro destino al dinero que están dejando de invertir. Como el interés en los bonos ha bajado, estos se hacen menos atractivos, por lo que decidirán mantener buena parte del dinero a la vista, es decir, en cuentas de cheques, pero como también piensan que el efecto de la menor tasa de interés sobre la compra de bonos es fuerte, querrán tener menos bonos y más dinero, el cual depositarán en sus cuentas de cheques; esto último ocurrió durante la Gran Depresión.

En el mercado de productos, los keynesianos piensan que la menor tasa de interés tiene un efecto muy débil sobre la inversión y por ende lo ignoran, por lo que, en términos netos, la inversión disminuye, ocasionando una caída en la producción y el empleo.

Un monetarista razona de forma distinta. Como la tasa de interés tiene un efecto insignificante sobre la compraventa de bonos del Gobierno, y la demanda de dinero es estable, en consecuencia, la cantidad de dinero que quieren usar para hacer transacciones debe ser estable también. Por otra parte, como los monetaristas piensan que el consumo es estable y el ingreso que no tiene como destino ser gastado para consumir es gastado en inversión, no hay más opciones, la inversión también debe ser estable; en consecuencia, los espíritus animales de Keynes no pueden haber causado la depresión. Los keynesianos también aceptan que el consumo es estable [Friedman 1957; Modigliani 1975].

Los monetaristas buscan la causa de la depresión en la inestabilidad de la cantidad de dinero que circula. Si la cantidad de dinero disminuye, habrá menos depósitos disponibles en los bancos para ser prestados, por lo que la tasa de interés aumenta; como el efecto de la tasa de interés sobre la inversión es fuerte, los monetaristas piensan que la menor inversión deprime la economía. Así, la caída en la inversión no está causada por los espíritus animales sino por variaciones en la cantidad de dinero, que en consecuencia es la responsable de causar la depresión. Los keynesianos, por su parte, piensan que este no puede ser el canal de transmisión que cause la depresión ya que, según ellos, el efecto sobre la inversión es muy pequeño.

Estas dos explicaciones de la depresión a su vez conllevan dos soluciones de política radicalmente diferentes. Según los keynesianos, la respuesta correcta es aumentar la deuda del Gobierno para expandir el gasto público, es decir, usar la política fiscal como herramienta. Aunque el mayor endeudamiento público aumenta la tasa de interés, lo que desincentiva aún más la inversión, con una "buena entonación" el mayor gasto público puede contrarrestar la disminución en la inversión, manteniendo constante la demanda total.

Los monetaristas critican esta política diciendo que es ineficaz, ya que la disminución en la inversión ocasionada por la mayor tasa de interés contrarrestaría completamente la expansión del gasto público. En su lugar, los monetaristas aconsejan mantener constante la cantidad total de dinero que circula en la economía, es decir, usar la política monetaria como herramienta. De esta forma, una caída en la inversión que disminuya la tasa de interés, como no tiene un efecto importante sobre la cantidad de dinero que los inversionistas quieren gastar comprando bonos, tiene que mantener constante la cantidad de dinero que quieren usar para hacer transacciones (compras), por lo que la demanda total se mantendrá estable.

En general, los monetaristas les critican a los keynesianos su excesivo énfasis en las políticas de corto plazo y enfatizan en la importancia de la neutralidad del dinero y, por ende, en la situación en la que permanentemente tiende a estar la economía. No obstante, no negaban la existencia de un período temporal de ajustes, tal como argumentaban los keynesianos.

Otra crítica importante de los monetaristas al uso de la política fiscal es que las perturbaciones que la economía recibe son impredecibles, así como lo es el retraso con que las autoridades detectan dichas perturbaciones, lo que impide tener un conocimiento adecuado para diseñar políticas exitosas de estabilización. Según los monetaristas, en la práctica, utilizar la política fiscal como herramienta de estabilización pudiera ser un elemento desestabilizador de la economía ya que no se sabe con certeza cuál es la tasa natural de empleo a la que la economía converge, la cual adicionalmente cambia a medida que la tecnología y las preferencias de la gente cambian, por lo que fijar una tasa determinada de desempleo como objetivo para un programa de estabilización puede resultar en una fuerza explosiva de inflación o desempleo. En su lugar, Friedman propone mantener constante la cantidad de dinero que circula en la economía, ya que eso permitiría que la economía por sí sola y con fluctuaciones menores converja a su tasa natural de empleo[83].

El interés de los monetaristas sobre el largo plazo revela su preocupación por las consecuencias inflacionarias de estimular permanentemente la demanda agregada usando política monetaria, es decir, aumentando permanentemente la cantidad de dinero. Sobre política fiscal, Friedman enfatiza que un aumento en el gasto del Gobierno solo tendría un efecto temporal que es incapaz de afectar los niveles de producción y empleo de forma permanente; en consecuencia, expresaba escepticismo sobre la política de *buena entonación* de los keynesianos.

Una variable que juega un papel crucial en el enfoque monetarista son las expectativas de los individuos [Friedman 1957; Cagan 1956]. Keynes reconoce la importancia de las expectativas, pero enfatiza en aquellas que se generan en los inversionistas. Para los monetaristas, por el contrario, las expectativas que juegan un papel esencial son las de los trabajadores, ya que estas conducen a la neutralidad del dinero, a que la economía se comporte a largo plazo según los preceptos neoclásicos al inducir a los trabajadores a pedir aumentos de salario que eventualmente compensen el aumento en los precios, eliminando el divorcio entre la inflación y el desempleo y conduciendo la economía a un nivel permanente y más alto de inflación [Blinder 1998, cap. 3, sec. 4]. A largo plazo, argumenta Friedman, la producción y el desempleo no son determinados por políticas que expandan el gasto público o la cantidad de dinero sino por factores "reales", tales como las preferencias de los individuos, la tecnología y la eficiencia de la economía. Friedman se refiere a la tasa de desempleo que resulta de estos factores reales como "tasa natural de desempleo" o "tasa de pleno empleo", y al nivel de producción asociado como "producto potencial".

La predicción de que un período de inflación prolongado rompe el divorcio entre el desempleo y la inflación, conduciendo a un nivel más alto de inflación, se confirmó en los hechos a comienzos de los setenta

---

83 Para ser exactos y evitar confusiones, la propuesta de Friedman, en la práctica, consistía en que la cantidad de dinero creciera a una tasa constante y pequeña que pudiera absorber el crecimiento en la capacidad de producción de un país ocasionado por el aumento de la población, las mejoras tecnológicas y otras variables similares.

en los Estados Unidos y Europa, y la sugerencia monetarista de usar la política monetaria como herramienta para estabilizar la economía en detrimento de la política de *buena entonación* fiscal cada vez ganó más partidarios. Hacia mediados de los setenta, la receta monetarista se convierte en la nueva ortodoxia de política macroeconómica en los Estados Unidos y en Europa Occidental, especialmente en el Reino Unido.

Y el ganador es...

El debate macroeconómico del siglo XX se libró en tres frentes. El primero fue el teórico, que procura encontrar los mecanismos mediante los cuales una perturbación se propaga hacia el resto de la economía, en especial a los precios, la producción y el empleo. Esta perturbación puede ser una ola de optimismo o pesimismo de los inversionistas o una variación en la cantidad de dinero. El segundo frente fue el estadístico. La sección anterior mostró lo importante que es la magnitud en la respuesta que tienen unas variables sobre otras. El tercer frente es el de la política macroeconómica, que inquiere sobre los métodos más efectivos para aminorar la amplitud de los ciclos de auge y caída en el empleo. La síntesis neoclásica, acuerdo teórico entre keynesianos y monetaristas, ocurrió alrededor de 1970. ¿Qué ha ocurrido posteriormente? ¿Han aparecido nuevas controversias? ¿Qué se sabe hoy que no sabían Keynes y Friedman? La respuesta es contundente: sabemos muchísimo [Blanchard 2000].

La macroeconomía ha sido tema permanente de controversia, no solo entre economistas, sino también a nivel político y en general a nivel popular. La presentación usual ante el público no experto es la divergencia de ideas y opiniones con consecuencias económicas radicalmente distintas, con una sucesión de batallas, revoluciones y contrarrevoluciones ideológicas. En parte, la controversia se presenta como una rivalidad entre bandos en pugna porque esa es la noticia que vende, pero también porque sirve para fundamentar las posiciones políticas, fundamentalmente ideológicas, entre quienes creen que todo debe ser regido por el mercado, aquellos que piensan que ese rol lo debe tener el Estado, o quienes proponen una combinación de las dos anteriores. No obstante, para sorpresa de los muchos que piensan así, en vez de una contienda entre doctrinas o ideologías antagónicas, la historia de la macroeconomía es de acumulación de conocimiento que ha avanzado en zigzag, en la que muchas ideas se han ido integrando y muchas otras desechando.

El conocimiento sobre cómo funcionan las economías de mercado ha tenido enormes avances desde los tiempos de los pioneros de la disciplina como Richard Cantillon (1680-1734) y Adam Smith (1723-90). Su trabajo dio origen a la economía clásica, usualmente identificada con los nombres de David Ricardo (1772-1823) y John Stuart Mill (1806-1873), a quienes se les antepuso la revolución marginalista neoclásica, cuyos nombres más representativos incluyen a William S. Jevons (1835-1882), León Walras (1834-1910), Knut Wicksell (1851-1926) e Irving Fisher (1867-1947), y cuya obra se estandarizó en el libro de Alfred Marshall (1842-1924) *Principios de economía*, publicado en 1890. La escuela austríaca de Carl Menger y Friedrich Hayek tomó una vertiente más radical a favor de la no intervención del Estado en la economía. Carlos Marx (1818-1883) y los socialistas del siglo XIX también desafiaron la economía clásica, aunque no hicieron ninguna contribución a la estructura de la macroeconomía moderna.

El siglo XX amanece con Knut Wicksell e Irving Fisher como las dos figuras centrales, antes de ser publicada la *Teoría general* de Keynes en 1936. El período prekeynesiano fue uno de exploración, que desarrolló muchos ingredientes importantes de la teoría que ensambló Keynes exitosamente. De Keynes, Arthur Pigou expresa que "nadie antes que él, que yo sepa, ha ensamblado todos los factores reales y monetarios relevantes, juntos en un esquema único formal, a través del cual su interacción puede ser coherentemente investigada". Esto le dio origen no solo a la ciencia macroeconómica, también proveyó una estructura sólida para contrastar los preceptos de la teoría con la realidad de los hechos descrita en las estadísticas [Pigou 1950].

A partir de entonces empieza un período de consolidación de la teoría macroeconómica que perdura hasta aproximadamente 1980. Comienza la interpretación keynesiana de John Hicks, que fue un intento inicial de entender los mecanismos de cómo se propagan las distintas variables macroeconómicas en el tiempo, lo que permitió un conocimiento mejor sobre cómo se producen las fluctuaciones en el empleo. Durante los 40 años posteriores a la publicación de Hicks, la macroeconomía tuvo progresos rápidos y visibles. La formulación matemática de Hicks ofreció una estructura teórica estándar que sirvió de marco para importantes desarrollos posteriores como el trabajo de Modigliani sobre el papel de las rigideces y el mercado laboral o el de Allan Metzler sobre cómo se formulan las expectativas, el efecto de la riqueza y las restricciones del Gobierno. Don Patinkin integró estas teorías rigurosamente analizando cómo las decisiones de los individuos a través del tiempo determinan el comportamiento de las familias y las empresas [Metzler 1951; Modigliani 1944; Patinkin 1957; Hicks 1937].

El siguiente paso consistió en estudiar más de cerca las decisiones sobre el consumo, la inversión y las finanzas, y sus vínculos con las expectativas de los individuos. Esto se refleja en los importantes trabajos de Franco Modigliani y Milton Friedman sobre el consumo y el ahorro, los de Dale Jorgenson y James Tobin sobre la inversión y las finanzas [Modigliani 1975; Friedman 1957; Jorgenson 1963; Tobin 1969].

El papel relevante que juegan las expectativas hizo mirar más de cerca su comportamiento. Robert Lucas utilizó el concepto de "expectativas racionales" introducido por John Muth para entender mejor cómo los individuos toman decisiones a través del tiempo, y desarrollar un sinnúmero de modelos matemáticos, reinterpretando uno que había desarrollado Frank P. Ramsey en 1928, que han sido utilizados para entender cómo el ahorro y la inversión son afectados por la fecha de expiración de un préstamo, la existencia de individuos o generaciones con diferentes características y por los mercados internacionales [Muth 1961; Ramsey 1928; Samuelson 1958; Lucas 1972].

Luego la atención se volcó a entender el comportamiento macroeconómico cuando los individuos toman decisiones en situaciones de incertidumbre, trabajo emprendido por Robert Hall y extendido por Robert Lucas y Thomas Sargent, con la incorporación de técnicas matemáticas avanzadas como la programación dinámica estocástica [Hall 1978; Lucas 1987; Sargent 1987].

La incorporación de las rigideces en los precios y los salarios al enfoque de expectativas racionales tuvo implicaciones profundas y relevantes. Simultáneamente, el desarrollo de los modelos del ciclo real de negocios de Finn Kydland y Edward Prescott produjo puntos de vista bastante diferentes. A finales de los ochenta, la macroeconomía parecía estar más dividida que nunca. Sin embargo, ambos enfoques se reconcilian durante los noventa en lo que actualmente se conoce como la "nueva síntesis neoclásica", la cual provee, en lo esencial, los mismos resultados de la síntesis neoclásica alcanzada por keynesianos y monetaristas, pero con una sólida estructura teórica que permite entender bien muchos escenarios que antes hubieran sido imposibles de siquiera abordar. De particular importancia es la posibilidad de entender cómo los escenarios macroeconómicos afectan el bienestar de las familias y el papel que las instituciones juegan en determinar el nivel de producción e ingreso per cápita en un país [Gordon 1990; Kydland y Prescott 1982].

La división ideológica que existió en la macroeconomía en el pasado, en lo sustancial, ya no existe. La inmensa mayoría de los economistas académicos en los Estados Unidos, Europa y casi todo el resto del mundo se han puesto de acuerdo sobre el método a emplear para estudiar los fenómenos macroeconómicos, así como en una estructura teórica que ha probado ser exitosa incluso cuando se enfrentan problemas nuevos. Por ejemplo, ningún macroeconomista predijo el momento, el lugar y la magnitud de la crisis asiática de finales de los noventa. Cuando detonó la crisis, se cometieron muchos errores en la política macroeconómica que se implementó para enfrentarla, pero rápidamente se pudo entender cuál había sido la naturaleza de la crisis para poder corregir los errores.

13
La política macroeconómica
de los tiempos modernos

Los capítulos previos se han enfocado en discutir y sugerir políticas para las coyunturas que Venezuela ha vivido durante los últimos 40 años, analizando períodos de inestabilidad y políticas alternas que se pudieron haber implementado. No obstante, tengo la esperanza de que los futuros gobernantes hagan de Venezuela un país de baja inflación y con rápido crecimiento económico. Por baja inflación me refiero a una tasa de un dígito, preferiblemente menos de 5%. Actualmente se considera que la tasa de inflación ideal debería ser 2%, aunque luego de la Gran Recesión se ha levantado un debate sobre ese número, pero esa es una discusión que no nos concierne aquí; este capítulo discute las formas modernas de conducir la política monetaria, y en particular la Venezuela del futuro.

Luego de más de un siglo de intensas discusiones y controversias, la macroeconomía ha evolucionado de forma tal que se ha convertido en un campo muy técnico. Las ideologías, que se disputaban la verdad sobre el comportamiento económico y sobre cómo dirigir la política, quedaron a un lado. Actualmente prevalece un gran consenso sobre cómo se comporta la macroeconomía y cómo dirigir la política macroeconómica. Este consenso es usualmente señalado como "nueva síntesis neoclásica", la cual fusiona elementos del pensamiento clásico y keynesiano y los desarrollos, principalmente metodológicos, que surgieron después para explicar las fluctuaciones que la economía tiene a corto plazo. La nueva síntesis brinda el fundamento teórico para el trabajo que realizan los bancos centrales modernos.

Antes de profundizar en el tema que nos concierne, hagamos una breve discusión sobre qué queremos explicar y los objetivos que queremos conseguir. En un momento dado del tiempo, una economía está compuesta de personas que tienen cierta formación académica y diferentes talentos, de una infraestructura de carreteras, servicios de electricidad, agua, de salud y otros, y un sinnúmero de industrias donde la gente trabaja y muchas otras cosas. Lo ideal es que haya suficientes industrias que generen suficientes puestos de trabajo para todos los habitantes, pero de vez en cuando, no obstante, aparecen personas cuyas destrezas no encajan en la economía. Suponga usted, por ejemplo, que llegan a Venezuela unos astronautas que están intensamente buscando trabajo. Es evidente que estos astronautas nunca conseguirán trabajo en Venezuela puesto que en esta tierra no existen bases espaciales. Nuestros astronautas estarán desempleados porque no hay puestos de trabajo para ellos. Este tipo de desempleo en economía se llama desempleo estructural. El caso de los astronautas no es el único. Suponga que un pueblo necesita un solo hospital que requiere 70 médicos trabajando para satisfacer las necesidades de la población, pero ocurre que hay 100 médicos en el pueblo. Allí se dará el caso de 30 médicos que están "de más", que no hacen falta. Este es otro caso de desempleo estructural.

La solución al desempleo estructural es de largo plazo. En nuestro ejemplo, habrá que inducir a los astronautas a que cambien de oficio o hacer migrar a los médicos a otras poblaciones donde haya puestos vacantes. Lo cierto es que a los desempleados estructurales no se les consigue trabajo con medidas monetarias sino desarrollando industrias en las que puedan ser insertados. También existen personas sin trabajo porque perdieron el que tenían y están buscando otro, para lo cual necesitan cierto tiempo. Estos son los desempleados friccionales. En cada período siempre habrá un porcentaje de trabajadores que estarán desempleados por razones estructurales o friccionales. Ese porcentaje es la tasa natural de desempleo, la cual puede variar en el tiempo. Al nivel de empleo asociado con esta tasa se le llama "tasa natural de empleo". Cuando la economía se ubica en su tasa natural de empleo, está produciendo a su máxima capacidad, es decir, está en su "producto potencial".

Hay ocasiones en que hay gente desempleada, no por razones estructurales o friccionales, como dijimos arriba, no son astronautas, sino porque las empresas en las cuales pudieran trabajar no tienen suficientes ventas. En consecuencia, contratan a menos empleados de los que pudieran contratar si funcionaran a máxima capacidad. Este es el tipo de desempleo que le interesa atacar a la autoridad monetaria, es decir, al banco central, una institución cuya función es dotar a la economía de suficiente demanda para que todos tengan empleo, es decir, para que la economía se ubique en su tasa natural de empleo. Volviendo al tema, si la causa del desempleo es que no hay suficientes ventas, la solución está en generar la demanda necesaria para que las empresas puedan vender los productos que ofrecen.

Si hay demasiada demanda, la tasa de desempleo será menor a la tasa natural, por lo que no habrá suficientes trabajadores para producir los productos que la gente quiere. En este caso la presión se vierte sobre un aumento de salarios y de precios sin que necesariamente haya una producción significativamente mayor. La historia de los siglos XIX y XX está llena de episodios donde hay un *boom*, con mucho empleo e inflación, seguido de una caída con un desempleo masivo.

El objetivo de la política macroeconómica, y en particular de la política monetaria, es evitar los ciclos de *boom* y caída, de forma que la economía se mantenga siempre en su nivel natural de empleo. A la política que tiene como objetivo llevar la economía a su nivel natural de empleo se le llama "política de estabilización".

Otro aspecto estrechamente relacionado con llevar la economía a su nivel natural de empleo es la tasa de inflación asociada. Cuando la economía está en su nivel natural de empleo, la tasa de inflación también es estable, lo que no quiere decir que sea baja. Puede tener un nivel muy alto, así como un nivel muy bajo; lo que la caracteriza es la estabilidad. No conviene, sin embargo, tener una tasa de inflación alta porque esto hace más riesgosa la inversión. En consecuencia, otro objetivo de la política macroeconómica es estabilizar el empleo con un nivel bajo de inflación. Para poder diseñar las respuestas correctas de política macroeconómica se necesita primero entender cómo funciona la macroeconomía de un país. Esta información la proporciona la síntesis neoclásica.

La nueva síntesis neoclásica

Antes de analizar en detalle cuál es el rol de la política monetaria y qué se puede hacer con ella, conviene discutir lo que no se puede hacer. La política monetaria tiene dos limitaciones severas: 1) No puede fijar la tasa de interés a un nivel distinto a su tasa natural sino solo por un período limitado de tiempo; 2) No puede fijar la tasa de desempleo a un nivel distinto a su tasa natural sino solo por un período limitado de tiempo. La importancia de discutir estas dos variables es porque con frecuencia se establecen como objetivos de política monetaria y porque el mismo análisis que haremos se aplica a ambas[84].

---

84 A finales de los años sesenta, keynesianos y monetaristas alcanzaron un consenso en torno al funcionamiento de la macroeconomía y el rol de la política monetaria. Ese consenso se conoció como la "síntesis neoclásica", término acuñado por Paul Samuelson y originalmente expuesto por Friedman (1968). La síntesis neoclásica fue objeto de grandes críticas y debates, principalmente desde un punto de vista metodológico, que condujeron a un mejor entendimiento del fenómeno. Importantes contribuciones fueron realizadas por Robert Lucas, Edward Prescott, Finn Kindland, John B. Taylor, Paul Krugman, David Romer, Olivier Blanchard, Nobuhiro Kiyotaki y Michael Woodford. La principal controversia era sobre la rapidez de ajuste de los mercados, en especial el mercado laboral. Tiempo después, durante los noventa, un nuevo consenso técnicamente muy sólido sobre el comportamiento de la

Una práctica común de los programas populistas es fijar una tasa de interés a un nivel muy bajo para estimular la inversión. La política de proveer dinero barato ha sido una reacción de un keynesianismo simplista, según el cual la tasa de interés tiene un gran efecto sobre la cantidad de dinero que la gente quiere tener en sus cuentas.

El banco central baja la tasa de interés comprando bonos, es decir, prestando dinero a la banca, lo que aumenta la cantidad de dinero disponible para crédito y por ende en circulación; en otras palabras, bajar la tasa de interés hace que aumente la cantidad de dinero en circulación. He aquí el efecto que usualmente la comunidad financiera espera que ocurra.

La historia no termina aquí. Como inicialmente los precios son los mismos, el poder adquisitivo del dinero en circulación aumenta, y asimismo aumenta el gasto en inversión y en consumo. Ahora, el gasto de alguien es igual al ingreso de alguien más, por lo que el ingreso también aumenta, y con él, la necesidad de tener dinero para realizar transacciones y de requerir más préstamos. La mayor demanda también hace aumentar los precios, lo que reduce el poder adquisitivo del dinero. Estos tres efectos en conjunto presionan la tasa de interés al alza en menos de un año y en menos de dos años regresará a su nivel original.

Existe un cuarto efecto. Suponga que la cantidad de dinero crece a un ritmo mayor y que la gente espera que los precios continúen subiendo. Los prestamistas estarán dispuestos a pagar un interés más alto y los prestatarios exigirán mayores tasas de interés. De forma que, si bien al principio el efecto sería una disminución en la tasa de interés, eventualmente esta subirá por encima de la tasa de inflación.

La segunda limitación es el empleo. Usualmente se acepta que una mayor tasa de crecimiento del dinero tiende a estimular el empleo. El banco central no puede sin embargo adoptar un objetivo para la tasa de desempleo distinto al de su tasa natural de empleo. Suponga que inicialmente está ubicada en su nivel natural y que el banco central les compra bonos a los bancos, es decir, les presta dinero a los bancos. Eso hace bajar las tasas de interés y los bancos se verán con más dinero disponible para entregarlo como crédito a inversionistas y consumidores.

Al igual que en el caso anterior, la historia continúa. Como inicialmente los precios son los mismos, el poder adquisitivo del dinero aumenta, y asimismo lo hacen la inversión y el consumo. La mayor demanda ocasiona un aumento en los precios. ¿Qué ocurre si la autoridad

---

macroeconomía ha sido denominado "nueva síntesis neoclásica".

monetaria incrementa permanentemente la cantidad de dinero a un ritmo mayor? Los precios seguirán subiendo, pero eventualmente los trabajadores comenzarán a pedir aumentos de sueldo bajo pena de cambiarse de trabajo. Este aumento en los salarios irá mermando las ganancias iniciales de las empresas, que comenzarán a disminuir su producción hasta que el empleo regrese a un nivel natural y haya una estable pero mayor tasa de inflación.

Disminuir la inflación requiere del mismo procedimiento, pero al revés. Es decir, la autoridad monetaria debe recortar la velocidad a la que crece la cantidad de dinero. Esto hará que inicialmente los precios comiencen a bajar, pero los salarios se mantendrán rígidos, lo cual generará una situación de desempleo. La economía retornará a su nivel natural de empleo a medida que los salarios se vayan ajustando al nuevo nivel de inflación.

El trilema

El objetivo de la política monetaria es sencillo de explicar. Si el empleo está por debajo de su nivel natural, hay que utilizar las herramientas que dispone el Gobierno para disminuir la demanda, y si está por encima de su nivel natural, habrá que aumentar la demanda. La pregunta que nos hacemos ahora es cómo puede el Gobierno aumentar o disminuir la demanda agregada, es decir, la demanda de todos los productos en el país. La respuesta a esta pregunta está estrechamente relacionada con la trinidad imposible conocida como el "trilema".

Antes de entrar a discutir el trilema, conviene analizar brevemente cuáles son los objetivos de la política macroeconómica. Estos consisten en hacer que la economía se ubique en su tasa natural de empleo y que haya equilibrio externo. Reformulemos estos objetivos en un lenguaje más llano.

La tasa natural de empleo va siempre atada a una tasa de inflación estable. Esta puede ser alta o baja, pero siempre estable. Es importante tener como objetivo que la tasa de inflación sea baja ya que esto les permite a las empresas tomar decisiones en un ambiente de menos riesgo y, por lo tanto, crea un mejor escenario para atraer la inversión nacional y extranjera. La inflación es particularmente un problema con los contratos de préstamo, ya que quien presta con una tasa de interés, digamos, de 10%, pensando que la inflación es 5%, pero resulta que la inflación resultó ser 10% también, no ganó nada por dicho préstamo. Esto hace que el crédito sea más caro.

Como es difícil medir exactamente cuánto es la tasa natural de desempleo, ya que se trata de un concepto abstracto, la forma más fácil de saber si la tasa de desempleo está por encima de su nivel natural es observando si existe una presión al alza o a la baja en la tasa de inflación.

Observe que la economía podría salirse de su nivel natural debido a las expectativas de los trabajadores y las empresas sobre el nivel de precios en el futuro. Si el banco central valida dichas expectativas imprimiendo dinero, esto conduce a una espiral inflacionaria. En un caso así, la política monetaria no debe cambiar sino mantenerse hasta que las expectativas retornen adonde deben estar.

Por otra parte, el equilibrio externo significa que la cuenta corriente, es decir, la diferencia entre las exportaciones y las importaciones, sea "manejable". A la economía no le conviene tener superávit externo enorme. Un superávit externo significa que las exportaciones son mucho mayores que las importaciones y por ende está acumulando "dólares" que los nacionales depositan en algún banco en el exterior, es decir, está prestando dólares. Los bancos que reciban esos depósitos se los prestarán a sus clientes, de forma que un superávit significa que el país está financiando la inversión en el exterior. Por otra parte, un superávit externo muy grande trae el riesgo de que los demás países tomen medidas proteccionistas contra nuestros productos.

Con un razonamiento análogo tenemos que, si se tiene un déficit externo, el país está pidiendo prestado. Esto implica que a un país no le conviene tener un déficit externo demasiado alto porque está recibiendo prestados unos dólares que tendrá que pagar en el futuro. Cuando me refiero al país no me refiero solamente al Gobierno, sino también a los privados, de forma que puede que haya un déficit en el sector externo pero la tasa de cambio flote libremente y no haya cambios en las reservas internacionales.

Ahora hablemos del trilema. Este consiste en la decisión que tienen que tomar los gobiernos sobre cuál sistema cambiario adoptar. Existen tres sistemas cambiarios:

1. *Tasa de cambio flotante o flexible.* En este sistema el banco central no compra ni vende moneda extranjera, por lo que la cantidad de dinero siempre permanece constante y el precio del dólar lo fijan la oferta y la demanda.

2. *Tasa de cambio fija.* En este sistema el banco central garantiza un precio de compraventa del dólar, digamos, 10 Bs/US$. En este caso, cuando el banco central compra dólares, le entrega bolívares al comprador, de forma que la cantidad de dinero aumenta. Asimismo, si

vende dólares, recibe bolívares a cambio que salen de circulación y por lo tanto la cantidad de dinero disminuye.

3. *Control de cambios.* Este sistema funciona igual que con la tasa de cambio fija, el Gobierno garantiza el precio del dólar, excepto que para comprar los dólares hay que tener un permiso del Gobierno.

Al mismo tiempo, cualquier gobierno desea tener:

1. Una tasa de cambio estable,
2. Poder usar la política monetaria para combatir las recesiones, y
3. Libre movilidad de capitales, es decir, que cualquiera pueda comprar o vender cualquier cantidad de moneda extranjera que desee.

El trilema consiste en que el Gobierno puede conseguir dos de los tres objetivos, pero nunca los tres. Veamos cada caso. Cuando la tasa de cambio es flotante, el banco central no compra ni vende dólares, por lo que la cantidad de dinero no aumenta ni las reservas internacionales varían. El precio del dólar lo fijan la oferta y la demanda, por lo que no es estable, sino que fluctúa dependiendo de las condiciones del mercado. Sin embargo, hay libre movilidad de capitales ya que cualquiera puede comprar y vender la cantidad de dólares que quiera.

¿Cómo funciona la política monetaria? Suponga que la tasa de cambio es flotante y el Gobierno decide aumentar la cantidad de dinero en circulación. El efecto inicial es que baja la tasa de interés, por lo que los inversionistas buscarán una mejor renta para su dinero en el exterior. La demanda de dólares hace devaluar el bolívar. Estos dos efectos en conjunto hacen aumentar la demanda agregada (de todos los productos) y por ende aumenta también la producción. Si el empleo estaba inicialmente por debajo de su tasa natural, esta política ayuda a la economía a retornar a su nivel natural más rápido, pero si inicialmente estaba en su tasa natural, la expansión monetaria va a presionar los precios al alza y los trabajadores pedirán aumentos de salario. Este efecto conjunto hace que la producción empiece a disminuir hasta retornar nuevamente a su nivel inicial.

Consideremos la política fiscal. Suponga que el Gobierno pide dinero prestado a los bancos para aumentar su gasto en construir viviendas[85]. El efecto sobre el mercado del crédito hará aumentar la tasa

---

85 Observe que el Gobierno pide prestado dinero a los bancos y por ende a los ahorristas, no lo imprime.

de interés, lo que ocasionará que entren capitales buscando un mayor retorno, presionando el precio del dólar a la baja, es decir, ocasiona una apreciación.

El menor precio del dólar irá haciendo disminuir las exportaciones al hacerlas menos competitivas, lo que reduce la producción. La apreciación a su vez tiene otros efectos: al hacer nuestros productos más costosos, la gente empezará a sustituir productos nacionales por productos importados. Esto deteriora el sector externo, lo que también hace disminuir la demanda. Observe que la expansión fiscal trae consigo una apreciación permanente de la moneda. Al final, la economía retornará a su tasa natural y el bolívar se apreciará permanentemente.

En conclusión, cuando la tasa de cambio es flotante, existe libre movilidad de capitales y la política monetaria es efectiva para expandir/contraer la economía, pero el precio del dólar es inestable y la política fiscal es inefectiva, es decir, no expande la demanda.

Cuando la tasa de cambio es fija, evidentemente el precio del dólar es estable y cualquiera puede comprar o vender cualquier cantidad de dólares que desee. Sin embargo, el Gobierno pierde la política monetaria en el sentido de que no funciona para expandir o contraer la demanda. Veamos este punto. Suponga que el banco central compra bonos a unos bancos comerciales, es decir, aumenta la cantidad de dinero en circulación. Eso quiere decir que los bancos se verán con mayores cantidades de dinero para el crédito y deberán bajar la tasa de interés para poderlo prestar. Con una menor tasa de interés, los inversionistas preferirán colocar su dinero en el exterior, por lo que saldrán capitales, y el banco central tendrá que vender reservas internacionales para poder satisfacer la demanda de dólares. Esto disminuirá la cantidad de dinero y hará retornar la tasa de interés a su nivel inicial. En otras palabras, la política monetaria es inútil y solo sirvió para que el banco central perdiera unos dólares de las reservas internacionales.

¿Cómo funciona la política fiscal? Suponga que el Gobierno pide dinero prestado a los bancos para aumentar su gasto. El efecto sobre el mercado del crédito hará aumentar la tasa de interés, lo que ocasionará que entren capitales buscando un mayor retorno. Como la tasa de cambio es fija, la entrada de capitales ocasionará un aumento en la cantidad de dinero, lo que expandirá la economía aún más. Resumiendo, cuando la tasa de cambio es fija, el precio del dólar es estable, hay libre movilidad de capitales y la política fiscal puede ser usada para expandir la economía. La política monetaria, no obstante, resulta ineficaz.

El control de cambios, por su parte, garantiza la estabilidad en el precio del dólar. La política monetaria es efectiva para expandir la economía ya que el Gobierno tiene controlada la interacción con el mundo exterior. Los controles de cambio son ineficientes porque con ellos los dólares son asignados por algún burócrata a quien él piense que los necesite y no necesariamente a quien realmente los requiera. En general, disminuyen la inversión y estancan la economía.

La tasa de cambio fija no existe

Una idea que ha estado fija en la mente de muchos, particularmente en Venezuela, es que la tasa de cambio debe ser fija. Eso tiene su historia. Según Heródoto, hace muchos años, en el siglo VI a. C., existía el pequeño reino de Lidia, ubicado en la costa mediterránea de la actual Turquía. Su rey, Creso, observaba el gran comercio que existía entre dos grandes civilizaciones, la griega y la persa, y que los comerciantes usualmente hacían una parada en Lidia, que se encontraba a mitad de camino. Para ese entonces existía el dinero mercancía; este era algún objeto mercadeable como frijoles o arroz que se utilizaba como medio de cambio. Los metales eran los favoritos. Había un problema en este sistema: saber el peso y la calidad exactos del metal que se recibía. Se le ocurre a Creso inventar la primera moneda, el electrum, una aleación de oro y plata de la cual el reino de Lidia certificaba la calidad y cantidad del metal. La idea de la moneda rápidamente se esparció y fue adoptada por griegos y persas. Los griegos acuñaron monedas de plata y los persas monedas de oro. En el comercio entre Grecia y Persia, no obstante, para poder realizar las transacciones se necesitaba una tasa de cambio del oro por la plata. Usualmente se medía en onzas de plata por una onza de oro. Así aparece la primera tasa de cambio, la cual comenzó a ser fijada por los gobiernos.

Muchos años después, a comienzos del siglo XIX, cuando ya la teoría cuantitativa era ampliamente admitida, y por ende se aceptaba la relación según la cual un aumento en la cantidad de dinero causa un aumento proporcional en el nivel de precios, el tema del tipo de cambio se ubica nuevamente en el centro de la controversia. Como el precio de cada producto varía según las coyunturas de dicho mercado, había el problema de cómo saber si el nivel general de precios estaba aumentando. Para entonces no habían desarrollado una teoría de indicadores que actualmente se usa para estimar índices de precios. Eso tendría que esperar hasta finales de ese siglo. Para resolver el problema, a alguien se le ocurrió utilizar el tipo de cambio como una referencia para medir el nivel general de precios.

La cuestión es que mantener la tasa de cambio fija se hizo costumbre y rutina y sinónimo de estabilidad de precios. Al principio el cambio se fijaba contra el oro o la plata, posteriormente se fijaba contra la libra esterlina, y desde el período de entreguerras contra el dólar estadounidense.

El último sistema cambiario internacional que sostuvo una tasa de cambio fija fue el sistema de Bretton Woods, el cual acordaron los países que luego conformaron las Naciones Unidas en 1944, un año antes de culminar la Segunda Guerra Mundial. El sistema funcionaba de la siguiente forma: se establecía un precio fijo del oro en 35 dólares estadounidenses y todos los demás países fijaban el precio de sus monedas contra el dólar. De esta forma cualquier par de monedas tenía también una tasa de cambio inducida. Los Estados Unidos tenían la responsabilidad de tener suficientes reservas para mantener ese precio.

Durante la década de los sesenta, el Gobierno de los Estados Unidos debió enfrentar dos gastos grandes: el primero, la reforma del sistema de salud que creaba el Medicare, y el segundo, la Guerra de Vietnam. El Gobierno decide financiar ambos imprimiendo dinero. Como era de esperar, los precios aumentaron en los Estados Unidos y, debido al funcionamiento del sistema, también aumentaron en todos los países. La razón es la siguiente: los mayores precios en los Estados Unidos implican que los productos estadounidenses se hacen más caros y el otro país aumentará sus exportaciones. El problema es que, al ocurrir esto, el banco central del otro país debe imprimir dinero para cambiar los dólares adicionales que está recibiendo por el aumento en sus exportaciones, lo que causa inflación. Para evitar esto, el otro país debe revaluar su moneda.

El alto aumento en la inflación en los Estados Unidos y la presión inflacionaria sobre los demás países hizo que a comienzos de los setenta los países de Europa Occidental y Japón abandonaran el sistema de Bretton Woods y dejaran flotar sus monedas con respecto al dólar. Al principio estaban a la espera de diseñar un nuevo sistema monetario internacional, pero al mantener la tasa de cambio flotante observaron que era más fácil darle estabilidad a la producción y el empleo y todos mantuvieron su tasa flotando.

Los países latinoamericanos, en particular Venezuela, siguieron atados al dólar. Nuestros países no entendieron lo que estaba pasando en el mundo. Primero, la tasa de cambio fija dejó de existir. La razón es muy sencilla. ¿Con quién comercia Venezuela? El país tiene un gran comercio con los Estados Unidos, pero también tiene un gran comercio con Japón, Corea del Sur, China y varios países europeos, y todos ellos tienen su moneda flotando contra el dólar estadounidense. Si Venezuela fija su tasa de cambio con respecto al dólar, como el dólar flota con respecto al euro, el yen o el peso colombiano y muchas otras monedas, el bolívar flota también con respecto al euro, el yen o el peso colombiano y las demás monedas. Por consiguiente, en la práctica, el bolívar estaría flotando con la mayor parte de su comercio. Si el bolívar se ata al dólar, estaría flotando en función del bienestar de la economía de los Estados Unidos, que no necesariamente es el mismo de Venezuela.

Hay otro problema. Hay factores que hacen que una moneda cambie su valor. El caso más conocido es la productividad. Si la productividad de la economía de los Estados Unidos crece a un mayor ritmo que la venezolana, el bolívar debe depreciarse. Si esto no ocurre, Venezuela pierde su posición competitiva en el comercio mundial. Esto fue lo que ocurrió, como ya vimos, en el caso de Argentina con la caja de conversión.

Actualmente, la forma deseable de manejar la tasa de cambio es que el Banco Central deje flotar el bolívar cuando esté muy depreciado, de forma que todos los dólares que entren vayan a satisfacer las necesidades de las importaciones. Esto evita también que aumente la inflación. Cuando se revierta el ciclo y el bolívar esté muy apreciado, el Banco Central debe procurar comprar la mayor cantidad de dólares para bajar su precio, mantener la competitividad de las empresas y acumular reservas internacionales. Así lo han hecho Noruega, Canadá y algunos países árabes con bastante éxito.

Reglas versus discreción

Un prolongado debate sobre política monetaria es si esta debe ser regida por "reglas", es decir, que el banco central tome sus decisiones de política basado en un conjunto de reglas preestablecidas que todos conozcan –por ejemplo, que el banco central anuncie públicamente la cantidad de dinero que va a aumentar cada año–, o si debe ser conducida a "discreción", es decir, que el banco central tenga la libertad de decidir cuál política adoptar en cada coyuntura que enfrente.

Los keynesianos son partidarios de conducirla a discreción y los monetaristas de fijar reglas. Los keynesianos argumentan que la economía es inherentemente inestable, que no existe un mecanismo que haga que la economía se ajuste por sí sola, aun si se fijan reglas claras, y que por ende conducir la política monetaria a discreción del banco central ayudaría a estabilizarla más rápidamente.

Los monetaristas afirman que la cantidad de dinero debe crecer a una tasa fija para asegurar la estabilidad de precios porque la experiencia demuestra que los bancos centrales son incapaces de implementar una política de "buena entonación", lo cual habría ocasionado varias recesiones y fracasado en controlar la inflación. En particular, argumentan que es muy difícil que los banqueros centrales resistan las presiones políticas del Gobierno central para sacrificar el objetivo principal de mantener la inflación controlada para obtener algún beneficio a corto plazo, como ganar las elecciones, por ejemplo.

Los keynesianos critican la posición monetarista diciendo que un banco central bien conducido lo puede hacer mejor que uno que actúe a ciegas siguiendo alguna regla. Además, afirman, la economía está permanentemente sujeta a perturbaciones, como el desarrollo de internet o un conflicto en el Medio Oriente que afecte los precios del petróleo, que alteran la tasa natural de empleo, y que una política implementada a discreción podría estabilizar la economía más rápidamente.

En la práctica, los bancos centrales han actuado en general con mucha discreción. Cuando la Reserva Federal de los Estados Unidos estaba dirigida por Alan Greenspan, se utilizaron agresivamente las herramientas de política monetaria para guiar la economía. Durante los ochenta, Greenspan aumentó la tasa de interés para frenar un aumento en la inflación que generó una recesión en 1990-91, la cual lo hizo expandir la oferta monetaria en 1992 y así sucesivamente. Luego de los atentados a las torres del World Trade Center el 11 de septiembre de 2001, Greenspan respondió con un fuerte recorte en la tasa de interés.

Una crítica fuerte contra este estilo de dirigir la política monetaria es la dificultad de reemplazar a su presidente, lo cual siempre ocurrirá. Si el sucesor no es tan diestro como su antecesor, se puede detonar una crisis de credibilidad hasta que no se conozca la destreza del nuevo presidente del banco central. Muchos renombrados economistas han acusado a Greenspan de manejar mal la crisis financiera de 2008-09, al mantener la tasa de interés baja por mucho tiempo. Esto también podría funcionar al revés, y una nueva autoridad monetaria podría generar la confianza y credibilidad necesaria para estabilizar la economía. Si se hace una buena elección, este último escenario podría ocurrir en Venezuela con el sucesor del desprestigiado Banco Central durante el gobierno de Nicolás Maduro.

La dependencia de la política monetaria del juicio humano y la credibilidad de las autoridades, y la naturaleza difusa de la relación entre la tasa de interés y la demanda de bonos del Gobierno han motivado la búsqueda de reglas que respondan mejor a las cambiantes condiciones económicas que simplemente una tasa de crecimiento constante en la cantidad de dinero. Una regla que se ha vuelto popular es elevar la tasa de interés en una magnitud determinada por cada punto porcentual que aumente la tasa de inflación, y recortarla en otra magnitud determinada por cada punto que aumente la tasa de desempleo. Esta es la llamada "regla de Taylor". Un problema importante de la regla de Taylor son las deficientes estimaciones que hay sobre cuál es la tasa natural de desempleo.

Independencia del banco central

El debate sobre reglas versus discreción ha sido de particular importancia para el diseño de las instituciones económicas, en particular el banco central y su relación con el Poder Ejecutivo. ¿Qué tan efectivo ha sido tener reglas o decidir a discreción? El tema se vuelve más relevante si se observa que la experiencia de más de mil años nos dice que los gobiernos presionan y a veces simplemente deciden cuál es la política monetaria que más les conviene. El caso más común es el llamado "ciclo económico político", el cual ocurre cuando el Gobierno usa la política fiscal y la política monetaria para aumentar temporalmente la producción y el empleo con el objetivo de obtener algún beneficio político, por ejemplo, ganar las elecciones. Otro motivo frecuente es la necesidad de dinero para ir a la guerra. Una vez que se obtenga el beneficio político (se ganaron las elecciones), el Gobierno deberá enfrentar el problema de una mayor tasa de inflación y posiblemente una recesión; no obstante, para el Gobierno, ganar las elecciones es la prioridad.

¿Cómo se puede solucionar el problema del ciclo económico político? Una forma que se ha hecho cada vez más popular en el mundo es dándole independencia al banco central, de forma que pueda tomar decisiones sin presiones indebidas del Poder Ejecutivo.

Los ejemplos de ciclos económicos políticos son abundantes. En Venezuela, por ejemplo, el Gobierno presidido por Jaime Lusinchi expandió fuertemente la demanda en 1988, el año electoral. En diciembre de ese año su partido gana las elecciones presidenciales y dos meses más tarde, en febrero de 1989, estalla el llamado "Caracazo", una ola de protestas, riñas, saqueos y tiroteos que terminó con muchos muertos y millones en pérdidas materiales. La tasa de inflación en 1989 fue de 84,5%. Chávez practicó el ciclo económico político en cada elección en la que participó. Afortunadamente para él, el creciente precio del petróleo le permitió financiarlo. Su sucesor no corrió la misma suerte. El Fondo Monetario Internacional calcula que la tasa de inflación fue de 254,4% en 2016 y 652,8% en 2017, y la estima bastante más alta para 2018.

La política monetaria en Venezuela nunca se ha regido por reglas, sino con absoluta discreción, pero ni siquiera del Banco Central sino del Poder Ejecutivo. Esto nos deja sin recursos para comparar cómo funcionarían ambas estrategias en Venezuela en la práctica, pero no tenemos por qué asustarnos, la práctica de imponer reglas y darles independencia a los bancos centrales es relativamente nueva. En el Reino Unido, por ejemplo, la política monetaria no era decidida por el Banco de Inglaterra, sino por el *Chancellor of the Exchequer*, es decir, por el ministro de finanzas británico. Apenas en 1997 fue que se aprobó una ley que le daba independencia al banco central británico, el Banco de Inglaterra. Los estudios realizados posteriormente señalan que dicha independencia ha influido en disminuir tanto la prima que reciben los inversionistas por el riesgo de inflación como las expectativas de inflación.

Para 1994 ya se había observado que los bancos centrales independientes habían sido capaces de mantener la inflación a niveles más bajos. Esta afirmación tiene sustento tanto teórico como práctico. Desde el punto de vista teórico, el argumento a favor de la independencia del banco central es poder contrarrestar el "sesgo inflacionario" que ocasiona actuar bajo discreción.

Desde el punto de vista práctico, algunos estudios demuestran que en los países donde los bancos centrales son independientes, la tasa de inflación es más baja y más estable sin ninguna consecuencia económica adversa, pero ¿qué quiere decir que un banco central es independiente? Hay tres puntos esenciales que lo caracterizan. Primero, hay una diferencia importante entre la idea de un banco central independiente y una política monetaria independiente. La independencia del banco central significa que puede tomar sus decisiones de política monetaria sin presiones políticas. No obstante, en muchos países, al banco central se le asignan tareas adiciones como la regulación y supervisión de los bancos, por lo que el banco central debe tomar decisiones que consideren ambos roles.

Segundo, la diferencia entre la independencia de objetivos y la independencia de las herramientas. En la mayoría de los países, la misión del banco central establecida en las leyes es usualmente la de preservar el valor de la moneda, mantener la estabilidad del sistema financiero y promover el crecimiento económico y el empleo. En la práctica, esto debe ser concretado en "objetivos operativos" como, por ejemplo, estabilizar la tasa de inflación en 2%, que es la tasa que han fijado la mayoría de los bancos centrales en los países desarrollados. Sobre este tema volveremos más adelante. Pero, ¿quién fija los objetivos operativos? ¿El banco central u otra institución como el ministerio de finanzas, por ejemplo? Si el banco central fija los objetivos operativos, también tendrá independencia de objetivos; de lo contrario la pierde, y con ella perdería también su independencia, por lo que la legislación debe establecer claramente la independencia del banco central para decidir cuáles son los objetivos de la política monetaria.

Por otra parte, los instrumentos de que dispone el banco central son usualmente también establecidos en las leyes. En casi todos los países, los bancos centrales tienen el poder de participar en los mercados activos con el objetivo específico de influir sobre las tasas de interés y controlar la cantidad de dinero que circula en la economía. La "regla de Friedman" de hacer que el banco central aumente la cantidad de dinero en 4% cada año le quita al banco central la independencia de objetivos y la independencia de elegir el instrumento.

Tercero, bien manejado, el control de la tasa de interés o la cantidad de dinero constituye una herramienta espectacular para estabilizar los precios y el empleo, pero ese poder mal ejercido puede conducir a un caos. De allí lo importante que resulta que el banco central sea una institución que esté obligada a rendir cuentas, lo cual puede hacerlo emitiendo reportes periódicos sobre las decisiones y resultados de la política monetaria al Parlamento, al Poder Ejecutivo y al público en general, y ser también sujeto a interpelaciones en el Parlamento, ante la prensa y cualquier otro escenario posible. La rendición de cuentas se fortalece bastante cuando va acompañada de transparencia en la gestión del banco central, en particular sus operaciones, ya que se convierte en un gendarme permanente que protege al banco central contra presiones indebidas del Poder Ejecutivo y vigila la calidad de los funcionarios que son nombrados para dirigirlo.

Tasa de interés versus cantidad de dinero

Otro debate de particular importancia es la herramienta de política monetaria que debe ser usada con regularidad. Los monetaristas son partidarios de utilizar la cantidad de dinero como regla de política mientras que los keynesianos de utilizar la tasa de interés. La cuestión es que el banco central puede utilizar una u otra, pero no las dos al mismo tiempo. La razón es la siguiente: suponga que el banco central aumenta la cantidad de dinero que circula; este nuevo dinero puede entrar en la economía de dos formas, cuando el banco central se lo presta a los bancos comerciales, que a su vez otorgan crédito a las personas y las empresas, o cuando se lo entrega al Gobierno para que financie su presupuesto. Si el dinero entra a través de la banca comercial, es porque la banca está interesada en otorgar créditos a nuevas inversiones para las que no tiene suficiente dinero, así el banco central le presta dinero al banco comercial a una tasa de interés determinada, llamada "tasa de redescuento", y los bancos a su vez se lo prestan al público, es decir, a las personas y las empresas. En este caso, al verse los bancos con una mayor cantidad total de fondos disponibles para préstamos, disminuyen la tasa de interés a la que ellos les prestan a los individuos y las empresas. De igual manera ocurre si el banco central le entrega el nuevo dinero al Gobierno; una vez que el Gobierno gasta ese dinero, aumenta la cantidad total que hay en los bancos, los cuales, en consecuencia, bajan la tasa de interés para conseguir nuevos prestamistas. De esta forma, al decidir cuánto dinero circula en la economía, el banco central está indirectamente decidiendo también el nivel de tasa de interés.

Por otra parte, el banco central puede fijar la tasa de redescuento, es decir, puede decidir si aumentar o disminuir la tasa de interés que les cobra a los bancos. Si disminuye la tasa de redescuento, por ejemplo, al disminuir el costo financiero, algunos proyectos que antes no eran rentables se pueden volver rentables, lo que animaría a los bancos a aumentar sus préstamos al banco central, inyectando una nueva cantidad de dinero en la economía; de esta forma, al fijar la tasa de redescuento, el banco central indirectamente fija la cantidad de dinero que circula en la economía.

Los monetaristas afirman que el banco central debe controlar la cantidad de dinero que circula y dejar que la tasa de interés se ajuste por sí sola según establezca el equilibrio de la oferta y la demanda; según ellos, como la principal fuente de perturbación es la cantidad de dinero, la economía estará mejor regulada si se usa la cantidad de dinero como herramienta. Los keynesianos critican el énfasis exclusivo que los monetaristas le dan a la cantidad de dinero, argumentando que esto significa no prestarles atención a las condiciones del mercado; por ejemplo, el banco central debe monitorear si el nivel en la tasa de interés está afectando de manera importante la capacidad de las instituciones de ahorro para prestamistas y prestatarios en el mercado de las hipotecas.

Los monetaristas piensan que la cantidad de dinero está cercanamente asociada con los niveles de producción y por ende es un mejor predictor de la actividad económica. Los keynesianos, por el contrario, dicen que es afectada por muchos factores no relacionados con la política del banco central, tales como los préstamos bancarios, la preferencia del individuo común sobre cuánto efectivo quiere tener en sus bolsillos y la lentitud con que la actividad económica responde. Asimismo, descalifican la creencia de que se puede predecir el nivel de producción utilizando únicamente la cantidad de dinero, ya que también existe el efecto en reversa de que mayor producción requiere una mayor cantidad de dinero.

Los keynesianos proponen que, en vez de la cantidad de dinero en circulación, el banco central debe prestarle atención muy de cerca a la tasa de interés ya que esta afecta directamente a la economía y, a diferencia de la cantidad de dinero, la cual es difícil de medir, la información sobre la tasa de interés está fácilmente disponible. Reconocen, no obstante, que la tasa de interés también es afectada por factores no relacionados con la política del banco central. Los monetaristas critican el uso de la tasa de interés porque, según ellos, esta envía señales equivocadas; por ejemplo, cuando la economía está en plena recuperación, la tasa de interés aumenta al incrementarse también la demanda de crédito, por lo que, si se usa la tasa de interés como herramienta de política, dicho aumento en el interés puede interpretarse como una señal de política restrictiva.

Durante los años setenta, el debate y la posición de ambos comenzaron a cambiar. Los monetaristas manifiestan que la cantidad de dinero es una mejor herramienta si se usa como un objetivo intermedio, y los keynesianos que la cantidad de dinero debe ser el objetivo en un horizonte suficientemente largo de tiempo, pero que la tasa de interés debe utilizarse en horizontes de tiempo más cortos. Los monetaristas, sin embargo, critican la postura keynesiana al afirmar que la cantidad de dinero adecuada no puede alcanzarse en cortos períodos de tiempo.

Estas disputas fueron el centro de muchos debates por varias décadas. El avance de las técnicas matemáticas y estadísticas, así como la evidencia revelada por un sinnúmero de casos distintos en los diferentes países y en la escena mundial, como la estanflación de los setenta, los *shocks* en los precios del petróleo de los años setenta y ochenta, el experimento monetarista de comienzo de los ochenta en los Estados Unidos y el Reino Unido bajo los gobiernos de Ronald Reagan y Margaret Thatcher, respectivamente, las hiperinflaciones en Latinoamérica, el estancamiento de la economía japonesa durante los noventa, la crisis asiática, las burbujas en el mercado de valores, del petróleo y de las hipotecas en la primera década del siglo XXI y la reciente crisis denominada "Gran Recesión" han servido para generar bastante consenso sobre el manejo de la política monetaria y de la política fiscal. ¿En qué ha concluido el debate? La discusión sobre los consensos que se han generado actualmente en torno al manejo de política macroeconómica se entenderá de mejor manera analizando la influencia que sobre ellos ha tenido la gran recesión de 2009.

Lecciones de política monetaria

Una lección aprendida en el mundo académico y en los bancos centrales fue que la política monetaria debía tener un solo objetivo, la inflación, la cual debía controlarse utilizando un solo instrumento, la tasa de interés. Si la inflación es estable, asimismo la economía permanecería estable alrededor de su nivel natural de empleo. Ese era el principal trabajo de la política monetaria, aunque no el único, como veremos más adelante. La política fiscal ha sido relegada a un papel secundario debido a las restricciones que le imponen la presión de los sectores políticos del país (el ciclo económico político) y el desfase que ocurre desde que comienza el problema hasta que se sienten los resultados de la política implementada. Para entonces, es posible que la política fiscal implementada, en vez de resolver un problema, sea la fuente de uno nuevo ya que este es un proceso lento. Antes de que el aumento en el gasto del Gobierno se ejecute, el Poder Ejecutivo debe realizar un plan sobre cuánta debe ser la magnitud de la expansión, en cuánto aumentará el presupuesto y en cuánto tiempo gastará ese dinero adicional. Esta etapa puede durar bastante tiempo. Posteriormente debe someter el proyecto al Parlamento para su aprobación. Los parlamentarios se tomarán un tiempo en leer el plan, discutirlo en las subcomisiones encargadas de revisarlo, llevarlo a la comisión de finanzas para ser aprobado y someterlo a la cámara en pleno, que deberá decidir si lo aprueba o lo reenvía para ser revisado. Una vez aprobado el presupuesto adicional, el Gobierno debe comenzar a gastarlo, para lo cual debe convocar a licitaciones, cuyo ganador ejecutará las obras. El efecto sobre la economía ocurrirá una vez el ganador de una licitación emplee a trabajadores para comenzar a realizar la obra. No hace falta ser un economista brillante para darse cuenta de que todo el proceso puede durar bastante tiempo. Si la perturbación que ocasiona la recesión es larga y profunda, esta estrategia podría funcionar, pero si se trata de una recesión corta, para el momento en que el Gobierno pague podría no haber recesión, y en vez de llevar la economía a su nivel natural, el Gobierno estaría expandiendo la economía innecesariamente, sobrecalentándola y causando una mayor inflación, sin ninguna ganancia permanente en términos de empleo. Por esta razón, se considera que la política fiscal debía ser relegada como herramienta cotidiana en la política de estabilización.

Se ha generado consenso en que la principal tarea del banco central es mantener una tasa de inflación baja y estable. Algunos bancos centrales han planteado incluso que este debiera ser el único objetivo. Esto se fundamenta en que al estabilizar la tasa de interés la economía por sí sola converge a su nivel natural de empleo. El conocimiento y la experiencia de las dos décadas precedentes hacen pensar que un banco central con buena reputación que siguiese reglas bien definidas y conocidas sería suficiente para lograrlo. De esta forma cualquier perturbación que sufra la economía, indistintamente de que fuese originada en los "espíritus animales" de Keynes, cambios en la tecnología o *shocks* en los precios del petróleo, solo tendría un efecto temporal y de corta duración sobre el empleo.

Un enfoque de política monetaria que han adoptado todos los países de la OCDE, y también con gran éxito muchos que no lo son, es el llamado "objetivo inflación" [Andersen 2014]. Fue utilizado por primera vez por el Banco de Reserva de Nueva Zelanda[86] en 1990. El enfoque de "objetivo inflación" tiene como base intelectual la idea de Milton Friedman de que existe una tasa natural de empleo a la cual la economía tiende una vez que la tasa de inflación se estabiliza. La principal consecuencia de esto es que no se puede obtener permanentemente un mayor nivel de producción y empleo estimulando la demanda y creando inflación [Friedman 1968].

También se fundamenta en el trabajo de Finn Kydland y Edward Prescott, quienes afirman que hay que evitar que los bancos centrales resistan la tentación de tratar de aumentar la producción por encima de su nivel natural. Esto refuerza la idea de que, para realizar su misión, es necesario que el banco central tenga independencia, de forma que pueda evitar presiones políticas indeseables [Kydland y Prescott 1977].

El funcionamiento de "objetivo inflación" es sencillo. El banco central anuncia públicamente un objetivo de inflación, el cual habrá de alcanzar en un período de tiempo determinado. Al mismo tiempo, usando toda la información disponible, predice las tasas futuras de inflación que llevarían a la economía al objetivo. Esta información incluye el valor presente y futuro de todas las variables relevantes como la cantidad de dinero, la tasa de interés y muchas otras. Luego, compara la predicción de inflación con la tasa de inflación realizada y la tasa de inflación

---

86 Este es el banco central de Nueva Zelanda.

objetivo, y con base en eso se realizan ajustes a la política monetaria. La mayoría de los países ubican la tasa de inflación objetivo entre 1% y 3%. Muchos economistas piensan que 2% es la tasa ideal, pero ese es actualmente un punto controversial.

Un aspecto importante es el manejo de las expectativas. Si la gente piensa que la tasa de inflación va a ser muy alta, la cantidad de dinero en circulación no sería suficiente para pagar todos los gastos necesarios, incluyendo salarios, y habrá desempleo. En consecuencia, un elemento crucial del enfoque "objetivo inflación" es el manejo de las expectativas. Para ello se usan dos herramientas: transparencia y rendición de cuentas. El banco central debe hacer saber claramente no solamente sus objetivos, sino también cómo piensa alcanzarlos y darle al público tanta información como pueda. El Banco de Inglaterra y el Banco Central de Colombia, por ejemplo, llegan al extremo de grabar las reuniones del directorio y publicarlas. Junto con transparencia, el banco central debe rendir cuentas periódicamente. Los estudios indican que los países que han adoptado el enfoque "objetivo inflación" han logrado disminuir sus tasas de inflación y registrado tasas de inflación más bajas que los que no han adoptado este enfoque. Dicho enfoque se ha usado siempre en países con tasas de inflación de un dígito; la excepción es Chile, que logró reducir su tasa de inflación de 30% a 2% durante los noventa usando el esquema "objetivo inflación" [Ball 2003; Hyvonen 2004; Vega y Winkelried 2005].

14
El gran juego

En el siglo XX, Venezuela dejó de ser una sociedad rural para convertirse en un país moderno. La razón: el petróleo. La producción de petróleo en gran escala comienza en 1922. Antes de esa fecha, el país era solo una promesa petrolera. Hubo muchas exploraciones infructuosas y adquirir una concesión era una aventura riesgosa. Muchos se arruinaron. ¿Era Venezuela un buen prospecto petrolero? En 1907, Cipriano Castro entrega cuatro concesiones gigantescas petroleras; el asunto fue tan insignificante que ni siquiera se mencionó en el informe anual del Ministerio de Fomento. La petrolera más grande del mundo, la Standard Oil of New Jersey, usualmente llamada simplemente Jersey, entra a Venezuela al terminar la Primera Guerra Mundial, también llamada la "Gran Guerra", porque pensaba que las posibilidades de encontrar petróleo eran muy bajas. Shell entró antes por su pugna con Jersey para conseguir petróleo en cualquier parte por su ambición de convertirse en la compañía más grande del mundo. En 1919, un geólogo enviado por Jersey al lago de Maracaibo reporta que "cualquiera que se quede allí unas semanas es casi seguro que se infecte con malaria, del hígado o el intestino, trastornos que probablemente se conviertan en crónicos", y recomienda obviar la cuenca del lago de Maracaibo y no invertir en Venezuela, pero un gerente de Jersey argumenta que, más que la malaria y los trastornos intestinales, le interesa Shell: "El hecho de que hayan gastado millones allí nos lleva a sospechar que hay una cantidad considerable de petróleo en este país" y "no entrar" podía poner en peligro la capacidad de Jersey de abastecer América Latina [Yergin 1991, p. 234]. Por esa razón, las primeras concesiones eran "liberales", es decir, de un costo suficientemente bajo para atraer a las compañías petroleras.

Una vez comprobado el potencial petrolero de Venezuela, comienza una batalla para detener las nuevas concesiones y lograr que el Estado recibiera la mitad de las ganancias de las compañías, el llamado "fifty-fifty". Luego vino la creación de la OPEP, cuyo objetivo fue defender los precios del petróleo. Eso a la larga condujo a la nacionalización de la industria. El período de la industria nacionalizada se puede dividir en dos subperíodos claramente definidos: el primero, hasta la caída de la democracia en 1998, y el segundo, bajo el régimen autocrático que impone Hugo Chávez desde 1999.

Este será un análisis peculiar. Se relatarán detalles históricos solo si sirven para el objetivo principal: entender la política petrolera de Venezuela, su efectividad y qué la hizo posible. El mercado petrolero ha sido desde sus comienzos un negocio global, por lo que conviene entender cómo se formó y ha funcionado desde sus comienzos.

Los taladros del coronel

En 1846, el geólogo canadiense Abraham P. Gesner desarrolla un nuevo combustible líquido, el "kerosene", que se podía extraer del carbón o del petróleo y que producía una llama más limpia y menos cara que la del aceite de ballena que se usaba entonces en las lámparas. En 1850, Gesner crea la Kerosene Gaslight y pronto comienzan a aparecer refinerías para producir kerosene a partir del carbón y la industria se extiende rápidamente en Norteamérica y Europa. El petróleo era escaso, se obtenía escarbando en los lugares donde brotaba de forma natural, mientras que el carbón era abundante.

George Bissell, un abogado neoyorquino que había observado petróleo brotando en las montañas del oeste de Pensilvania, tiene la idea de producir kerosene en gran escala usando petróleo, ya que salía más barato que producirlo con carbón, pero para ello necesitaría petróleo en grandes cantidades, el cual planeaba conseguir no escarbando, sino taladrando la tierra. Para ello contrata al químico Benjamin Silliman Jr. y al banquero James Townsend y fundan la Pennsylvania Rock Oil Company, que luego cambia su nombre a Seneca Oil Company. Para hacer los trabajos de perforación, contratan a Edwin L. Drake, un ex conductor de trenes en New Haven, Connecticut. Drake llega a Titusville, Pensilvania, en diciembre de 1857. En su correspondencia, James Townsend se dirigía al coronel Drake, aunque Drake no era coronel, pero desde entonces todos lo llamaron coronel Drake.

Luego de muchos intentos fallidos, Drake perfora el primer pozo petrolero el 27 de agosto de 1859 y una fiebre de petróleo comienza en Titusville. La producción era tan grande que empezaron a almacenarla en barriles de whisky. De allí viene la tradición de medir el petróleo en barriles. Bissell, Silliman y Townsend hicieron una gran fortuna. Drake murió pobre y vivió sus últimos días con una pensión que le dio el estado de Pensilvania [McKain y Allen 1994].

John D. Rockefeller es la persona que más contribuyó a darle forma a la industria petrolera moderna. Después de trabajar en una compañía de productos agrícolas en Cleveland, Rockefeller, con apenas 20 años, se asocia con Maurice Clark para fundar su propia compañía de productos agrícolas en 1859. Cuatro años más tarde, Rockefeller y Clark entran en la industria del kerosene y fundan una refinería. Rockefeller tenía varias ventajas sobre sus competidores. Tenía una personalidad intimidante y era muy enfocado, perseverante y minucioso, especialmente si se trataba de dinero. Olfateaba las trampas. Admirado por unos y odiado por otros, su forma de ser le permitió ahorrar costos y obtener ingresos donde los demás no lo hacían. Mientras otras refinerías extraían kerosene del 60% del petróleo que refinaban, desechando el 40% restante, Rockefeller usaba ese remanente como energía para su refinería o lo vendía como lubricante, cera u otros productos, aumentando sus ganancias y disminuyendo sus costos. Su refinería pronto se convirtió en la más grande y rentable de Ohio.

En 1867, luego de haber hecho buen dinero, Clark le vende su parte de la sociedad a Rockefeller, quien forma una nueva sociedad con su hermano William y con Samuel Andrews y Henry M. Flagler. Pronto, la nueva sociedad se convierte en el mayor productor de kerosene de los Estados Unidos y el primer exportador a Europa [Segall 2001, pp. 25, 42]. En 1870, fundan la Standard Oil of Ohio. En el mercado, las diferentes refinerías vendían kerosenes con distintas propiedades, y kerosenes mal producidos en ocasiones habían causado explosiones que habían acabado con la vida de sus compradores. El nombre "Standard" fue elegido para indicar que sus productos eran de calidad estándar y confiable. La Standard Oil fue la primera compañía en integrarse verticalmente, abarcando desde la exploración y extracción de petróleo hasta las estaciones de servicio. La Standard Oil también estableció la medida "estándar" del barril de petróleo en 159 galones.

El mercado petrolero se caracterizó desde sus inicios por una alta volatilidad. Entre 1865 y 1870 la sobreproducción desplomó los precios a la mitad y se estimaba que la producción de kerosene triplicaba las necesidades del mercado. Todos querían participar y aparecieron refinerías por doquier, lo que Rockefeller llamó el "gran juego", la lucha por construir y hacer dinero. En cierta ocasión, Rockefeller se enfureció cuando supo que un panadero alemán, que hacía unos panes que a él le encantaban, había vendido su panadería para comprar una refinería de mala calidad. Rockefeller le compró la refinería al panadero para que siguiera haciendo pan.

La Standard Oil decide poner orden y estabilidad en el mercado adquiriendo la mayor parte posible de la producción. Para ello, recauda más capital e implementa la siguiente estrategia: identifica a un competidor y le da tres opciones. Las dos primeras, vender o fusionar su compañía con la Standard Oil, cuidando siempre de mantener el control de la compañía. Si el competidor rechazaba la oferta, enfrentaría una "guerra de precios" en la región donde operaba hasta que lo hiciera quebrar. Al final, la Standard usualmente compraba los activos del competidor arruinado en algún remate [Whitten y Whitten 1990, p. 182].

Un aspecto vital del negocio petrolero es el transporte, que al principio se hacía por ferrocarril. En 1870, las tres principales compañías de ferrocarriles, Erie, Pennsylvania Railroad y New York Central, forman un cartel para dividirse el mercado. La Standard Oil había hecho tratos secretos con las compañías de ferrocarriles, obteniendo un descuento especial. Las demás compañías pagarían una tarifa en *full*, pero el descuento que les hubiera tocado lo recibiría la Standard Oil. En 1872, aparece una nueva ferrocarrilera, South Improvement Company, implementando este esquema y causando una ola de vandalismo y protestas [Yergin 1991, capítulo 2] que la hicieron cerrar dos meses más tarde [Jones 2015 (1922), capítulo 5]. La Standard Oil desiste de usar los ferrocarriles y comienza a construir oleoductos. La estrategia funcionó. En 1872, en menos de cuatro meses, la Standard Oil había absorbido 22 de las 26 refinerías competidoras de Cleveland y había comprado las principales refinerías de Nueva York [Whitten y Whitten 1990, p. 182]. Había conseguido lo que necesitaba para iniciar su "gran juego". La compañía creció abarcando nuevos mercados y expandiendo sus actividades desde la exploración hasta las estaciones de servicio. Para 1880, la Standard Oil refinaba más del 90% del petróleo de los Estados Unidos y su sede principal se había mudado a Nueva York [Segall 2001, pp. 48-49].

El kerosene estadounidense tuvo gran aceptación en Europa, donde se mercadeaba a través de los consulados estadounidenses. Entre 1870 y 1890, la Standard Oil exportaba la mitad de su producción de kerosene, que se había convertido en el cuarto producto de exportación de los Estados Unidos y el primero entre las manufacturas [Yergin 1991, pp. 56-57].

Al comenzar el siglo XX, la Standard Oil estaba bajo acecho, con una guerra política y judicial en su contra. El gobierno de Texas no la deja entrar en su territorio y tenía demandas legales en Ohio, Texas, Oklahoma y siete estados más. En 1899, se muda a Nueva Jersey debido a que las leyes de ese estado permitían las corporaciones, y cambia su nombre a Standard Oil of New Jersey. Ida Minerva Tarbell, la primera mujer periodista de los Estados Unidos, hizo una investigación sobre las prácticas de la Standard Oil que publicó en el libro *Historia de la compañía Standard Oil*. La publicación fue un *best seller* y ayudó a desprestigiar aún más a la compañía. El Gobierno Federal introduce en un tribunal de San Luis, Misuri, una demanda por conspiración para restringir el comercio, en el marco de la Ley Antimonopolios Sherman. En mayo de 1911, el tribunal sentencia la división de la Standard Oil en 34 compañías, las llamadas "Baby Standards". La Standard Oil of New Jersey, o simplemente Jersey, se queda con la mitad de las acciones y se convierte en la compañía petrolera más grande del mundo. Otras dos *babies* fueron la Standard Oil of New York (Socony) y la Standard Oil of California (Socal)[87], que también han estado entre las gigantes del mercado petrolero mundial [Yergin 1991, capítulo 5].

Las Siete Hermanas

La industria petrolera en Rusia nace con unas pequeñas refinerías que se instalan alrededor de Bakú, en el mar Caspio, a partir de 1870. En 1873, Ludwig y Robert Nobel llegan a Bakú, compran una refinería y crean la compañía Branobel. Ludwig inventa unos supertanques para transportar kerosene a fin de ahorrar en costos de transporte por la mala infraestructura existente. Adicionalmente, el mar Caspio no tenía una salida que lo pudiera llevar al Mediterráneo. Los Nobel crearon un imperio petrolero en Rusia, participaban desde la exploración hasta la refinación, transporte y distribución minorista. La producción de petróleo en Rusia aumentó de menos de 600 mil barriles en 1874 a 10,8 millones en diez años. Branobel reinaba en Rusia, pero con presencia nula en el resto del mundo [Tolf 1976, capítulos 1 y 2, pp. 41-46].

Hacia 1880, el Gobierno ruso autoriza a dos productores petroleros, Bunge y Palashkovsky, a construir un ferrocarril desde Bakú hasta Batumi, sobre el mar Negro, lo que permitiría vender kerosene ruso en Europa, pero nuestros productores se quedan cortos de dinero y buscan financiamiento en el ala francesa de la familia Rothschild. El ferrocarril se construye y comienza a funcionar en 1883. Tres años más tarde, los Rothschild forman la Caspian and Black Sea Petroleum Company

---

87 Jersey adopta la marca Esso y después cambia su nombre a Exxon. En 1931, Socony se fusiona con la compañía Vacuum Oil y forman Socony-Vacuum, y en 1966 cambian su nombre a Mobil. En 1999, Exxon y Mobil se fusionaron para crear ExxonMobil. En los años treinta, Socal cambia su nombre a Chevron. En 1984, Chevron absorbe la Gulf Oil Corp. y en 2000 se fusiona con Texaco, adoptando el nombre de ChevronTexaco hasta 2005, cuando se vuelve a llamar simplemente Chevron.

(Bnito, por sus siglas en ruso) y entran en el negocio petrolero. Bnito pronto se convierte en la segunda compañía de petróleo de Rusia. Ante la entrada de Branobel y Bnito en Europa, la Standard Oil intenta inicialmente comprar las compañías, pero los Nobel y los Rothschild se rehúsan, y en noviembre de 1885 la Standard lanza una guerra de precios, aunque Bnito y Branobel resisten [Marvin 1891, pp. 234-235]. En el resto del siglo, hubo varias guerras de precios entre ellos.

La creciente producción de petróleo en Rusia le creó a Branobel y Bnito la necesidad de buscar nuevos mercados. Para entrar al mercado asiático, los Rothschild contactan a Marcus Samuel, un comerciante británico con larga experiencia en el comercio en Asia. Bnito le ofrece a Samuel un contrato por nueve años para mercadear petróleo en Asia. Para ello Samuel crea la Shell Transport and Trading Company y se asocia con comerciantes de diferentes partes de Asia. Samuel sabía que, si entraba en un solo mercado a la vez, la Standard Oil bajaría los precios hasta sacarlos de un mercado; en consecuencia, planea introducir el kerosene ruso en toda Asia al mismo tiempo. El plan se hizo en el mayor secretismo.

Por razones de seguridad, el canal de Suez tenía prohibido el paso de tanqueros[88], obligando a los buques de la Standard Oil a dar la vuelta por el cabo de Buena Esperanza para ir a Asia. Samuel diseña tanqueros con mayor capacidad y con normas de seguridad tan estrictas que pudo obtener permiso para que sus tanqueros atravesaran el canal de Suez, lo que le daba una gran ventaja sobre la Standard Oil. El 22 de julio de 1892, sale el primer barco de Batumi, atravesando el canal de Suez al día siguiente rumbo a la isla Bukom, en Singapur. El éxito de Samuel fue rotundo, la Standard Oil quedó sorprendida sin poder declarar ninguna guerra de precios. En 1902, el 90% de los tanqueros que atravesaron el Canal de Suez eran de Shell.

En las Indias Orientales, actual Indonesia, el holandés Henry Deterding funda la Royal Dutch para explotar una concesión de petróleo en Sumatra. La Royal Dutch consigue petróleo relativamente rápido y crece rápidamente, pero tenía un acceso muy limitado a los mercados. Shell, por el contrario, tenía una gran red de suministro, pero no tenía petróleo propio. En febrero de 1907, ambas compañías se fusionan y forman la Royal Dutch Shell, convirtiéndose en una compañía holandesa-británica. Deterding obtiene el 60% de participación y Samuel el 40%. En Texas, donde la Standard Oil no pudo entrar, aparecen

---

88   Así usualmente se les llama a los barcos que transportan petróleo o sus derivados.

dos grandes compañías de petróleo, Texaco y Gulf Oil Corporation. En Persia, actual Irán, una nueva compañía de capital británico, la Anglo-Persian Oil Company (actual British Petroleum), recibe una concesión y encuentra petróleo.

A comienzos del siglo XX, Rusia era un caos. En 1901, Iósif Stalin llega a Bakú para organizar la subversión. Luego de la derrota en la guerra ruso-japonesa de 1905, las huelgas en Rusia se intensifican. A finales de año, la monarquía es derrocada y se instala un régimen parlamentario con el zar como jefe de Estado y un parlamento, la Duma [Schwartz 1966, pp. 301-304]. La revolución en Rusia impactó al mundo petrolero. Dos tercios de los pozos fueron destruidos o severamente dañados y la inestabilidad política desalentaba la inversión necesaria para recuperarlos. La producción rusa disminuyó continuamente durante veinte años y las exportaciones colapsaron. Mientras Samuel, los Rothschild y los Nobel estaban preocupados por su dependencia del petróleo ruso, la Standard capturaba los mercados en Asia que los rusos habían abandonado. Acosados por el antisemitismo, la xenofobia y la inestabilidad política, los Rothschild deciden salir de Rusia y, en 1912, le venden Bnito a la Royal Dutch Shell, recibiendo el pago en acciones y convirtiéndose en uno de los principales accionistas de Shell.

La Revolución bolchevique de 1917 y la Guerra Civil rusa (1917-1922) trajeron gran incertidumbre sobre el futuro del mercado ruso. La familia Nobel escapa a Finlandia y en julio de 1920 le venden Branobel a Jersey, a pesar de que el Ejército Rojo ya había tomado Bakú. Jersey apostaba a que el Gobierno comunista sería incapaz de sostenerse [Tolf 1976, capítulos 1 y 2, pp. 211-217]. Los soviéticos expropiaron todas las instalaciones petroleras y la economía estaba muy mal. Para amortiguar las necesidades financieras, Lenin ofrece concesiones a inversionistas extranjeros. Deterding promueve un boicot de las grandes petroleras contra el petróleo ruso, pero Socony y Vacuum obvian el llamado y construyen una refinería en Batumi, que luego se la arriendan a los soviéticos para vender kerosene en Asia. Socony necesitaba el kerosene ruso porque no tenía una fuente alterna de suministro en India. Deterding se enfureció y lanzó una guerra de precios en India contra Socony y Vacuum, que luego se extendió a otros mercados.

Para 1928, ya se sentían los efectos de la Gran Depresión y Jersey y Shell daban las inversiones en Rusia por perdidas. Henry Deterding arrienda el castillo de Achnacarry y allí se reúne con Walter Teagle, presidente de Jersey, sir John Cadman de Anglo-Persian, William Mellon de Gulf Oil y Robert Stewart de la Standard Oil of Indiana. El encuentro era para buscar una solución a la sobreproducción mundial de petróleo. Se habló de fusiones, colaboración, carteles, acuerdos comerciales, disminuir costos, mejorar la eficiencia y eliminar las guerras de precios. Luego de dos semanas, convienen un acuerdo no escrito, el Acuerdo de Achnacarry, que le asignaba a cada compañía una cuota en cada mercado. La Unión Soviética se incorpora después al acuerdo, pero este tenía importantes debilidades. Para evitar violar las leyes antimonopolio, el acuerdo no incluye a los Estados Unidos. Por otra parte, había muchas compañías pequeñas fuera del acuerdo que impedían controlar las exportaciones, además del petróleo recién descubierto en Texas, Venezuela y Rumanía que estaba buscando mercado. Al final el acuerdo se desbarata y las compañías retoman su rutina [Bamberg 1984, pp. 528-534].

No obstante, la estructura del mercado petrolero mundial de los 40 años siguientes ya estaba conformada. Había siete grandes compañías, a las cuales Enrico Mattei les acuña el nombre de las "Siete Hermanas". Las dos mayores eran Jersey y Shell; las otras cinco eran Anglo-Persian, Socony, Socal, Texaco y Gulf. Las Siete Hermanas a veces funcionaban como un cartel y en otras se enfrentaban en guerras de precios. También había muchos productores pequeños, la mayoría en los EEUU, con poca o ninguna presencia internacional.

El ejército de taxis

A comienzos del siglo XX, el principal producto del petróleo era el kerosene para lámparas, pero cuando Thomas Alva Edison inventa el bombillo eléctrico en 1879, la industria de la iluminación cambia y la luz eléctrica desplaza a las lámparas de petróleo, el cual encuentra un mercado mucho más grande, el del transporte. El crecimiento de la industria automotriz fue espectacular. El número de automóviles registrados en los Estados Unidos aumentó de 8 mil en 1900 a 902 mil en 1912, y la gasolina, que hasta entonces había sido una parte insignificante del negocio petrolero, se convirtió en su principal producto [Yergin 1991, capítulo 4].

La importancia del petróleo se hizo sentir rápido. Cuando comienza la Primera Guerra Mundial, todos pensaban que sería una guerra corta. Alemania implementa el Plan Schlieffen o Plan Moltke, que consistía en atravesar Bélgica[89] y atacar Francia de sorpresa desde el norte. Allí libraron la batalla de la Frontera y avanzan hacia París, encerrando al

---

89   La invasión alemana a Bélgica causa la entrada del Reino Unido en la guerra.

Ejército francés. La toma de París parecía inminente. La población evacua la ciudad y el Gobierno francés se instala en Burdeos. El Ejército francés estaba al mando del general Joseph Joffre.

Joffre ordena un contraataque el 6 de septiembre de 1914, penetrando entre los dos flancos del Ejército alemán, pero los alemanes reciben refuerzos y los franceses estaban a riesgo de ser aplastados; la situación era desesperante. El general Gallieni, gobernador militar de París, decide enviar dos regimientos de infantería al frente, pero el sistema de trenes estaba averiado y, si iban a pie, no llegarían a tiempo. Esa misma noche, Gallieni reúne a unos 600 taxistas en Les Invalides y comienza a transportar soldados al frente, a unos 50 kilómetros de París. Transportaron a miles de soldados y la operación duró tres días; luego comenzaron a transportar a refugiados y heridos del frente [Sumner 2012]. Los franceses detuvieron el avance alemán para iniciar una guerra de trincheras que duraría dos años [Herwig 2009, pp. 254-262].

Las concesiones del poder

Hasta comienzos del siglo XX, los derivados del petróleo se comercializaban como cualquier otro producto, pero su naturaleza pronto cambiaría. La historia del petróleo se ha desarrollado en torno a tres grandes luchas. La primera fue una lucha entre las potencias militares, la segunda entre los países productores de petróleo y las compañías concesionarias, y la tercera entre las mismas compañías.

A comienzos del siglo XX, los acorazados, el poder de la Royal Navy, eran propulsados con carbón. La superioridad naval era vital para la seguridad del Imperio Británico en su carrera con Alemania por la supremacía de los mares. Un sector del almirantazgo proponía que los acorazados usasen petróleo en vez de carbón. Quienes se oponían argumentaban que había mucho carbón en la isla y migrar al petróleo los haría vulnerables y dependientes de fuentes lejanas e inseguras, pero las ventajas estratégicas del petróleo eran muchas ya que los acorazados tendrían mayor velocidad, un blindaje más fuerte y necesitarían menos mano de obra.

En julio de 1911, un cañonero alemán, el Panther, realiza unos disparos en Agadir, Marruecos. El káiser quería chequear la influencia francesa en África. Aunque el ataque no tuvo consecuencias, detonó la decisión de Winston Churchill, primer lord del almirantazgo, de cambiar los buques de la Royal Navy a petróleo. El petróleo se había convertido en un elemento esencial para la guerra.

Como en Europa no había petróleo, la corona británica decide obtener concesiones de petróleo en todas partes del mundo. Este cambio de política significó que las compañías británicas trabajasen muy estrechamente con sus gobiernos, convirtiendo una lucha entre compañías en una lucha entre gobiernos.

Hasta el comienzo de la Gran Guerra, Estados Unidos era el primer productor y exportador de petróleo del mundo. En el exterior, las compañías estadounidenses solo tenían algunas inversiones en México y en Rumanía. En general, las compañías norteamericanas mostraban desinterés respecto a obtener concesiones en el exterior.

La actitud de los Estados Unidos cambia después de la Primera Guerra Mundial. Durante los primeros años de la posguerra hubo una demanda de petróleo sin precedentes que agotó el suministro doméstico y disminuyó las reservas. Se temía que hubiera escasez y que tuvieran que depender del petróleo extranjero.

En 1920, el embajador estadounidense en Londres le informa al Departamento de Estado sobre la política británica de impedir la entrada de compañías petroleras no británicas dentro del imperio y sobre la prohibición a los ciudadanos británicos de vender acciones petroleras a extranjeros. Las compañías estadounidenses buscaron ayuda en el Departamento de Estado. El presidente Woodrow Wilson responde desconociendo un acuerdo entre Francia y el Reino Unido para repartirse el Medio Oriente e instruye a las embajadas a prestarles el mayor apoyo a las compañías estadounidenses. El Congreso aprueba una ley que autoriza al presidente a discriminar a los ciudadanos de otros países que discriminasen a los ciudadanos estadounidenses. Una guerra distinta había comenzado, la guerra por el petróleo.

El almirantazgo quiere todo el petróleo del mundo

Persia fue el centro de una rivalidad diplomática entre el Reino Unido y Rusia por más de un siglo. Durante el siglo XIX, Rusia había expandido su territorio hasta Asia Central. Los rusos buscaban acceder a un puerto de aguas calientes en el golfo Pérsico para entrar al mercado de la India y del resto de Asia, y presionaban a Persia, Afganistán y el Tíbet, lo que molestaba a los británicos, que veían en esos países un área de seguridad que separaba a Rusia de la India. Para la diplomacia británica, la seguridad de la India era un asunto de primera prioridad.

Hacia 1900, a los británicos comienza a preocuparles más el creciente poderío militar de Alemania que la rivalidad con Rusia en Persia. Los rusos, por su parte, acababan de perder la guerra ruso-japonesa y se sentían débiles, así que en 1907 ambos países firman un tratado que reconocía el norte de Persia como área de influencia de Rusia, y el sur del Reino Unido.

A finales del siglo XIX, el general persa Antoine Kitabgi recibe un reporte de un geólogo sobre el potencial petrolero de Persia. En 1900, Kitabgi se encuentra en París con el ex embajador británico en Teherán, sir Henry Drummond Wolff, y el secretario privado de Reuters, *monsieur* Cotte, que también tenía otro estudio geológico. El proyecto necesitaba dinero y para ello Kitabgi persuade a William Knox D'Arcy, un empresario británico amigo de Wolff que había hecho una fortuna explotando la mina de oro de Mount Morgan, Australia. En 1901, D'Arcy envía a Alfred Marriott a Teherán a negociar una concesión con el sha con la ayuda de Kitabgi.

La diplomacia británica se interesa mucho en el proyecto porque una concesión de petróleo ayudaría a balancear la influencia rusa en Persia. Rusia intenta bloquear el acuerdo, pero Marriott ofrece 4 mil libras adicionales y el sha Mozaffar al-Din Sah le otorga a William K. D'Arcy una concesión de 1.200.000 km^2 por 60 años. La concesión abarcaba todo el país excepto cinco provincias del norte, en la frontera con Rusia. A cambio, el Gobierno de Persia recibe un pago inicial de 20 mil libras esterlinas más 16% de las ganancias de la compañía [Busch 1967, pp. 235-242].

D'Arcy contrata al geólogo George Reynolds para dirigir las operaciones y comenzar la exploración. El primer lugar elegido fue Chiah Surkh, una inaccesible meseta en la frontera entre Persia e Iraq. El terreno era muy hostil, cada equipo o herramienta era enviado al puerto de Basora, de allí era trasladado por el río Tigris hasta Bagdad, de donde era llevado en mula a través de las montañas. *De facto*, la región estaba gobernada por tribus en guerra hostiles a Occidente que no reconocían al Gobierno de Teherán, menos aún la concesión petrolera. Reynolds, no obstante, pudo operar pagando un soborno mensual a los jefes tribales. La población local no tenía las destrezas mínimas y todo el personal técnico tenía que ser extranjero. Todos estos inconvenientes retrasaron las perforaciones hasta finales de 1902.

D'Arcy estima un costo inicial de 10 mil libras, pero un año más tarde había gastado 160 mil y se estimaba que se necesitarían unas 120 mil libras adicionales. D'Arcy se sobregira en 177 mil libras con el Lloyds Bank, poniendo sus minas de oro en garantía. Para enero de 1904, el costo del proyecto iba por 200 mil libras. D'Arcy se queda sin dinero y busca auxilio financiero con el ministro de Finanzas, Austen Chamberlain, le pide un préstamo a Joseph Lyons y habla con la Standard Oil y el barón de Rothschild. Ninguno muestra interés y el sobregiro seguía aumentando. En abril de 1904, Lloyds le pide la concesión en garantía. Todo indicaba que D'Arcy perdería las minas de oro en Australia y la concesión en Persia, pero aparecen dos aliados inesperados. Al Foreign Office[90] le preocupaba que D'Arcy vendiera la concesión a grupos o países extranjeros, en especial a los rusos.

El otro aliado era el almirantazgo, donde un sector cada vez mayor estaba a favor de propulsar la flota británica con petróleo. El almirantazgo presiona a Burmah Oil, una pequeña compañía petrolera escocesa que operaba en la India, para que se asocie con D'Arcy. A cambio, al almirantazgo le ofrece contratos de suministro de combustible y la protección de su mercado en la India. La sociedad se sella y en 1905 se reanudan los trabajos. Se realizan perforaciones en varios lugares sin encontrar ningún pozo productivo. Luego se perfora en Masjid-i-Suleima, cerca de la frontera con Iraq. Para acceder al sitio hubo que construir una carretera, lo que retardó las perforaciones hasta enero de 1908. En abril, Burmah le informa a D'Arcy que se le había acabado el dinero y el 14 de mayo le envía una correspondencia a Reynolds para notificarle el final del proyecto, pero, mientras la carta iba en el correo, en Masjid-i-Suleima se sentía un fuerte olor a gas cuando un taladro que se desatornilló cae y se pierde en el agujero, y el 25 de mayo de 1908 en la madrugada se escucha un fuerte rugido, un reventón más alto que la torre perforadora. Finalmente se había encontrado petróleo, un "elefante"[91]. Para operar la concesión, Burmah Oil y D'Arcy crearon la Anglo-Persian Oil Company.

Para el almirantazgo, las dificultades no terminaban allí. ¿A quién le comprarían el petróleo? Había dos opciones: Royal Dutch-Shell o la Anglo-Persian. La Royal Dutch Shell era 60% holandesa y 40% británica, y el almirantazgo temía que Alemania pudiera someter a Holanda y a través de ella a la Royal Dutch Shell. La Anglo-Persian, por su parte, era una compañía pequeña y financieramente muy débil, y existía el riesgo de que perdiera la concesión. El problema se resuelve cuando el Gobierno británico compra el 51% de las acciones de la Anglo-Persian. El Gobierno no se metería en las decisiones comerciales de la compañía, excepto aquellas que afectasen el suministro de petróleo a la Royal Navy o asuntos de interés político. Persia entraba al club de los países productores de petróleo [Kent 1976].

---

90   Este es el Ministerio de Asuntos Exteriores británico.

91   En el argot petrolero así llaman a los pozos altamente productivos.

El 5% de Gulbenkian

Iraq era de especial interés para el Reino Unido por su ubicación geográfica, que estaba a mitad de camino entre Europa y la India. En 1912, un millonario armenio, Calouste Gulbenkian, logra ensamblar una sociedad, la Turkish Petroleum Company (TPC), con 25% de participación de la Royal Dutch Shell y 25% del Deutsche Bank. El restante 50% pertenecía al Turkish National Bank, un banco de Turquía controlado por británicos, donde Gulbenkian tenía el 30% de las acciones. El objetivo de la compañía era conseguir una concesión de petróleo en Iraq.

El Gobierno británico se alarma al saber de una sociedad con intereses alemanes en Iraq y presiona para que la Anglo-Persian entre. En marzo de 1914, Alemania y el Reino Unido acuerdan una nueva composición para la TPC. La Anglo-Persian toma el lugar del Turkish National Bank, el Deutsche Bank y Shell tendrían el 22,5% cada uno, y el otro 5% era para Gulbenkian. En el acuerdo introducen una "cláusula de autonegación", según la cual los miembros de la sociedad explotarían petróleo dentro del antiguo Imperio Otomano solo a través de la Turkish Petroleum. La cláusula aplicaba dentro de la "Línea Roja", llamada así porque, cuando discutían el área donde se aplicaría la cláusula, Gulbenkian pidió un mapa del Medio Oriente y demarcó el área en cuestión con un lápiz rojo. La Línea Roja no incluía Egipto, Kuwait y Bahréin. En junio, el gran visir les promete otorgarles una concesión, pero al mes siguiente estalla la guerra y cesa la cooperación angloalemana.

En abril de 1920, Francia y el Reino Unido firman el Acuerdo de San Remo, el cual reactiva la Turkish Petroleum, excepto que Francia ocupa el lugar de Alemania. El Reino Unido deja claro que cualquier compañía petrolera que se instalara en Iraq debía estar bajo control británico. Para participar en la Turkish Petroleum, el Gobierno francés contacta en 1923 al coronel Ernest Mercier, dueño de una pequeña compañía, la Compagnie Française des Pétroles (CFP), futura Total, para que entrase en la sociedad en Mesopotamia. Para asegurarse de que la CFP respondiera siempre a los intereses del Estado francés, compra el 25% de la compañía.

Estos acuerdos se firmaron sin un jugador importante: los Estados Unidos. El Acuerdo de San Remo molestó a Washington por la agresiva política británica que buscaba controlar todo el petróleo del mundo. Londres se irritó con Washington porque ya los Estados Unidos producían las dos terceras partes del petróleo mundial.

Los Estados Unidos no reconocen la concesión dada a la Turkish Petroleum y las relaciones se tensan. De repente los británicos aceptan la participación de los Estados Unidos. ¿Por qué el cambio? El estatus legal de la Turkish Petroleum era ambiguo. Luego, Londres tenía que proveer frecuentes ayudas financieras a los países del área de influencia británica en momentos en que tenía problemas económicos. Los Estados Unidos tenían su economía intacta y podían proveerle recursos al naciente Gobierno en Iraq, aliviando al tesoro británico. Shell pensaba que su participación los fortalecería cuando se presentasen dificultades políticas. Para participar en la concesión, el secretario de Comercio, Hebert Hoover, crea un consorcio de compañías, la Near East Development Corporation (NEDC). El consorcio quedó integrado por Jersey, Socony, Gulf, Pan-American Petroleum y Transport Company. Lo curioso de esta controversia es que todavía no se sabía si había petróleo en Mesopotamia.

El 14 de marzo de 1925, el Gobierno iraquí le otorga una concesión a la Turkish Petroleum. Las compañías mantienen el acuerdo de la Línea Roja. Las perforaciones comienzan en abril de 1927 y en octubre, en Baba Gurgur, se produce un gran reventón, un elefante. El 31 de julio de 1928, nueve meses después, se crea la Iraq Petroleum Company (IPC). Shell, Anglo-Persian, Compagnie Française y NEDC tuvieron una participación de 23,75% cada una; el 5% restante fue para Gulbenkian [Yergin 1991, pp. 194-206].

Quiero agua, no petróleo

Durante la Primera Guerra Mundial, el mayor neozelandés Frank Holmes fue intendente en el Ejército británico. Su función era conseguir suministros para las tropas en Mesopotamia, lo que le permitió viajar por todo el Medio Oriente, donde se escuchaban rumores sobre filtraciones de petróleo en la costa arábica del golfo Pérsico. Cuando termina la guerra, Holmes se instala en Bahréin y crea el Eastern and General Syndicate buscando oportunidades de negocios, pero el jeque de Bahréin no estaba interesado en petróleo sino en el suministro de agua. Holmes perfora algunos lugares y encuentra agua, y en agradecimiento, el jeque le otorga una concesión de petróleo en 1925 [Keating 2007], pero Holmes tiene problemas financieros y le ofrece la concesión a la Anglo-Persian, aunque la rechazan porque pensaban que no había petróleo en la península Arábiga. Entonces va a Nueva York, donde habla con varias compañías. La única que se interesa es Gulf, que solo tenía pozos petroleros en los Estados Unidos y quería diversificar sus fuentes de petróleo. En 1927, Gulf adquiere la concesión de Bahréin, pero al año siguiente Gulf se une a la NEDC y Bahréin estaba dentro de la Línea Roja, así que le vende la concesión a Socal, que también estaba interesada en diversificar sus fuentes de petróleo. Socal crea la Bahréin Petroleum Company.

El Reino Unido había firmado una cláusula de nacionalidad británica con Bahréin, según la cual las concesiones de petróleo solo se otorgarían a compañías británicas, y se opone a la concesión a Socal. Hubo un agrio conflicto con los Estados Unidos, pero en 1929, los británicos reconsideran su posición, pues piensan que el capital estadounidense ayudaría a explotar petróleo más rápidamente y aliviaría los subsidios que el Reino Unido transfería con frecuencia a los jeques. Socal adquiere la concesión, garantizándole al Reino Unido la primacía en asuntos políticos [Yergin 1991, pp. 280-283]. El 31 de mayo de 1932, Socal encuentra petróleo en Bahréin.

Ya no hace falta el peregrinaje

Corrían los años de la Gran Depresión, el rey Abdelaziz bin Saúd estaba corto de dinero. El pago de facturas y los salarios de los empleados públicos tenían seis u ocho meses de atraso. La principal fuente de ingresos en Arabia Saudita era el peregrinaje a La Meca, que había mermado con la depresión. Harry St. John Bridger Philby era un buen amigo y consejero del rey. Había trabajado en el servicio civil en la India, pero se retiró molesto por la política británica hacia el Medio Oriente.

Philby conocía muy bien al rey Saúd, sus problemas financieros y el peligro que estos representaban para el reino; estaba convencido de que en la península arábiga había petróleo y que para encontrarlo y extraerlo se necesitaba capital y tecnología extranjera, pero el rey no quería tener compañías extranjeras en suelo saudita y estaba más interesado en encontrar agua que petróleo. Philby le sugiere el nombre del magnate y filántropo estadounidense Charles Crane, quien paga de su propio peculio al ingeniero norteamericano Karl Twitchell para que investigue el potencial de encontrar agua. En su reporte, Twitchell afirma que ningún pozo prometía encontrar agua, pero que en Al-Hasa, al este del país, había buenos prospectos para petróleo [Monroe 1973, p. 225].

Cuando Socal encuentra petróleo en Bahréin, al rey Saúd se le fue la aversión a las compañías extranjeras y se interesa en explorar la existencia de petróleo. Twitchell contacta a Socal, quien contrata a Twitchell como uno de sus negociadores. Socal también contrata a Philby como asesor, pero mantienen el acuerdo en secreto. Philby le guardaba mayor lealtad al rey que a Socal, y sabía que si ponía a dos compañías a competir al rey le iría mejor, así que también contacta a la Iraq Petroleum Company, a través de su compañía dominante, la Anglo-Persian, que envía a Stephen Longrigg como su representante [Owen 1975, pp. 1290-1293].

Los saudíes querían un buen pago inicial, pero la Anglo-Persian no estaba interesada en invertir en Arabia Saudita, eran escépticos sobre el potencial de Al-Hasa. La oferta de Socal a los sauditas era una quinta parte de lo que el rey pedía. En abril de 1933, un ejecutivo de Socal le escribe a Philby diciéndole que las posibilidades de encontrar petróleo eran casi desconocidas y que sería ingenuo pagar una suma muy grande sin un estudio geológico previo. La Anglo-Persian no estaba ganada a pagar ni una pequeña fracción de lo que le ofrecía Socal, así que en mayo se sella el acuerdo entre Socal y Arabia Saudita. Socal le paga al reino una regalía de 5 mil libras más un préstamo de 35 mil libras en oro, y a los 18 meses, un segundo préstamo de 20 mil libras, que serían pagados con las regalías por petróleo que la compañía le debiera al Gobierno en el futuro. La compañía también le haría un préstamo al rey de 100 mil libras en oro cuando se descubriera petróleo [Hall y Ramírez-Pascualli 2012].

Para operar la concesión, Socal crea la California-Arabian Standard Oil Company (Casoc). Las exploraciones comienzan en septiembre de 1933. El primer sitio escogido fue Dammam Dome, al este del país. Se perforaron media docena de pozos, pero no se encontró petróleo. El tiempo pasaba, los costos subían y la gerencia de Socal se mostraba inquieta. Luego de gastar 10 millones de dólares, la compañía considera devolver la concesión y dar por perdida la inversión, pero en marzo de 1938 se produce un reventón de kilómetro y medio de profundidad en el pozo 7 de Dammam Dome, un elefante. Los problemas financieros de Ibn Saúd habían terminado, la economía saudita ya no dependería del peregrinaje a La Meca.

El reventón de Dammam Dome detona una ola de compañías buscando concesiones, incluyendo la Anglo-Persian, pero el contrato de concesión tenía una cláusula secreta: Casoc tenía derecho de preferencia sobre cualquier concesión futura. En 1939, poco antes de estallar la Segunda Guerra Mundial, Casoc ejerce ese derecho y expande su concesión sobre un área de 1.139.595 km^2, un territorio 25% más grande que el territorio de Venezuela [Yergin 1991, pp. 298-301], pero los problemas de Socal no terminan con conseguir petróleo ya que tenía poco acceso a los mercados internacionales. A comienzos de 1935, su producción en Bahréin era apenas de 2.500 barriles diarios por falta de mercado. Jersey, Socony y la Anglo-Persian se negaron a mercadear el petróleo de Socal. Afortunadamente, Texaco tenía el problema contrario, una buena red de mercadeo en África y Asia, pero no tenía su petróleo propio en el hemisferio oriental, por lo que Socal y Texaco crean una nueva sociedad con 50% de participación cada una de la concesión saudita [Anderson 1981].

Se acabaron las perlas

La Gran Depresión afectó a Kuwait como al resto del mundo, pero al pequeño país le había ocurrido algo más devastador. Mikimoto Kokichi, un vendedor de fideos en Miye, Japón, era un fanático de las ostras y las perlas que dedicó muchos años a desarrollar una técnica para el cultivo de perlas artificiales. En 1930, Kokichi logra su objetivo y Japón se convierte en un importante jugador en el mercado mundial de las perlas. Pero el éxito de Kokichi fue la desgracia de Kuwait ya que el motor de su economía era precisamente el comercio de perlas. El emir de Kuwait, jeque Ahmed Al-Yaber Al-Sabah, estaba desesperado por dinero e interesado en otorgar concesiones [Casey 2007, pp. 47-65].

Como en el resto de la península arábiga, la Anglo-Persian y Gulf habían conversado con el jeque Al-Sabah sobre posibles concesiones. Gulf estaba muy interesada y Kuwait no estaba dentro de la Línea Roja. La Anglo-Persian siempre fue escéptica sobre encontrar petróleo en la península arábiga y temía que el sha los acusara de desperdiciar sus energías fuera de Persia, donde tenían su más importante concesión. Su interés en Kuwait era bloquear la entrada de otras compañías.

El jeque sabía que debían tener buenas relaciones con los británicos porque de ellos dependía su seguridad y defensa ya que tenían el dominio naval del Golfo Pérsico, e Iraq y Arabia Saudita no le reconocían ciertos derechos y Persia ni siquiera lo reconocía como Estado, pero el jeque estaba molesto por no recibir suficiente apoyo en algunas disputas con Arabia Saudita e Iraq.

Londres insistía en que la cláusula de nacionalidad británica era válida en Kuwait, y por ende Gulf no podía obtener una concesión allí. Gulf pide ayuda al Departamento de Estado, que presiona a los británicos para que obvien la cláusula. Luego de agrias discusiones, los británicos deciden ignorar nuevamente la cláusula de nacionalidad ya que el capital estadounidense contribuiría a la estabilidad política y al desarrollo económico de la región, lo que los beneficiaría. Por otra parte, la Anglo-Persian no estaba interesada en explorar petróleo en Kuwait [Chisholm 1975].

En marzo de 1933, John Cadman, de la Anglo-Persian, conversa con el emir sobre la concesión. Pocas horas antes, el mayor Frank Holmes había logrado que el jeque le prometiera permitirle a Gulf hacer una contraoferta después de que la Anglo-Persian hubiese hecho la suya. Cadman hace una oferta, la cual duplicaría si el jeque la aceptaba de inmediato, pero el jeque dice que no puede por la promesa a Holmes. Cadman se enfurece y concluye que la única forma de participar era en sociedad con Gulf. En diciembre de 1933, ambas compañías crean la Kuwait Oil Company con 50% de participación cada una. El jeque recibe un pago inicial de 35.700 libras y luego un mínimo de 7.150 libras cada año. Una vez que se encontrase petróleo, recibiría 18.800 libras anuales más algo adicional dependiendo del volumen. El jeque nombra a Frank Holmes su representante en Londres. Las exploraciones comienzan en 1935 y, tres años más tarde, el 23 de febrero de 1938, se produce un reventón en el campo Burgan, al sureste del país. Kuwait ya no dependería de las perlas [Yergin 1991, pp. 292-298].

Petróleo y revolución

En 1884, el dictador mexicano Porfirio Díaz modifica el Código de Minas, dándole la propiedad del subsuelo al dueño del suelo, deshaciendo una tradición de cientos de años, según la cual el Estado es dueño del subsuelo y por ende del petróleo que yace allí. El objetivo de Díaz era atraer capital extranjero para desarrollar la industria petrolera.

La industria petrolera en México comienza en 1873, cuando los estadounidenses William H. Waters y Henry Clay Pierce crean la Waters-Pierce Oil Company para importar productos refinados desde los Estados Unidos. La Waters-Pierce expande su actividad para importar crudos de Pensilvania y refinarlos en varias refinerías construidas en México. A la larga, la compañía necesitó capital para seguir expandiéndose y Pierce llega a un arreglo son la Standard Oil en 1878, que se queda con una participación de 60%. Pierce se queda con el restante 40%. Para 1900, la Waters-Pierce tenía una infraestructura que le permitió abarcar todo México [Álvarez de la Borda 2005, capítulo 1].

A comienzos del siglo XX, el empresario petrolero californiano Edward L. Doheny crea la Mexican Petroleum Company y el contratista británico Weetman D. Pearson la Compañía Mexicana de Petróleo El Águila. Ambas compañías dominarán la industria petrolera en México por un cuarto de siglo.

En mayo de 1900, el presidente del Ferrocarril Central Mexicano, Albert A. Robinson, invita a Doheny a México para explorar la existencia de petróleo en Tampico y le ofrece comprarle todo el combustible que los ferrocarriles necesiten si conseguía suficiente petróleo para abastecerlo. En sociedad con Charles A. Canfield, Doheny compra 162 mil hectáreas en los alrededores de Tampico y, en 1906, la Mexican Petroleum había adquirido terrenos en Veracruz. Para 1911, la Mexican controlaba 212 mil 467 hectáreas [Ansell 1998, pp. 55-56].

El dictador Porfirio Díaz, que tenía ambiciosos planes para modernizar a México, invita al inglés Weetman D. Pearson, lord Cowdray, para desarrollar varios proyectos. Pearson había hecho fama por algunas maravillas de la ingeniería del siglo XIX como el túnel de Blackwall bajo el río Támesis, los cuatro túneles bajo el río Este de Nueva York y el puerto de Dover [Yergin 1991, pp. 229-231]. Díaz le habría comentado a Pearson: "Pobre México, tan lejos de Dios y tan cerca de los Estados Unidos". Pearson construye el gran canal de desagüe de ciudad de México y los puertos de Veracruz y Salina Cruz, y el Ferrocarril Nacional de Tehuantepec. Pearson extiende sus inversiones a la minería, la agricultura, el servicio eléctrico y el transporte. Durante la construcción del ferrocarril, su ingeniero jefe, John Body, le informa de unos posibles yacimientos de petróleo al sur de Veracruz. Pearson ordena arrendar y comprar tierras en la región del istmo de Tehuantepec. Para 1906, su compañía S. Pearson & Son poseía 242.820 hectáreas y tenía arrendados unos 250 mil acres [Spender 1930, pp. 149-152].

La producción petrolera se inicia en 1901 con las operaciones de la Mexican Petroleum en San Luis Potosí, pero la mayor parte de la producción era asfalto difícil de refinar. Doheny y Canfield continúan y para 1903 ya habían gastado 3 millones de dólares sin tener una producción significativa. Para mantenerse en el mercado, Doheny organiza en 1902 la Mexican Asphalt Paving & Construction Company para pavimentar y asfaltar calles en México, Guadalajara, Morelia, Tampico, Puebla y Chihuahua, y para exportar asfalto a los Estados Unidos. En abril de 1904, la Mexican consigue un yacimiento que producía 1.500 barriles diarios. Doheny estaba seguro de conseguir un elefante y en 1906 construye una gran infraestructura de tanques de almacenamiento y oleoductos. En 1907, Doheny comienza a integrar verticalmente sus negocios en México. Crea la Mexican Petroleum Company Limited of Delaware, para controlar a la Mexican Petroleum Company of California y una nueva compañía, la Huasteca Petroleum Company.

En 1910, la Huasteca, perforando el pozo Casiano Número 7, ocasiona un gran reventón, un pozo de 60 mil barriles diarios. Luego siguieron otros pozos productivos y la producción de la Mexican desborda las necesidades de México y comienza a exportar a los Estados Unidos en acuerdos con Jersey, Gulf y la Santa Fe Railroad.

Pearson comienza a perforar pozos en 1904 y consiguió algunos pequeños comercializables. Para poder abastecer su infraestructura de comercialización comenzó a importar petróleo de Texas. La pequeña producción de S. Pearson & Son no le permitía entrar al mercado internacional, pero en mayo de 1908, al norte de Veracruz, se produce un gran reventón de 100 mil barriles diarios en el pozo de Dos Bocas. Desafortunadamente, un incendio acabó con la producción y secó el pozo.

En agosto de ese año, Pearson organiza una compañía distribuidora, la Compañía de Petróleo El Águila, para entrar en el mercado detallista en México. El Águila tuvo un gran éxito que la lleva a enfrentarse con la Waters-Pierce en una guerra de precios. El Águila venció a Jersey. Dos factores jugaron a su favor: primero, contaba con producción propia, y segundo, tenía el apoyo del Gobierno.

En 1909 Pearson traspasa todas las propiedades a El Águila, que entonces produciría y refinaría su propio crudo. A finales de ese año, El Águila producía más de 54 mil barriles en productos refinados y dominaba la mitad del mercado nacional. En diciembre de 1910, en el pozo Potrero del Llano número 4, al noroeste de Tuxpan, se produce un gran reventón, un elefante de 110 mil barriles diarios [Álvarez de la Borda 2005, capítulo 2]. El crecimiento de la producción mexicana fue enorme. Para 1910, México producía 3,6 millones de barriles anuales y la producción siguió en aumento hasta alcanzar su máximo en 1921, cuando satisfacía el 20% de la demanda de petróleo de los Estados Unidos y se convirtió en el segundo productor de petróleo del mundo [Brown 1987].

En 1910 derrocan a Porfirio Díaz y comienza la Revolución mexicana, una cruenta guerra civil que duraría 14 años. Si bien durante ese episodio la violencia contra los extranjeros fue especialmente severa, la producción de petróleo no fue severamente afectada, aunque los campos petroleros fueron objeto frecuente de robos, extorsiones e incluso asesinatos. Las compañías comenzaron a tener problemas fiscales con los nuevos gobiernos revolucionarios, a partir de Francisco Madero, intentando elevar los impuestos a las ganancias de las petroleras. En 1917, se aprueba una nueva Constitución que en su artículo 27 le devuelve los recursos del subsuelo a la nación, lo que les trae a las compañías un sinfín de problemas legales.

En octubre de 1918, lord Cowdray recibe una oferta de 10 millones de libras de la Royal Dutch Shell por El Águila y se sale del mercado mexicano. Lo hizo justo a tiempo porque poco después comienza a salir agua salada de los pozos comprados por Shell, lo que luego también ocurriría en casi todos los demás pozos en México, aunque El Águila y la Mexican Petroleum siguieron produciendo. En una década, la producción de petróleo en México había disminuido en 80%. Doheny, por su parte, le vende la Mexican Eagle a la Standard Oil of New Jersey. El problema se podía resolver con más capital, mejor tecnología y nuevas exploraciones, pero la inestabilidad política y el marco legal difuso hicieron que las compañías no se animaran a invertir. Además, había otro lugar donde se había encontrado petróleo en abundancia y más barato, con un ambiente político muy afable. Ese lugar era Venezuela.

Las concesiones del bribón

A principios del siglo XX, Venezuela era un país agrícola, muy pobre y despoblado. Tener un título de general era una señal de distinción. Esta fue una costumbre heredada de la colonia cuando el rey, impedido de otorgar títulos de nobleza a los habitantes de las colonias, decidió venderles títulos militares para cubrir sus necesidades financieras. El 90% de los miembros del Parlamento tenían el título de general. Venezuela fue gobernada por caudillos casi sin interrupciones durante todo el siglo XIX[92].

Los indígenas utilizaban el petróleo para sellar y reparar sus canoas. El primer barril de petróleo que exporta Venezuela se lo envía al rey de España para tratarle una gota. El primer código minero de Venezuela, aprobado en 1854, le otorga al Estado la propiedad del subsuelo y delega en el presidente la decisión de adjudicar concesiones. Aunque no se le conocía ninguna utilidad aún, el petróleo estaba regido por esta ley. En 1878 se otorga la primera concesión de petróleo a la compañía Petrolia del Táchira, propiedad de Manuel Antonio Pulido y tres inversionistas más [Martínez 1979]. En 1887, Horacio Hamilton y Jorge Phillips obtienen la segunda concesión, para explotar asfalto en el lago Guanoco, que al poco tiempo venden a la New York and Bermúdez Company, una subsidiaria de la empresa estadounidense General Asphalt.

En 1899 asume la presidencia Cipriano Castro, un dictador déspota, arbitrario, conflictivo y corrupto. En 1901, el general Manuel Antonio Matos se levanta en armas. Luego de dos años de guerra civil, Castro aplasta la insurrección. Posteriormente se descubre que General Asphalt

---

92   La historia del petróleo en Venezuela en sus inicios se puede leer con detalle en los excelentes trabajos de Lieuwen (1954) y Betancourt (1978).

había sido uno de sus financistas y, en represalia, Castro le quita la concesión, ordena la expropiación de sus propiedades del lago Guanoco y los expulsa del país.

En 1902, los precios del café, principal producto de exportación de Venezuela en ese entonces, habían bajado, afectando las finanzas públicas. Castro decide no pagar la deuda externa y, en respuesta, Alemania, el Reino Unido e Italia envían buques de guerra a bloquear las costas venezolanas. El bloqueo ciertamente buscaba cobrar las deudas que Venezuela tenía con sus súbditos, pero había algo más: querían saber la capacidad militar de respuesta de los Estados Unidos dentro de lo que se consideraba su área de influencia, el "Corolario Roosevelt" de la Doctrina Monroe. El bloqueo cesa con la intervención de los Estados Unidos y con un acuerdo de pagos.

En 1906, una reforma del código minero obliga a los concesionarios a pagar un impuesto de 2 bolívares por hectárea y un canon de 4 bolívares por tonelada, en lugar del 25% que preveía la ley anterior. El concesionario tenía 4 años para empezar la explotación, aunque podría prorrogarse por 4 años más con el pago de 2.500 bolívares. El presidente podía otorgar contratos hasta por 50 años y la concesión podía ser de cualquier tamaño. No se dice nada sobre las reservas nacionales[93]. Las compañías explotadoras podían importar maquinaria libremente y las concesiones no podían ser vendidas a gobiernos extranjeros. El contrato no decía nada sobre los derechos de exploración ni preveía ninguna disposición sobre la reserva de tierras para el futuro.

En 1907, Castro otorga cuatro concesiones por 50 años a unos amigos personales. La primera se la adjudica a Andrés J. Vigas, concediéndole derechos sobre todo el petróleo del distrito Colón del estado Zulia, que abarcaba una superficie de dos millones de hectáreas. Vigas le vende la concesión a la Colon Development Company, una filial de la Royal Dutch Shell.

La segunda se la otorga a Antonio Aranguren para explotar asfalto en los distritos Bolívar y Maracaibo del estado Zulia. Luego amplían la concesión para explotar petróleo. La concesión tenía un millón de hectáreas. En 1913, Aranguren se la transfiere a la Venezuelan Oil Concessions, otra filial de la Royal Dutch Shell.

F. Jiménez Arráiz recibe la tercera concesión; esta abarcaba más de medio millón de hectáreas en los distritos Acosta y Zamora del estado Falcón y en el distrito Silva del estado Lara. La compañía británica

---

93   Estas son tierras reservadas para las generaciones futuras.

North Venezuelan Petroleum Company se encargó de desarrollarla.

La cuarta concesión se la da a Bernabé Planas y solo incluye el distrito Buchivacoa del estado Falcón. Tenía una extensión de medio millón de hectáreas. Esta concesión es comprada por la British Controlled Oilfields, compañía sobre la cual había la sospecha de que pertenecía al Gobierno británico, lo que hubiera sido ilegal.

En 1908, Juan Vicente Gómez da un golpe de Estado y comienza una dictadura de 27 años. Gómez, un hombre de mentalidad campesina que apenas sabía leer y escribir, impuso un régimen brutal y de terror. No fue un secreto que Gómez simpatizó con los alemanes durante la Primera Guerra Mundial. Theodore Roosevelt se refería a él como *scoundrel*, "el bribón". Apenas llega al poder, Gómez le devuelve la concesión del lago Guanoco a la General Asphalt y le otorga otra adicional por 50 años. Eso sonaba bien en los oídos de los inversionistas.

El 10 de diciembre de 1909, Gómez le otorga una concesión de 27 millones de hectáreas a John Allen Tregelles, representante de la compañía británica Venezuelan Oilfields Exploration. La concesión cubría 12 de los 20 estados más el territorio Delta Amacuro y abarcaba el 30% del territorio nacional. La concesión tenía algunas ventajas con respecto a las de 1907, su duración se redujo de 50 a 30 años y el período de exploración se disminuyó de 4 a 2 años. No obstante, la parte económica del contrato era bastante peor. El impuesto de superficie se redujo de 2 a 1 bolívar por hectárea y el canon se fijó en 5% en vez de 4 bolívares por tonelada. En lo demás eran iguales. La compañía no encontró petróleo y la concesión caducó.

En 1910, Gómez le otorga dos concesiones a Rafael Max Valladares, un apoderado de General Asphalt. La primera cubría todo el distrito Benítez del estado Sucre. Cuatro días más tarde, Valladares le transfiere la concesión a la Bermúdez Company, filial de la General Asphalt. Las condiciones eran iguales a las de Tregelles, excepto que el período de explotación se aumenta a 47 años y el de exploración a tres años. En 1913, la Bermúdez comienza a explotar su primer pozo.

La segunda concesión la transfiere Valladares, dos días más tarde, a la Caribbean Petroleum Company, otra filial de la General Asphalt. La superficie otorgada fue la misma que la de Tregelles, pero las condiciones fueron ligeramente distintas. El canon se fija en 2 bolívares por tonelada, en vez de 5%, y la concesión no se podía transferir sin la aprobación del presidente. Esta concesión fue entregada violentando la legislación vigente ya que la Ley de Minas de 1910 establecía que las concesiones no podían ser de una superficie superior a las 800 hectáreas.

Encontrar petróleo en Venezuela era una hazaña peligrosa. El traslado de los geólogos y sus equipos era una odisea. No había carreteras aptas para automóviles, en los caminos solo se podía transitar en carretas jaladas por bueyes, había muchas zonas pantanosas que solo se podían atravesar en mula o en canoa. En la entrada del lago de Maracaibo había una barra de arena que impedía el paso de buques de gran calado. El país no estaba cartografiado y los pocos mapas disponibles eran inexactos, mostrando ríos que no existían o que pertenecían a cuencas distintas. Era muy fácil enfermarse, había mosquitos y otros insectos transmisores de enfermedades por doquier y no existía ningún tipo de atención médica. Los primeros equipos fueron transportados en esas condiciones, pero luego las compañías empezaron a construir una infraestructura que incluía carreteras, casas, hospitales y centrales eléctricas.

Adicionalmente, las compañías debieron enfrentar la hostilidad de los indios motilones, especialmente en el suroeste del lago de Maracaibo, que era su tradicional área de caza. Cuando las compañías llegan, los motilones se alarman y sienten amenazada su fuente de alimentos, por lo que se oponen ferozmente a la presencia de las petroleras, cuyos trabajadores estaban en constante peligro. Para protegerlos, las cabinas de los tractores y los camiones eran cubiertas con varias capas de tela metálica que las flechas no podían atravesar. Los campamentos eran protegidos con cercas muy altas, espesas, con alambre de púas y estaban completamente iluminados, con guardias cuidando las entradas. A pesar de las precauciones, ocurrieron cosas. En el distrito Perijá, en un viaje río arriba, un trabajador venezolano murió de un flechazo en la cabeza, un supervisor de perforación murió de un flechazo en la espalda mientras jugaba bridge y un geólogo fue asesinado y su cuerpo mutilado. Para proteger a los trabajadores, Gómez envía un pequeño ejército a la zona [Lieuwen 1954, pp. 38, 85-87, 122].

En 1913, General Asphalt se da cuenta de que no tenía suficiente dinero para explotar la concesión Valladares II y se la vende a Shell. Con las concesiones Valladares II, Vigas y Aranguren, la Royal Dutch-Shell había adquirido todas las concesiones que operaban en el lago de Maracaibo y el 85% de todas las tierras otorgadas en concesión.

En febrero de 1914, Shell perfora el primer reventón, el pozo Zumaque I en Mene Grande, estado Zulia. Era el primer pozo en Venezuela que tenía un nivel de producción comercial.

No obstante, el tiempo pasaba y los pozos que se habían encontrado eran de una producción pequeña. Unos geólogos estadounidenses que trabajaban para Shell veían a Venezuela como un mal prospecto y sugerían abandonar el país, pero el 14 de diciembre de 1922, en el campo La Rosa cerca de Cabimas, revienta el pozo Barroso II o R-4 a una profundidad de 500 metros. Al principio, el campo La Rosa no parecía prometedor, pero el gerente de Shell, George Reynolds, insistió en seguir. Este es el mismo George Reynolds que había descubierto petróleo en Persia quince años antes, superando innumerables obstáculos. La Anglo-Persian lo había despedido dándole un pequeño bono. Ahora era el primero también en conseguir petróleo en Venezuela.

El pozo Barroso II fue el primero en revelar el potencial de Venezuela como un gran productor de petróleo. En 1907, la actividad petrolera era tan insignificante que las cuatro concesiones que otorgó Castro ni siquiera fueron mencionadas en el Informe Anual del Ministerio de Fomento. En 1921, la producción de petróleo era apenas de 4 mil barriles diarios, pero con el reventón de Barroso II aumenta a 11.800 barriles. En 1935, cuando muere el dictador, la producción de petróleo venezolana había pasado los 400 mil barriles.

El Gobierno se dio cuenta de que no se podía regular la explotación de petróleo con una legislación hecha para metales y que hacía falta una ley específica para regular la actividad petrolera. Por esta razón, no se otorgan concesiones nuevas después de Valladares sino hasta 1918. Ese año, el ministro de Fomento, Gumersindo Torres, propone la primera ley petrolera al Congreso, la cual se aprueba en 1920. La nueva ley limitaba las concesiones a 30 años, la superficie de exploración no podía ser mayor a 15 mil hectáreas divididas en parcelas de 200 hectáreas. El concesionario exploraba y escogía la mitad del área de concesión y la otra mitad se dejaba libre como reserva nacional. El impuesto de superficie subía de 2 a 5 bolívares por hectárea y el canon de 8% a 15%. Adicionalmente, se creaba un impuesto inicial de explotación de 10 bolívares por hectárea.

Las compañías petroleras se oponen a la ley argumentando que no había garantía de que una vez terminada la exploración el Congreso aprobara la explotación, que las parcelas y superficies eran muy pequeñas, que el tiempo de la concesión era corto y que los impuestos y cánones muy elevados. El embajador de los Estados Unidos, Preston McGoodwin, habla con Gómez y le pide modificar la ley, a lo que Gómez accede. Al año siguiente se aprueba una nueva ley petrolera que incorporaba la mayoría de las modificaciones sugeridas por las compañías norteamericanas. La superficie máxima se eleva a 120 mil hectáreas y el impuesto inicial de explotación se reduce de 10 a 7 bolívares. También hubo una reducción en el impuesto de superficie.

A pesar de los cambios, nadie compraba concesiones. La razón era la depresión de 1921. Al final de la Primera Guerra Mundial, las tropas regresan de la guerra y se reincorporan a la vida civil, lo que hizo aumentar la tasa de desempleo y disminuir los salarios. En la agricultura, la recuperación de Europa aumentó la oferta de productos agrícolas e hizo bajar los precios, pero las compañías no culpan a la depresión; en vez de ello argumentan que necesitan mejores condiciones.

Para atraer capital extranjero, Gómez destituye al ministro Torres y convoca a los representantes de las tres compañías norteamericanas grandes para negociar nuevas condiciones. Estas se reflejaron en la ley de 1922, que eleva el área de exploración a 400 mil hectáreas divididas en parcelas de 500 hectáreas y extiende las concesiones hasta 40 años; el concesionario escogería 200 mil hectáreas para explotación y devolvería las 200 restantes, que quedarían como reserva nacional. El impuesto de exploración se fija en 10 céntimos de bolívar por hectárea, el impuesto de explotación sería de 2 bolívares por hectárea, el impuesto de superficie se fija en 2 bolívares los tres primeros años, 4 bolívares los veintisiete años siguientes y cinco bolívares durante los diez últimos años. El canon se ubicó en 10%. Ningún Gobierno extranjero podía ser dueño de una concesión.

El Gobierno comenzó a otorgar concesiones a granel, pero con un procedimiento sui géneris. Gómez le otorgaba la concesión a una persona de su círculo cercano que luego se la vendía a alguna compañía petrolera. El más favorecido fue su yerno Julio F. Méndez. En 1920 se adjudicaron 176 concesiones a los amigos de Gómez. Todas fueron vendidas a compañías estadounidenses. Las compañías pronto averiguaron quiénes eran los favoritos del dictador y los convirtieron en sus agentes para conseguir nuevas concesiones. En 1923 Gómez cambia la dinámica para otorgar concesiones. Se crea la Compañía Venezolana del Petróleo (CVP), cuyos dueños eran Lucio Baldó, presidente, y Roberto Ramírez y Rafael González Rincones como vicepresidentes; los tres eran amigos íntimos de Gómez. Desde entonces, todas las concesiones fueron otorgadas a la CVP, que luego las negociaba con las compañías petroleras.

A medida que Gómez avanzaba en edad, las petroleras empezaron a preocuparse sobre qué ocurriría en un futuro Gobierno, la demanda de concesiones disminuyó y la CVP se fue quedando sin clientes. Gómez hizo una jugarreta. Dejó salir la noticia de que el grupo alemán Stinnes había obtenido una opción para adquirir la cuarta parte de la CVP y que planeaban comenzar las operaciones con la compra de 200 mil hectáreas de reservas nacionales. Los alemanes habían apoyado a

Gómez para consolidarse como dictador y Gómez tuvo simpatías con Alemania durante la Primera Guerra Mundial. Las compañías pensaron que todas las concesiones futuras irían a caer en manos alemanas y pidieron ayuda a Washington. Por temor, Jersey comenzó a adquirir casi todas las concesiones, muchas de cuestionable legalidad. De Stinnes nunca se escuchó más y comenzaron a haber rumores de que la CVP le vendería todas las concesiones a Jersey. El resto de las compañías se quedarían con las manos vacías.

A pesar de las corruptelas, el crecimiento de la industria petrolera fue asombroso. De una producción insignificante en 1921, Venezuela pasó a ser el primer país exportador y el segundo productor del mundo en 1928.

La Gran Depresión ocasionó una disminución drástica en la producción petrolera. Entre 1929 y 1933, el ingreso aduanero disminuyó en 50%, lo cual fue compensado con la venta de concesiones. No obstante, el ingreso del Gobierno se redujo en 26%. Gómez nombra nuevamente a Gumersindo Torres ministro de Fomento, quien aumenta el impuesto sobre las reservas en 50% y el impuesto de boya para entrar al lago de Maracaibo de 1 a 2 bolívares.

Las compañías protestaron y Torres les ofrece que, si pagaban la deuda de los impuestos de boya, restauraría la tasa de un bolívar. Las compañías aceptan. Luego Torres comenzó a indagar por qué la gasolina era más barata en Venezuela que en los Estados Unidos y otros países que no tenían petróleo y sobre la reticencia de las compañías a construir refinerías en Venezuela y un número más de irregularidades. Las petroleras persuadieron a Gómez de que destituyera a Torres, lo cual hizo. Juan Vicente Gómez muere el 17 de diciembre de 1935 y una nueva era comienza.

15
Un acuerdo de caballeros

El régimen de Gómez se caracterizó por una descarada corrupción y complacencia con las transnacionales del petróleo. A pesar de que la legislación les daba ciertos beneficios impositivos a las compañías para que instalaran refinerías en el país, y que la Shell construyó una pequeña en San Lorenzo para abastecer el mercado local, no existía una política petrolera ni se promovía la refinación dentro del país. Gómez permitió que la mayor parte del crudo venezolano se refinara en las islas holandesas de Aruba y Curazao y asignaba la mayor parte del presupuesto a gastos de defensa y a financiar una enorme burocracia. Nunca se implementaron planes para obras públicas, agricultura, educación o salud. La carretera Panamericana, que tanto asocian con él y en la que trabajaron cientos de presos políticos, se construyó con el objetivo de tener el control militar del país.

El sucesor de Gómez fue su ministro de Guerra y Marina, Eleazar López Contreras. Apenas asume la presidencia, López Contreras debió controlar un intento de rebelión de los familiares de Gómez. En su primer gabinete aparecen figuras emblemáticas del gomecismo, lo que incrementó las revueltas, que ya habían comenzado desde la noticia de la muerte de Gómez, y lo obligó a cambiarlo. Al principio permitió cierta libertad de prensa, pero su Gobierno se fue volviendo cada vez más autocrático, enviando al exilio a los principales dirigentes opositores.

Hubo fuertes críticas contra la política petrolera. Algunos pidieron aumentar los impuestos a las compañías petroleras. Se condenó la complicidad de las compañías, en particular Jersey, con la corrupción gomecista para obtener concesiones. Se impugnó la legalidad de la concesión Valladares en manos de la Shell y se acusó a las compañías de tener beneficios infames. Del valor de la explotación anual de petróleo, alrededor de 700 millones de bolívares, las compañías obtenían 500 millones en beneficios netos. También se les acusaba de evadir el impuesto de boya[94] y de haber conseguido ilegalmente títulos en tie-

---

94 Este era un impuesto que pagaban las empresas por cada barco que entrara o saliera del

rras públicas y ejidos [Lieuwen 1954, pp. 143-147].

López nombra ministro de Fomento a Néstor Luis Pérez, un opositor de Gómez que había pasado varios años en la cárcel y en el exilio. Pérez era un lopecista conservador, nacionalista, con un sentimiento antianglosajón, indignado por la presencia de las compañías transnacionales. Creó la Dirección de Hidrocarburos para controlar exactamente el movimiento de petróleo en el país y estableció un sistema de licitación transparente que permitió aumentar los recaudos del fisco. En las concesiones otorgadas en 1936 y 1937, los impuestos de exploración se duplicaron, los de explotación aumentaron 15 veces y el canon pasó de 10% a 15%. Pérez les otorgó concesiones a Socony, Sinclair y Texaco con el compromiso de establecer refinerías en el país. En 1939, la Shell amplió la capacidad de su refinería en San Lorenzo de 17 a 30 mil barriles diarios, y Jersey inaugura una en Caripito de 15 mil barriles diarios. Sin embargo, el 95% del crudo venezolano seguía siendo refinado fuera del país, principalmente en Aruba y Curazao[95]. Las compañías también se comprometieron a limpiar las aguas contaminadas.

Hubo algunas disputas. En 1931, siendo el ministro de Fomento Gumersindo Torres, la legislación petrolera permitía a las compañías deducir los costos de venta y transporte a la costa atlántica de los Estados Unidos para determinar el precio del petróleo sobre el cual se calcularía el canon. Ese año, un informe de la United States Tariff Commission afirma que el costo reportado por la Standard Oil of Indiana en 1927 era de 0,33 dólares, mientras que el reportado en Venezuela era de 0,68 dólares por barril. Según el cálculo que hizo el Gobierno, entre febrero de 1927 y enero de 1931, Standard Oil of Indiana había defraudado al fisco en 26 millones de bolívares. También se determinó que la Gulf habría cometido fraude por 30 millones. El problema fue a tribunales. Las compañías tenían la opinión pública en contra. A fines de 1931, la diplomacia norteamericana y las compañías logran persuadir a Gómez de destituir a Torres, lo cual en efecto hace. Del tema no se volvió a hablar hasta que en 1937 el ministro Pérez desempolva el caso y lo lleva a los tribunales. La Standard prefirió llegar a un acuerdo fuera de los tribunales y paga 4.195.978 bolívares. La Gulf fue a juicio y no le fue bien, el tribunal finalmente le ordena pagar 15.625.492 bolívares en impuestos atrasados y tres años más tarde también los 30 millones por deducciones exageradas de costos.

---

lago de Maracaibo.

95   Esta cifra es la que aparece en el Mensaje al Congreso, 29 abril, 1937, pág. 13.

En esa ola nacionalista, el país entero estuvo firme reclamando los excesos de las transnacionales, algunos más radicales que otros, pero todos en la misma dirección. Eso fue sin duda un cambio importante, pero hubo otro cambio que pasó más desapercibido: las compañías petroleras tuvieron una actitud bastante más sumisa y colaboradora con las contribuciones adicionales que les estaba imponiendo el Gobierno que cuando lo hizo Gómez, y, más enigmático aún, sin el apoyo del Departamento de Estado. Esos cambios de actitud tenían dos razones: la nacionalización del petróleo en México y la Segunda Guerra Mundial [Lieuwen 1954, pp. 135-136, 147-149].

Los alemanes visitan México

Corrían los años treinta, la Gran Depresión ya había comenzado. Después del colapso de la Bolsa de Nueva York, muchas acciones siguieron cayendo hasta valer casi cero. En 1933, un cuarto de la población de los Estados Unidos estaba sin empleo, y quienes tenían la suerte de tener uno, tenían salarios 40% más bajos. Muchos niños abandonaron la escuela, la desnutrición infantil aumentó a 20% y las familias pobres no tenían acceso a alimentos básicos como leche, frutas, vegetales frescos o huevos.

La depresión se esparció por el mundo. En el Reino Unido, las zonas industriales quedaron devastadas y las exportaciones cayeron a la mitad. En Alemania, la recuperación de su economía después de la Primera Guerra Mundial se debió en gran medida al financiamiento de la banca norteamericana, pero, con la depresión, el flujo de préstamos disminuyó, lo que obligó a Alemania a suspender los pagos de reparaciones. La tasa de desempleo alcanzó 35%.

En los Estados Unidos, Franklin D. Roosevelt es electo presidente en 1933. La depresión económica tuvo serias consecuencias políticas. En Latinoamérica, todos los gobiernos son derrocados, con la excepción del de México, que acababa de salir de una cruenta y larga guerra civil, y el de Venezuela, donde recién habían encontrado petróleo. En Europa, los nazis llegan al poder en Alemania. El 12 de marzo de 1938, Hitler fuerza la unificación de Austria con Alemania, el Anschluss, y el 15 de marzo de 1939 ocupa Checoslovaquia. Un mes más tarde, Mussolini ordena la invasión italiana de Albania. En 1935, Italia ya había ocupado Somalia.

En Japón, el Ejército, controlado por grupos ultranacionalistas, invade Manchuria sin autorización del Gobierno en 1931. Cuando el primer ministro le ordena retirarse, es asesinado y el Ejército asume el poder y abole los partidos políticos. En 1937, Japón ocupa el noreste de China y en julio de 1941 ocupa la Indochina francesa. Comenzaban a soplar vientos de guerra.

Mientras tanto, en México, el presidente general Lázaro Cárdenas nacionaliza el petróleo en 1938. Las compañías petroleras son indemnizadas con 26 millones de pesos. La principal perjudicada fue Shell, que producía 60% del petróleo mexicano; las compañías norteamericanas Standard Oil, Sinclair y Gulf producían un 30%. Los gobiernos estadounidense y británico salieron en defensa de las compañías, exigiendo la devolución de sus propiedades, y las relaciones con México se tensaron. Las compañías dejaron de venderle tetraetilo de plomo, maquinaria y otras materias primas a México. Los barcos no salían de Tampico y las casas vendedoras de refacciones y otros materiales indispensables para la industria dejaron de venderle a este país por presión de la Standard y la Shell. Los potenciales clientes también dejaron de comprarle petróleo por temor a las represalias de las compañías, que pedían a Washington una intervención militar. Entretanto, el ingenio de los ingenieros mexicanos pudo mantener a la industria funcionando.

En 1939, el Gobierno de Cárdenas celebra un contrato de venta de petróleo con la Alemania nazi, que se convierte en su principal comprador a cambio de maquinaria y estructuras de puentes. Celebra un contrato similar con Italia a cambio de tres barcos petroleros y unas compañías japonesas son contratadas para la exploración de petróleo. Los japoneses también estaban negociando un contrato para construir un oleoducto desde el golfo de México hasta el Pacífico.

Esto prendió las alarmas en Washington. Alemania acababa de anexarse Austria y tener una actitud hostil contra México los induciría a apoyar al Eje. Los Estados Unidos no querían tener submarinos nazis cargando combustible en México, ni que el Eje accediera al petróleo mexicano. La agenda geopolítica se impone sobre los intereses de las compañías y los Estados Unidos buscan integrar a México al sistema hemisférico de defensa y tener acceso al petróleo mexicano en caso de guerra. Los mexicanos reconocen que una compensación justa para las compañías serían 7 millones de dólares; las petroleras aspiraban a 408 millones, pero un acuerdo entre gobiernos concluye en otorgarles una compensación de 30 millones, a ser pagados en varios años. Las compañías reaccionaron con furia, pero la Secretaría de Estado fue muy tajante en decirles que, si no aceptaban ese trato, Washington no iba a apoyarlas. La nacionalización del petróleo fue vista en México como un gran triunfo de la revolución. El Gobierno fundó Petróleos Mexicanos

(Pemex) para explotar el petróleo dentro del país. Pemex se convertía en la empresa estatal más grande del mundo.

Objetivo: petróleo

La Segunda Guerra Mundial giró en torno al petróleo. Hubo cinco grandes escenarios de guerra: el Atlántico, el Cáucaso, el norte de África, el Pacífico y la invasión de Alemania. En cada caso, las hostilidades podrían resumirse en un bloque, los Aliados, enviando petróleo al Reino Unido y la Unión Soviética, y otro bloque, el Eje, obstaculizando dichos envíos e intentando invadir los campos petroleros soviéticos. En el Pacífico, los japoneses traían petróleo de Indonesia y los Aliados hundían sus tanqueros en el camino. En torno a esos eventos giraron las acciones en la guerra.

En 1926, la compañía I. G. Farben adquiere una patente para producir combustibles sintéticos a partir del carbón mediante hidrogenación, construye una planta piloto en Leuna y busca una sociedad con Jersey. Ambas compañías acuerdan construir una planta en Luisiana, pero luego los precios del petróleo bajan y Jersey pierde interés en el proyecto. Esa corta alianza tendría consecuencias en Venezuela.

La compañía I. G. Farben se convirtió finalmente en el brazo industrial de los nazis. Apoyó a Hitler en la preparación, iniciación y conducción de la guerra, en el saqueo y expoliación de los territorios ocupados, en la esclavización, deportación y uso de trabajo esclavo en los campos de concentración, y en el maltrato, tortura y asesinato de muchos prisioneros. I. G. Farben fabricaba el Zyklon B, el gas que se usó en los campos de exterminio nazi para asesinar a millones de personas.

Cuando Hitler llega al poder, apoya el proyecto de combustibles sintéticos de I. G. Farben, buscando eliminar la dependencia alemana del petróleo importado ya que un boicot estadounidense dejaría a la maquinaria de guerra alemana paralizada. En 1940, las plantas de hidrogenación aportaban 46% del combustible y 95% de la gasolina para la aviación militar. Aun así, el petróleo era el centro de la estrategia militar. La *blitzkrieg*, el ataque sorpresa de bombardeos seguidos de un veloz avance de fuerzas mecanizadas para conseguir una victoria rápida, se diseña para facilitar el suministro de petróleo. La *blitzkrieg* funciona en Polonia, Bélgica, Holanda, Francia, Noruega y Grecia. Para 1940, Hitler había podido dominar casi toda Europa con una serie de victorias fáciles que pensaba replicar en la Unión Soviética.

Cuando comienza la guerra, el Reino Unido tenía solo dos abastecedores de petróleo confiables, los Estados Unidos y Venezuela. Desde el comienzo de la guerra, el papel de los Estados Unidos fue el envío de suministros, primero al Reino Unido, y posteriormente al norte de África y Rusia. La mitad de la carga era petróleo. Los Estados Unidos suministraban el 90% del combustible que usaban los Aliados, incluyendo la URSS, pero los alemanes tenían un arma letal para evitar que esos envíos llegaran, los U-Boot, unos submarinos que hundieron tantos buques aliados como pudieron.

En 1942, unos U-Boot se dirigen a Venezuela para impedir el envío de petróleo del lago de Maracaibo a los Aliados. Los U-Boot esperaban que los lentos y cargados tanqueros llegasen a aguas profundas para atacarlos, por eso centraron sus operaciones entre la península de Paraguaná y las islas de Aruba y Curazao. El 14 de febrero en la noche, torpedean siete tanqueros y la noche siguiente uno más. Algunos tanqueros fueron hundidos en alta mar. También bombardearon las refinerías de Aruba y Curazao. El presidente Medina Angarita coloca guardias en las instalaciones petroleras y ordena apagar las luces del terminal de Puerto La Cruz para evitar sabotajes. La cooperación de las compañías fue total. Pronto los Aliados establecen un sistema de convoyes para proteger los tanqueros que salían de América [Stanton 1948, pp. 57-58].

La guerra en el Atlántico se decide cuando los Aliados descifran los códigos alemanes y mejoran el radar. En dos meses, los alemanes habían perdido el 30% de los U-Boot y el almirante Doenitz les ordena retirarse. De allí en adelante los Aliados se hacen dueños del Atlántico y el suministro al Reino Unido fluye sin problemas.

El 22 de junio de 1941, tres millones de soldados alemanes invaden la URSS. Había dos objetivos. Uno era Leningrado, por su industria militar, pero el principal era Kiev, porque de allí irían a Bakú y al Cáucaso, donde obtendrían todo el petróleo que necesitasen y privarían a los soviéticos de él. Así lo confesó Albert Speer, ministro nazi de Armamento y Guerra, durante los interrogatorios de mayo de 1945 [Medlicott 1952, pp. 658, 667]. Moscú era un objetivo secundario [Klooz y Wiley 1944, pp. 267-312]. Hitler estimó que la campaña duraría unas diez semanas que se extendieron a dos largos años.

En el verano de 1942, el principal objetivo era la toma del Cáucaso. "A menos que tomemos el petróleo de Bakú, la guerra está perdida", habría dicho Hitler. Pensaba que los soviéticos usarían todas sus tropas para defender los campos petroleros y que con esa campaña simultáneamente obtendrían el petróleo ruso y destrozarían al Ejército Rojo. De allí, avanzarían al sur por el petróleo de Irán [Shirer 1960 (1990), pp. 745, 821-822]. En la vía al Cáucaso, las tropas pasarían a unos 200 kilómetros de Stalingrado, un objetivo sin importancia militar, pero con un simbolismo enorme. Hitler no aguanta la tentación y divide a las tropas en dos, enviando un ejército al Cáucaso y el otro a Stalingrado, donde se libra una batalla de seis meses que deja millones de muertos. El ejército alemán se quedó paralizado por falta de combustible y debió rendirse. Desde entonces, los alemanes retroceden hasta ser expulsados de la URSS [Yergin 2009, pp. 317-322].

En febrero de 1941, Hitler envía al general Erwin Rommel al norte de África a apoyar al ejército italiano que estaba casi derrotado. La guerra en el desierto se basaba en movilización, es decir, en petróleo. Rommel repliega a los británicos hasta El Alamein, a cien kilómetros de Alejandría, pero allí queda entrampado por falta de combustible. Los alemanes debían hacer los envíos por mar. El Eje controlaba todo el Mediterráneo excepto la pequeña isla de Malta, donde había una base de la Royal Navy y la RAF que fue muy efectiva hundiendo cada buque del Eje en dirección a Egipto. Rommel debió rehacer planes varias veces considerando la escasez de combustible, crucial para la movilidad en el desierto. La derrota alemana en El Alamein expulsa al Eje del norte de África y elimina el sueño de llegar al Medio Oriente.

Antes de la invasión a Normandía, los alemanes solo contaban con combustibles sintéticos. Los Aliados bombardean sistemáticamente las plantas de I. G. Farben y en tres meses la producción de combustible sintético pasó de 92 mil barriles diarios a solo 5 mil [Galbraith 1971, pp. 288-302]. Los aviones de la Luftwaffe desaparecieron del aire. Para el Día D, los Aliados controlaban los cielos [Yergin 2009, pp. 387-88].

Antes de la guerra, los Estados Unidos proveían 80% del consumo de petróleo al Japón. Simultáneamente al ataque a Pearl Harbor, los japoneses invaden el sureste asiático e Indonesia se convierte en su principal proveedor de petróleo. Los japoneses pensaron que su problema de combustible estaba resuelto, pero no se habían preparado para una guerra de submarinos. Los submarinos estadounidenses hundieron cada barco japonés que salía del Sureste Asiático hacia Japón. En marzo de 1945, los japoneses no tenían inventarios de petróleo y fueron expulsados del Pacífico Sur.

Luego de la invasión a Okinawa en abril de 1945, la primera isla en territorio japonés, la fiereza con que los japoneses defendieron su tierra hizo a los Aliados estimar que la toma de Japón costaría un millón de bajas norteamericanas, un millón de bajas japonesas y varios millones de civiles muertos. En ese momento se decidió lanzar la bomba atómica. La Segunda Guerra Mundial había terminado.

La ley de 1943

Hacia 1940, en Venezuela había dos consensos importantes. Primero, el Estado debía tener una participación mayor en las ganancias del petróleo. Segundo, no era conveniente nacionalizar el petróleo como había ocurrido en México. El país no contaba con técnicos petroleros ni con una infraestructura de transporte que le permitiera operar sin el apoyo de las transnacionales. En el Congreso y en la calle se pronunciaban fervientes discursos nacionalistas para rescatar la riqueza del petróleo.

El 13 de julio de 1938 se aprobó una nueva ley petrolera con reformas radicales. La nueva ley autorizaba al Gobierno a intervenir en todas las fases del negocio petrolero; el impuesto de explotación aumentó 40 veces y el impuesto inicial de explotación cuatro veces. El canon mínimo subió de 10% a 15% sobre las tierras públicas y 16% en las reservas nacionales y terrenos municipales y privados. También se aprobaron otros impuestos para compensar el daño que la actividad petrolera tenía sobre la agricultura en el oriente del país, pero la ley fue inútil. Las compañías petroleras consideraron que la ley no era viable, no solicitaron nuevas concesiones y mantuvieron las viejas que tenían bajo la legislación antigua.

En 1941 asume el poder un nuevo presidente, el general Isaías Medina Angarita, quien fue el ministro de Guerra y Marina del Gobierno de Eleazar López Contreras. Medina da a conocer su intención de revisar las leyes petroleras, pero ¿qué quería el Gobierno? En Venezuela se habían otorgado concesiones que estaban regidas por leyes de 1910, 1918, 1920, 1921, 1922, 1925, 1928, 1935, 1936 y 1938. Lo primero que quería el Gobierno era unificar la legislación petrolera para que todas las concesiones fuesen regidas por una sola ley. También se proponía aumentar la participación del país en las ganancias de las compañías petroleras. Como paso previo, Medina había ordenado a una comisión del Congreso un estudio jurídico sobre las bases legales de todas las concesiones petroleras y que se pronunciase sobre la validez de cada concesión. Por ejemplo, la concesión Valladares habría expirado en 1944 si no se hubiera prorrogado ilegalmente en 1922 por treinta años contra la entrega de 10.000.000 de bolívares. La comisión detectó que la prórroga se hizo extemporáneamente [Lieuwen 1954, p. 183].

En 1942, Jersey y Shell, que controlaban casi toda la producción de petróleo, estaban reacias a aceptar cualquier cambio en la legislación y pidieron ayuda a sus respectivos gobiernos. En Jersey, había un sector que planteaba oponerse a cualquier cambio y querían que Washington presionara a Caracas, pero en esta ocasión sus gobiernos respondieron de manera inesperada. Dentro de Jersey, Wallace Pratt se opuso tajantemente a la línea dura, afirmando que los tiempos habían cambiado y que había que adaptarse, y que oponerse a los cambios de todas maneras sería inútil. Washington y Londres estaban muy conscientes de los permanentes conflictos que ocurrieron con México una década antes y no se querían arriesgar a una nacionalización de la industria petrolera en Venezuela. Jersey y Shell tampoco querían arriesgarse. Jersey generaba la mitad de su producción e ingresos a nivel mundial en Venezuela. Adicionalmente, Jersey estaba en ese momento atravesando un gran escándalo en los Estados Unidos y el exterior por su relación con I. G. Farben antes de la guerra y por una nueva campaña antimonopolio por parte del Departamento de Justicia, por lo que estaba en una posición muy débil.

Por otra parte, se estaba peleando la Segunda Guerra Mundial y los Aliados querían proteger el acceso al petróleo de Venezuela, que era la segunda fuente segura más importante de petróleo después de los Estados Unidos, y eso tenía prioridad sobre los intereses de las compañías. Más aún, el Gobierno de Roosevelt les dijo muy claramente a las empresas que, si tenían una disputa con Venezuela, Washington no las iba a apoyar. Las compañías decidieron en consecuencia no arriesgarse. Jersey removió a la directiva y nombró como su nueva cabeza en Venezuela a Arthur Proudfit, quien simpatizaba con los objetivos sociales del Gobierno y estaba consciente y sensible a los cambios políticos que estaban ocurriendo. Proudfit había trabajado en México y tenía todavía fresco en su memoria el desastre que se generó entre las empresas y el Gobierno mexicano. Este escenario garantizaba que la ley petrolera sería aprobada sin la oposición de las compañías, las cuales, no obstante, lograron que, a cambio de aceptar la nueva ley, el Gobierno cancelase todas las deudas, disputas y reclamaciones pendientes y que prorrogara todas las concesiones.

El 13 de marzo de 1943 se aprueba una nueva ley petrolera que unificaba toda la legislación anterior. Esta ley, en cierta forma, fue producto de un clamor popular de revisión de las concesiones y la política petrolera complaciente del pasado. Adelantando una reforma, el Gobierno pretendía dejar sin discurso a la oposición, en particular a Acción Democrática. El impuesto de exploración se aumenta a dos bolívares por hectárea y el inicial de explotación a ocho. El impuesto de superficie comenzaba en cinco bolívares por hectárea y se iba elevando hasta llegar a treinta los últimos quince años. El canon mínimo se fija en $16^{2/3}$%. El presidente podía otorgar concesiones hasta de cincuenta años y las compañías que refinaran dentro del país quedaban exentas de derechos aduaneros y recibían una reducción en los impuestos.

La actitud de las compañías petroleras cambió. En su política de colaboración, la Shell construyó una carretera desde Mene Grande hasta Motatán que comunicaba los Andes con el lago de Maracaibo, instaló un sistema de gas natural para el suministro "gratis" a Maracaibo y donó un edificio para un hospital en Cabimas y otro para una escuela en Encontrados. La compañía abrió al público las carreteras que había construido para uso propio y empezó a contratar a venezolanos para puestos de mayor responsabilidad. La Shell desechó unos reclamos sobre unas tierras ocupadas por unos mil campesinos y el Gobierno, en retribución, suspendió el litigio de ciertas concesiones.

Por su parte, Jersey construyó varios hospitales en Monagas y un acueducto en Quiriquire. También donó materiales para una iglesia y sus abogados y topógrafos ayudaron a los pequeños agricultores a adquirir los títulos de las tierras, se contrató a un agrónomo para apoyar técnicamente a los agricultores de la zona y se importó ganado de Texas para mejorar la raza del ganado local. Se establecieron economatos en los campos petroleros donde sus trabajadores podían comprar productos a menor precio y se ofrecieron becas a niños talentosos.

En 1944, el Gobierno abre una licitación para otorgar en concesión 6,5 millones de hectáreas, la mayor adjudicación en la historia del país, cuya superficie era mayor que la superficie del total de las concesiones otorgadas hasta ese momento. En la licitación, se ofrecieron cánones hasta de $33^{1/3}$%. A partir de allí, la industria petrolera nacional experimentó el mayor auge de su historia. En 1944, la producción de petróleo aumentó de 491,5 mil a 702,3 mil barriles diarios, y en 1945 llegó a 886 mil, y Venezuela retomó su lugar como segundo productor mundial de petróleo.

Las críticas a la ley

En cierta ocasión, en una casa de clase alta, el esposo le dice a la señora que quería traer a un joven para que se quedara en casa por una semana. La señora estuvo de acuerdo. El joven se hacía llamar Carlos Roca. En algún momento, la señora le habría dicho a Carlos Roca que una persona que a ella realmente le disgustaba era Rómulo Betancourt, a pesar de que solo lo conocía por su reputación. El señor Roca no dijo nada, se quedó callado; "Carlos Roca" era el nombre que usaba Rómulo Betancourt en la clandestinidad. Finalmente, la señora supo quién era Carlos Roca y se convirtió en una ferviente seguidora.

Rómulo Betancourt nació el 22 de febrero de 1908 en Guatire, 50 kilómetros al este de Caracas, en una familia de modestos recursos. En 1928 fue uno de los líderes estudiantiles que protestó contra el dictador Juan Vicente Gómez, lo que le valió la cárcel y siete años de exilio en los que viajó por varios países de Latinoamérica. Durante esa etapa juvenil, coqueteó con las ideas comunistas, pero pronto las repudió. Betancourt veía a Venezuela como una sociedad policlasista y democrática donde todos tenían cabida. A la muerte de Gómez regresa a Venezuela. El ministro de Guerra y Marina de Gómez, Eleazar López Contreras, es electo presidente por un Congreso que había sido electo por el dictador, lo que condujo a múltiples huelgas y protestas en contra de la legitimidad de su Gobierno. En respuesta, López decreta la expulsión del país de 47 dirigentes políticos y sindicales, entre ellos Betancourt, pero Rómulo logra evadir a la policía y se dedica los siguientes dos años y medio a trabajar clandestinamente para organizar un gran partido democrático, el Partido Democrático Nacional (PDN), que luego se convertiría en Acción Democrática.

La clandestinidad fue un período duro. Cada noche dormía en una casa distinta, usualmente en algún barrio pobre. Mientras más permanecía en la clandestinidad, más popular se hacía, y es que en torno a Betancourt comenzó a crearse un aura de misticismo según la cual él realizaba proezas heroicas evadiendo la policía. En ocasiones, los mitos populares decían que estaba en dos sitios distintos al mismo tiempo. Hay un cuento de que, en un escape, un policía le arrancó la mitad de la oreja de un mordisco y que al día siguiente la oreja se había regenerado completamente.

Su actividad política usualmente comenzaba a las 9 pm y terminaba justo antes del amanecer, alrededor de las 5 am, cuando se sentaba a escribir su columna "Economía y finanzas" para el periódico *Ahora* [Alexander 1982, pp. 118-123]. Esa columna iba a ser escrita inicialmente por Carlos D'Ascoli, pero el plan tuvo que ser abandonado ya que D'Ascoli fue uno de los 47 expulsados por el decreto de López Contreras. Betancourt comenzó a escribir esa columna diaria en lugar de D'Ascoli el 9 de marzo de 1937, analizando la situación económica venezolana desde sus distintas perspectivas, el aspecto fiscal, la agricultura, el desarrollo industrial, etc.

De peculiar importancia en los artículos del diario *Ahora* fue la política petrolera, de la cual Betancourt fue un gran crítico. En su artículo del 25 de abril de 1939, Betancourt afirma que la fórmula mexicana de nacionalizar el petróleo no era viable en esos momentos en Venezuela, y que los objetivos más bien debían enfocarse en aumentar la participación del Gobierno en el ingreso petrolero y en lograr mejores condiciones para los trabajadores de la industria.

Con respecto a la ley de 1943, el principal partido de oposición, Acción Democrática (AD), dirigido por Rómulo Betancourt, formula fuertes críticas al procedimiento y al contenido. Respecto al primero, critica el secretismo con que se hicieron las negociaciones; en el exterior se conocían todos los detalles mientras que al país se le negaba la información. Dice un comunicado de AD:

> ...ha afirmado el ciudadano ministro del Interior que solo hace escasos días fue concluida la redacción definitiva de la ley. Pero lo cierto es que sus bases fundamentales eran ya del conocimiento de círculos financieros extranjeros, mientras que en el país se ignoraban, fuera del núcleo de los altos funcionarios del Ejecutivo y de los miembros de la comisión redactora. Tan es ello cierto que sucesivos cables de agencias noticiosas, llegados de Nueva York y Londres, han venido informando de la impresión existente con respecto a la nueva ley de Hidrocarburos en la City y en Wall Street.

El diputado de Acción Democrática Juan Pablo Pérez Alfonzo señala dos grandes ventajas de la nueva ley. La primera, la unificación de las concesiones y la definición de una clara intervención estatal en la industria. La segunda, el aumento de los impuestos, tomados en conjunto. Pero también señalaba importantes desacuerdos. El primero era la renuncia que la nación había hecho de innumerables reclamos por vicios en el otorgamiento de títulos de concesiones, fraudes al fisco y utilidades no justificables en que las compañías habían incurrido en más de 20 años de explotación del subsuelo venezolano. La ley validaba las utilidades ilegítimas que habrían hecho las compañías.

En lo concerniente a la participación justa del Estado, se refiere al precio de producción (costo) de 40 centavos de dólar por barril, del cual dice que incluye 6 millones de dólares anuales obtenidos por las empresas de la venta de gasolina en el país, y continúa diciendo que, aun admitiendo ese costo, el precio de venta del barril de 81 centavos fue escogido promediando los precios de los años 1937, 1938 y 1939. Con esos datos, las estimaciones darían que Venezuela obtendría el 50% del total de ingresos de la industria. Pero esos fueron años cuando el mercado estaba deprimido y, cuando el precio subiera, desaparecería tal distribución justa de ganancias [Betancourt 1967, 177-188].

El *fifty-fifty*

Con la Revolución de octubre de 1945, las compañías petroleras se alarman al saber que uno de sus más radicales críticos asumía el Gobierno, y más aún lo hicieron cuando se enteraron de que el nuevo ministro de Fomento era Juan Pablo Pérez Alfonzo, el diputado que criticaba la ley de 1943 por ser muy suave. Los desalojados lopecistas y medinistas se indignaron cuando los altos funcionarios de las compañías corrieron a Miraflores a expresar su deseo de cooperar con el nuevo Gobierno. Betancourt calma el nerviosismo de las compañías afirmando que respetará la ley de 1943. Pérez Alfonzo declara que no había la intención de nacionalizar el petróleo, aunque les advirtió que vendrían cambios. El primero de estos cambios fue un decreto del Gobierno que reducía el precio de la gasolina al nivel más bajo del mundo.

Pérez Alfonzo había criticado la ley de 1943 por no ser lo suficientemente flexible para que la nación obtuviera el 50% de los beneficios de la industria. Para compensar la inequidad, a finales de 1945, la Junta de Gobierno decreta un impuesto extraordinario de 89.000.000 de bolívares sobre los beneficios de las compañías. Pérez Alfonzo argumenta que ese impuesto no perjudicaría a las compañías ya que, aun con él, ellas estaban pagando un impuesto más alto en los Estados Unidos que en Venezuela [*Oil and Gas Journal* 1946, p. 58]. Las compañías lo acataron sin protestar.

La Junta estuvo resuelta a imponerle a la industria petrolera una participación equitativa en los beneficios de la explotación del petróleo. Esto lo logró añadiendo el siguiente párrafo a la Ley de Impuesto Sobre la Renta de 1942: "En ningún caso podrán las compañías petroleras recibir beneficios anuales superiores a los percibidos por el Gobierno venezolano".

Las compañías petroleras, que hasta la fecha no reconocían a los sindicatos petroleros, de inmediato los reconocieron y comenzaron a negociar reivindicaciones con ellos sin que el Gobierno tuviera que intervenir. La industria firma el primer contrato colectivo con los trabajadores el 14 de junio de 1946. Los trabajadores obtuvieron un aumento de salario, el pago de un día de descanso a la semana, una compensación especial por el trabajo nocturno y beneficios adicionales de salud. La simpatía del Gobierno con los sindicatos era evidente y en la mayoría de las disputas laborales las compañías llevaban las de perder.

Una de las críticas más duras de Pérez Alfonzo a Medina fue la entrega de tantas concesiones y afirmó que "nunca otorgará concesiones en la forma en que se ha venido haciendo hasta ahora", sino que se realizarían investigaciones geológicas previas para determinar el verdadero valor de las tierras en concesión. En lo inmediato, la Junta adoptó una política de "no más concesiones".

En 1947, el Gobierno anunció que cobraría los cánones en barriles de petróleo y que los pondría a la venta mediante un esquema de subastas. En 1947 y 1948 se subastaron unos 36 millones de barriles. Aunque muchos refinadores independientes de los Estados Unidos se abstuvieron por temor a represalias de las grandes compañías, un negociante de Texas se atrevió a comprar 3,7 millones de barriles de petróleo ligero a un precio de 15 centavos de dólar más que lo pagado por la Standard. Luego apareció la Petroleum Terminal Corporation of Philadelphia ofreciendo 0,11 dólares más que el precio del mercado y se recibieron ofertas de otros países como Brasil, Uruguay, Italia, Bélgica y Portugal. La Standard y la Shell, ante la amenaza de que todo el petróleo de las regalías fuese vendido a terceros, acordaron a fines de 1947 pagar al Gobierno el crudo de su canon a un valor de entre 0,19 y 0,24 dólares más.

En marzo de 1948, se nombró una comisión para estudiar las condiciones necesarias para que el Gobierno venezolano instalase una refinería. Las compañías tenían el temor de que el Gobierno quisiera avanzar hacia un monopolio gubernamental de la refinación, tal como había ocurrido en México, Brasil, Argentina, Bolivia y Colombia, y luego hacia la nacionalización del petróleo. Unos meses más tarde, no obstante, el Gobierno recién electo de Rómulo Gallegos es derrocado por un golpe militar. La Junta Militar abandona de inmediato todos los ambiciosos planes de reforma de Acción Democrática. Las nuevas leyes de agricultura y educación que se terminaban de aprobar quedaron sin aplicación y la Constitución liberal de 1947 fue derogada. Miles de dirigentes de Acción Democrática fueron desterrados, encarcelados o asesinados. La política laboral tuvo como principal objetivo doblegar a los sindicatos, casi todos vinculados a Acción Democrática. Muchos de los beneficios laborales que los trabajadores habían conseguido a través de los sindicatos petroleros fueron ignorados. La dictadura reanudó el otorgamiento de nuevas concesiones de petróleo. Interesantemente, la reacción de las compañías frente al golpe militar fue diversa. William F. Buckley, un operador petrolero independiente que había recibido concesiones de Gómez, estaba feliz por la instauración de un régimen militar que hubiera expulsado a un Gobierno que estaba "estimulando intereses comunistas rusos en el hemisferio occidental, y haya forzado el uso de capitales norteamericanos para una campaña antinorteamericana". Sin embargo, no todos en las petroleras pensaban igual. Arthur Proudfit vio el golpe como algo "desalentador y decepcionante" que amenazaba tres años de grandes esfuerzos para establecer una relación estable con un Gobierno democrático [Yergin 2009, p. 419].

Los árabes quieren lo mismo que Venezuela

Hacia 1949, la producción de Aramco había disminuido y con ella los ingresos del Gobierno saudita, pero los gastos de la corona seguían *in crescendo*, así como sus deudas. Los saudíes querían una mayor participación en las ganancias petroleras. Querían tener lo mismo que Venezuela. Pero los árabes supieron de las negociaciones venezolanas no por los medios de comunicación, sino por una política deliberada del Gobierno venezolano de divulgar en todo el Medio Oriente lo que se había logrado en Venezuela. Betancourt veía en el Medio Oriente volúmenes crecientes de petróleo barato que constituían una amenaza para el petróleo más pesado y costoso de Venezuela. Su objetivo era hacer aumentar el precio del petróleo del Medio Oriente mediante un aumento de impuestos.

La delegación de Arabia Saudita estaba reacia a reunirse con la delegación venezolana. Estaban molestos por el voto de Venezuela a favor de la creación del Estado de Israel. Sin embargo, en Basora, Iraq, la idea del *fifty-fifty* permitió romper el hielo. Los sauditas observaron que en 1949 las ganancias de Aramco triplicaron los pagos recibidos en regalías y que Aramco había pagado 43 millones de dólares en impuestos en los Estados Unidos, 4 millones más que el *royalty* que había pagado a Riyad.

La legislación de los Estados Unidos establecía que las compañías estadounidenses podían deducir, del pago del impuesto sobre la renta en los Estados Unidos, el pago que por el mismo concepto hicieran en el exterior. Pagos por regalías u otros conceptos no eran descontables. Los saudíes se dieron cuenta de que podían obtener un mayor ingreso de Aramco sin penalizar a la compañía. Si Aramco pagaba 39 millones de dólares en regalías, Arabia Saudita le podía cobrar 39 millones adicionales por impuesto sobre la renta, que serían deducidos de los 43 millones de impuesto sobre la renta en los Estados Unidos. De esta forma, Arabia Saudita duplicaría su ingreso, pero a expensas de Washington y no de Aramco.

Las negociaciones con Aramco comenzaron en agosto de 1950. La guerra de Corea acababa de comenzar y Washington estaba temeroso de la creciente influencia comunista en el Medio Oriente y quería que el ingreso de los países del Medio Oriente aumentara. Un informe del Departamento de Estado concluía que "puesto que es inevitable retractarse... lo más útil sería que todos los que estén envueltos se retractasen de la manera más beneficiosa y ordenada posible". George McGhee, subsecretario de Estado para Asuntos del Medio Oriente, veía que el *fifty-fifty* era inevitable. "Los saudíes saben que los venezolanos obtuvieron el *fifty-fifty*, ¿por qué no lo van a querer ellos también?". El 18 de septiembre de 1950, McGhee citó a los representantes de las compañías estadounidenses para informarles sobre la posición del Departamento de Estado. Las cuatro compañías que formaban Aramco argumentaron que el contrato original de la concesión prohibía impuestos sobre la renta, pero McGhee les dijo que no tenían otra alternativa sino colaborar y firmar contratos de largo plazo. El 30 de diciembre de 1950, Aramco y Arabia Saudita firman un nuevo acuerdo que estaba basado en el principio del *fifty-fifty* de Venezuela. Acuerdos similares se firmaron pronto en los países petroleros vecinos.

El mundo petrolero había cambiado en los países productores y en las compañías petroleras. Un documento interno de Jersey lo ilustra: "(...) ahora sabemos que la seguridad de nuestra posición en cualquier país depende no solo del cumplimiento de las leyes y los contratos, ni de la tasa o monto de nuestros pagos al Gobierno, sino de si toda nuestra relación es aceptada en un momento dado por el Gobierno y la opinión pública del país –y por nuestro propio Gobierno y opinión pública– como 'justa'. Si no es aceptada así, se cambiará... [desafortunadamente] 'equidad' e 'injusticia' son conceptos esencialmente emotivos y no estándares fijos y medibles" [Yergin 2009, pp. 427-430].

El epicentro se mueve al Medio Oriente

En los veinte años que siguieron a la Segunda Guerra Mundial, el mundo petrolero cambió radicalmente. Al final de la guerra, el Medio Oriente apenas representaba 5% del mercado mundial. Los Estados Unidos hacían más del 60%. Pero ya estaban todos los síntomas de que el epicentro del petróleo se estaba moviendo del hemisferio occidental hacia el Medio Oriente [DeGolyer 1943]. El crecimiento explosivo de la producción en los Estados Unidos en los años veinte y treinta se había detenido, cada vez se descubrían menos pozos y la producción se estaba desacelerando. Los Estados Unidos se iban a convertir en importadores netos de petróleo, la misma situación que enfrentaba el Reino Unido a principios del siglo XX, buscar petróleo fuera de sus fronteras por razones de seguridad y defensa.

En el Medio Oriente estaban ocurriendo cambios. El rey Ibn Saúd solo quería consorcios estadounidenses dentro de Arabia Saudita y, en 1944, Casoc cambia su nombre a Arabian-American Oil Company (Aramco). Pero también hubo cambios más significativos, un nuevo orden petrolero estaba emergiendo. La guerra fue seguida de un *boom* en la demanda de automóviles que sobrepasó la capacidad de proveer gasolina. Aramco, una sociedad entre Socal y Texaco, tenía un grave problema: los pozos de petróleo que tenían en concesión eran de una dimensión gigantesca y los saudíes esperaban una expansión en la producción que significaba mayores regalías. No hacerlo pondría en peligro la concesión. La solución era vender petróleo en Europa, pero el acceso a ese mercado tenía varias complicaciones severas. Primero, había que construir un oleoducto transarábico que cruzara el desierto desde el golfo Pérsico hasta el Mediterráneo, un proyecto de 100 millones de dólares. Segundo, ni Socal ni Texaco tenían un sistema de mercadeo en Europa para colocar toda la producción saudita. Luego había el riesgo político. Los partidos comunistas de Francia e Italia habían obtenido altas votaciones y representación en las coaliciones de gobierno. Los laboristas británicos estaban emprendiendo programas de nacionalización y el futuro de Alemania era incierto. El Estado de Israel estaba pronto a ser establecido con el apoyo de los Estados Unidos y el rey Ibn Saúd era un ferviente opositor, planteando una amenaza de guerra en la región. Luego había una insurrección comunista en Grecia y una amenaza soviética sobre Turquía.

Aramco abre conversaciones con Jersey y Socony. Jersey tenía una inmensa red de distribución en Europa y necesitaba petróleo, pero Arabia Saudita estaba dentro de la Línea Roja y Jersey y Socony solo podían entrar en Arabia Saudita en sociedad con la IPC. La participación de Jersey en la IPC apenas le reportaba 9.300 barriles diarios, por lo que estaban dispuestos a salir de Iraq para entrar al gigante saudita. Luego de un sinfín de disputas legales, Jersey y Socony le dan un préstamo a Aramco de 102 millones de dólares que se convertirían en acciones una vez que fuera seguro hacerlo. Mientras tanto, los trabajos comenzarían a ejecutarse y ambas empresas tendrían participación en la producción como si fueran socias [Yergin 2009, pp. 410-422].

La retahíla de elefantes

En 1941, fuerzas rusas y británicas ocupan Irán, haciendo abdicar al sha Reza Pahlavi, por sus simpatías nazis, en favor de su hijo Mohammed Reza Pahlavi, quien colabora plenamente con los Aliados. La presencia soviética y británica le había ocasionado al nuevo sha severos problemas. Los fundamentalistas islámicos rechazaban cualquier intrusión extranjera en Irán. Su líder, el ayatolá Seyed Kashani, había sido apresado durante la guerra por sus simpatías nazis. También había comunistas, nacionalistas y republicanos. Todos eran grupos xenófobos. Había mucha violencia política y Washington desconfiaba de los planes soviéticos en Irán [Kinzer 2003, pp. 193-216].

Adelantándose a lo ocurrido en Venezuela, la Anglo-Persian le ofrece al Gobierno iraní un contrato de *fifty-fifty*, pero la agitación nacionalista se intensifica. El primer ministro Ali Razmara es asesinado, el sha se debilita y los radicales agarran fuerza. El líder del movimiento era Mohamed Mossadegh, presidente del Comité de Petróleo del Majlis, el parlamento iraní. El Majlis aprueba una ley de nacionalización petrolera y el 28 de abril de 1951 nombra primer ministro a Mossadegh. La percepción en Occidente sobre Mossadegh era muy variada. Unos lo veían como un líder comunista, otros como alguien con quien se podían dialogar, había quienes veían en él a un musulmán y algunos lo veían como un lunático.

En junio de 1950, Corea del Norte invade Corea del Sur y se producen choques en la frontera soviético-iraní [Yergin 2009, pp. 450-452]. Los británicos presionan con un embargo económico y el Banco de Inglaterra suspende las transacciones financieras de Irán. La producción iraní disminuye de 666 mil barriles diarios en 1950 a solo 20 mil barriles en 1952. Irán aportaba 40% del petróleo del Medio Oriente. Esta disminución en la producción fue parcialmente compensada por Arabia Saudita, Kuwait e Iraq.

La agitación de Mossadegh coge fuerza, hay protestas callejeras, turbas saqueando propiedades y atentados contra opositores, pero el embargo funciona. Los ingresos petroleros cesan, la inflación crece enormemente y la economía se vuelve un caos. A comienzos de 1953, Mossadegh aprueba una ley marcial, silencia a la oposición, disuelve la Cámara Alta del Parlamento, organiza un plebiscito fraudulento que gana con 99% de los votos y se acerca a la Unión Soviética. Esto le resta el apoyo de muchos de sus partidarios y de los mulás, y los Estados Unidos y el Reino Unido deciden derrocar a Mossadegh con la Operación Ajax, pero Mossadegh es informado por la inteligencia soviética, se aborta el intento y el sha se va brevemente al exilio.

El 19 de agosto de 1953, el general retirado Fazlollah Zahedi, en una rueda de prensa, muestra un decreto en el cual el sha lo nombraba nuevo primer ministro. El ánimo se voltea y ocurren manifestaciones espontáneas de apoyo al sha en todo el país. Mossadegh envía a la policía y al ejército a dispersar las protestas, pero estos se unen a los manifestantes. Mossadegh estaba caído. Fue arrestado, juzgado y sentenciado a arresto domiciliario. La oposición al sha fue reprimida y desde entonces el sha Reza Pahlavi gobierna Irán de manera autocrática, con el apoyo norteamericano y británico, hasta la Revolución islámica de 1979 [Gasiorowski y Byrne 2004, p. 125].

El próximo paso era reactivar la producción de petróleo. Desnacionalizar el petróleo era políticamente inviable. Además, existía un alto riesgo político y una continua presión soviética, pero los Estados Unidos y el Reino Unido no podían dejar que Irán colapsara, sería equivalente a entregárselo a los soviéticos, lo que amenazaría a Arabia Saudita, Iraq y Kuwait. También estaba el tema del nacionalismo iraní. Al final acuerdan establecer un nuevo consorcio, la National Iranian Oil Company. Se reconocía que el petróleo y todos los activos petroleros pertenecían a Irán, pero sería contratado un consorcio como un agente que actuaría con independencia. Eso era *de facto* una nacionalización del petróleo. La Anglo-Iranian, ahora llamada British Petroleum, dominaría el consorcio con 40% de participación, la Shell tendría el 15%, las cinco grandes compañías estadounidenses tendrían 8% cada una y CFP el 6%.

Durante los años cincuenta, el mercado petrolero sufrió cambios espectaculares y fue parte, permanentemente, de los escenarios de la Guerra Fría. Durante ese período, aparecen en el Medio Oriente una retahíla de "elefantes", que, como habíamos dicho anteriormente, así llaman en el argot petrolero a los pozos gigantes de petróleo. Aunque los Estados Unidos duplican su producción durante los cincuenta y los sesenta, su participación en la producción mundial de petróleo disminuye de más de 60% a alrededor de 20%. Para 1960, cinco países, Arabia Saudita, Irán, Iraq, Kuwait y Venezuela hacían el 40% de la producción mundial de petróleo. Estos países serían el núcleo de la Organización de Países Exportadores de Petróleo (OPEP). La OPEP no hubiera sido posible sin la contribución de tres personas: Juan Pablo Pérez Alfonzo, Abdullah Tariki y Wanda Jablonski.

Juan Pablo Pérez Alfonzo

El 24 de noviembre de 1948, un golpe militar depone al Gobierno de Rómulo Gallegos, que ocho meses antes había sido electo democráticamente con el 75% de los votos. La noche anterior, Pérez Alfonzo recibe una llamada telefónica del embajador de los Estados Unidos en Caracas advirtiéndole sobre el golpe de Estado y ofreciéndole hospedarse en la embajada. Pérez Alfonzo le dijo que no, que aprovecharía la ocasión para ir a su casa a almorzar y esperar los acontecimientos. Considerado la eminencia gris del Gobierno, Pérez Alfonzo fue arrestado y tratado con mucha dureza, pasando cierto tiempo incomunicado. Estuvo siete meses en prisión y, antes de ser enviado al exilio, le promete a su familia que no volvería a participar en política.

Durante su exilio en México, pudo ahorrar para comprarse un automóvil británico Singer modelo 1950 que se parecía a un MG. Pérez Alfonzo lo tenía como un tesoro y se lo trajo a Venezuela a su regreso. Cuando el automóvil llegó al puerto, nadie le avisó que había arribado y el automóvil estuvo dos meses corroyéndose, hasta que finalmente Pérez Alfonzo envió a un mecánico a buscarlo y traerlo a Caracas, pero al mecánico se le olvidó revisarle el aceite y el motor se fundió, y terminaron trayéndose el carro en grúa. Inservible y corroído, Pérez Alfonzo mantuvo el carro en el patio de su casa como un símbolo divino de lo que veía venir en su amada patria, la flojera de una riqueza no trabajada [Yergin 2009, pp. 510-511].

Juan Pablo Pérez Alfonzo nació en Caracas el 13 de diciembre de 1903. Estudió Medicina en la Universidad Johns Hopkins en Baltimore y luego Derecho en Caracas. Comenzó a participar en política en 1936, a la muerte de Gómez, y fue uno de los fundadores de Acción Democrática. Tuvo una amistad muy cercana con Rómulo Betancourt, quien lo nombra ministro de Fomento en 1945. Él es quien formula la política de "No más concesiones petroleras" y la cabeza de la política petrolera del trienio 1945-1948. También establece el *fifty-fifty*, el nuevo estándar que se esparce por todos los países productores de petróleo.

Pérez Alfonzo vive su exilio en Washington y en México. En Washington escribe para periódicos y se dedica fundamentalmente a estudiar el funcionamiento de la industria petrolera. Con regularidad asistía a la Biblioteca del Congreso para leer una variedad de publicaciones, desde las revistas *Forbes* y *Fortune* hasta *La Nación* y el *Oil and Gas Journal*, pero sobre todo se dedica a estudiar la historia de la Comisión de Ferrocarriles de Texas, que buscaba controlar los precios del petróleo controlando la producción. De allí saca la idea de crear una organización mundial de países productores de petróleo que hiciera lo mismo, pero a nivel internacional. En 1958 cae la dictadura y se reinstaura la democracia. Rómulo Betancourt es electo presidente y le ofrece el cargo de ministro de Minas e Hidrocarburos. Su esposa le ruega que no regrese al Gobierno, pero, a insistencia de Betancourt, asume el cargo [Vassiliou 2009, pp. 383-384].

El jeque Tariki

Abdullah al-Tariki fue hijo de un transportista saudí que organizaba caravanas de camellos entre Kuwait y Arabia Saudita. Su inteligencia pronto se hizo notar y fue enviado a la escuela en Kuwait. Luego estudia Geología y Química en la Universidad Fouad de El Cairo, donde se gradúa en 1945, y obtiene un magíster en Ingeniería del Petróleo y Geología en la Universidad de Texas en 1946. Después hace una pasantía en la Railroad Commission of Texas, donde aprende los principios que utilizaba para controlar la producción con el objeto de estabilizar los precios del petróleo. Trabaja y recibe entrenamiento en la Texas Oil Company y al regresar a Arabia Saudita en 1948 trabaja en el Ministerio de Finanzas.

En 1955, Tariki es nombrado jefe del nuevo Directorio Saudita para Asuntos de Petróleo y Minería. El trabajo de Tariki en el directorio era procesar las estadísticas sobre petróleo que proveía Aramco. En 1960, se crea el Ministerio de Petróleo y Recursos Naturales. Tariki fue el primer ministro en ejercer ese cargo. Tariki era un ferviente nacionalista árabe que quería que Arabia Saudita tomara el control de su industria petrolera y obtuviera mayores regalías. Tuvo reiterados conflictos con Aramco por el trato que les daban a los trabajadores y los acusaba de maquillar los balances para evadir los impuestos que debían pagarle al Gobierno. Tenía en mente la creación de una empresa totalmente saudita integrada verticalmente y coqueteaba con la idea de la nacionalización de Aramco. Para Tariki, todos los contratos de concesiones eran negociables. A las compañías petroleras les disgustaba Tariki, veían en él a un hombre de ideas comunistas y de allí el sobrenombre que le pusieron, el "Jeque Rojo" [Vassiliou 2009, pp. 495-497].

Los amigos de Wanda

El Gobierno británico y las petroleras vieron la reacción de los países productores con indiferencia. A pesar del recorte de precios de BP, todavía se sentía un exceso de oferta en el mercado y las compañías querían disminuir los precios para colocar su producción, alejando aún más el precio de mercado del de referencia. En junio de 1960, la periodista Wanda Jablonski escribe dos artículos en *Petroleum Week* diciendo que un nuevo recorte en los precios era inevitable. Las publicaciones de Jablonski ocasionaron rumores sobre la insostenible situación. El Foreign Office se molesta por haber recibido esa información de una fuente periodística, a pesar de haber estado un año en contacto permanente con BP y Shell[96], y es que Wanda fue una periodista excepcional que entre 1940 y 1980 reveló muchos acuerdos secretos que hacían las compañías petroleras, contribuyendo a darle forma al debate entre las compañías y los países productores. Fue una mujer que supo moverse entre los hilos del poder en un mundo de hombres, influyendo determinantemente en la geopolítica del petróleo en el siglo XX.

Wanda Jablonski nació en Checoslovaquia. Su padre fue un geólogo que, luego de trabajar en una compañía polaca, trabajó para Socony investigando la probabilidad geológica de descubrir petróleo en cualquier país. Viajó con su padre a muchos lugares antes de entrar a estudiar en la Universidad de Cornell en 1942 y obtener un magíster en la Universidad de Columbia. Comenzó a trabajar en el *New York Journal of Commerce* como reportera de petróleo y se hizo conocida después de una entrevista a Juan Pablo Pérez Alfonzo, ministro de Fomento de Venezuela, donde de una manera muy inteligente sintetizó el punto de vista de los países en desarrollo, develando los planes de Pérez Alfonzo de proceder a una nacionalización gradual del petróleo. En 1953 y 1954, Wanda escribió reportajes controversiales sobre las perspectivas de nacionalización del petróleo iraní. Luego, entre 1955 y 1961, trabajando para *Petroleum Week* de McGraw-Hill, escribió intensamente sobre el auge del nacionalismo en el Medio Oriente. En 1961, Jablonski funda *Petroleum Intelligence Weekly*, una publicación muy influyente en la industria petrolera [Vassiliou 2009, pp. 278-279].

En el mundo del petróleo, todos conocían a Wanda. Ella era amiga del rey Saúd de Arabia Saudita y también de su ministro de petróleo, Abdullah Tariki, a quien describía como "el hombre número uno que había que vigilar en el Medio Oriente, en lo que a políticas de petróleo se refiere... es un hombre joven con una misión", afirmaba cuando comentaba sobre los ataques virulentos que hacía contra las compañías que operaban en Arabia Saudita. En un encuentro donde Tariki hacía críticas duras contra las compañías, Wanda le dice: "Hay otra persona que es tan dura como usted", refiriéndose al ministro de petróleo de Venezuela, Juan Pablo Pérez Alfonzo, y promete presentárselo.

Wanda logra que Pérez Alfonzo asista como invitado al Congreso Árabe de Petróleo de 1959 en El Cairo. Allí le presenta a Tariki. Ambos hombres intercambian impresiones y acuerdan hablar en secreto con los representantes de los otros grandes exportadores. El sitio escogi-

---

96   Esta molestia se expresa en una carta del Foreig Office (371/150064, NA), "Letter Rose to Powell", fechada el 3 de agosto de 1960.

do fue el Club de Yates de Maadi, cerca de El Cairo. Además de Pérez Alfonzo y Tariki, estuvieron presentes representantes de Kuwait, Irán e Iraq. El representante iraní insistía en que estaba presente solo como observador ya que no tenía autorización para representar a su Gobierno. El representante iraquí fue enfático en afirmar que estaba presente en el evento como oficial de la Liga Árabe y no podía hablar de parte de su Gobierno. Dadas las circunstancias, Pérez Alfonzo propone hacer un "acuerdo de caballeros" que contuviera recomendaciones para sus respectivos gobiernos. A excepción del iraní, que temía represalias si firmaba algún compromiso sin la autorización del sha, todos firmaron. El acuerdo de caballeros reflejaba las ideas de Pérez Alfonzo:

a. Que cada gobierno tuviera una comisión de consulta sobre petróleo.
b. Defender la estructura de precios.
c. Establecer compañías nacionales de petróleo.
d. Desechar el *fifty-fifty* y comenzar a moverse a una división de las ganancias 60-40 a favor de los gobiernos.
e. Construir una capacidad refinadora propia.
f. La integración vertical de la industria nacional para asegurar mercados estables.

El acuerdo secreto de El Cairo implicaba una dinámica del mercado petrolero totalmente diferente a la existente en ese momento [Yergin 2009, pp. 497-500].

16
El petróleo es nuestro, ¿ahora qué?

Mientras las compañías petroleras controlaron el petróleo del Medio Oriente, también controlaron el precio. Ese escenario cambió cuando la Unión Soviética reemerge como un gran exportador. Desde la Revolución bolchevique, las exportaciones soviéticas habían sido muy irregulares por los conflictos políticos y la guerra, pero, para 1959, los soviéticos habían estabilizado sus exportaciones en 25,4 millones de toneladas.

Los soviéticos competían en precio, su petróleo se cotizaba entre 10 y 25 centavos menos que el del golfo Pérsico. Una ventaja que tenían sobre las grandes compañías es que aceptaban pagos en especies. Los egipcios pagaban con algodón, los cubanos con azúcar, los griegos con tabaco, etc. Adicionalmente, ayudaban a sus socios comerciales en la construcción de refinerías sin quedar atados a ningún tipo particular de crudo, lo que los dejaba libres del control de las grandes petroleras.

La expansión de las exportaciones soviéticas con sus bajos precios estaba desplazando a las grandes compañías en mercados que tradicionalmente habían servido. Incluso gobiernos anticomunistas estaban comprando petróleo soviético para reducir su dependencia de las grandes compañías. Finlandia, India, Japón e Italia estaban entre sus principales compradores.

Durante los cincuenta, la sobreproducción de petróleo también vino de los productores tradicionales. En Irán, la producción creció 60%, en Iraq se multiplicó por siete, en Kuwait por cinco y en Indonesia se triplicó. En Arabia Saudita aumentó 2,5 veces y en Venezuela se duplicó. Adicionalmente, Argelia, Libia, Nigeria, Catar y los Emiratos Árabes entraron al club de los grandes productores de petróleo.

En los Estados Unidos, los productores independientes pidieron protección al Gobierno porque no podían competir con el petróleo barato del Medio Oriente. El Gobierno de Eisenhower cede y a comienzos de 1959 le impone cuotas al petróleo importado. El país más afectado fue Venezuela, que exportaba el 40% de su producción a Norteamérica. Eisenhower hizo una excepción con sus países vecinos, Canadá y México, tal como lo había hecho durante la guerra, sobre el principio de la seguridad nacional basado en que son proveedores cuyo petróleo no tiene que protegerse de ataques submarinos, pero no hizo la excepción con Venezuela. El Gobierno venezolano protestó con fuerza alegando que fue México, no Venezuela, el que nacionalizó las compañías petroleras y que Venezuela siempre había sido un proveedor seguro. Pérez Alfonzo viaja a Washington con una propuesta de crear un sistema de petróleo hemisférico, pero encontró oídos sordos. La imposición de cuotas en los Estados Unidos dejaba una cantidad importante de petróleo sin mercado, bajando aún más los precios en los mercados internacionales.

El término "precio de referencia" se comienza a usar en los cincuenta para referirse al precio que las grandes compañías petroleras pagaban por el petróleo del golfo Pérsico. Con el tiempo, el precio de referencia comienza a usarse para calcular las regalías y los impuestos que las compañías debían pagar a los países productores [Stent 1981, p. 99].

La sobreproducción de los cincuenta hizo bajar los precios de mercado, pero los precios de referencia se mantenían constantes, por lo que los países productores aumentaban sus ingresos aumentando su producción, lo que hacía bajar los precios aún más. Por otra parte, los países productores estaban obteniendo más del 50% de las ganancias que se supone deberían obtener, de hecho estaban obteniendo entre el 60% y el 70%, pero no era fácil disminuir el precio de referencia sin un conflicto. El peso del ajuste en el mercado lo llevaban las compañías petroleras. A comienzos de 1959, las compañías estaban en un dilema que la British Petroleum aborda recortando unilateralmente el precio de referencia en 18 centavos por barril. Las demás compañías siguieron luego. Pérez Alfonzo y Tariki reaccionaron con indignación.

La decisión de Rathbone

En 1960, Monroe Rathbone es nombrado presidente ejecutivo de la Standard Oil of New Jersey. Rathbone comenzó su carrera en la refinería de Jersey en Baton Rouge, donde llega a ser gerente general. Ascendió rápidamente dentro de la compañía y conocía muy bien su funcionamiento, pero él había hecho su carrera en los Estados Unidos, no tenía experiencia fuera del país ni conocía las motivaciones y la psicología necesaria para tratar con los países productores, en especial los del Medio Oriente. Pensaba que el petróleo que extraían era de Jersey y por ende solo ellos debían tomar las decisiones relativas a los precios sin tener que consultar a los países productores, de quienes se sentía cansado. A Rathbone le interesaba más ganar mercados que los problemas de los países productores. "El dinero es como un vino que emborracha para esos pobres pueblos y alguna de esa pobre gente", habría dicho [Vassiliou 2009, p. 418; Yergin 2009, p. 502].

En julio de 1960, quince meses después del Congreso de El Cairo, Rathbone convoca al directorio para tratar un solo punto: el recorte en el precio de referencia. Algunos pensaban que Rathbone no entendía los problemas que eso traería con los países productores y se oponían al recorte. En un esfuerzo para hacerle entender el escenario sobre el cual tomaba decisiones, Howard Page invita a Wanda Jablonski para que le hablara sobre los problemas del petróleo en el Medio Oriente. Page era un experto en asuntos del Medio Oriente con una gran experiencia internacional. Fue él quien ensambló el consorcio en Irán después de la crisis de Mossadegh y tenía muy clara la fuerza del nacionalismo árabe. Jablonski le dice al directorio que, según los reportes de la diplomacia británica, existía una adulación general hacia el nacionalismo de Nasser en todos los sectores, así como una hostilidad muy marcada hacia Occidente, y afirma haber escuchado discusiones muy duras contras las compañías transnacionales, acusándolas de apropiarse de la riqueza árabe, lo que les parecía intolerable. Jablonski incluso le dijo que ella observaba que la actual estructura de la Iraq Petroleum Company y la de Aramco no tendrían larga vida. Al directorio de Jersey no le gusta esa charla. Rathbone se reúne después por separado con Jablonski y le dice que no estaba de acuerdo con sus argumentos, que la fuerza del nacionalismo no es como ella decía, que él acababa de llegar del Medio Oriente y había visto todo bien. Ella le responde que él había sido tratado con alfombra roja, que había estado unos pocos días y le aconseja que no haga esos comentarios.

Cuando el directorio se reúne para debatir el recorte en el precio de referencia, Page se opone porque estarían recortando el ingreso de esos países y recomendaba consultar primero con los gobiernos para comprometerlos. Los demás directores respaldaron a Page, pero Rathbone, el presidente ejecutivo, desecha los argumentos y decide actuar con independencia. El 9 de agosto de 1960, Jersey anuncia oficialmente un recorte de 7% en el precio de referencia. La decisión se tomó unilateralmente. Las demás compañías, con variado entusiasmo, recortan los precios siguiendo a Jersey.

Venezuela gruñe

Aunque el acuerdo de caballeros se mantuvo en secreto, se filtró a la prensa que algo había pasado tras bastidores en la conferencia de El

Cairo. El semanario especializado en asuntos del Medio Oriente, *Middle East Economic Survey*, afirma que "se reporta en El Cairo que mucha discusión está ocurriendo tras bastidores en la conferencia, relativa a un posible acuerdo entre los gobiernos árabes y Venezuela para restringir la producción para evitar mayores recortes de precios". Sin embargo, nadie admitió públicamente la existencia del acuerdo, que había sido una idea de Pérez Alfonzo y Tariki. Fueron ellos los más activos en propagar en los meses que siguieron sus principios y sus intenciones.

En mayo de 1960, Pérez Alfonzo y Tariki asisten al encuentro anual de la Organización de Productores Independientes de Texas. Aparte de dar una charla, Tariki observó el sistema que la Texas Railroad Commission usaba para programar la producción de petróleo. De allí, viaja a Venezuela, donde lo condecoran. En una rueda de prensa junto con Tariki realizada en Caracas, Pérez Alfonzo afirma que Venezuela estaría preparada para entrar a un bloque compuesto por Venezuela, Irán, Iraq, Arabia Saudita y Kuwait para estabilizar los mercados y defender los precios del petróleo.

La escena estaba preparada. Cuando Jersey anuncia el recorte de los precios de referencia, las compañías se sentían respaldadas por los contratos firmados, respondiendo simplemente a las condiciones del mercado. La reducción del precio de referencia debió haberse extendido a Venezuela, pero Jersey enfrenta una fuerte e inesperada reacción. Pérez Alfonzo les advierte que Venezuela mantendría su actual estructura de precios, y con mucha sensibilidad sobre sus inversiones petroleras, decidirá no tomar ninguna acción. En la práctica, era una amenaza de nacionalización. La Shell estaba en una situación difícil. Siendo presionada por Jersey, Pérez Alfonzo y por el mismo presidente Rómulo Betancourt, las compañías deciden no cambiar el precio de referencia. Pérez Alfonzo estaba muy contento, ahora podía mostrarles a sus colegas árabes que si los gobiernos enfrentaban a las compañías con fuerza, tendrían éxito. Pérez Alfonzo y Tariki, con la ayuda del príncipe saudita Mohammed bin Salman y el embajador venezolano en El Cairo, Antonio Araujo, viajan entre Caracas y el Medio Oriente buscando formalizar el acuerdo de caballeros. El lugar más apropiado para la reunión era Bagdad, en Iraq, donde un nuevo Gobierno revolucionario estaba renegociando los términos de la concesión con la Iraq Petroleum Company [Skeet 1991].

Los cinco principales países exportadores de petróleo, Venezuela, Kuwait, Arabia Saudita, Irán e Iraq se reúnen en Bagdad el 14 de septiembre de 1960, adoptando resoluciones que cambiarían definitivamente la relación entre las compañías petroleras y los países productores. El principal objetivo de la reunión fue cómo abordar el recorte en los precios de referencia y el efecto que eso tendría en sus economías. La conferencia decide crear la Organización de Países Exportadores de Petróleo (OPEP), con poderes amplios para coordinar y unificar las políticas de sus miembros en lo referente al precio del petróleo y a una gama de asuntos sobre la relación entre los gobiernos y las empresas concesionarias. La organización consideraría en el futuro una mayor participación de los gobiernos en la industria petrolera, comprando parte de las acciones de las compañías concesionarias o revisando su participación en las ganancias. En lo inmediato, los países miembros acuerdan abordar el problema del precio para restaurarlo al nivel previo al recorte de Jersey. Las acciones concretas incluyeron un fuerte rechazo verbal de los recortes de las compañías y la exigencia a las compañías del pago de regalías e impuestos a los precios antes de los recortes. La organización también decide racionar el mercado para estabilizar el precio del petróleo crudo.

Venezuela comparte con Arabia Saudita el mérito de haber organizado la conferencia, haber persuadido a los iraquíes de que se sentaran con los saudíes y lograr apartar los problemas geopolíticos para concentrarse en aquellos de interés común, los del mercado petrolero. Venezuela jugó el papel de mediador entre los diferentes puntos de vista. Juan Pablo Pérez Alfonzo gastó varias horas con el delegado iraní en Bagdad. La participación de Venezuela fue crucial para conciliar posiciones tan contrapuestas entre los países árabes e Irán. Un delegado a la conferencia afirmó: "Venezuela, el mayor exportador del mundo, está con nosotros hasta el fin" [*Middle East Economic Survey* 1960].

El gran ensamblador

Una vez fundada la OPEP, otros productores se incorporaron rápidamente a la organización. Catar se unió en 1961 y Libia en 1962, los Emiratos Árabes se incorporaron en 1967 y Argelia en 1968, Nigeria lo hizo en 1971, Gabón en 1975 y más recientemente Angola en 2007. Indonesia se unió en 1962 pero se retiró en 2015. Ecuador se incorporó en 1973, se salió en 1992 y se volvió a incorporar en 2007.

La OPEP fue posible porque, en enero de 1958, una revolución democrática derriba la dictadura militar de Pérez Jiménez en Venezuela. Rómulo Betancourt es electo presidente en diciembre de 1958 y gobierna con una coalición de su partido Acción Democrática con los demás partidos democráticos. Pérez Alfonzo es nombrado nuevamente ministro de Minas e Hidrocarburos.

La tarea de Pérez Alfonzo fue formidable. No solo consistió en contactar a los fututos miembros de la OPEP y convencerlos de formar una organización para defender los precios del petróleo. El simple hecho de sentarlos juntos era ya una proeza. Desde comienzos del siglo XX, el Medio Oriente ha sido un hervidero. Para 1960, la geopolítica del golfo Pérsico era un conflicto entre tres países: Irán, Iraq y Arabia Saudita, aunque Egipto y Kuwait también juegan un papel. Existía el conflicto entre monárquicos y nacionalistas, además del problema palestino.

El nacionalismo árabe emerge cuando los británicos los estimulan a alzarse en contra del Imperio otomano en la Primera Guerra Mundial, con la promesa de que serían países independientes al terminar la guerra, pero británicos y franceses tenían otros planes: repartirse el Medio Oriente entre ambos. Eso ocasionó una serie de revueltas que condujeron a la creación de los estados de Egipto, Jordania, Siria e Iraq, colocando a un monarca en cada uno de ellos. En todos los países del Medio Oriente, Arabia Saudita, Irán, Iraq, Kuwait, Jordania, Siria y Egipto se habían creado monarquías amigas de Occidente. Quedaba la creación del Estado Palestino, pero las Naciones Unidas resolvieron una partición entre árabes y palestinos que fue inconsulta con estos últimos, lo que luego ocasionó una serie de guerras árabe-israelíes.

Aparte del problema con Israel, pronto aparecerían otros conflictos importantes. En Egipto, el rey Faruq I es derrocado en 1954 por un golpe militar encabezado por el coronel Gamal Abdel Nasser, y en 1958, la monarquía de Iraq es derrocada por el general Abdul Karim Qasim. Ambos regímenes eran nacionalistas y prosoviéticos. No obstante, existía una rivalidad entre ellos ya que ambos dictadores aspiraban liderar el movimiento nacionalista en el mundo árabe. De hecho, Qasim intentó boicotear la conferencia de El Cairo por los conflictos de liderazgo con Nasser.

La seguridad y defensa de los países de la península arábiga descansaba en el poderío militar de los Estados Unidos. Eran todas monarquías absolutas aliadas de Occidente. Esto les causaba un conflicto directo con Egipto e Iraq. El rey Saúd de Arabia Saudita odiaba a los judíos y a los nacionalistas por igual, ya que estos últimos podían terminar con la monarquía.

Las relaciones entre Egipto e Irán eran críticas. Egipto era prosoviético y la dinastía Pahlavi les debía su monarquía a los Estados Unidos y al Reino Unido. Además, el sha ambicionaba convertirse en el guardián del golfo Pérsico, lo que le incomodaba a Iraq. Irán y los saudíes mantenían buenas relaciones. Iraq tenía otro problema con los saudíes: después de la Gran Guerra, los saudíes se habían anexado Hejaz, un territorio que iba a ser parte de Iraq. Por su parte, Irán no reconocía al Estado de Kuwait e Iraq reclamaba a Kuwait como parte de su territorio. Después había la división religiosa entre los chiitas, cuya población está fundamentalmente en Irán y el sur de Iraq, y los sunitas, que habitan en el resto del mundo árabe.

Este fue el escenario que Juan Pablo Pérez Alfonzo debió enfrentar después de que Wanda Jablonski convenciera a los organizadores de la conferencia en El Cairo de aceptarlo como invitado. A todo esto había que añadirle el severo rechazo a Venezuela por haber votado a favor de aceptar a Israel en las Naciones Unidas.

Un modesto comienzo

En sus comienzos, las compañías petroleras no tomaron en serio a la OPEP. Los países consumidores pensaban que las pugnas entre los distintos países no la dejarían sobrevivir. Howard Page, un experto de Jersey para el Medio Oriente, comenta: "Le atribuimos poca importancia porque pensamos que no funcionaría" [Wagner 2008, p. 23], y tan poca importancia le dieron que, en un principio, la OPEP intentó establecerse en Ginebra, pero los suizos dudaban de la seriedad e importancia de la organización y rehusaron otorgarle estatus diplomático como organización internacional. La OPEP entonces decide instalarse en Viena.

La idea de Pérez Alfonzo y Tariki era que la OPEP tuviera el mismo papel que la Texas Railroad Commission (TRC) en los Estados Unidos, pero a nivel internacional, es decir, restringir la producción para tener los precios altos. El problema de racionar la producción es que se necesitaba la cooperación de las compañías, que hubieran negado con el apoyo de los Estados Unidos y el Reino Unido. A los Estados Unidos no les importaban mucho los impuestos que las compañías pagaban en los países productores, sino que se mantuviera el suministro de petróleo. Existía el planteamiento de negociar con las compañías, pero en realidad la OPEP no tenía nada que negociar, no había *quid pro quo*. Se les podía pedir a las compañías reducir la producción, pero ¿a cambio de qué? Por otra parte, Irán quería aumentar la producción al máximo ya que con los precios de referencia fijos era la única forma de aumentar el ingreso. El sha incluso hacía *lobby* con los Estados Unidos para que presionaran a las compañías, argumentando que Irán era un bastión en la lucha contra el comunismo y que necesitaba más dinero para comprar armas. Lo beneficioso de esta estrategia es que no había que renegociar la concesión y pondría a las compañías en una posición incómoda sin gastar un centavo. Arabia Saudita también se beneficiaba con la política iraní por las buenas relaciones que tenían entre sí y con los Estados Unidos, pero, para los saudíes, esto significaba no tener confrontación alguna con las compañías.

En el fondo, este asunto no le interesaba a ninguno [Parra 2004, pp. 98-106]. Por varios años no hubo ningún acuerdo en la OPEP y durante los primeros años no tuvo mucho que mostrar. No obstante, hubo dos logros importantes: primero, las compañías no se atrevieron más a tomar decisiones unilaterales, y, segundo, no volvieron a recortar el precio de referencia [Yergin 2009, pp. 497-500]. La política petrolera saudí cambia en 1962, cuando Tariki es reemplazado por el jeque Ahmed Zah Yamani, un hombre mucho más conciliador con las compañías y con los gobiernos occidentales.

Reventones y elefantes

Los británicos entran en el Medio Oriente en el siglo XVI y su presencia en la región crece sustancialmente durante su estadía en la India. Aunque la Royal Navy llega a la región para proteger el comercio entre Gran Bretaña y la India, poco a poco los demás países le fueron pidiendo protección hasta que finalmente se convirtió en el guardián del golfo Pérsico. Bahréin, Omán, Catar, Kuwait y los Emiratos Árabes se convierten en protectorados británicos. Los británicos jugaron ese rol hasta finales de los sesenta, dejando un vacío que el sha estaba ansioso de ocupar [Mansfield y Pelham 2013].

Mientras tanto, en el norte de África se estaba consiguiendo mucho petróleo. Los franceses habían conquistado Argelia en la primera mitad del siglo XIX y algunas compañías francesas, usualmente con participación del Estado francés, habían estado buscando petróleo en el Sahara con resultados desalentadores. En 1956, la Régie Autonome des Pétroles (RAP), una compañía del Estado francés con una participación minoritaria de la Shell, encuentra petróleo en Argelia, dos años después de que comenzara la guerra de independencia.

En Francia hubo conmoción. El petróleo de Argelia les proveía varias ventajas: era un consorcio dominado por franceses en un territorio administrado por el Gobierno francés; ahora tendrían sus "propias" fuentes de petróleo; el transporte del petróleo argelino a Europa no pasaba por el canal de Suez y por ende un conflicto en el Medio Oriente no interrumpiría su suministro. Además, estaba fuera del alcance de los intereses británicos y estadounidenses, por quienes se sentían traicionados luego de la crisis de Suez. El precio del petróleo sería en francos y no dependería de la tasa de cambio. Para 1961, el petróleo argelino ya proveía el 95% de la demanda en Francia [Lowi 2011, pp. 45-126].

Libia estuvo ocupada por potencias extranjeras por 1.500 años. Primero fueron los romanos, luego Bizancio, después vinieron los árabes y desde 1551 los turcos, hasta que Italia se la quita en 1912. Fue colonia italiana hasta febrero de 1943, cuando los Aliados expulsan a los alemanes y a los italianos de Cirenaica y Trípoli. Estuvo bajo ocupación británico-francesa hasta 1951, cuando obtiene la independencia y se convierte en una monarquía constitucional y hereditaria con el rey Idris, un líder religioso y político que venía de ser emir de Cirenaica.

A mediados de los cincuenta, un número de geólogos comienza a ver el potencial petrolero de Libia y el Gobierno decide otorgar muchas concesiones pequeñas a muchas compañías independientes para impedir que el petróleo y la economía libia dependiesen de unas pocas compañías (las Siete Hermanas) y que los productores tuvieran el incentivo de extraer la mayor cantidad de petróleo posible. En abril de 1959, en Zelten, la Standard Oil of New Jersey consiguió un elefante. Para 1961 se habían descubierto diez elefantes y Libia se había convertido en un importante exportador de petróleo. El petróleo libio tenía una gran ventaja: era muy liviano y con poco azufre, de altísima calidad, al cual se le podía extraer más gasolina que al petróleo del golfo Pérsico.

Como en el caso de Argelia, el transporte a Europa era bastante más barato y no tenía que pasar por el canal de Suez. Jersey y las demás compañías petroleras pensaban que el riesgo de trabajar en Libia era mucho menor que trabajar en el golfo Pérsico o Venezuela [Yergin 2009, pp. 509-511]. Pronto se darían cuenta de que estaban equivocados.

Shell había estado explorando petróleo en Alaska, construyendo plataformas que eran inaccesibles, pero que ahora era posible por el deshielo glacial. Esto le trajo conflictos con los grupos ambientalistas. Los intentos de encontrar petróleo en las zonas árticas tienen más de 100 años. La Standard Oil of New Jersey taladra algunos pozos sin éxito durante los cincuenta. Detuvo la exploración, pero la reactiva nuevamente en los sesenta, en un consorcio con la Atlantic Richfield Company (ARCO). El 12 de marzo de 1968, hubo un reventón extraordinario, un verdadero elefante.

Los británicos llegan a Nigeria en el siglo XVIII y la convierten en colonia británica en 1914. Un consorcio conformado por Shell y la

Anglo-Iranian comienza a hacer exploraciones en 1937. Las perforaciones se inician en 1951 y finalmente encuentran petróleo en cantidades comercializables en abril de 1956. A partir de entonces, la producción nigeriana aumentó rápidamente.

La cantidad de petróleo que entró al mercado en las dos décadas que siguieron a la Segunda Guerra Mundial fue impresionante. En 1960, cuando se funda la OPEP, de 21 millones de barriles diarios de petróleo que se producían en el mundo, la OPEP producía el 40%, y una década más tarde 50%. Los Estados Unidos consumían 48% de la producción mundial. Europa el 18% y Japón el 3%. Los demás países no consumían cantidades relevantes, excepto la Unión Soviética, que producía el petróleo que consumía. Pero los Estados Unidos habían impuesto un sistema de cuotas que hacía de Europa el principal mercado para esa creciente producción.

Señala el reconocido historiador del petróleo Daniel Yergin que los productores debieron "inventar" consumidores para seguir produciendo. Gulf Oil, por ejemplo, construyó una planta de fertilizantes en Corea del Sur para ayudarlos a construir una refinería y un sistema de distribución, y les prestaron dinero a las compañías japonesas Idemitsu y Nippon Mining para que construyeran refinerías. En Europa, la competencia era tal que muchas estaciones de servicio en Inglaterra vendían gasolina de varias compañías. Para Jersey, eso era inaceptable, quería que todas sus estaciones de servicio vendieran solo Esso, su marca comercial. Para ganarse la lealtad de los consumidores, las estaciones de servicio Esso, aparte de vender gasolina, comenzaron a prestar servicios "gratis", como ofrecer mapas e información turística, chequear el aire de las llantas, medir el aceite y limpiar los vidrios, entre otros. Todos esos servicios son comunes en todas las estaciones de servicio hoy en día. También hizo donaciones para que los agricultores se mecanizaran y así poder venderles gasolina [Yergin 2009, pp. 528-532].

Sirve para todo

Mientras en 1960 las compañías tenían que rogar para conseguir compradores, diez años más tarde el mercado se tornaría al revés. A pesar de la cantidad de elefantes encontrados, el consumo de petróleo creció asombrosamente por varias razones. Primero, el crecimiento económico de los países. La reconstrucción de Europa fue un proceso fenomenal. Luego, comenzó la era del automóvil. Entre 1945 y 1970, el número de automóviles en los Estados Unidos aumentó más del doble, pero en el resto del mundo aumentó ochenta veces. En esto influyó la revolución del automóvil en Japón. El automóvil japonés entra con fuerza en el mercado internacional en los sesenta. La economía japonesa durante los sesenta crece más de 10% interanual, pero la demanda de petróleo crece en 20%. En 20 años, su espectacular crecimiento lo incluye en el club de los países ricos y su consumo de petróleo se cuadruplica. En ese período, el consumo de petróleo se duplicó en los Estados Unidos y creció nueve veces en Europa Occidental, pero en Japón aumentó cien veces, pasó de consumir casi nada a ser el segundo consumidor de petróleo en el mundo.

Con los precios del petróleo tan bajos, muchos gobiernos sustituyeron otras fuentes de energía por petróleo y estimularon a la población y a la industria a que hicieran lo mismo. La aviación se convierte completa hacia el petróleo, las locomotoras y los camiones también, y las familias comienzan a calentar sus hogares con fueloil.

El principal desplazado fue el carbón. El petróleo tenía varias ventajas, era más barato y abundante, más fácil de manipular y menos contaminante, y era muy conveniente en las industrias intensivas en energía. En Japón, por ejemplo, en 1950, el carbón proveía más de la mitad de la energía y el petróleo menos de 10%. Veinte años más tarde, el petróleo proveía el 70% de la energía. Otro factor fue el nacimiento de la petroquímica, de la cual salen una miríada de productos como fertilizantes, medicinas, plástico, etc. Muchas centrales eléctricas también eran movidas con petróleo. Estos cambios contribuyeron a crear nuevos estilos de vida, pero un evento geopolítico importante, la guerra de los Seis Días, revolucionaría el mercado petrolero.

Argelia obtiene su independencia en 1962, el petróleo argelino ya no era francés. En 1965 el coronel Houari Boumédiène toma el poder y gobierna en Argelia por veinte años. En Libia, un golpe militar liderado por el capitán Muamar el Gadafi derroca al rey Idris en 1969. Gadafi se asciende a sí mismo a coronel y adopta una posición radical en contra de Israel, el sionismo y Occidente. En Siria, un ferviente nacionalista, Shukri al-Kuwatli, toma el poder. Con excepción de la península arábiga, todos los países árabes tenían algo en común: eran autoritarios, nacionalistas, socialistas y cercanos a la Unión Soviética. Arabia Saudita, Kuwait y los Emiratos Árabes eran monarquías absolutas que dependían de los Estados Unidos para su seguridad y defensa.

En mayo de 1967, el presidente Nasser recibe reportes falsos de la inteligencia soviética según los cuales Israel estaría moviendo tropas a la frontera siria. Nasser responde militarizando la frontera con Israel y el Sinaí, y le cierra a Israel el acceso a los estrechos de Tirán, bloqueándole el acceso al mar Rojo y al océano Índico. Israel afirma que eso era un acto de guerra. El 5 de junio, la aviación israelí lanza un ataque preventivo en Egipto que destruye 286 de sus 420 aviones de guerra, 13 bases aéreas y 23 estaciones de radar, y ocupa la península del Sinaí, la Franja de Gaza, Cisjordania, Jerusalén y los Altos del Golán. Esta fue la guerra de los Seis Días.

La guerra de los Seis Días debilitó el liderazgo de Nasser, pero creó en la opinión pública del mundo árabe una creciente frustración y resentimiento contra Israel y también contra los Estados Unidos por el fuerte apoyo que le dio. El nacionalismo árabe comenzó a manifestarse en una creciente presión para nacionalizar las compañías petroleras estadounidenses. Era tan fuerte que ni siquiera los gobiernos moderados pudieron mantener una posición neutral.

Otras circunstancias también estaban cambiando el ambiente político internacional. Luego del retiro del Reino Unido del Medio Oriente, el sha, un fiero anticomunista, aspiraba a que Irán se convirtiera en la gran potencia militar del golfo. Su actitud relativamente amistosa con Israel lo convertía en el mejor aliado de los Estados Unidos en la región. Por una parte, el sha aprovecha esta situación para negociar un mayor aumento en el precio del petróleo. Esperaba que los Estados Unidos no se distanciaran por unos centavos adicionales en el precio del barril que finalmente pagarían Japón y Europa. Por otra parte, a los Estados Unidos les convenía que Irán tuviera mayores ingresos a fin de facilitarle la compra de armas para que pudiera realizar su papel de guardián.

Los Estados Unidos mostraban un relativo desinterés en las negociaciones entre las compañías y los países productores. Preferían enfocarse en asuntos que consideraban más importantes, como la guerra de Vietnam, que en los impuestos de las compañías en los países productores. Su política hacia el Medio Oriente era que hubiera acceso a las reservas de petróleo a través de alguna compañía occidental y evitar que cayera bajo control soviético. Como el apoyo a Israel era difícil de evitar por las simpatías y la gran influencia judía en los Estados Unidos, procuraban mantener un perfil lo más bajo posible para evitar la expulsión de las compañías petroleras.

Una consecuencia de la crisis de Suez sobre la opinión pública mundial fue que el uso de las armas, incluso tácticas desestabilizadoras como en Irán, para defender los intereses de un inversionista privado, se volvieron inaceptables.

Este era el ambiente cuando una serie de eventos hicieron posible la ola de nacionalizaciones. Los sucesos comienzan en Argelia, Libia e

Iraq. El 15 de junio de 1967, pocos días después de terminar la guerra de los Seis Días, el Gobierno de Argelia secuestra las instalaciones de las compañías Shell, Phillips, Elwerath y Ausonia Mineraria; en julio decide unilateralmente aumentar el precio de referencia en 0,77 centavos y, a mediados de 1970, nacionaliza las cuatro empresas.

A comienzos de junio, Gadafi comienza a asediar a las compañías con reducciones en la producción alegando regulaciones ambientales. Para septiembre, la producción de petróleo libia había caído 20%. Ese mismo mes, sube los precios de referencia en 0,30 dólares por barril y aumenta el impuesto sobre la renta a 55%. Las compañías buscan apoyo en el Departamento de Estado y en el Foreign Office, pero no les prestan atención. Iraq anuncia varios aumentos en el precio de referencia durante 1970 y 1971 e Irán aumenta el precio de referencia y el impuesto sobre la renta a 55%. Lo mismo hizo Kuwait. Arabia Saudita decreta un aumento de 5% en la tasa de impuestos y en el precio de referencia.

El 13 de febrero los países del Golfo firman con las compañías el Acuerdo de Teherán, por el que aumentan el precio de referencia en 0,35 dólares, con aumentos anuales de 5 centavos más un ajuste de 2,5% por inflación. Por otra parte, el 2 de abril de 1971, los ministros de petróleo de Argelia, Iraq, Libia y Arabia Saudita firman el Acuerdo de Trípoli, que establece un aumento en el precio de referencia y un impuesto sobre la renta de 55%. Después del Acuerdo de Teherán, Libia decide pedir 60% de impuesto sobre la renta.

Iraq llega a un acuerdo con IPC sobre un aumento en el precio de referencia de 0,80 dólares, con un incremento anual de 5 centavos más 2,5% por inflación. El impuesto sobre la renta también aumenta a 55%. Arabia Saudita y Aramco acuerdan un incremento de 0,81 dólares en el precio de referencia.

El 24 de febrero, el presidente Boumédiène anuncia la nacionalización del 51% de todos los activos petroleros de Francia en Argelia, del gas y el transporte de los hidrocarburos, y aumenta el precio de referencia a 3,60 dólares. Antes de terminar la década nacionaliza el resto de la industria.

Las medidas tomadas por los países de la OPEP no tuvieron ningún efecto sobre la economía mundial, pero tuvieron uno muy importante, a nivel psicológico, sobre los países productores y las compañías. Ambos se dieron cuenta de que las compañías estaban huérfanas del apoyo político de sus gobiernos.

Desde abril de 1972, los iraquíes habían sido capaces de desarrollar los campos del norte de Rumaila con ayuda de los soviéticos. Estos campos estaban bajo la concesión de la Iraq Petroleum, que en represalia comenzó a recortar la producción de petróleo iraquí en más de 40%. Iraq responde nacionalizando la compañía.

En 1973, los precios estaban subiendo muy rápido y ello acabaría con los acuerdos de Teherán y Trípoli, que consideraban fijo el precio de referencia. Adicionalmente, el mundo árabe era un hervidero con la guerra del Yom Kipur y el uso del petróleo como arma de guerra. El 11 de junio, Gadafi anuncia la nacionalización del petróleo. El tema de la nacionalización se hizo inevitable en todos los países productores.

Al observar que el aumento en el precio de referencia solo estaba compensando la rápida depreciación del dólar y la elevada tasa de inflación en los Estados Unidos, los países productores comienzan a pedir "participación", es decir, la adquisición parcial negociada de las compañías concesionarias. Para los países exportadores, el concepto de concesión simbolizaba el colonialismo e imperialismo y chocaba con la ola nacionalista existente, especialmente en los países árabes. La propiedad de los recursos naturales se convirtió en un tema de soberanía.

El concepto de participación fue propuesto por el ministro de petróleo saudita, el jeque Yamani, como una alternativa a la nacionalización, ante el temor de que una ruptura con las compañías los obligara a entrar al mercado sin tener una red de distribución en el resto del mundo. Al terminar la guerra del Yom Kipur, el Gobierno saudita adquiere 25% de Aramco y aumenta su participación a 60% en 1974. Finalmente, adquiere todas las acciones en 1980 y le cambia al nombre a Saudi Aramco. La Kuwait Oil Company, propiedad de Gulf y BP, era la única empresa concesionaria en Kuwait. A comienzos de 1974, el Gobierno adquiere 60% de participación, y en marzo de 1975 adquiere el 40% restante.

La nacionalización del petróleo en Venezuela

Venezuela ha sido un tradicional adalid en la lucha de los países productores de petróleo por ejercer directamente la soberanía y la explotación de sus recursos naturales. Tres excepciones afloran. Dos de ellas son las dictaduras de Juan Vicente Gómez y de Marcos Pérez Jiménez. La tercera, a pesar de toda su retórica nacionalista, es el régimen autoritario que impuso Hugo Chávez.

Las dictaduras de Gómez y Pérez Jiménez fueron ambas brutales, con miles de asesinatos, desaparecidos, presos políticos y exiliados. Ambas buscaron apoyo internacional siendo generosos con las compañías transnacionales, y estas últimas con los bolsillos de los dictadores. Gómez fue complaciente con las transnacionales, especialmente las estadounidenses, pero no fue tonto, y negociaba muy bien los pagos que las transnacionales debían hacer por las concesiones, pero es difícil saber el monto de los pagos que no entraban a las arcas del Tesoro, sino al patrimonio del dictador y su camarilla. El resto de su política consistía en otorgar la mayor cantidad de concesiones y aumentar la producción petrolera al máximo para recibir los mayores ingresos del petróleo posibles.

La dictadura de Pérez Jiménez también tuvo relaciones muy complacientes con las transnacionales del petróleo. Eliminó los sindicatos petroleros que tanto molestaban a las compañías exigiendo reivindicaciones y volvió al sistema de concesiones que había sido suspendido. La producción se duplicó en 10 años y los ingresos fiscales también, pero las tasas de impuestos eran las mismas y el tema de los impuestos y la participación de Venezuela en la industria petrolera quedó enterrado.

Los gobiernos gomecistas que siguieron a la muerte del dictador adoptaron una actitud nacionalista, reconociendo lo injusto de los contratos de concesión, la ilegalidad de muchos de ellos y los bajos impuestos que las compañías pagaban. Desde entonces comenzó una lucha que culminó con el *fifty-fifty* durante el Trienio Adeco, cuando también se impuso la política de "no más concesiones".

En 1959, cuando Rómulo Betancourt es electo presidente, se retoma la política de "no más concesiones" y la de sustituir personal extranjero por personal venezolano en las compañías petroleras. También se crea la Corporación Venezolana de Petróleo (CVP), una empresa estatal para la exploración, explotación, refinación, transporte y comercialización del petróleo. La CVP llega a abarcar casi todas las estaciones de servicio del país, aunque su actividad internacional era bastante reducida. Para aumentar el ingreso fiscal, el Gobierno hace aumentar la producción de petróleo elevando la productividad de los pozos activos y con nuevos pozos perforados en las concesiones ya otorgadas. Durante el Gobierno de Betancourt también se crea la OPEP.

En 1966 hubo un cambio en materia de precios del petróleo. Hasta entonces las compañías petroleras pagaban sus impuestos basados en el precio de realización, es decir, el precio que las compañías recibían por sus ventas, pero ese precio estaba por debajo del precio del petróleo en el mercado internacional, por lo que se decidió que se utilizara este último como referencia para efectos fiscales. El Gobierno también se reservó el derecho de fijar el precio de referencia.

En su política impositiva, Venezuela actuó primero que los países árabes y el 7 de diciembre de 1970 aumentó el impuesto sobre la renta de las compañías de forma gradual, comenzando con un 52% hasta alcanzar una tasa de 60%. El Gobierno también buscó un creciente control sobre las actividades de las compañías, el volumen de producción, la política de inversión, exploración y explotación, etc.

Todo esto fueron pasos previos a la nacionalización del petróleo. El 6 de agosto de 1971 se aprueba la ley de reversión de las concesiones petroleras, según la cual todas las concesiones otorgadas y activas de las compañías dentro de Venezuela se revertirían al Estado una vez vencida la concesión. Las compañías tendrían una compensación restringida. Las primeras concesiones comenzaban a expirar en 1983.

Al año siguiente, se aprobaron un número de leyes y decretos que le daban al Gobierno un control administrativo efectivo sobre cada fase de la industria, en todas sus actividades aguas arriba y aguas abajo, desde la exploración hasta el mercadeo, y se elevó la tasa de impuestos a 96%. *De facto*, el petróleo estaba nacionalizado, aunque no lo estaba formalmente, pero la ola nacionalista que despertó con la guerra de los Seis Días exigía que los venezolanos tuvieran la "propiedad" de las compañías.

En 1974, el Gobierno decide adelantar la nacionalización. En las discusiones privó buscar una salida negociada con las compañías, principalmente Exxon (antigua Jersey), que controlaba más del 45% de la producción. Shell producía un poco menos. Exxon y Shell junto con Gulf eran responsables del 80% de la producción, y las Siete Hermanas en conjunto controlaban el 88% de la producción y más del 95% de la refinación. La única de las hermanas ausente de Venezuela era BP. El petróleo en Venezuela se nacionaliza formalmente el 1º de enero de 1976. Para el momento de la nacionalización, el 95% del personal petrolero era venezolano. Las compañías extranjeras simplemente cambiaron de dueño y su alta gerencia, todo el personal, venezolano en casi su totalidad, quedó intacto, y las empresas nacionalizadas pasaron a pertenecer a un nuevo *holding* estatal, Petróleos de Venezuela S.A. (Pdvsa).

¿Fue una nacionalización exitosa?

En esto hay dos temas que abordar, la política petrolera en sí misma, las directrices fijadas por el Estado en lo referente a producción, precios, adquisición de tecnología, etc., y la eficiencia de la compañía operadora Petróleos de Venezuela. Antes de la nacionalización, se fijaba un precio de referencia para los efectos fiscales, por lo que el riesgo de mercado, aquel que viene dado por la fluctuación en los precios, era asumido por las compañías petroleras. Una implicación directa de esta política es que las exportaciones y el ingreso fiscal del Gobierno aumentaban al mismo ritmo de la producción, y por ende el interés de los gobiernos era aumentar la producción al máximo. Por esa razón, la OPEP tuvo tan poca visibilidad en sus años iniciales. De hecho, todos los países de la OPEP, desde que se descubrió petróleo en cada país hasta su nacionalización, aumentaron su producción a tasas impresionantes que fueron desde 15% interanual en Iraq hasta 82% en Libia. En Venezuela, la producción de crudos desde que explotó el pozo Zumaque hasta la ley de reversión de 1971 creció en 17% interanual y hasta la nacionalización en 1976 en 16%. Durante ese período, el petróleo fue el motor del crecimiento económico, haciendo que el país pasara de ser el más pobre del continente al más rico de la región.

El período 1971-76 merece algunos comentarios. La ley de reversión de 1971 estuvo muy mal diseñada; pareciera consecuencia de una emoción. La ley obligaba a las compañías a devolver las concesiones y los activos que allí tuvieran a medida que las concesiones fueran expirando. La mayoría de ellas lo hacía en 1983. A cambio, las compañías tendrían una compensación restringida. La respuesta de las compañías fue detener la inversión. La exploración se detuvo, la explotación siguió solo en los pozos que ya estaban activos y la depreciación de los equipos no fue repuesta, lo que causó el cierre de algunos pozos productivos también. La consecuencia fue una drástica caída en la producción de petróleo en los años que siguieron. De un máximo histórico de 3,7 millones de barriles diarios en 1970, la producción de crudo disminuyó a 2,3 millones en 1976, año de la nacionalización; es decir, cayó alrededor de un tercio. A pesar de las duras críticas que entonces les hicieron a las compañías, en realidad lo que ocurrió era muy previsible; es lo que cualquier inversionista sensato habría hecho en una situación semejante en cualquier industria de cualquier parte del mundo. Nadie invierte en un negocio del cual espera no tener retorno.

Después de nacionalizada la industria, la producción siguió cayendo continuamente hasta tocar fondo con 1,6 millones de barriles diarios en 1985, la mitad de lo que se producía en 1970. Venezuela siempre ha defendido la política tradicional de la OPEP de disminuir la producción para aumentar los precios, pero eso no justifica una disminución de esta magnitud. ¿Cuál es entonces la explicación? Una podría ser la inercia en la caída que venía desde 1971, pero nueve años es mucho tiempo para que esa inercia no hubiese sido detenida.

Otra explicación pudo haber sido la falta de tecnología. Las negociaciones antes de la nacionalización se centraron en dos aspectos claves: el acceso a los mercados y la tecnología. Sin ellos la industria se hubiera paralizado. Alrededor del 50% del petróleo venezolano iba a los Estados Unidos, un 14% a Canadá, un 10% a Europa y casi todo el resto hacia América Latina y el Caribe[97]. Las importaciones de petróleo venezolano en los Estados Unidos habían venido cayendo rápidamente, de un 58% en 1963 a un 30% en 1973. Venezuela no tenía una red de distribución en ninguna parte del exterior para garantizar la colocación de su petróleo. Este aspecto es tan importante que fue el que motivó la fusión de la Royal Dutch y la Shell a principios del siglo XX, y la de Socal y Texaco en la concesión saudita, y luego la de estos dos con Exxon y Mobil. Esas fusiones fueron necesarias porque, si no, ambas compañías se habrían visto obligadas a salirse del negocio.

Para garantizar la colocación del crudo venezolano se firmaron contratos con las compañías transnacionales para seguirles vendiendo lo que antes producían. Esto nos hace concluir que había suficientes mercados para colocar el crudo venezolano. Desde el comienzo, previendo el problema de la colocación del crudo venezolano, se comenzó a comprar redes de estaciones de servicios en los Estados Unidos y en Europa tales como la Citgo, Nynäs Petroleum, la Veba Oel y algunas otras. Una hipótesis puede ser incompetencia, pero siendo el personal de Pdvsa el heredero de las transnacionales, resultaría una hipótesis atrevida. Diera la impresión más bien de que simplemente se trató de falta de capital para invertir, posiblemente por un exceso de aportes fiscales de la empresa, aunado a una política del Estado de disminuir la producción para aumentar los precios.

La dependencia tecnológica siempre ha sido muy severa. Un reporte del Intevep de 1975 señala que la tecnología dentro del país estaba completamente monopolizada por las grandes compañías en casi todos los aspectos de la industria, desde la exploración hasta la refinación. Esta dependencia incluía incluso algunas operaciones de rutina, siendo muy fuerte en aquellas actividades relacionadas con la innovación, la investigación y el desarrollo. En consecuencia, para que la nacionalización fuese exitosa, Venezuela debía mantener un flujo de tecnología que solo podían proveer las antiguas compañías concesionarias. Para ello se negociaron contratos de servicio con las compañías, recibiendo un pago de 15 centavos de dólar por barril, pero las compañías transnacionales se comprometieron a prestar servicios solamente de las tecnologías existentes en el momento de la nacionalización, no en nuevas tecnologías, y el problema de la tecnología es el siguiente: a medida

---

97   Fuente: Creole Petroleum Corporation y Ministerio de Minas e Hidrocarburos, varios años.

que se van explotando pozos nuevos, estos son más profundos y con mayores problemas para su explotación; esto es particularmente cierto con el petróleo de la Faja del Orinoco, el cual es muy pesado, lo que requiere a su vez tecnologías más complejas que el país no tenía. En consecuencia, la expansión de la producción petrolera requería (y requiere) de tecnologías que solo tienen las transnacionales del petróleo.

Desde ese mínimo de 1986, la producción de petróleo comenzó a aumentar sostenidamente. Esto se debió en gran medida a los contratos firmados de asociación estratégica con las transnacionales durante el segundo Gobierno de Carlos Andrés Pérez, que inicialmente solo incluían campos marginales[98]. La producción luego se acelera con la apertura petrolera durante el segundo Gobierno de Rafael Caldera, alcanzando un máximo de 3,1 millones de barriles diarios en 1998. En trece años la producción se había duplicado. Sin embargo, no se alcanzó el punto máximo de 1970.

Durante la autocracia chavista, el Gobierno ha implementado la típica política OPEP de disminuir producción para aumentar precios. Después de despedir a unos 20 mil empleados, muchos de ellos con muchos años de experiencia difícilmente remplazables, con el objetivo de tener el control político de la compañía, Pdvsa ha tenido cada vez más dificultades para producir. Para 2016, su producción era ligeramente superior a los 2 millones de barriles diarios. Chávez canceló los contratos con las compañías petroleras norteamericanas que proveían tecnología, lo que él llamó la nacionalización, para firmar contratos similares con compañías rusas, chinas y bielorrusas, que cuentan con tecnologías de calidad inferior. Actualmente hay contratos firmados incluso con algunas compañías norteamericanas emblemáticas como Chevron; es decir, la nacionalización de Chávez fue simplemente un fraude propagandístico.

La caída en la productividad de Pdvsa es parcialmente explicada por la pérdida de capital humano, lo cual a su vez ha afectado la calidad de la administración de los recursos de la compañía. La nómina de Pdvsa ha aumentado de unos 30 mil empleados en 2004 a más de cien mil empleados en 2016. Otras razones importantes también afectan la productividad de la empresa. Una de ellas es la falta de electricidad, la cual está siendo racionada en todo el país. Aunque las refinerías pueden tener sus propias plantas, existen muchos contratistas externos y

---

98 Estos son pozos que ya han alcanzado su nivel máximo de producción y que cada vez están produciendo menos petróleo. Para reactivarlos y poder elevar el nivel de producción nuevamente, se requiere más inversión y tecnologías más sofisticadas.

servicios que necesita la compañía que sí son afectados por el racionamiento eléctrico. Aunque el Gobierno culpa a los bajos niveles de agua en las represas, todo pareciera indicar que se trata más bien de problemas de corrupción y mala gerencia.

Otro aspecto son los crecientes costos. Con una inflación que se acerca a mil por ciento, síntomas de hiperinflación y una tasa de cambio fija, los costos de las importaciones crecen a una velocidad enorme, quitándole competitividad a Pdvsa y aumentando la cantidad de dólares que se necesitan para mantener la producción. Adicionalmente, Pdvsa les otorga un subsidio a varios países, principalmente Cuba, al que le entrega 100 mil barriles diarios de petróleo que el Gobierno de la isla revende. A través de la empresa estatal Petrocaribe, Pdvsa implementa un programa para subsidiar el petróleo que les vende a casi todos los países de Centroamérica y el Caribe; el programa lo usa adicionalmente para chantajear a los países de esa región a cambio de apoyo político en los organismos internacionales.

Pdvsa también se ha abocado a financiar e implementar una serie de programas sociales que no son de su naturaleza, pero que exigen que los recursos de la empresa se dirijan hacia actividades que no debieran. Todo esto ha causado una gran escasez de liquidez en la empresa que, en particular, necesita para comprar petróleo liviano en el exterior. A pesar de que Venezuela tiene las reservas de petróleo más grandes del mundo, el tipo de crudo que se consigue es muy pesado y difícil de refinar, por lo que necesita ser mezclado con crudos bastante livianos que adquiere en los Estados Unidos o en Nigeria para poder extraerlo. No obstante, los problemas financieros de la compañía han dificultado el pago de estos crudos y por consiguiente la producción. Situaciones similares enfrentan en general muchos contratistas de Pdvsa que han cesado sus servicios. Un punto importante es la deuda de Pdvsa. Con su voraz apetito por conseguir recursos, Pdvsa se ha endeudado para financiar programas del Gobierno al punto de tener problemas para pagar el servicio de su deuda. Lo más reciente ha sido el canje de deuda que pone como garantía a la cadena de estaciones de servicio en los Estados Unidos, Citgo.

¿Cómo lo hicieron otros países de la OPEP? Desde la nacionalización hasta 2014, Kuwait ha aumentado ligeramente su producción de petróleo de 2,5 a 2,9 millones de barriles diarios, Arabia Saudita de 8,4 a 9,6 millones de barriles diarios, e Iraq, a pesar del bloqueo y las guerras, ha logrado aumentarla de 1,4 a 3 millones de barriles diarios. Argelia e Irán han tenido dificultades para aumentar su producción por las guerras civiles y la inestabilidad política en el primer caso, y por el bloqueo internacional en el segundo. Lo curioso de esto es que las reservas de petróleo de Venezuela han crecido desde 1970 a la asombrosa tasa de 7,2% interanual. Si la producción de petróleo en Venezuela ha crecido a una tasa de 3% desde 1970, una tasa modesta en comparación con el crecimiento de sus reservas de petróleo, para 2015 estaría produciendo 14 millones de barriles diarios. Muy distinta hubiera sido la situación económica.

Las reservas de Arabia Saudita han crecido a una tasa de 1,45% y las de Kuwait a 0,54%. Este no es el lugar para hacer el análisis, pero el lector puede por sí mismo comprobar, usando las estadísticas de la OPEP, que son las que hemos usado en este capítulo y se encuentran gratis en la página web de la organización, que los países han ido aumentando su producción a medida que han ido aumentando sus reservas de petróleo. La única excepción es Venezuela.

¿Qué dicen los estudios? Estos afirman que cuando los precios en el mercado petrolero tienen una varianza pequeña, es decir, no son muy volátiles, la estrategia del cartel funciona, es la óptima. Esto aplica a escenarios como el de la década de los sesenta, cuando Pérez Alfonzo funda la OPEP. No obstante, cuando los precios son muy volátiles, el daño que le causa a la economía la inestabilidad en la producción es mayor que el beneficio que se obtiene con un precio más alto [Noguera y Pecchenino 2007]. Otro estudio que mide el impacto sobre la producción nacional en los países petroleros de un aumento en el precio y un aumento en la producción de petróleo concluye que el efecto de la producción de petróleo es más fuerte. De forma que la estrategia del cartel en esos escenarios no es la que funciona, sino la de expandir y preservar mercados [Noguera y Kozlova 2017]. Recientemente hemos visto que Arabia Saudita y otros países están obviando la estrategia del cartel para enfocarse en mantener sus mercados. Esa es una política coherente con lo que dicen los estudios científicos sobre el tema.

17
De país infante a país adulto

Venezuela se ha ido alejando rápidamente del nivel de vida de los países desarrollados en las últimas décadas. El descubrimiento del petróleo había ocasionado un gran crecimiento económico inicial. Durante la década de los veinte, el ingreso nacional aumenta en 5,4% interanual. Esta tasa disminuye a menos de 2% durante los años treinta debido principalmente a la Gran Depresión, pero rebota a 4% en los años cuarenta, a 7% en los cincuenta y sobre 5% durante los sesenta y setenta. Desde entonces, el ingreso se detuvo. ¡Se paró en seco! Desde 1980 hasta el fin del siglo XX el ingreso nacional apenas crece 1,2%, y en lo que va del siglo XXI (hasta 2014) ha crecido 1,7%. Eso es menos que el crecimiento de la población, lo que refleja el empobrecimiento general de los venezolanos. Aunque el Banco Central no ha publicado cifras oficiales, es notorio que los años 2015 y 2016 han sido terriblemente malos, así que el promedio del siglo XXI debe actualmente ser bastante más bajo. La pregunta es: ¿por qué el ingreso se detuvo de golpe?

Para producir hay que invertir. ¿Qué dicen las estadísticas sobre la inversión en Venezuela? Antes de 1980, la inversión aumentaba a un ritmo similar a la producción, pero desde entonces se estanca. Si escudriñamos más se observa que la inversión del Gobierno se estanca en los ochenta y los noventa y aumenta a una tasa de 6% durante el siglo XXI, hasta 2014, lo que fue posible debido a los altos precios del petróleo, pero la inversión privada ha tenido una dinámica distinta. No ha dejado de caer. Entre 1980 y 1999, disminuye a una tasa anual promedio de 3,4%, y en lo que va de siglo XXI ha ido cayendo a una tasa de 4,3%. De esa simple estadística se concluye que la caída en la producción se debe a que desde 1980 los privados comenzaron a invertir cada vez menos y a un ritmo bastante rápido. ¿Qué pasó? ¿Por qué de repente?

Los teóricos de la macroeconomía inventaron en los años sesenta un concepto, la "Q de Tobin", que simplemente se refiere a todas las ganancias presentes y futuras que los inversionistas esperan obtener por cada bolívar que invierten. Aquí la palabra clave es "esperan", que refleja una expectativa, algo subjetivo, lo que se percibe que va a ocurrir pero que no se sabe con certeza. Mientras esas expectativas sean mejores, mayor será la propensión a invertir. La corrupción y una pobre administración de justicia en efecto afectan negativamente estas expectativas porque el inversionista sabe que debe pagar coimas y que los juicios no se ganan con base en lo que diga la ley sino sobornando a los empleados de un tribunal, pero en casi toda Latinoamérica hay esos problemas y, aun así, algunos países han mostrado buenas tasas de crecimiento y no han tenido un desempeño tan pobre como el de Venezuela, por lo que hay que buscar la explicación a la caída tan severa en la inversión privada en otra parte. El crimen es un factor importante para generar malas expectativas. El problema viene desde los ochenta, pero se ha deteriorado al punto de que los caraqueños no se atreven a salir después de las 9 pm de sus casas, ni siquiera durante los fines de semana. Eso ayudaría a explicar más la caída en la inversión durante el chavismo que durante los últimos años de la democracia.

El capítulo 5 documenta que la caída en la productividad se ha debido a dos factores fundamentales, el menor nivel de capital físico por persona (menos máquinas, autopistas, etc.) y la menor productividad, y en particular, una menor eficiencia. En Venezuela, el derecho de propiedad ha sufrido severamente y eso ha sido un factor determinante en la inversión. La agricultura, que en el año 2000 hacía alrededor del 10% de la producción total, actualmente no existe como renglón individual, sino que la incluyen en el renglón "otros". Un punto importante es la inversión pública, la cual, según muestran las estadísticas del Banco Central de Venezuela (BCV), ha sido alta durante lo que va del siglo XXI; no obstante, la poca infraestructura física ha sido uno de los factores más importantes en la caída de la productividad, lo que sugiere que la inversión pública que muestran las estadísticas ha sido de muy mala calidad o simplemente está registrada en las cuentas pero en realidad es dinero extraviado en los caminos de la corrupción.

Todos los factores mencionados en los párrafos precedentes están relacionados con aspectos de orden institucional. Indaguemos otros de tipo económico. Un aspecto determinante, que influye tanto como la calidad de las instituciones, es el ambiente macroeconómico. En Venezuela, y esta es una coincidencia interesante, la estabilidad macroeconómica perdió su rumbo precisamente en 1980. A partir de entonces se desploma la inversión privada y comienza un deterioro creciente del ambiente macroeconómico. Las estadísticas del BCV nos revelan algo adicional y muy interesante. La inversión privada ha aumentado cada vez que la economía da señales de recuperación macroeconómica. Desafortunadamente, estas señales se desvanecen después de uno o dos años y la inversión vuelve a retomar su tendencia decreciente. Esta última conclusión nos indica que la inestabilidad macroeconómica ha sido fundamental para explicar la caída en la inversión.

A partir de 1998, otro factor muy importante ha contribuido a ahondar la mayor caída en la inversión privada: el derecho de propiedad ha estado amenazado permanentemente desde que Hugo Chávez asumió la presidencia en 1999, o al menos eso es lo que perciben los inversionistas y la población en general, y eso es lo importante. La expropiación de empresas privadas de todo tipo ha sido una política implementada consistentemente por el chavismo sin ningún criterio; las empresas se expropian a capricho del presidente o de algún funcionario de rango menor. Muchas de estas expropiaciones, usualmente las de capital venezolano, no son indemnizadas, lo que las convierte en simples confiscaciones.

Antes de proseguir, es interesante analizar dos argumentos que con frecuencia se esgrimen como causa de la caída sostenida en la inversión: la enfermedad holandesa y la mala gestión de la inversión pública.

Los holandeses se fueron

Es común escuchar en los ambientes universitarios, en las empresas y en el público en general que Venezuela sufre de la "enfermedad holandesa". Existen dos versiones de lo que se llama la enfermedad holandesa. La primera versión afirma que un aumento grande y permanente en las exportaciones de algún bien (petróleo, por ejemplo) ocasiona una entrada grande de dólares que hace que la moneda se aprecie (el precio del dólar disminuye). Esto encarece la producción de los demás bienes en los mercados internacionales de manufacturas y productos agrícolas. Sus precios, medidos en dólares, aumentan automáticamente con la apreciación de la moneda local, incentivando el consumo de bienes importados. Esto también hace que el gasto se desvíe hacia la producción de bienes "no transables", es decir, hacia aquellos que no se pueden exportar o importar, tales como casas, edificios, servicios de peluquería y muchos otros.

La segunda versión dice que las manufacturas pierden competitividad ya que los salarios aumentan por la gran cantidad de dólares que entran; al encarecerse la mano de obra, se encarecen también los bienes de manufactura. En ambos casos, la enfermedad consistiría en que las industrias de manufacturas y la agricultura se contraen. Algunos autores han señalado que la caída en la inversión desde los ochenta se debe a que Venezuela ha sufrido de la enfermedad holandesa, sea por la apreciación del bolívar [Hausmann 1990] o por el aumento en los salarios [Márquez 1987; Baptista 1995].

El problema con estos argumentos es que la caída en la inversión que ocurre a partir de 1980 no se revierte una vez que los precios del petróleo y las exportaciones disminuyen a mediados de esa misma década. Indaguemos un poco más en la evidencia. Un estudio [Di John 2014, capítulo 11] que incluye a Chile, Colombia, Corea del Sur, Malasia, Noruega y Venezuela, compara los salarios y la productividad de estos países con los de los Estados Unidos y calcula el porcentaje del ingreso de las empresas que les queda a los accionistas. Esas estadísticas no proveen evidencia de que haya habido enfermedad holandesa en Venezuela. El estudio se hace para el período 1970-1997 en nueve sectores: tres sectores que son intensivos en el uso del trabajo (textiles, ropa y calzado), tres industrias de media intensidad en capital (maquinaria no eléctrica, maquinaria eléctrica y equipos de transporte) y tres que son muy intensivos en el uso del capital (hierro y acero, metales no ferrosos e industria química).

Para el período 1970-1985, el salario en Venezuela era elevado, bastante más alto que en todos los países de la muestra excepto Noruega. Por ejemplo, en el sector textil, el salario en Venezuela era un 64% del nivel de los Estados Unidos, mientras que en Chile, Colombia, Corea del Sur y Malasia estaba entre 15% y 37%. En Noruega era 109%, es decir, era mayor que en los Estados Unidos. Después de 1985, no obstante, los salarios colapsan en todos los sectores. En el sector textil, para continuar con la misma industria, disminuyen a 21% en 1990 y a 11% en 1995. A partir de ese año, el salario en Venezuela es más bajo que en el resto de los países. Sin embargo, para el período 1988-98, el crecimiento en la producción de textiles, ropa y calzado fue de -0,4%, -8,4% y 0,3%, respectivamente. La producción no aumentó a pesar de los bajos salarios. El mismo patrón se consiguió en las demás industrias. Por otra parte, para el período 1974-1988, con los salarios mucho más altos, las tasas de crecimiento en esos tres sectores fueron de 1,7%, 4,6% y 9,1%, respectivamente. Algo interesante que arroja el estudio es que, a pesar de que los dueños de las empresas mantienen el mismo porcentaje del ingreso total de sus empresas y de que los salarios son más bajos, la inversión no aumenta sino que disminuye. Todo esto indica que el argumento de la enfermedad holandesa no tiene soporte.

Otra explicación que se ha dado al estancamiento es la ineficiente inversión pública y la excesiva concentración industrial, es decir, el aumento en el tamaño y alcance de la inversión de manufacturas en empresas públicas y las ineficiencias relacionadas con esa inversión en el período 1974-1988. En efecto, la inversión pública en manufacturas aumentó sustancialmente desde el primer *boom* del petróleo en 1974. También es notorio que las empresas públicas han sido manejadas con pobres criterios gerenciales. Sin embargo, el colapso estuvo en la inversión privada y no en la inversión pública.

La otra crítica se refiere a que la protección del Estado ha generado una excesiva concentración industrial, es decir, una o pocas empresas por industria [Naím 1993], pero este argumento no tiene soporte ni en la teoría ni en la evidencia. La competitividad internacional la dan las economías de escala, es decir, el hecho de que mientras mayor sea la producción menor es el costo de cada bien producido ya que los costos fijos se van diluyendo. Por otra parte, la competencia entre Boeing y Airbus no ha disminuido a pesar de que son los únicos fabricantes de aviones.

Todo bajo control

Antes de que se descubriera petróleo, Venezuela era un país agrícola y muy pobre. Durante la dictadura de Gómez no se hizo nada para diversificar la producción. Venezuela era simplemente un país que vivía del petróleo. Después de la muerte de Gómez, hubo un esfuerzo inicial en 1937 al crear el Banco Industrial de Venezuela para otorgar créditos baratos para empresas en nuevas industrias. Un esfuerzo mayor fue la creación de la Corporación Venezolana de Fomento en 1946. Durante la dictadura de Pérez Jiménez, todos esos esfuerzos quedaron congelados, aunque ya se estaba gestando lentamente un proceso de sustitución de importaciones, la cual se formaliza como política de Estado cuando comienza del régimen democrático en 1958.

El objetivo de la industrialización es disminuir la dependencia del petróleo para poder disminuir la pobreza. La idea básica de la sustitución de importaciones es acelerar el desarrollo económico limitando o impidiendo la importación de bienes de manufactura con el objeto de estimular la producción de dichos bienes dentro del país. Esta no fue una estrategia venezolana ni diseñada por venezolanos, sino que fue adoptada, al igual que en el resto de Latinoamérica, de las sugerencias de políticas neomarxistas de la Cepal. La sustitución de importaciones se hizo bastante popular en muchos países hasta la década de los setenta. Se fundamenta en la hipótesis neomarxista de que la pobreza masiva es el resultado de la incapacidad de los países más pobres de obtener algún provecho del comercio internacional; en consecuencia, para industrializarse deben sustituir importaciones.

Los libros de texto explican las fallas de mercado y del comercio internacional con la existencia de monopolios, barreras para entrar al mercado, tráfico excesivo, congestión, costos de transacción, información asimétrica, etc. En el neomarxismo, las fallas de mercado se deben a que la división del trabajo entre los países ricos y los países pobres condena a estos últimos a ser siempre pobres. La teoría cepalista se soporta en tres fundamentos. El primero es la llamada tesis Singer-Prebisch, según la cual el precio de las materias primas tiende a disminuir mientras que el de las manufacturas se mantiene igual. Esto hace que el aumento en la producción de materias primas a lo sumo les permite a los países en desarrollo mantener el mismo nivel de vida, mientras que el de los desarrollados sigue aumentando. Esta hipótesis no tiene soporte en los hechos, solo basta revisar los períodos en que el petróleo o el cobre, por ejemplo, han alcanzado niveles muy altos.

De la original teoría keynesiana toman la idea de que el pleno empleo no está asegurado, por lo que siempre habrá un exceso de trabajadores que mantendrá los salarios deprimidos. En los años cincuenta, muchos líderes políticos y economistas latinoamericanos estaban impresionados por el éxito económico que estaría experimentando la Unión Soviética. Nada se sabía de las atrocidades de Stalin ni de lo que realmente estaba ocurriendo dentro de la potencia soviética, pero había sido muy publicitado su crecimiento económico durante los años veinte y treinta, que se habría logrado mediante la planificación centralizada y la industrialización en sectores intensivos en capital en gran escala. Estas consideraciones hicieron que los economistas de la Cepal rechazaran cualquier estrategia basado en el mercado y optaran por la planificación centralizada para alcanzar el desarrollo.

El tercer fundamento, posiblemente el más importante de los tres, es el "argumento de la industria naciente", según el cual los países en desarrollo pueden tener una ventaja comparativa potencial en alguna manufactura, pero no pueden inicialmente competir con las empresas establecidas en los países desarrollados. Para permitir que esas potenciales manufacturas despeguen, los gobiernos deben apoyarlas y protegerlas temporalmente hasta que crezcan lo suficiente para competir internacionalmente.

El siguiente paso es cómo sustituir importaciones. En la Cepal se tenía la idea de que la gran diferencia entre los países desarrollados y los subdesarrollados era la cantidad de capital que existía en los primeros en comparación con los países más pobres, lo cual era notorio. En consecuencia, el énfasis de la industrialización debía estar en la adquisición de capital físico.

Cuando comenzó a implementarse la sustitución de importaciones, el capital físico en Venezuela era muy poco o no existía, por lo que la maquinaria, los equipos y otros bienes de capital necesarios para la producción había que importarlos. Por ende, si se quería una rápida industrialización, había que acelerar la inversión. Este enfoque conduce a tres importantes temas de política: la protección de las nuevas industrias, el aumento en el ahorro para poder financiar la inversión y la planificación del proceso de industrialización. En los tres temas, las estrategias que se siguieron difieren de lo que dicen los libros de texto.

Para planificar el desarrollo, se creó la Oficina de Coordinación y Planificación (Cordiplán), a la que luego le dieron rango de ministerio. A pesar de que este ministerio ha diseñado las estrategias de desarrollo, *per se* cuenta con muy poco poder, lo cual se refleja principalmente en la capacidad que tiene el ministro de influenciar sobre el presidente. Por otra parte, la desconfianza en los mecanismos de mercado y poco entendimiento sobre cómo planificar, sobre todo considerando la escasez y mala calidad de la información estadística, hacen que la economía marche por sendas distintas a las buscadas. Luego, no hay un control efectivo sobre el plan diseñado y su implementación.

Para estimular la adquisición de capital, se sobrevalúa el bolívar, es decir, se mantiene el precio del dólar barato para que las empresas nacionales puedan adquirir capital físico fácilmente. Por otra parte, como un dólar muy barato hace que los bienes extranjeros sean baratos también, las importaciones crecen, evaporando al final las reservas internacionales. Para contrarrestar este efecto, los estructuralistas proponen una variedad de controles en forma de aranceles, licencias o prohibición de importación y controles de cambio, entre otros, para limitar la competencia extranjera dejándoles el mercado local a las "nacientes" industrias nacionales. Las tasas de interés deben estar artificialmente bajas, menores que la inflación si es posible, para estimular la inversión.

El modelo de sustitución de importaciones tiene varias fallas severas. La primera es que se espera que la economía alcance el desarrollo simplemente adquiriendo capital físico (máquinas, equipos, infraestructura, etc.), pero aumentar la producción implica bastante más que comprar máquinas. Como hemos discutido varias veces, la palabra clave es "productividad", y en particular "eficiencia", con todo lo que eso envuelve. Segundo, presupone que, al adquirir las máquinas y los equipos, los trabajadores aprenderán rápidamente a utilizarlos eficientemente, casi que por arte de magia. En la práctica, se ha observado que ese proceso de aprendizaje es mucho más complejo de que lo que se pensaba, y aquí volvemos al tema de la educación. Tercero, el modelo de sustitución de importaciones tiene severas contradicciones. Una de ellas, muy importante, es que da por sentado que los salarios altos y un precio del dólar barato no afectan las exportaciones. Por otra parte, el precio del dólar barato es la principal justificación de los controles, ya que estimularía las importaciones. La contradicción está en presuponer que los extranjeros no tomarían en cuenta los precios cuando compraran, pero los venezolanos sí lo harían.

Otro problema con la sustitución de importaciones es el argumento de la industria naciente. Al cerrar el mercado nacional para que alguna empresa aparezca produciendo un producto que antes se importaba, la empresa en efecto nace, pero lo que se ha observado es que nunca llega a la adultez, es decir, nunca crece lo suficiente para competir en los mercados internacionales y aumentar las exportaciones. La razón es que, al prohibir las importaciones, las nuevas empresas adquieren el monopolio del mercado, con todas las ineficiencias que usualmente tiene, entre ellas, vender productos caros y de mala calidad. Como no existe la competencia, el monopolio no tiene por qué preocuparse por competir. Ese ha sido el caso del sector privado en Venezuela. En términos reales, es decir, descontando el aumento de precios, las exportaciones venezolanas desde 1970 hasta finales de los ochenta crecieron a una flácida tasa de 1% interanual, la tasa india de crecimiento. Desde que se eliminó formalmente la política de sustitución de importaciones, en 1989, hasta 1998, último año de la democracia, las exportaciones aumentaron a una tasa de 4,6% interanual. La evidencia es contundente. Durante el período proteccionista, las empresas no crecieron lo suficiente, producían productos de mala calidad para venderlos a un precio alto y no desarrollaron la capacidad de competir con los productos importados. Una vez que se eliminó el modelo de sustitución de importaciones y el país se abrió al mercado exterior, fueron capaces de crecer a una velocidad bastante mayor que la producción nacional.

En otro aspecto, llama la atención que la producción privada para la exportación aumentaba mientras que la producción destinada al mercado nacional decaía. Esto sugiere que la Q de Tobin funciona. Las expectativas de buenos mercados en el exterior estimularon la producción para las exportaciones, y las malas expectativas del mercado local la desalentaron. En 1988, la participación del sector privado en el total de las exportaciones era casi cero. En 1998, esa cifra había aumentado a 24%. La apertura funciona.

¿Qué ha pasado desde 1999 hasta hoy? Durante la era del chavismo, el incentivo a las empresas es que cierren y se vayan. Las exportaciones del sector privado, que venían creciendo a un ritmo formidable, comenzaron a decaer a una tasa interanual de -5,8% y su participación en el total de exportaciones disminuyó a 5%, la mitad del 10% registrado en 1989, último año de la política de sustitución de importaciones en Venezuela.

¿Es suficiente el libre mercado?

Cuando se habla de un país en desarrollo que ha adoptado una estrategia de libre mercado, el primero que viene a la mente es Chile. Son escasos los casos de países que adoptan estrategias basadas en el mercado para alcanzar el desarrollo económico. Más recientemente Perú y Colombia parecen estar avanzando en esa dirección, pero como son episodios más recientes, nos concentraremos en estudiar la experiencia de Chile.

Desde mediados de los ochenta hasta comienzo de los 2000, Chile registró las tasas de crecimiento económico más altas de su historia, y también mayores que muchos países. Milton Friedman, Premio Nobel de Economía, se refirió a ese período como el milagro chileno. Una idea del cambio se observa en unas simples estadísticas. Desde 1870 hasta 1971, el ingreso per cápita creció apenas 1,3% interanual; durante los primeros años de la dictadura de Pinochet, el ingreso per cápita decreció a una tasa de -0,5% en promedio cada año; pero a partir de 1984 y hasta 2010, aumentó a la impresionante tasa de 4% al año.

Para poder crecer a estas tasas tan altas, los chilenos reestructuraron completamente su economía. José de Gregorio lo documenta muy bien [De Gregorio 2004]. La primera medida importante fue bajar la inflación a un dígito. Si la inflación sube y se acerca a 10%, las alarmas se prenden en el Banco Central. Sobre esto hemos comentado en capítulos anteriores. Cuando la inflación es baja, la producción crece más rápido. La principal razón es que es más difícil para un inversionista saber cuánto invierte y cuánto gana cuando la inflación es alta, lo que aumenta el riesgo de la inversión. Adicionalmente, la inflación distorsiona la economía al inducir un mal uso de los recursos. Tiempo y talento que pudiera ser usado en actividades productivas son utilizados en protegerse contra la inflación. También distorsiona el mercado financiero al no saber el prestamista cuánto realmente cobra de intereses ni el prestatario cuánto en realidad está pagando, lo que causa un aumento en la tasa de interés para cubrirse del riesgo. No existe evidencia de ningún país que haya podido crecer de forma sostenida en un ambiente de alta inflación.

Cuando Pinochet da el golpe de Estado, recibe una economía con 606% de inflación [Braun *et al.* 2000]. Durante los primeros años de la dictadura, la inflación bajó, pero se mantuvo en 26%. Algunos investigadores han encontrado que esa alta inflación afectó negativamente el crecimiento económico [Fischer 1993].

Entre 1960 y 1990, la tasa de inflación promedio fue de 72%, aunque ese promedio bajó a 26% en el período 1972-76. La inflación bajó continuamente hasta alcanzar un dígito a mediados de los noventa, registrando una tasa menor de 3% durante los primeros años del siglo XXI. Esa caída en la inflación se debió a tres factores: la independencia del Banco Central de Chile, la cual fue garantizada constitucionalmente, el rápido crecimiento económico y la consolidación fiscal.

La independencia del Banco Central de Chile fue garantizada constitucionalmente. La política fiscal es un factor clave para una inflación baja, y el tamaño del Gobierno chileno ha permanecido en niveles lo suficientemente bajos para no perturbar al crecimiento económico. Chile también ha mantenido un nivel de deuda pública baja en comparación con el tamaño de la producción del país.

Otro aspecto muy importante que explica el milagro chileno es un sólido sistema financiero. Esto es clave para canalizar el ahorro hacia proyectos de inversión eficientes. La evidencia existente sobre el tema dice que un sistema financiero sólido estimula el crecimiento económico, mientras que un sistema financiero mal regulado puede amplificar o ser el origen de una crisis [Levine 2004, capítulo 1]. A finales de los setenta, Chile liberalizó el sector financiero, pero mantuvo la tasa de cambio fija y una regulación prudencial (de los bancos) muy mal diseñada. De particular importancia fue no haber regulado los préstamos bancarios. Esto condujo a una crisis financiera y cambiaria en 1982, cuyo costo se estima en 35% del ingreso nacional [Sanhueza 1999]. Este colapso causó la reforma bancaria de 1986, que fue modificada posteriormente en los noventa. Una de las reformas implementadas fue la severa restricción de los directivos y dueños de bancos de prestarles dinero a personas o empresas relacionadas. También se aprobaron medidas para proteger a los accionistas minoritarios. Actualmente, el índice Moody's, que mide la fortaleza de los sistemas financieros, ubica a Chile como el país con el sistema más sólido de América Latina y se ubica por encima de países como Alemania. Por cierto, Venezuela se ubica entre los cinco últimos puestos. Dos políticas adicionales para darle fortaleza al sistema financiero han sido la integración con el mercado financiero internacional, eliminando todos los controles para la movilidad de capital, y la adaptación de una tasa de cambio totalmente flexible. Rara vez el Banco Central de Chile interviene para manipular el precio del dólar, y cuando lo hace, debe justificarlo.

La literatura sobre crecimiento económico empieza de manera seria a mediados de los sesenta, cuando Robert Solow, Premio Nobel de Economía, publica un artículo donde describe un modelo que lleva su nombre y que sienta las bases para entender por qué crecen los países. El interés por el tema se desvanece a mediados de los sesenta para retomar mucha fuerza, y hasta la actualidad, a finales de los ochenta. Hay algunos aspectos que son objeto de controversias y hay otros sobre los que hay absoluto consenso. Uno de los que ha generado consenso es que la apertura al comercio estimula el crecimiento económico. Las economías que son más abiertas han sido capaces de crecer más rápido que las que son más cerradas [Wacziarg y Welch 2008; Dollar y Kraay 2002]. Está muy bien documentado que el grado de apertura ha sido un factor muy importante para explicar la diferencia entre las pobres tasas de crecimiento en América Latina y las altas en el Este de Asia en los últimos 40 años, aunque dicha apertura ha tenido variaciones [Zhang 2001]. En 1973 en Chile, el arancel promedio era 100% y había un sistema de múltiples tasas de cambio donde la tasa más cara era 52 veces mayor que la más barata. Hacia finales de los setenta, había una sola tasa de cambio y un arancel único para todas las importaciones que ha sido cambiado varias veces, pero que siempre ha estado entre 10% y 35%. Todas las demás barreras al comercio fueron desmanteladas.

Chile ha firmado tratados de libre comercio con la Unión Europea, Estados Unidos, Canadá, México, Corea del Sur, China, todos los países de Centroamérica, Islandia, Liechtenstein, Noruega, Suiza, Brunéi, Nueva Zelanda, Singapur, Colombia, Perú, Japón, Australia, Turquía, Malasia, Vietnam, Hong Kong y Tailandia. Chile también pertenece a la Alianza del Pacífico, un tratado de libre comercio entre varios países de la cuenca del Pacífico.

Chile ha tenido un desempeño muy bueno en los últimos 30 años. El objetivo de esta sección es entender el efecto de la estrategia basada en el libre comercio que utilizó Chile para industrializarse. En efecto, el libre comercio ha estado en la base del modelo chileno. No obstante, de nada sirven las políticas de libre comercio si no vienen acompañadas de todos los demás aspectos que hemos discutido a lo largo del libro y en particular en esta sección, como la regulación prudencial, la estabilidad macroeconómica y el derecho de propiedad, entre otros. Un aspecto muy importante en Chile es la fortaleza de sus instituciones, lo que permite darle eficiencia a la economía. El país, no obstante, tiene varios talones de Aquiles. Los más importantes son la poca cantidad de investigación y desarrollo que se lleva a cabo en el país y la calidad de la educación. Entre los países de la OCDE, Chile es el que gasta menos en investigación y desarrollo. Está muy bien documentado que, a largo plazo, esa es la fuente de crecimiento permanente, lo que indica que en el país, de no estimularse más la investigación y el desarrollo, la economía eventualmente podría estancarse, a pesar de las demás características buenas que tiene. En el otro tema, la educación, Chile tiene niveles de asistencia a la escuela similares a los de los países desarrollados. El problema sustancial es la calidad de la educación. Chile participó en el International Adult Literacy Survey, que busca medir la calidad de la población trabajadora, en vez de la estudiantil. Los trabajadores chilenos fueron los peor evaluados. En el estudio participaron, además de Chile, todos los países desarrollados y dos países europeos de ingreso medio. Chile fue el único país latinoamericano.

Los dragones dejaron de ser pobres

Hace 50 años, Corea del Sur, Hong Kong, Singapur y Taiwán eran países muy pobres que, de repente, comenzaron a crecer de una manera tan rápida que en tres décadas se convirtieron en países desarrollados, y actualmente están entre los países más ricos del mundo. Debido a ese espectacular proceso de crecimiento económico, los analistas usualmente de refieren a ellos como los "dragones" asiáticos. Aparte de los dragones, el llamado "milagro japonés" comparte muchas características con los dragones, aunque Japón arrancó en un peldaño más alto [Krueger 1995].

En cada uno de estos países, los gobiernos adoptaron políticas para estimular un rápido crecimiento de las exportaciones, implementaron políticas monetarias y fiscales conservadoras, construyeron una infraestructura consistente con un rápido crecimiento económico y mantuvieron tasas de ahorro e inversión altas. El nivel educativo y destrezas de la población aumentaron rápidamente. Algo en común que todos tienen es que son países con pocos recursos naturales.

Para tener una idea del "milagro", es bueno señalar algunas cifras. En 1950, poco después de terminada la Segunda Guerra Mundial, el ingreso per cápita de Japón, Singapur y Taiwán era el 20%, 23% y 23%, respectivamente, del ingreso per cápita de los Estados Unidos[99]. El de Corea del Sur era 9% y el de Taiwán 10%. Para el año 2000, esas cifras habían cambiado sustancialmente. El ingreso per cápita de Japón, Singapur y Taiwán con respecto a los Estados Unidos subió a 71%, 75% y 79% y el de Corea del Sur y Taiwán a 50% y 57%. Sus tasas de crecimiento económico estaban entre las más altas del mundo. Según el Banco Mundial, durante ese período los países de ingreso medio crecieron 2,2% y los de la OCDE crecieron 2,4%, cifras bastante menores que el 4,9% de Japón, 5,9% de Corea del Sur, 6% de Taiwán, 4,6% de Singapur y 4,7% de Hong Kong. Pero hubo períodos en los que esas tasas estuvieron alrededor de 10%.

Un dato interesante es que en Japón y en los dragones las exportaciones crecieron más que la producción, aumentando su importancia e indicando que el ingreso por exportaciones aportaba una porción cada vez mayor del ingreso nacional. Consideremos a Corea del Sur como ejemplo, aunque el patrón es idéntico en todos. Entre 1960 y 1970, las exportaciones coreanas aumentaron 20 veces, en la década de los setenta se multiplicaron por casi 10, durante los ochenta estuvieron estancadas, pero crecieron casi 4 veces en los noventa.

Ese fenomenal crecimiento económico vino acompañado de reformas estructurales en la economía. En todos esos países, la porción del ingreso nacional que se dedicaba al ahorro y la inversión aumentó hasta los ochenta. La inversión en Japón se elevó de 24% en 1953 a 38% en 1990. Corea, Taiwán y Singapur experimentaron sustanciales entradas de capitales para sostener esos niveles de inversión. El tamaño del Gobierno, medido por el gasto público como porcentaje del ingreso nacional, es relativamente pequeño. Tan rápido como creció la producción, así también crecieron los salarios en Japón y en los dragones.

¿Qué políticas implementaron Japón y los dragones que les permitieron ese crecimiento tan rápido? No todas fueron iguales. Existen similitudes y diferencias importantes. Hay seis aspectos que son de interés. La política comercial, los pagos internacionales, el mercado laboral, el mercado de capitales, las políticas macroeconómicas y el papel del Gobierno. Analicemos qué hizo cada país por separado.

---

99 Se toma a los Estados Unidos como referencia debido a que era la economía con el mayor ingreso per cápita. Las cifras se toman de la base de datos Madison. Japón tiene un nivel más bajo de lo esperado porque la guerra había terminado poco antes y su economía había sufrido bastante.

Japón comenzó a recuperarse de la guerra rápidamente y la característica que más sobresale en ese proceso es la continuidad de sus políticas. La capacidad productiva de Japón quedó severamente dañada al final de la Segunda Guerra Mundial. Había un exceso de demanda de importaciones y muy poca capacidad productiva para exportar. Al igual que en Europa, Japón impuso restricciones cuantitativas a las importaciones e implementó un control de cambios. A partir de los cincuenta, comenzó a liberalizar su comercio y a desmantelar el control de cambios, aunque lo hizo a un ritmo lento, tal como ocurrió en Europa. Para 1980, todas las restricciones oficiales sobre las importaciones habían sido derogadas. Existían las organizaciones industriales de producción, los *keiretsu*, que consistían en un conjunto de empresas cuyas relaciones comerciales estaban entrelazadas. Cada una de estas empresas poseía una pequeña porción de acciones de las demás empresas del grupo y todas las empresas en conjunto giraban alrededor de un banco que también era parte del *keiretsu*. Los *keiretsu* dominaron la economía japonesa durante la segunda mitad del siglo XX.

En cuanto a la política de exportaciones, había una tasa de cambio para las exportaciones. Por otra parte, hubo un racionamiento sobre el crédito, hasta los ochenta, y los exportadores tenían acceso preferencial al crédito. Los exportadores también recibían ayuda sustancial del Ministerio de Industria y Comercio. Los aranceles fueron disminuyendo progresivamente hasta alcanzar los niveles de Europa y los Estados Unidos en los ochenta. Esta medida, más la implementación de una tasa de cambio única, redujo sustancialmente la intervención del Gobierno para favorecer ciertas industrias.

Cuando finaliza la Segunda Guerra Mundial, los japoneses se retiran de Corea poniendo fin a 45 años de colonización. Sufrían una hiperinflación y la economía estaba destruida. En la partición que se hizo, Corea del Norte se quedó con la mayor parte de las manufacturas y plantas de generación de electricidad de la península. Al poco tiempo el Norte invade el Sur y comienza la guerra de Corea. Cuando termina la guerra, Corea del Sur estaba entre los países más pobres de Asia y sus perspectivas económicas se veían sombrías. La tasa de ahorro era casi cero y la poca inversión era financiada con la ayuda estadounidense, que a su vez era utilizada para financiar las importaciones.

Inicialmente, Corea del Sur implementó las políticas típicas de los países en desarrollo, una política de sustitución de importaciones con un control de cambios de múltiples tasas, donde la tasa del mercado negro era bastante más alta a la oficial, con severas restricciones sobre las importaciones, con una de las inflaciones más altas del mundo, un déficit del sector público gigantesco y un mercado de trabajo sumamente regulado. Colocaron el salario mínimo muy alto, lo que ocasionó una tasa de desempleo de 25%.

A partir de 1958 las políticas comenzaron a cambiar sustancialmente. De una política orientada hacia el mercado interno, se cambió hacia una política de incentivos a las exportaciones. La tasa de cambio se depreciaba a una velocidad mayor que la tasa de inflación; el objetivo de esto era tener un precio del dólar lo suficientemente costoso para que las exportaciones fuesen competitivas. También se concedieron subsidios a las exportaciones y algunos otros incentivos, que se aplicaban a todos los productos por igual. Los controles a las importaciones fueron progresivamente desmantelados. A mediados de los sesenta se aprobó una reforma fiscal que disminuyó drásticamente el déficit del Gobierno, bajando la tasa de inflación a menos de 10% a finales de la década.

Estas medidas ocasionaron un aumento en las tasas de ahorro e inversión, la balanza de pagos comenzó a tornarse en superávit, creciendo las exportaciones cada vez más.

El caso de Taiwán es bastante parecido al de Corea del Sur. Su tasa de crecimiento económico de 8,1% promedio en el período 1965-90 fue más espectacular que la de Corea. Las reformas en Taiwán comenzaron a comienzos de los cincuenta y el crecimiento rápido antes que en Corea. La tasa de cambio estaba subvaluada y la política estaba orientada a fomentar las exportaciones. La política en Taiwán era muy parecida a la de Corea. Hay dos diferencias que resaltar. La primera es que en Corea existían los *chaebol*, que eran conglomerados industriales muy parecidos a los *keiretsu* japoneses y que, al igual que en Japón, tuvieron un papel fundamental. En Taiwán, por el contrario, las empresas exportadoras eran pequeñas comparadas con los estándares internacionales. La segunda es que en Corea, al igual que en Japón, no estimularon la inversión extranjera, al menos hasta los setenta. Taiwán, por el contrario, fue muy receptivo a la inversión extranjera.

A diferencia de los otros casos, la estrategia de Hong Kong es el prototipo del *laissez faire*. Durante la ocupación británica, las autoridades no intervinieron en la economía, sino que permitieron el libre comercio sin ningún control sobre el dólar de Hong Kong. En las únicas áreas en las que el Gobierno intervino fuertemente fue en la inversión en infraestructura y en educación.

Al igual que Hong Kong, Singapur es una ciudad-Estado que no tiene una actividad agrícola importante. En los años cincuenta, adoptó políticas de sustitución de importaciones que duraron hasta 1965[100], cuando empezó a adoptar políticas orientadas hacia la exportación, convirtiéndose virtualmente en una economía de libre comercio. La intervención del Gobierno en Singapur se redujo principalmente a los derechos de utilización de la tierra, lo cual, dada la geografía del país, significa una fuerte intervención sobre la actividad económica.

Singapur ha estimulado altas tasas de ahorro mediante su Fondo de Previsión de los Trabajadores, el cual impone una tasa obligatoria muy alta de 50% de ahorro de las ganancias. Este dinero es depositado en cuentas individuales y puede ser retirado solo en circunstancias muy especiales.

Algo en común en Japón y en los dragones fue su apego a integrarse con la economía mundial y a facilitar las exportaciones. La variedad de políticas preferenciales de acceso al crédito racionado, recortes de impuestos y otras diseñadas para estimular la exportación beneficiaron a todo tipo de empresas deseosas de exportar, sin discriminar ninguna actividad.

A medida que las exportaciones fueron aumentando, los gobiernos se fueron dando cuenta de que era muy costoso mantener los impuestos de los exportadores, racionar el crédito o subsidiar las exportaciones, por lo que gradualmente estas medidas fueron desapareciendo para apoyar una política de exportaciones con una tasa de cambio única y lo suficientemente depreciada para estimular las exportaciones. Hay quienes han descrito la estrategia de crecimiento económico de Japón como de "promoción de las exportaciones a través de la protección de la tasa de cambio [Corden 1985, pp. 271-287]. Las autoridades monetarias siempre tuvieron mucho cuidado en garantizar que las ganancias de los exportadores mantuvieran su valor real, es decir, su mismo poder adquisitivo luego de tomar en cuenta la inflación. En Corea, esta política fue implementada en los primeros años ajustando el crédito impositivo, los subsidios a la tasa de interés y a las exportaciones, pero estos fueron poco a poco desmantelados para utilizar la tasa de cambio como la herramienta única para estos propósitos. Singapur y Hong Kong siempre utilizaron la tasa de cambio y Taiwán unificó su tasa de cambio a comienzos de los sesenta [Kuo 1983].

Con respecto a las importaciones, Hong Kong siempre ha tenido libre comercio y Singapur bajó sustancialmente los aranceles al poco tiempo. Por el contrario, Corea comenzó su política orientada a las ex-

---

100 Entre 1963 y 1965, Singapur formó parte de la Federación Malaya.

portaciones con un régimen bastante restrictivo de las importaciones que fue relajando paulatinamente a partir de 1960, aunque todavía perduran ciertos controles. Japón también liberalizó sus restricciones a las importaciones a finales de los sesenta.

Esto vino en conjunto con la liberalización de la cuenta de capital, es decir, la facilidad con la que se pueden hacer los pagos internacionales, con la excepción de Hong Kong, que nunca impuso restricciones. No obstante, Japón y Corea tendieron a desestimular la inversión extranjera mientras que Singapur explícitamente la estimuló como un componente clave de su estrategia de desarrollo. En general, se puede afirmar que todos los exportadores del Este Asiático implementaron importantes incentivos a la exportación en todas las industrias y actividades. Hubo algunos casos de intervención gubernamental y algunos de ellos terminaron siendo errores severos. Aun así, la intervención del Gobierno fue bastante pequeña en comparación con los países que adoptaron la sustitución de importaciones. Asimismo, hubo una tendencia a una mayor liberalización del comercio para importar y exportar. Actualmente, todos han liberalizado completamente su cuenta de capital, es decir, realizan pagos internacionales sin ningún problema, con la excepción de Corea, que ha liberalizado bastante pero que todavía no termina de hacerlo completamente [Krueger 1980; Kim 1991].

El tamaño del gasto del Gobierno en Japón y en los dragones es bastante pequeño en comparación con la mayoría de los países en desarrollo. Cada país ha aprobado reformas fiscales y otras medidas que aseguran que los déficits del Gobierno sean relativamente pequeños. Singapur, Taiwán y Hong Kong han mantenido persistentes superávits, mientras que Japón ha tenido su balance fiscal bastante equilibrado. La excepción ha sido Corea, que tuvo un déficit fiscal de 3,34% del ingreso nacional en 1983, pero que para 1985 ya mostraba un superávit en las cuentas del Gobierno. Todos estos países implementaron drásticas reformas fiscales y han ido haciendo, de manera permanente, pequeños cambios para garantizar el equilibrio o superávit fiscal. Todo esto se ha reflejado en tasas de inflación que están entre las más bajas del mundo.

Otro aspecto importante han sido las leyes laborales. En cada caso, el Gobierno ha intervenido poco en el mercado laboral. Esto se debe en parte a la orientación de promover las exportaciones, donde algunos países han encontrado que sus ventajas comparativas se encuentran en industrias que son intensivas en trabajo, por lo que un costo excesivo de la mano de obra limitaría el volumen de exportación. Corea y Taiwán tienen mercados laborales relativamente flexibles y desregulados. En

Hong Kong y en Singapur la rápida inmigración le da flexibilidad al mercado. Japón también tiene un mercado laboral bastante competitivo.

Una característica muy importante de Japón y los dragones es la importancia que le han dado a la educación. En todos los casos el porcentaje de personas en edad escolar que asisten a la escuela supera el 90%. El promedio de las economías industrializadas es de 87% y el de los países de mediano ingreso de 51%.

En lo referente a los mercados de capitales, al comienzo, Corea y Japón implementaron controles en forma de racionamiento del crédito para estimular las exportaciones, manteniendo las tasas de interés por encima de la tasa de inflación. Corea reguló la entrada de capitales a bancos privados comerciales para que otorgaran créditos a intereses relativamente bajos a productores locales que producían para exportar. Las tasas de ahorro aumentaron drásticamente en todos los países considerados. Taiwán y Corea, que tenían tasas de ahorro menores al 5% en 1950, las elevaron a más de 30% en los ochenta. Japón comenzó con un nivel más alto, pero terminó con tasas de ahorro similares.

Un punto muy importante es el papel del Gobierno. Ya hemos mencionado algunos aspectos como tener un tamaño relativamente pequeño en comparación con el ingreso nacional, déficits fiscales relativamente pequeños, reformas de política que permitan alcanzar los objetivos con la tasa de cambio, una creciente apertura al comercio internacional, libre movilidad de capitales, mantener tasas de interés reales positivas (que la tasa de interés sea mayor a la de inflación), reducir la importancia de la asignación de créditos y un mercado laboral lo más flexible posible.

Aparte de las señaladas arriba, el Gobierno tiene dos responsabilidades muy importantes, sin las cuales cualquier modelo de crecimiento se derrumba. La primera es proveer y crear la infraestructura necesaria para apoyar las actividades de exportación. En particular, asegurarse de buenos servicios de telefonía y correo, y desarrollar puertos, capacidad de generación de electricidad, ferrocarriles y vialidad. La segunda es alcanzar altos niveles de educación de la población. Esto se refiere a la cantidad de años de escolaridad, así como a la calidad de esa escolaridad. Es impresionante para cualquiera que visite alguna universidad de los Estados Unidos ver la inmensa cantidad de estudiantes asiáticos en todos los niveles, desde pregrado hasta estudios de doctorado.

Epílogo
Podemos salir de esta

Una de las frases que más se ha escuchado en Venezuela durante las últimas décadas es "Venezuela está en crisis", pero en realidad no está en crisis; posiblemente nunca lo ha estado. Una crisis es algo temporal y en ocasiones puede ser incluso positiva porque nos permite aprender y enmendar. Una crisis económica puede ocurrir, por ejemplo, cuando la producción decae temporalmente a medida que se avanza a lo largo de una tendencia usualmente creciente, que puede ser la consecuencia de políticas erráticas, pero también de mejoras tecnológicas que ocasionan la desaparición de viejas industrias y su reemplazo por otras nuevas y más avanzadas. Pero Venezuela tiene un problema mucho más grave, es un país enfermo. Su tendencia es decreciente, tiene más de 40 años decayendo. Al final de este proceso, el poder adquisitivo de sus habitantes se ha deteriorado a niveles tales que los jóvenes están emigrando en masa en busca de las oportunidades que no consiguen en su tierra; permanecer vivo es una odisea, sus habitantes mueren por la escasez de comida y medicinas básicas y por la alta criminalidad, la alimentación está severamente racionada en todos los sectores de la población, los más pobres sufren más ese racionamiento; su gente ha perdido muchas libertades, protestar puede costar la vida y expresarse libremente conducir a la cárcel o el exilio; el derecho a la educación cada día está más amenazado, la agenda del régimen es ideologizar a la población, ha empobrecido la calidad de los pénsum en la educación secundaria al punto de eliminar la mayoría de las materias de orientación científica (Física, Química y Matemáticas) para dar espacio a asignaturas de orientación política y propaganda, las universidades están en mengua por los recortes de presupuesto, estudiantes sin becas, bibliotecas sin libros, comedores sin comida, los servicios de transporte estudiantil han sido clausurados y sus académicos están renunciando en masa a sus cátedras por los bajos salarios buscando oportunidades en el sector privado o en el exterior. Ante esa realidad, hay una dirigencia que se comporta de forma errática, tiene varias décadas divagando, sin políticas definidas ante la caída sostenida de su economía y sin ofrecer respuesta a sus graves consecuencias sociales, al deterioro en el nivel de crimen, la corrupción, el servicio de salud y en general la calidad de vida, una dirigencia encerrada en una visión dogmática del mundo que ha tenido a la democracia entre sus víctimas. Desde comienzos de siglo, un régimen militarista de tendencia comunista –¡vaya combinación!– poco a poco ha ido cercenando las libertades, coartando la iniciativa y la creatividad de los individuos, su capacidad de producción e ingreso y conduciendo a la sociedad por el camino de la decadencia.

Venezuela fue una vez un país pujante, la meca de Latinoamérica, el destino de cientos de miles de inmigrantes de todos los continentes que buscaban una mejor vida y encontraron en esta cálida tierra un hogar que los acogiera, con un nivel de vida similar al de los países europeos desarrollados. Este libro explica el quiebre de una larga etapa de auge y prosperidad hacia otra de ocaso y decadencia. Su democracia se pierde por la reacción de una población con una larga tradición de intolerancia política ante el declive económico, pero no fue la intolerancia política el problema de fondo, esta había ido cediendo a medida que la sociedad avanzaba en términos de educación y del ejercicio de la democracia y las libertades individuales. Desafortunadamente, no avanzó lo suficiente para que su población buscase una salida en democracia, aunque los partidos democráticos tampoco la estaban ofreciendo, haciendo que la intransigencia reemergiera en el irrespeto por las ideas y los derechos de los demás en la búsqueda de una solución económica que ha resultado el peor de los fiascos. Es el deterioro económico el que motoriza el declive y detona la tradición de intolerancia que acaba con 40 años de democracia, y es el declive económico el que está motorizando su retorno. La causa de ese declive económico radicó, inicialmente, en la adopción de políticas de industrialización neomarxistas desarrolladas por la Cepal, el estructuralismo, que presupone que en los períodos de auge la economía tiende a un déficit porque un mayor poder de compra hará que su población quiera comprar más productos importados, y en los períodos de caída, también tenderá hacia un déficit porque su población se negará a disminuir el consumo y las empresas sus niveles de inversión, obligando al Gobierno a usar las reservas internacionales para financiarlo, lo que finalmente provoca una crisis. En pocas palabras, la economía está atrapada y sin salida, como en el título de aquella famosa película, he allí el problema "estructural" del que hablan. Pero ese patrón de comportamiento, según los estructuralistas, no ocurre en todas partes sino solo en nuestros países porque somos distintos que los demás, y la solución propuesta es cerrarse y producir de todo lo que se necesite, la autarquía, la industrialización por sustitución de importaciones. Lo interesante es que ningún país latinoamericano había mostrado anteriormente ese patrón de comportamiento antes de la adopción ni durante la adopción de ese modelo de industrialización. Sus premisas no pasan la prueba de la evidencia; por el contrario, la documentación de más de 150 años sobre cómo se comportan las economías de los distintos países, incluyendo los latinoamericanos, validan su carácter científico: todas las economías actúan y reaccionan de la misma forma ante las mismas políticas y circunstancias.

Esa filosofía política llevó a crear industrias que no fueron capaces de crecer y competir internacionalmente, de aumentar las exportaciones y disminuir la dependencia del petróleo. La respuesta a los *booms* del petróleo fue utilizar esa inmensa cantidad de recursos para avanzar aún más en la dirección propuesta por la Cepal y en construir una gigantesca industria estatal de metales (acero y aluminio) que sirviera de base para la industrialización. Ambas políticas fallaron, y ante la incapacidad de enmienda se optó por el estructuralismo y la macroeconomía del populismo, también propuestos por la Cepal, para enfrentar la caída en la producción imprimiendo dinero, conduciendo a reiterados ciclos de crisis cambiarias y de creciente inflación. La respuesta de la economía ante estas políticas ha sido su decadencia y, con ella, la falta de recursos para la educación, la salud y otros asuntos de índole social. El aumento en la desigualdad del ingreso y los cinturones de miseria exacerbaron la intolerancia. El chavismo aprovechó el *boom* petrolero de inicios de siglo para menguar la agricultura, la industria privada y la infraestructura física del país, para destruir lo poco o mucho que se había construido y acrecentar la dependencia de la población de las dádivas del Estado, conduciendo al país al estado de postración en que ahora se encuentra. Pero la evidencia ha demostrado lo contrario, cerrarse no es un buen consejo. Cuando se abole la política de sustitución de importaciones en 1989, las exportaciones del sector privado venezolano comienzan a crecer desde casi cero hasta casi un cuarto de las exportaciones totales en 1998.

En todo este proceso hay una palabra que pareciera ser pecado mortal pronunciar: neoliberalismo. En Latinoamérica, particularmente en Venezuela, cualquier desviación del paradigma cepalista es frecuentemente desechado y desprestigiado por ser "neoliberal"; la desregulación de un férreo control estatal en cualquier aspecto de la actividad económica pareciera ser un anatema. Una consecuencia de la Gran Depresión, la popularización de las ideas keynesianas y la propaganda soviética fue una creciente intervención del Estado en la actividad macroeconómica.

Los partidos socialistas y socialdemócratas europeos adicionalmente popularizaron el Estado empresario, el Gobierno controlando industrias, usualmente aquellas consideradas estratégicas como las industrias pesadas y la banca. En Europa y en el este de Asia, donde estas políticas fueron particularmente populares, la experiencia no fue buena y paulatinamente el Estado fue abandonando su papel de empresario.

Lo curioso del caso venezolano es que, a pesar de que ninguno de los dos partidos políticos dominantes durante los 40 años de democracia fue marxista, ambos adoptaron pasivamente una agenda neomarxista de desarrollo económico. A pesar de que en Acción Democrática se autodefinen muy orgullosamente como socialdemócratas, los adecos y la socialdemocracia en sus inicios fueron cosas distintas. La socialdemocracia fue inicialmente un movimiento marxista partidario de la lucha de clases por medios pacíficos; de hecho, Marx fue el fundador de la Segunda Internacional Socialista. Por el contrario, Acción Democrática siempre ha sido un partido policlasista y, por ende, opuesto a la lucha de clases y a su derivación internacional de la lucha entre Estados opresores y oprimidos planteada por el neomarxismo. Ambos, ciertamente, han propuesto siempre una mayor participación del Estado en los asuntos sociales de la economía, pero la similitud no llega mucho más allá. La socialdemocracia internacional va abandonando progresivamente el dogma marxista hasta renunciar oficialmente a él a mediados de los setenta, y se va acercando al enfoque del mundo propuesto inicialmente por Acción Democrática. Más aún, va más allá al comenzar a aceptar paulatinamente estrategias de mercado para generar una riqueza que luego pueda redistribuir con un eficaz Estado de bienestar, algo que AD nunca ha hecho. En vez de ello, los adecos van renunciando a su doctrina original para adoptar posturas neomarxistas, especialmente a partir de mediados de los setenta. El caso de Copei es más bizarro. Se autodefinen como un partido demócrata cristiano, una corriente política que aparece como una respuesta a los problemas sociales dentro de la doctrina social de la Iglesia católica y que ha ido evolucionando hacia posturas basadas en la economía de mercado.

Con la caída del Muro de Berlín, una corriente igualmente ideológica a favor del libre mercado como solución a todos los problemas emerge con fuerza. Esta corriente tuvo su mayor exponente en las sugerencias de política macroeconómica propuestas por el Fondo Monetario Internacional en los años noventa. Este enfoque ideológico tiende a despreciar el impresionante desarrollo de la ciencia económica, especialmente a partir de 1970. Aunque muchos de esos debates en ocasiones se tornaron muy ideológicos, al final ha ido predominando un carácter esencialmente científico. Actualmente, la ideología tiene muy poco espacio en la macroeconomía moderna, se ha convertido en un campo del conocimiento altamente científico y ha convertido el manejo de la política económica en un asunto esencialmente técnico; su gran conclusión es que el mercado tiene una función central y el Estado tiene un papel esencial en corregir las fallas del mercado. La evidencia empírica demuestra que el control directo de la economía por parte del Estado arroja resultados muy pobres y, en consecuencia, hay que enfatizar en políticas de incentivos correctos que permitan controlar la tasa de inflación en niveles bajos (usualmente se plantea hacerla converger a 2%) y en mantener altos niveles de empleo y de ahorro. Eso les ofrece a las empresas privadas un ambiente estable donde pueden planificar, disminuir riesgos y aumentar la inversión. Existen algunas agendas ideológicas planteadas por grupos minoritarios, usualmente fuera de la academia, que proponen soluciones extremas de mercado (los libertarios) o basadas en el control del Estado (comunistas). Los libertarios han mantenido de forma dogmática las ideas que Friedrich von Hayek y la Escuela Austríaca han venido planteando casi sin modificaciones desde comienzos del siglo XX, y los comunistas las planteadas por Carlos Marx desde mediados del siglo XIX. Son escuelas de pensamiento estancadas, que no parecen haberse dado cuenta de que han pasado más de cien años y el mundo ha ido evolucionando en todos los aspectos, incluyendo el de las ideas.

Venezuela ha tenido un desempeño macroeconómico muy pobre en las últimas décadas que es perfectamente reversible, pero que en cualquier caso debe pasar por un período de ajustes que puede ser duro, aunque con sapiencia pudiera ser también corto. Shimon Péres, el expresidente y ex primer ministro de Israel, refiriéndose al período de hiperinflación que sufrió ese país, en una ocasión afirmó que la inflación se controla con medidas draconianas, pero, así como la medicina evoluciona desarrollando drogas más eficaces, las ciencias económicas también, y actualmente se tiene un conocimiento mucho más sofisticado sobre cómo funcionan las economías con alta inflación que el existente en los ochenta. Este libro analiza la experiencia de varios casos exitosos, y algunos fracasados también, que nos arrojan lecciones fructíferas para implementar un programa antiinflacionario para Venezuela con el menor dolor posible. Muchos gobiernos evitan estabilizar sus economías para evitar enfrentar los problemas económicos inmediatos que usualmente eso implica por temor a perder el poder político, pero esa es una estrategia equivocada; al final del proceso, la economía sigue sufriendo de alta inflación, baja producción, los gobernantes terminan perdiendo el poder político de todas formas e incluso el régimen podría terminar derrumbándose.

Otro aspecto importante es el crecimiento económico y la desigualdad en el ingreso. Ambos están fuertemente asociados a la industrialización, la calidad del capital humano y una mayor eficiencia en el funcionamiento del Estado y de la sociedad en general. El modelo de sustitución de importaciones fracasó en América Latina y en los países del resto del mundo donde se aplicó. La hipótesis de la Cepal es que la industrialización no era posible en los países atrasados a comienzos del siglo XX debido al control de los países industrializados sobre los países "periféricos". Esta es la razón por la cual afirman que no había soluciones de mercado y que lo apropiado era cerrarse. Chile, y más recientemente Perú y Colombia, han abandonado las políticas proteccionistas a favor de estrategias de libre mercado, mostrando altas tasas de crecimiento económico y una disminución de la desigualdad en el ingreso. Chile tiene el ingreso per cápita más alto de Latinoamérica y es la única economía de la región clasificada de alto ingreso por el Banco Mundial. Aunque sus niveles de inequidad en el ingreso son altos, son parecidos a los del resto de la región, y sus niveles de pobreza han disminuido a la mitad desde que comenzaron el proceso de reformas económicas a mediados de los ochenta.

El desempeño de los países latinoamericanos que han adoptado estrategias de mercado ha producido tasas de crecimiento económico sostenidas alrededor de 4%. Mucho más contundente ha sido la experiencia de Japón y los dragones asiáticos (Corea del Sur, Taiwán, Singapur y Hong Kong), que han logrado obtener tasas de crecimiento muy superiores, sobrepasando el 10% durante períodos prolongados. Eso ha demostrado el poco sustento del modelo cepalista. Estos países empezaron el siglo XX con economías atrasadas. Japón comenzó a crecer más temprano y a mediados de siglo arrancó con un nivel más elevado que los dragones, pero todos comenzaron su rápido proceso después de la Segunda Guerra Mundial. Todos ellos están actualmente entre los países más ricos del mundo, y las ciudades-Estado de Hong Kong y Singapur tienen un ingreso per cápita incluso mayor al de los Estados Unidos. Aunque las experiencias y las estrategias implementadas fueron variadas, sus resultados han sido los mismos, todos se convirtieron en países desarrollados y de ellos hay lecciones que aprender. Algo en común que tuvieron todos, no obstante, fue el uso del mercado como estrategia de crecimiento, aunque de diferentes maneras. Hong Kong es una economía completamente orientada al mercado gobernada por el principio de "no intervención positiva". Aunque existen regulaciones financieras, no tiene un banco central. Su moneda, el dólar de Hong Kong, es emitido por tres grandes bancos privados y las tasas de interés son libremente determinadas por la banca comercial; no obstante, es uno de los principales centros financieros del mundo. La economía de Singapur también está fuertemente orientada hacia el mercado y también es un importante centro financiero, pero, a diferencia de Hong Kong, el Gobierno es un accionista importante de las compañías más grandes del país; se caracteriza por su economía de reexportación, la compra de materias primas y partes que refinan para reexportarlas.

La economía de Taiwán está fuertemente orientada al mercado, pero, a diferencia de Hong Kong y Singapur, su industria está orientada a la manufactura de productos tecnológicamente sofisticados, particularmente en tecnologías de la información, producidos mayoritariamente por empresas de pequeño y mediano tamaño. Japón y Corea del Sur también son economías fuertemente orientadas al mercado, pero, a diferencia de Taiwán, están dominadas por grandes empresas poseídas por conglomerados de familias, los *keiretsu* en Japón y los *chaebol* en Corea, cuya importancia ha ido decreciendo recientemente. Ambos están entre los principales exportadores del mundo. La intervención del Estado en la dirección de la política económica ha sido mucho más activa que en los casos previos, particularmente interviniendo en el fomento de industrias particulares, aunque con el tiempo esta estrategia ha ido retrocediendo. Sus economías están siendo cada vez más orientadas hacia productos de alta tecnología, principalmente en las industrias automovilística, electrónica, óptica y robótica.

Esta discusión muestra los casos más exitosos de países pobres que han logrado industrializarse y sacar a sus poblaciones de la pobreza. Todos difieren en aspectos muy importantes, especialmente en el papel que le dan al Estado. ¿Qué tienen en común estas economías? Todas ellas han implementado políticas monetarias conservadoras, es decir, han mantenido niveles muy bajos de inflación y altos niveles de empleo, y, en todas, el mercado ha jugado un papel determinante. Todas se caracterizan por mantener altas tasas de ahorro, no causadas por aspectos culturales de sus pobladores sino por políticas diseñadas para tales propósitos como los fondos de pensiones o el seguro al desempleo, que obligan a un mínimo de ahorro obligatorio. En Venezuela, el retiro está basado en el concepto tradicional del Estado administrando los ahorros de los jóvenes para transferirlos a la población mayor o las empresas reteniendo parte del ingreso del trabajador. Al contrario del enfoque cepalista de protección a la industria con una tasa de cambio fuerte (dólar barato) y regulaciones que impidan el comercio, las economías exitosas han mantenido sus monedas depreciadas para facilitar la competitividad, altas tasas de ahorro que financien la inversión y una creciente acumulación de reservas internacionales que les dé solidez a sus monedas y en general a sus economías, lo que pone a la política monetaria y al banco central en el centro de la política de desarrollo industrial. No es un menor o mayor papel del Estado, es un papel diferente. Otra característica importante ha sido su tradicional bajo nivel de deuda pública y ahorro fiscal, muy al contrario de lo que ha sido la política fiscal en Venezuela en los últimos 40 años. Las tasas de impuestos tienden a ser lo suficientemente bajas y las libertades económicas bastante altas para atraer la inversión.

Aunque las políticas de índole estrictamente económica son cruciales, posiblemente las más importantes han sido las características de orden institucional. Todos estos países gozan de un sólido Estado democrático, una fuerte protección a los derechos de propiedad, una fuerte administración de justicia y bajos niveles de crimen y corrupción. Todos ellos han realizado grandes esfuerzos en construir un riguroso sistema educativo y en tener una población altamente educada y motivada, lo que ha permitido estimular el *boom* tecnológico y el rápido desarrollo económico de estos países. Basta visitar cualquier centro de educación superior de mediana importancia en los Estados Unidos o Europa para observar la inmensa proporción de estudiantes asiáticos que reciben educación en esos lugares. En paralelo, está la adopción de tecnologías avanzadas. En Corea del Sur, por ejemplo, tienen una política de subsidios que la ha facilitado. En Singapur tienen una política para atraer mano de obra altamente calificada que facilite el acceso de las compañías locales al mercado exterior, tanto para exportaciones como importaciones, y que en general atraiga al talento extranjero, y así sucesivamente. En esta última materia, el país más avanzado de América Latina, Chile, está rezagado, su inversión en investigación y desarrollo apenas suma 0,6% de su ingreso anual, en comparación con el 3% de los países asiáticos, y la mayor parte de esta pequeña suma proviene del sector público, lo que se refleja directamente en menores tasas de crecimiento económico.

Venezuela está reprobada en todos estos renglones. Es frecuente escuchar en el país que las diferencias entre quienes han logrado el desarrollo y nuestro pueblo caribeño son de naturaleza cultural. Puede que haya algo de eso, pero no es lo determinante. Venezuela fue una vez el país más próspero del continente con su cultura y sus tradiciones. La diferencia fundamental está en el diseño de sus instituciones; a aquellas de naturaleza económica se les ha dedicado un gran espacio en este libro con el objeto de obtener aprendizaje sobre hacia dónde debemos dirigirlas. Además de las ideas cubiertas en los distintos capítulos, hay algunas adicionales que pueden ser de especial interés. Uno de nuestros problemas más agudos ha sido la adquisición y dependencia de tecnologías de punta. China ha tenido en los últimos años algunas iniciativas interesantes con la compra de empresas transnacionales de sofisticada tecnología. El Gobierno chino, por ejemplo, compró el control de la División de Computadores Personales del gigante de la informática IBM, los cuales se venden actualmente bajo la marca Lenovo. Asimismo adquirió el control del gigante norteamericano de carne de cerdo Smithfield Foods. Las sedes de estas compañías siguen estando en los Estados Unidos y sus ejecutivos posiblemente sean los mismos, pero su control facilita la transferencia de tecnología, el entrenamiento de la mano de obra china y la penetración de los productos chinos en aquellos mercados a los cuales IBM y Smithfield Foods ya tenían acceso. Es una estrategia similar a la realizada por Pdvsa con la compra de Citgo y algunas otras empresas distribuidoras de gasolina en el exterior, pero yendo un paso más allá para expandir el acceso a nuevos mercados, a la venta de nuevos productos y la transferencia de tecnología. En la primera mitad del siglo XX, ante la necesidad de que sus nacionales tuvieran el control de grandes compañías de petróleo, y ante la ausencia de grandes capitales locales que pudieran invertir en esas industrias, los gobiernos del Reino Unido y Francia aportaron el capital para que dos pequeñas empresas privadas se convirtieran en gigantes de la industria petrolera, me refiero a British Petroleum y Total. A la larga, la propiedad de esas empresas fue vendida por esos gobiernos a manos privadas.

A comienzos de la Segunda Guerra Mundial, los Estados Unidos eran la principal potencia industrial del mundo. A nivel militar, eran los más poderosos de América, pero estaban lejos de las potencias europeas. Su ejército era clasificado número 19 en el mundo y su fuerza aérea era casi inexistente. La primacía militar se la disputaban el Reino Unido, Alemania, Francia, Italia y la Unión Soviética. Incluso países pequeños como Holanda o Suecia disponían de mejor tecnología militar. Al terminar la guerra, no obstante, los Estados Unidos se habían convertido de lejos en la principal potencia militar del mundo por el tamaño de sus Fuerzas Armadas y su más avanzada tecnología militar. ¿Cómo pudo ocurrir tal metamorfosis en apenas cinco años? Entre los tratados de cooperación británico-estadounidense durante la guerra, ambos países acordaron compartir toda la tecnología militar. Los británicos compartieron y enseñaron su tecnología militar de punta a los estadounidenses y, desde esa base, los estadounidenses despegaron por sí solos para desarrollar más y mejor tecnología militar [Woolner 2010]. Pero había algo que los Estados Unidos debían tener para que esa transferencia de conocimiento pudiera darse: suficiente capital humano. Parte de ese capital vino de una excelente inmigración de científicos europeos que huían de la guerra y en particular de la Alemania nazi, pero la inmensa mayoría estaba constituida por recursos formados dentro del país, y aquí volvemos al tema de la educación. La transferencia de tecnología y la capacidad de desarrollar tecnología propia es un factor determinante si Venezuela quiere convertirse en un país desarrollado algún día, y un elemento clave en ese proceso es la calidad de su educación. Desarrollar este tema a fondo requeriría otro libro, pero basta resaltar el rezago que tiene el país en esta materia. Todos los estudios indican que ninguna universidad latinoamericana está entre las 300 mejores del mundo, y las universidades de Venezuela están actualmente muy rezagadas en comparación con las del resto de la región. Si hay alguna área donde se debe hacer mucho énfasis en mejorar su calidad es precisamente allí.

Estas son ideas generales, pero existen muchas otras experiencias fructíferas de las cuales podemos aprender o combinar para diseñar estrategias de industrialización exitosas para Venezuela. No obstante, las principales falencias se encuentran en el aspecto institucional. La corrupción es una de las principales. Puesto que la corrupción se alimenta del secretismo, su solución se encuentra en la transparencia. Una de las formas más tradicionales de corrupción son las compras de las instituciones públicas. En Chile han diseñado un sistema muy interesante de compras públicas transparentes, Chilecompras. Cuando una oficina de algún ente público necesita adquirir o invertir en algo, desde la compra de una silla hasta la construcción de una autopista, al igual que en Venezuela, el trámite se hace a través de una oficina de compras, pero el proceso es distinto, es transparente y automatizado. La oficina de compras hace una licitación pública a través de la página web de Chilecompras, sobre la cual no tiene ningún control. En Venezuela, eso facilitaría que en la licitación participen empresas que pueden estar ubicadas en Caracas, Maturín, Maracaibo o San Cristóbal, empresas de cualquier rincón del país, o del mundo si es una licitación internacional. Las empresas hacen sus ofertas a través de internet y ambas, la oficina de compras y las empresas, se enteran el día determinado de los detalles de cada una de las ofertas. Aunque hay muchos detalles sobre el funcionamiento de estos procesos, la idea general consiste en utilizar las herramientas modernas que provee la informática para darle transparencia al uso de los dineros públicos. El *software* existe y la experiencia es positiva.

Charles Darwin, en su libro *El origen de las especies*, de 1859, dice que "las especies que sobreviven no son las más fuertes ni las más inteligentes, sino aquellas que se adaptan mejor al cambio". El ex primer ministro británico Tony Blair afirmó que "el éxito lo obtienen aquellas empresas y países que se adaptan rápidamente, se quejan poco y se abren y están ganados al cambio. La tarea de los gobiernos modernos es asegurar que nuestros países puedan enfrentar este desafío". Lo asombroso del caso venezolano ha sido su incapacidad para generar anticuerpos ante las recurrentes crisis, su incapacidad de adaptarse. No obstante, los venezolanos han demostrado su capacidad para enfrentar grandes desafíos. Nuestros padres libertadores lograron la independencia bajo condiciones muy adversas y la democracia costó la sangre de muchos de sus fundadores. El contraste entre las experiencias de la dictadura de Gómez y los gobiernos que lo sucedieron demostraron que la riqueza del petróleo no hubiera sido suficiente para construir la sociedad más rica de América Latina sin implementar políticas adecuadas. Los venezolanos lo hicieron una vez y lo harán nuevamente: convertir a nuestra gran nación en la tierra próspera que una vez fue. No es una fe ciega, estos procesos no son eternos, los anticuerpos existen y el país recobrará su camino.

Bibliografía

Abadi M., Anabella (2014, enero 11), "Muertes por violencia en Venezuela comparadas con el mundo", Prodavinci, recuperado de http://prodavinci.com/blogs/las-muertes-por-violencia-en-venezuela-comparadas-con-el-mundo-por-anabella-abadi-m-numeralia/

Agencia Reuters (2012, septiembre 26), "Reporte Especial-Fonden: la caja negra de Hugo Chávez". Rescatado de http://mx.reuters.com/article/topNews/idMXL1E8KO6CV20120926.

Alexander, Robert J. (1982), *Romulo Betancourt and the Transformation of Venezuela*, Transaction Books.

Alonso, Juan Francisco (2011, septiembre 26), "Llaman a maestros a evitar ideologizar a sus estudiantes", diario *El Universal*. Rescatado de http://www.eluniversal.com/2011/09/26/llaman-a-maestros-a-evitar-ideologizar-a-sus-estudiantes.shtml

Alvarado, Lisandro (1975), *Historia de la Revolución Federal en Venezuela*, 4ª ed., Oficina Central de Información, Caracas.

Álvarez de la Borda, Joel (2005), *Los orígenes de la industria petrolera en México, 1900-1925*, Pemex Petróleos Mexicanos.

Alzamora, Carlos (1998), *La capitulación de América Latina*, Fondo Editorial de Cultura.

Andersen, Thomas Barnebeck. Malchow-Møller, Nikolaj. Nordvig, Jens (2014), "Inflation-Targeting, Flexible Exchange Rates and Macroeconomic Performance since the Great Recession" CEPS Working Document 394.

Anderson, Irvine H. (1981), *Aramco, the United States, and Saudi Arabia: A Study of the Dynamics of Foreign Oil Policy, 1933-1950*, Princeton University Press.

Ansell, Martin R. (1998), *Oil Baron of the Southwest. Edward L. Doheny and the Development of the Petroleum Industry in California and Mexico*, Ohio State University.

Aporrea (2009, diciembre 31) "Sidor se suma al plan nacional de ahorro de energía eléctrica" https://www.aporrea.org/actualidad/n147996.html

Archila, Ricardo (1956), *Historia de la sanidad en Venezuela*, Tomo I, Imprenta Nacional de Caracas.

Arcilla Farías, Eduardo (1946), *Economía colonial de Venezuela*, Fondo de Cultura Económica, México.

Armas, Mayela (2013, marzo 31), "Producción de las cementeras se desplomó al cierre de 2013", *El Universal*. Recuperado de http://www.eluniversal.com/economia/140331/produccion-de-las-cementeras-se-desplomo-al-cierre-de-2013.

Arráiz Lucca, Rafael (2011), *El Trienio Adeco 1945-1948 y las conquistas de la ciudadanía*, Editorial Alfa.

Asensio, Miguel A. (1981), "Breves consideraciones sobre la inflación y la experiencia inflacionaria argentina", *Revista de Ciencias Económicas*, N° 1.

Ashton, Basil. Hill, Kenneth. Piazza, Alan. Zeitz, Robin (1984), "Famine in China, 1958-1961", *Population and Development Review*, 10:4.

Asselain, Jean-Charles (1995), *Histoire Économique du XXe siècle. La montée de l'État (1914-1939)*, Presses de Sciences Po & Dalloz.

Avilán Palacios, José Miguel (1998), "Breve Historia de la Construcción y Destrucción de Caracas", *Revista C.I.V.* N° 369, pp. 15-21. Ed. Fundación Juan José Aguerrevere, Caracas.

Baer, Werner. Beckerman, Paul (1988), "Descenso y caída del Plan Cruzado en Brasil", *Revista Economía*, 11(21).

Ball, Lawrence. Sheridan, Niamh (2003), "Does inflation targeting matter?", NBER Working Paper 9577.

Bamberg, J. H. (1994), *The History of the British Petroleum Company*, volume 2: *The Anglo-Iranian Years, 1928-1954*, Cambridge University Press.

Baptista, Asdrúbal (1995), *Teoría económica del capitalismo rentístico*, Ediciones IESA.

Barro, Robert J. (1999), "Determinants of Democracy", *Journal of Political Economy* 107: 158-183.

Barsky, Robert. Kilian, Lutz (2000), "A Monetary Explanation of the Great Stagflation of the 1970s", mimeo, University of Michigan.

Begg, David K. H. (1982), "The Rational Expectations Revolution in Macroeconomics: Theories and Evidence", Philip Allan.

Bernanke, Ben (1995), "The Macroeconomics of the Great Depression: A Comparative Approach", *Journal of Money, Credit, and Banking*, 27 (1): 1-28.

Betancourt, Rómulo (1969), *Venezuela, política y petróleo*, Editorial Senderos.

Bevilaqua, Alfonso. S. Carneiro, Dionisio. García, Marcio G. P. y Ladeira, Rogerio (2001), "The Structure of Public Sector Debt in Brazil"

RES Working Papers 3121, Inter-American Development Bank, Research Department.

Blackbourn, David. Eley, Geoff (1984), *The Peculiarities of German History: Bourgeois Society and Politics in Nineteenth-Century Germany*, Oxford University Press.

Blanchard, Oliver (2000), "What do we Know about Macroeconomics that Fisher and Wicksell did not?", *Quarterly Journal of Economics*, 115(4): 1375-1411.

Blinder, Alan S. (1998), *Central Banking in Theory and Practice*, M.I.T. Press.

Blum, Jerome. Cameron, Rondo. Barnes, Thomas G. (1970), *The European World: A History*, 2da. edición, Little, Brown.

Bobbio, Norberto (1984), *The Future of Democracy*, University of Minnesota Press, Minneapolis.

Boemeke, Manfred F. Feldman, Gerald D. Glaser, Elisabeth (1998), *Versailles: A Reassessment After 75 Years*, Publications of the German Historical Institute. Cambridge University Press.

Boix, Carles. Stokes, Susan (2003), "Endogenous Democratization", *World Politics* 55:517-549.

Bonilla-Molina, Luis (2004), *Historia breve de la educación en Venezuela*, Ediciones Gato Negro, Caracas.

Boughton, James M. (2001), *Silent Revolution: The International Monetary Fund 1979-1989*, International Monetary Fund, Washington.

Brandt, Loren. Rawski, Thomas (2008), *China's Great Transformation*, Cambridge University Press.

Braun, Juan. Braun, Matías. Briones, Ignacio. Díaz, José (2000), "Economía chilena 1810-1995. Estadísticas históricas", documento de trabajo 187, Instituto de Economía, Pontificia Universidad Católica de Chile.

Bresciani-Turroni, Constantino (1931), *The Economics of Inflation*, John Dickens & CO.

Bresser-Pereira, Luiz Carlos (2012), "Structuralist Macroeconomics and the New Developmentalism", *Brazilian Journal of Political Economy*, 32(3): pp. 347-366.

Brett Martínez, Alí (1970), *El Porteñazo: historia de una rebelión. Venezuela, 2 y 3 de junio de 1962*, Editorial Adaro.

Brewer-Carías, Allan (2015), *Estado totalitario y desprecio a la ley. La desconstitucionalización, desjuridificación, desjudicialización y desdemocratización de Venezuela*, Editorial Jurídica Venezolana.

Brown, Jonathan C. (1987), "Domestic Politics and Foreign Investment: British Development of Mexican Petroleum 1889-1911", *Business History Review* 61(3): 387-416.

Brunner, Karl (1968), "The Role of Money and Monetary Policy", *Review Federal Reserve Bank of St. Louis*, 50, 9-24.

Buffone, Mario (2013a, febrero 22), "La educación democrática. Obras de la democracia venezolana". Rescatado de http://obrasdela-democraciavenezolana.blogspot.cl/2013/02/la-educacion-de-mocratica.html

Buffone, Mario (2013b, octubre 11), "La obra de gobierno de Luis Herrera", Ecopolítica.

Burgess, Glenn (1992), "The Divine Right of Kings Reconsidered", *The English Historical Review* 107 No. 425:837-861.

Busch, Briton C. (1967), *Britain and the Persian Gulf*, The University of California Press.

Cabello, María Ramírez (2014, enero 13), "Sidor registró en 2013 la producción más baja en los últimos 30 años", *Correo del Caroní*. Recuperado de http://correodelcaroni.com/index.php/econo-mia/item/8183-sidor-intentara-dejar-atras-su-peor-descalabro-productivo

Cagan, Phillip (1956), "The Monetary Dynamics of Hyperinflation", en *Studies in the Quantity Theory of Money*, Milton Friedman, editor, The University of Chicago Press.

Cahan, David (2003), *From Natural Philosophy to the Sciences: Writing the History of Nineteenth-Century Science*, The University of Chicago Press.

Caño, Antonio (2009, julio 16), "El narcotráfico penetra en Venezuela", diario *El País*.

Carbonetto, D. Cabellos, I. de Dancourt, O. Ferrari, C. Martínez, D. Mezzera, J. Saberbein, G. Tantalean, J. y Vigier, P., *El Perú heterodoxo. Un modelo económico*, National Planning Institute, Lima, 1987.

Carratú Molina, Iván (2012, febrero 4), "La verdadera historia del 4F", recuperado de https://www.youtube.com/watch?v=uoAG-Nmhjkw

Carvalho, Bernardo S. de M. García, Marcio G. P. (2008), "Ineffective Controls on Capital Inflows under Sophisticated Financial Markets: Brazil in the Nineties", en *Financial Markets Volatility and Performance in Emerging Markets*, National Bureau of Economic Research, pp. 29-96.

Casey, Michael S. (2007), *The History of Kuwait*, Greenwood.

Cerra, Valerie. Saxena, Sweta Chaman (2002), "What Caused the 1991 Currency Crisis in India?" IMF Staff Papers 49(3).

Chávez, Hugo (1983), "El Árbol de Tres Raíces", recuperado de http://www.urru.org/videosbolibananos/Textos/arboldelastresraices.pdf

Chiodo, Abbigail. Owyang, Michael T. (2002), "A Case Study of a Currency Crisis: The Russian Default of 1998", *Federal Reserve Bank of St. Louis Review*, November/December, pp. 7-18.

Chirinos Soto, Enrique (1985), *Historia de la República (1930-1985)*, tomo II, AFA Editores Importadores, Lima.

Chisholm, Archibald H. T. (1975), "The First Kuwait Oil Concession Agreement: A Record of the Negotiations, 1911-1934", Frank Cass.

Cipolla, Carlo M. (1978), *Economic History of World Population*, Trophy Pr, 7ma edición.

Conde, Javier (2012), *La conjura final. Octavio Lepage: 60 años de lucha política*, Editorial Alfa.

Corden, W. M. (1985), "Exchange rate protection", en *Protection, Growth and Trade*, W. M. Corden editor, Blackwell.

Coronel, Gustavo (2008, marzo), "The Corruption of Democracy in Venezuela", Cato Institute. Este artículo apareció inicialmente en *USA Today Magazine*. Rescatado de http://www.cato.org/publications/commentary/corruption-democracy-venezuela

Dahl, Robert A. (1991), *Democracy and Its Critics*, Yale University Press.

Datt, Ruddar. Sundharam, K. P. M. (2009), *Indian Economy*, S. Chand Group, New Delhi.

Davis, Darren W. Silver, Brian D. (2004), "Civil liberties vs. security: public opinion in the context of the terrorist attacks on America", *American Journal of Political Science*, 48(1): 28-46.

De Gregorio, José (2004), *Economic Growth in Chile: Evidence, Sources and Prospects*, Banco Central de Chile.

DeGolyer, Everette Lee (1943), "Petroleum Exploration and Development in Wartime", *Mining and Metallurgy*, April.

Delgado, Antonio María (2014, marzo 28), "Demanda afirma que Diosdado Cabello recibió sobornos por $50 millones", *El Nuevo Herald*. Rescatado de http://www.elnuevoherald.com/noticias/mundo/america-latina/venezuela-es/article2032079.html

Di John, Jonathan (2014), "The political economy of industrial policy in Venezuela" en *Venezuela Before Chávez. Anatomy of an Economic Collapse*, Ricardo Hausmann editor, The Pennsylvania State University Press.

Diario *La Verdad* (2017, marzo 10), "Hasta los cubanos de Barrio Adentro se van del país". Recuperado de http://www.laverdad.com/zulia/80966-hasta-los-cubanos-de-barrio-adentro-se-van-del-pais.html

Diario *Versión Final* (2011, febrero 4), "4F: una conspiración militar frustrada".

Dikötter, Frank (2010), *Mao's Great Famine: The History of China's Most Devastating Catastrophe, 1958-62*, Walker & Company.

Dinero (2012), "Venezuela sube exportaciones de petróleo a China". Recuperado de http://m.dinero.com/actualidad/noticias/articulo/venezuela-sube-exportaciones-petroleo-china/157219

Dollar, David. Kraay, Aart (2002), "Institutions, Trade and Growth", *Journal of Monetary Economics*, 50(1): 133-162.

Dornbusch, Rudiger (1985), "Stopping Hyperinflation: lessons from the German inflation experience of the 1920s", NBER Working Paper 1675.

Dornbusch, Rudiger. Sebastian, Edwards (1989), "The Macroeconomics of Populism" en *The Macroeconomics of Populism in Latin America*, Rudiger Dornbusch y Sebastian Edwards editors, The University of Chicago Press.

El Clarín (2008, enero 12), "Chávez defiende a las FARC: 'Son un ejército, no son terroristas'". Recuperado de http://edant.clarin.com/diario/2008/01/12/elmundo/i-03301.htm

El Impulso (2012, junio 28), "Gobierno triplicó multa a Globovisión". Recuperado de http://elimpulso.com/articulo/gobierno-triplico-multa-a-globovision

El Mundo (2014, enero 10), "¿Por qué hay tanta violencia en Venezuela?". Recuperado de http://www.elmundo.com.ve/noticias/actualidad/analisis/analisis-por-que-hay-tanta-violencia-en-venezue.aspx

El Nacional (2016, abril 21), "La tragedia de la escasez de medicamentos en Venezuela". Recuperado de http://www.el-nacional.com/noticias/sociedad/tragedia-escasez-medicamentos-venezuela_29246

El Nacional (2017, septiembre 14), "Denunciaron 289 casos de tortura en la Organización de Estados Americanos". Recuperado de http://www.el-nacional.com/noticias/mundo/denunciaron-289-casos-tortura-organizacion-estados-americanos_203592

Encina, Francisco Antonio (1961), *Bolívar y la independencia de la América española: Independencia de Nueva Granada y Venezuela*, tomo III, parte 1, Nascimiento, Santiago.

Fabozzi, Frank J. Modigliani, Franco (1992), *Mortgage and Mortgage-backed Securities Markets*, Harvard Business School Press.

Feldman, Stanley (2003), "Enforcing social conformity: a theory of authoritarianism", *Political Psychology*, 24(1): 41-74.

Fergusson, Adam (2010), *When Money Dies: The Nightmare of Deficit Spending, Devaluation and Hyperinflation in Weimar Germany*, Public Affairs, New York.

Figueroa, Juan Pablo (2014, agosto 12), "Crisis en la Universidad Arcis: cómo entró y salió el Partido Comunista del negocio de la educación superior". Rescatado de http://ciperchile.cl/2014/08/12/crisis-en-la-universidad-arcis-como-entro-y-salio-el-partido-comunista-del-negocio-de-la-educacion-superior/

Financial Times (2015, septiembre 29), "India grabs investment league pole position". Recuperado de https://app.ft.com/../fdd0e3c2-65fc-11e5-97d0-1456a776a4f5.ht

Fischer, Stanley (1993), "The Role of Macroeconomics Factors in Growth", *Journal of Monetary Economics*, 32: 485-512.

Friedman, Milton (1946), "Lange on Price Flexibility and Employment: A Methodological Criticism", *American Economic Review* 36: 613-631.

Friedman, Milton (1949), "The Marshallian Demand Curve", *Journal of Political Economy* 57: 463-495.

Friedman, Milton (1957), *A Theory of the Consumption Function*, Princeton University Press.

Friedman, Milton (1962), *Capitalism and Freedom*, The University of Chicago Press.

Friedman, Milton (1968), "The Role of Monetary Policy", *The American Economic Review*, LVIII(1).

Friedman, Milton (1969), "The Demand for Money: Some Theoretical and Empirical Results" en *The Optimum Quantity of Money, and Other Essays*, Milton Friedman, editor, Aldine Transaction.

Friedman, Milton. Schwartz, Anna J. (1963), *A Monetary History of the United States 1867-1960*, Princeton University Press.

Galbraith, John Kenneth (1971), *Economics, Peace and Laughter*, Houghton Mifflin.

Gandhi, Mahatma (1947), *India of My Dreams*, Jitendra T Desai & Navajivan Mudranalaya.

García Ponce, Guillermo (1977), *Relatos de la lucha armada (1960-67)*, Vadell Hermanos.

García, Márcio. Guillén, Diogo. Kehoe, Patrick (2015), *The Monetary and Fiscal History of Latin America: Brazil*, Becker Friedman Institute, The University of Chicago.

García-Herrero, Alicia (1997), "Banking crises in Latin America in the 1990s: Lessons from Argentina, Paraguay and Venezuela", FMI working paper 140.

Garrido, Alberto. Ledezma, Eurídice (2007), *Chávez con uniforme*, ediciones del autor.

Gasiorowski, Mark J. Byrne, Malcolm (2004), *Mohammad Mosaddegh and the 1953 Coup in Iran*, Syracuse University Press.

Gasparini, Graciano. Posani, Juan Pedro (1969), *Caracas a través de su arquitectura*, Ed. Fina Gómez, Caracas.

Geithner, Timothy (2003), "Lessons from the Crisis in Argentina", Fondo Monetario Internacional. Rescatado de http://www.imf.org/external/np/pdr/lessons/100803.htm

Gibson, James (1995), "The resilience of mass support for democratic institutions and processes in the nascent Russian and Ukrainian democracies", in *Political Culture and Civil Society in Russia and the New States of Eurasia*, editors Vladimir Tismaneanu, M. E. Sharpe.

Gibson, James L. (2007), "Political Intolerance in the Context of Democratic Theory" capítulo 17 en *The Oxford Handbook of Political Science*, Edited by Russell J. Dalton y Hans-Dieter Klingemann, pp. 323-41.

Gibson, James. Gouws, Amanda (2003), *Overcoming Intolerance in South Africa: Experiments in Democratic Persuasion*, Cambridge University Press.

Giusti, Roberto. Hernández, Ramón (2006), *Memorias proscritas*, Los Libros de El Nacional, Editorial CEC, S.A.

Gordon, Robert (1990), "What is New-Keynesian Economics?", *Journal of Economic Literature*, 28(3): 1115-1171.

Grice-Hutchinson, Marjorie (1952), *The School of Salamanca. Readings in Spanish Monetary Theory 1544-1605*, Clarendon Press.

Guanipa, Ricardo (s. f.), "DEA: los tres carteles que operan en Venezuela", *El Horizonte*. Recuperado de http://www.elhorizontenew.com/dea-los-tres-carteles-que-operan-en-venezuela/

Haberler, Gottfried (1937), *Prosperity and Depression*, League of Nations, Geneva.

Hall, Charles A. S. Ramírez-Pascualli, Carlos A. (2012), *The First Half of the Age of Oil: An Exploration of the Work of Colin Campbell and Jean Laherr*, Springer.

Hall, Robert (1978), "Stochastic implications of the life-cycle permanent income hypothesis: Theory and evidence", *Journal of Political Economy* 86(5), 971-987.

Harwich Vallenilla, Nikita (1992), *Asfalto y revolución: la New York & Bermúdez Company*, Monte Ávila Editores.

Hausmann, Ricardo (1990), *Shocks externos y ajuste macroeconómico*, Banco Central de Venezuela.

Heilbroner, Robert L. (1999), *The Worldly Philosophers: The Lives, Times and Ideas of The Great Economic Thinkers*, 7ma edición, Touchstone.

Herrera, Celia (2011, octubre 2), entrevista, diario *El Universal*.

Herrera, Celia (2012), *Servicios y equipamiento para la ciudad*, Academia Nacional de la Ingeniería y el Hábitat de Venezuela.

Herwig, Holger (2009), *The Marne*, Random House.

Hicks John (1939), *Value and Capital: An Inquiry into Some Fundamental Principles of Economic Theory*, Clarendon Press.

Hicks, John R. (1937), "Mr. Keynes and the Classics: A Suggested Interpretation", *Econometrica* 5: pp. 147-159.

Holtfrerich, Carl-Ludwig (1986), *The German Inflation 1914-1923: Causes and Effects in International Perspective*, Walter de Gruyter.

Human Rights Watch (2012, julio 17), "Concentración y abuso de poder en la Venezuela de Chávez". Recuperado de https://www.hrw.org/es/report/2012/07/17/concentracion-y-abuso-de-poder-en-la-venezuela-de-chavez

Hume, David (1748), "Of Interest", en *Essays*, Moral and Political Literary.

Humphrey, Thomas M. (1974), "The Quantity Theory of Money: its historical evolution and role in policy debates", *Economic Review*, May/June.

Hyvonen, Markus (2004), "Inflation Convergence Across Countries", Reserve Bank of Australia Working Paper 2004-04.

Insight Crime (2016, noviembre 1), "Cartel de los Soles", Centro de Investigación de Crimen Organizado. Recuperado de http://es.insightcrime.org/noticias-sobre-crimen-organizado-en-venezuela/cartel-de-los-soles-perfil.

Irwin G, Domingo. (1996), *Relaciones civiles-militares en Venezuela, 1830-1910*, Litobrit, Caracas.

Jeitschko, Thomas. Linz, Susan. Noguera, José. Seminika, Anastasia

(2014), "Economic Security and Freedom: Why Some Democracies Survive and Others Fail", *Journal of Behavioral and Experimental Economics*, 50, pp. 13–28.

Johnson, Harry G. (1971), "The Keynesian Revolution and the Monetarist Counter-Revolution", *American Economic Review* 61(2): 91-106.

Jones, Eliot (2015, 1922), *The Trust Problem in the United States 1922*, Forgotten Books.

Jorgenson, Dale (1963), "Capital Theory and Investment Behavior", *American Economic Review* 53(2): 247-259.

Keating, Aileen (2005), *Mirage: Power, and the Hidden History of Arabian Oil*, Prometheus Books.

Kent, Marian (1976), *Oil and Empire: British Policy and Mesopotamian Oil, 1900-1920*, Macmillan.

Keynes, John Maynard (1919, 1971), "The Economic Consequences of the Peace" capítulo 2, en *The Collected Writings of John Maynard Keynes*, vol. 2, Macmillan.

Keynes, John Maynard (1936), *The General Theory of Employment, Interest and Money*, Cambridge University Press.

Kiguel, Miguel A. Liviatan, Nissan (1995), "Stopping Three Big Inflations: Argentina, Brazil, and Peru", capítulo 12, pp. 369-414 en *Reform, Recovery, and Growth: Latin America and the Middle East*, Rudiger Dornbusch y Sebastian Edwards editores.

Kim, Kwang Suk (1991), *Korea. In Liberalizing foreign trade: Korea, the Philippines, and Singapore*, Demetris Papageorgiou, Michael Michaely, and Armeane M. Choksi editores, Blackwell.

Kinzer, Stephen (2003), *All the Sha's Men: An American Coup and the Roots of Middle East Terror*, Tantor Audio, Unabridged edition.

Klein, Lawrence R. (1949), *The Keynesian Revolution*, Macmillan, New York.

Klingebiel, Daniela. Laeven, Luc (2002), "Managing the Real and Fiscal Effects of Banking Crisis", World Bank Discussion Paper 428.

Klooz, Marle. Wiley, Evelyn (1944), "Events leading up to World War II – Chronological History", 78th Congress, 2d Session – House Document N. 541, Director: Humphrey, Richard A., US Government Printing Office.

Kozlova, Olesya. Noguera, José (2017), *Oil Price Versus Oil Output*, Empirical Economics (por ser publicado).

Krivoy, Ruth de (2003), "Case Study. The Venezuelan Banking Crisis of 1994. Epilogue", Leadership in Financial Supervision, Toronto Centre.

Krueger, Anne O. (1980), *The Foreign Sector and Aid*, Harvard University Press.

Krueger, Anne O. (1995), "Growth Theories in Light of the East Asian Experience", en *Growth Theories in Light of the East Asian Experience*, Takatoshi Ito and Anne O. Krueger, editores, The Chicago University Press.

Krugman, Paul (2002), "Crying with Argentina", *The New York Times*, 1º de enero, p. A21.

Krugman, Paul (2009), *The Return of Depression Economics and the Crisis of 2008*, W. W. Norton & Company, New York, pp. 120-5.

Kuo, Shirley W. Y. (1983), *The Taiwan Economy in Transition*, Westview.

Kydland, Finn. Prescott Edward C. (1982), "Time to Build and Aggregate Fluctuations", *Econometrica* 50 (6): 1345-1370.

Kydland, Finn. Prescott, Edward (1977), "Rules Rather than Discretion: The Inconsistency of Optimal Plans", *Journal of Political Economy*, 85: 4473-4492.

La Patilla (2014, noviembre 5), "Foro Penal Venezolano presentó casos de tortura ante la ONU". Rescatado de http://www.lapatilla.com/site/2014/11/05/foro-penal-venezolano-presento-casos-de-tortura-ante-la-onu/

Labaton, Stephen (2008, october 3), "Agency's '04 Rule Let Banks Pile Up New Debt, and Risk", *The New York Times*. Recuperado de http://www.nytimes.com/2008/10/03/business/03sec.html

Laidler, David (1999), *Fabricating the Keynesian Revolution: Studies of the Inter-war Literature on Money, the Cycle, and Unemployment*, Cambridge University Press, Cambridge.

Lange, Oskar (1944), *Price Flexibility and Employment*, Principia Press, Bloomington.

Leal, Ildefonso (1981), *Historia de la UCV*, Ediciones del Rectorado de la Universidad Central de Venezuela, Caracas.

Lee, Loyd E. (1985), "The German Confederation and the Consolidation of State Power in the South German States, 1815–1848". *Consortium on Revolutionary Europe, 1750 1850*: Proceedings, 15: 332–346.

Levine, Ross (2004), "Finance and Growth: Theory and Evidence" en *Handbook of Economic Growth*, parte III, capítulo 1, Elsevier.

Levitsky, Steven (1999), "Fujimori and Post-Party Politics in Peru", *Journal of Democracy*, 10(3):78.

Lieuwen, Edwin (1954), *Petroleum in Venezuela: A History*, The University of California Press.

Lipset, Seymour M. (1960), *Political Man. The Social Bases of Politics*, Doubleday, New York.

Lipset, Seymour Martin (1959), "Some Social Requisites of Democracy: Economic Development and Political Legitimacy", *American Political Science Review*, 53:69-105.

Lowi, Miriam R. (2011), *Oil Wealth and the Poverty of Politics: Algeria Compared*, Cambridge University Press, reimpresión, pp. 45-126.

Lucas, Robert (1972), "Expectations and the Neutrality of Money", *Journal of Economic Theory* 4 (2): 103–124.

Lucas, Robert E. (1987), *Models of Business Cycles*, Basil Blackwell.

Lucas, Robert. Stokey, Nancy (1989), *Recursive Methods in Economic Dynamics*, Harvard University Press.

Ludden, David (2002), *India and South Asia: A Short History*, Oneworld Publications.

MacMillan, Margaret (2003), *Peacemakers: The Paris Peace Conference of 1919 and Its Attempt to End War*, John Murray.

Maduradas (2014, febrero 24), "¡Vergüenza mundial! GNB en tanquetas usan megáfonos y armas para burlarse de manifestantes". Rescatado de http://www.maduradas.com/verguenza-mundial-gnb-en-tanquetas-usan-megafonos-y-armas-para-burlarse-de-manifestantes/

Maduradas (2016, febrero 3), "¡No se salvan! Solicitan interpelación a Giordani y Navarro por los $25 mil millones de Cadivi". Recuperado de http://www.maduradas.com/no-se-salvan-solicitan-interpelacion-a-giordani-y-navarro-por-los-25-mil-millones-de-cadivi/

Magallanes, Manuel Vicente (1988), *Los partidos políticos en la evolución histórica venezolana*, sexta edición. Editorial Centauro.

Mansfield, Peter. Pelham, Nicolas (2013), *A History of the Middle East*, Penguin Books, cuarta edición.

Marks, Sally (1978), *The Myths of Reparations: Central European History*, Cambridge University Press.

Márquez, Gustavo (1987), *Intervención del Estado, crecimiento y mercado de trabajo*, Fundación Friedrich Ebert.

Martel, Gordon, (2010), *A Companion to Europe 1900-1945 (Blackwell Companion of European History)*, Willey-Blackwell.

Martínez, Aníbal R. (1979), *El camino de Petrolia*, Ediciones del Banco Caribe, Caracas.

Marvin, Charles (1891), *The Region of Eternal Fire: An Account of a*

Journey to the Petroleum Region of the Caspian in 1883, W. H. Allen.

Maudos Villarroya, Joaquín. Fernández de Guevara Radoselovics, Juan (2008), *El sector bancario español en el contexto internacional: evolución reciente y retos futuros*, Fundación BBVA, Madrid.

McKain, David L. Allen, Bernard L. (1994), *Where It All Began: The Story of the People and Places Where the Oil & Gas Industry Began: West Virginia and Southeastern Ohio*, David L. McKain.

Medlicott, William Norton (1952), *The Economic Blockade*, vol. 1, HMSO, Londres.

Meltzer, Allan (1995), "A History of the Federal Reserve", chapter 2 en *The Development of Central Banking Theory and Practice*, Carnegie-Mellon University.

Meltzer, Allan H. (1981), "Keynes's General Theory: A Different Perspective", *Journal of Economic Literature*, 29: 34-64.

Meltzer, Allan H. (1983), "On Keynes and Monetarism", en *Keynes and the Modern World: Proceedings of the Keynes Centenary Conference*, David Worswick and James Trevithick editores, Cambridge University Press.

Metzler, Lloyd (1951), "Wealth, saving, and the rate of interest", *Journal of Political Economy* 59: 93-116.

Middle East Economic Survey (1960), *The First OPEC Meeting Held in Baghdad*, Middle East Petroleum and Economic Publications (Cyprus).

Mints, Lloyd W. (1945), *A History of Banking Theory in Great Britain and the United States*, The MIT Press.

Mishkin, Frederik (2015), *The Economics of Money, Banking and Financial Markets*, Pearson.

Modigliani, Franco (1944), "Liquidity preference and the theory of interest and money", *Econometrica* 12(1), 45-88.

Modigliani, Franco (1975), "The Life Cycle Hypothesis of Saving Twenty Years Later" en *Contemporary Issues in Economics*, M. Parkin, editor, Manchester University Press.

Modigliani, Franco (1977), "The Monetarist Controversy or, Should We Forsake Stabilization Policies?", *American Economic Review* 67: 1-19.

Modigliani, Franco. Brumberg, Richard (1954), "Utility Analysis and the Consumption Function: An Interpretation of Cross-Section Data", in *Post-Keynesian Economics*, Kenneth K. Kurihara editor, Rutgers University Press, 1954.

Moleiro, Rodolfo (1993), *De la dictadura a la democracia: Eleazar López Contreras*, 3ra edición, Editorial Pomaire, Venezuela.

Monroe, Elizabeth (1973), *Philby of Arabia*, Pitman Publishing.

Morales, Juan Antonio. Sachs, Jeffrey D. (1990), "Bolivia's Economic Crisis", libro 2, en *Developing Country Debt and Economic Performance*, volumen 2, The University of Chicago Press.

Moreno, Juan (1997), "Obras públicas, arquitectura y arquitectos en la Venezuela de 1900 a 1935", revista *Punto 66-67*, Caracas.

Morón, Guillermo (1995), *Historia de contemporánea de Venezuela*, Fondo de Cultura Económica de España.

Muth, John F. (1961), "Rational Expectations and the Theory of Price Movements", *Econometrica* 29 (3): 315–335.

Naím, Moisés (1993), *Paper Tigers and Minotaurs: The Politics of Venezuela's Economic Reforms*, Washington, Carnegie Endowment Book.

Noelle-Neumann, Elisabeth (1984), *The Spiral of Silence: Public Opinion, our Social Skin*, University of Chicago Press.

Noguera Santaella, José (2015), *Las primeras ideas económicas y su origen: la economía preclásica*, Editorial Niram Art, España.

Noguera Santaella, José (2016), "Geopolitics and the Oil Price", *Economic Modelling* 52:301-309.

Noguera, José. Pecchenino, Rowena (2007), "The OPEC Cartel and the Macroeconomic of Oil: Can Oil Fuel the Engine of Economic Development?", *International Journal of Industrial Organization*, volume 25, issue 1, pp. 187-199.

Noticias24 (2008, marzo 13), "Nixon Moreno: un año viviendo en la Nunciatura". Recuperado de http://www.noticias24.com/actualidad/noticia/12828/nixon-moreno-un-ano-viviendo-en-la-nunciatura/

Noticias24 (2010, agosto 30), "Advierte que su revolución es 'pacífica, pero está armada'". Recuperado de www.noticias24.com/actualidad/noticia/170186/chavez-encabeza-caravana-en-apoyo-a-los-candidatos-a-la-an-del-psuv-en-el-23-de-enero/

Noticias24 (2010a, octubre 10), "Chávez afirma que 'no toda propiedad privada es perversa'". Recuperado de http://www.noticias24.com/actualidad/noticia/175835/chavez-no-toda-propiedad-privada-es-perversa-o-capitalista/

Noticias24 (2010b, octubre 10), "Walid Makled habla en *El Nacional*: 'Hasta regalé carros último modelo a diputados de la AN'". Recuperado de www.noticias24.com/actualidad/noticia/175789/

walid-makled-habla-en-el-nacional-hasta-regale-carros-ultimo-modelo-a-diputados-de-la-an/

Noticiero Digital (2016, abril 16), "José Manuel Olivares: 70% de los módulos de Barrio Adentro están cerrados". Recuperado de http://www.noticierodigital.com/2016/04/jose-manuel-olivares-70-de-los-modulos-de-barrio-adentro-estan-cerrados/

Nullvalue (2005, enero7), "Presidente arremete contra las FARC por caso de captura de Rodrigo Granda". Recuperado de http://www.eltiempo.com/archivo/documento/MAM-1680448

Ochoa Antich, Fernando (2007), *Así se rindió Hugo Chávez. La otra historia del 4 de Febrero*, Ediciones El Nacional.

Oil and Gas Journal (1946, enero 12), Tulsa.

Otero-Iglesias, Miguel. Royo, Sebastián. Steinberg, Federico (2016), "The Spanish financial crisis: Lessons for the European Banking Union", *Informe Elcano 20*, Real Instituto Elcano, Madrid.

Owen, Edgar W. (1975), *Trek of the Oil Finders: A History of Exploration for Petroleum*, AAPG, Tulsa.

Padgett, Tim (2008, septiembre 3), "Chávez and the Cash-Filled Suitcase", *Times Magazine*.

Parra, Francisco (2004), *Oil Politics. A Modern History of Petroleum*, I. B. Tauris.

Patinkin, Don (1957), *Money, Interest and Prices: An Integration of Monetary and Value Theory*, Harper and Row.

Patinkin, Don (1984), *Anticipations of the General Theory? And Other Essays on Keynes*, The University Of Chicago Press.

Peñaloza, Carlos (2012), *El imperio de Fidel: petróleo e injerencia cubana en Venezuela*, Create Space Independent Publishing Platform.

Pérez Briceño, Conrado (2004), *La corrupción revolucionaria: informe sobre los principales casos de corrupción de la administración de Hugo Chávez*, Libros de El Nacional.

Phillips, A. W. (1958), "The Relation between Unemployment and the Rate of Change of Money Wage Rates in the United Kingdom, 1861-1957", *Economica* 25: 283-299.

Pigou, Arthur C. (1950), *Keynes' General Theory: A Retrospective View*, MacMillan.

Pomeranz, Kenneth (2000), *The Great Divergence: China, Europe and the Making of the World Economy*, Princeton University Press.

Popper, Karl (1945), *The Open Society and its Enemies*, Routledge & Kegan Paul.

Prebisch, Raúl (1961), "El falso dilema entre desarrollo económico y estabilidad monetaria", *El Boletín de América*, VI (1), Cepal.

Prebisch, Raúl (1979), "Las teorías neoclásicas del liberalismo económico", *Revista de la Cepal*.

Primera, Maye (2009, agosto 30), "Protestar en Venezuela será delito", diario *El País*. Recuperado de http://elpais.com/diario/2009/08/30/internacional/1251583207_850215.html

Quaglia, Lucia. Royo, Sebastian (2015), "Banks and the political economy of the sovereign debt crisis in Italy and Spain", *Review of International Political Economy* 22(3): 485-507.

Ramsey, Frank (1928), "A mathematical theory of saving", *Economic Journal* 38 (152): 543-559.

Rapoport, Mario (2011), "Una revisión histórica de la inflación argentina y de sus causas", en *Aportes de la economía política en el Bicentenario*, J. M. Vázquez Blanco y S. Franchina editores, Ed. Prometeo, Buenos Aires.

Raynero, Lucía (2006), *Juan Vicente González*, C. A. Editorial El Nacional, Caracas.

Reportzulia Noticias (2011, febrero 4), "11 horas duró el golpe del 4F en el Zulia". Recuperado de http://reportzulianoticias.blogspot.com/2011/02/11-horas-duro-el-golpe-del-4f-en-el.html

Reyna, Carlos (2000), *La anunciación de Fujimori. Alan García 1985-1990*, Centro de Estudios y Promoción del Desarrollo Desco, pp. 34-38.

Robbins, Lionel (1971), *Autobiography of an Economist*, Macmillan, London.

Rothbard, Murray N. (2006), *Economic Thought Before Adam Smith. An Austrian Perspective on the History of Economic Thought*, volume I, Ludwig von Mises Institute.

Roubini, Nouriel (2001), "Should Argentina Dollarize or Float? The Pros and Cons of Alternative Exchange Rate Regimes and Their Implications for Domestic and Foreign Debt Restructuring", New York University, disponible en http://www.stern.nyu.edu/globalmacro/.

Runrunes (2010, octubre 4), "Documentos de Walid Makled comprometen al Gobierno venezolano al más alto nivel y demostrarían los controles de los 'narcos' sobre el sistema judicial". Recuperado de http://runrun.es/runrunes/5000/documentos-de-walid-makled-comprometen-al-gobierno-venezolano-al-mas-alto-nivel-y-demostrarian-los-controles-de-los-narcos-sobre-el-sistema-judicial.html

Sachs, Jeffrey (1999), "Self-inflicted Wounds", *Financial Times*, 22 de enero.

Sachs, Jeffrey D. (1986), "The Bolivian Hyperinflation", NBER Working Paper 2073.

Salcedo Bastardo, José Luis (1977), *Historia fundamental de Venezuela*, Fundación Gran Mariscal de Ayacucho, Caracas.

Samuelson, Paul (1944), *Economics: An Introductory Analysis*, McGraw-Hill.

Samuelson, Paul A. (1958), "An Exact Consumption-Loan Model of Interest with or without the Social Contrivance of Money", *Journal of Political Economy* 66 (6): 467-482.

Sánchez Casanova, José (2009), "Los cinco de línea". Rescatado de http://loscincodelinea.blogspot.com/2009_11_21_archive.html

Sanhueza, Gonzalo (1999), "La crisis financiera de los años ochenta en Chile: análisis de sus soluciones y sus costos", *Economía chilena*, Banco Central de Chile 2(1): 43-68.

Sargent, Thomas (1987), *Dynamic Macroeconomic Theory*, Harvard University Press.

Sargent, Thomas (1993), "The Ends of Four Big Inflations", en *Rational Expectations and Inflation*, segunda edición, Harper Collins College, New York, pp. 44-115.

Saxton, Jim (2003), "Argentina's Economic Crisis: causes and cures", Joint Economic Committee, United States Congress.

Schumpeter, Joseph (1934), "Depressions", en *The Economics of the Recovery Program*, Douglass V. Brown, Edward Chamberlin, Seymour Harris, Wassily W. Leontief, Edward S. Mason, Joseph A. Schumpeter, y Overton H. Taylor, editors. Harvard University Press.

Schwarz, Solomon M. (1966), *The Russian Revolution of 1905: The Workers' Movement and the Formation of Bolshevikism and Menshevikism*, traducción al inglés de Gertrude Vaka, The University of Chicago Press.

Scissors, Derek (2009), "Deng Undone: The Costs of Halting Market Reform in China", *Foreign Affairs* 88 (3).

Segall, Grant (2001), *John D. Rockefeller: Anointed With Oil*, Oxford University Press.

Shirer, William L. (1960, reimpresión 1990), *The Rise and Fall of the Third Reich: A History of Nazi Germany*, Simon & Schuster.

Sider, Sandra (2005), *Handbook to Life in Renaissance Europe*, Facts On File, Inc.

Skeet, Ian (1991), *OPEC: Twenty-Five Years of Prices and Politics*, Cambridge University Press, revised edition.

Skocpol, Theda (1995), *Social Policy in the United States: Future Possibilities in Historical Perspective*, Princeton University Press.

Spender, John Alfred (1930), *Weetman Pearson, First Viscount Cowdray*, Cassel & Co.

Stanton Hope (1948), *Tanker Fleet, the War Story of Shell Tankers and the Men Who Manned Them*, The Anglo-Saxon Petroleum Company.

Stenner, Karen (2005), *The Authoritarian Dynamic*, Cambridge University Press.

Stent, Angela (1981), *From Embargo to Ostpolitik: The Political Economy of Soviet-West German Relations, 1955-1980*, Cambridge University Press.

Sullivan, John. Piereson, James. Marcus, George E. (1982), *Political Tolerance and American Democracy*, The University of Chicago Press.

Sumner, Ian (2012), *They Shall Not Pass: The French Army on the Western Front 1914-1918*, Pen & Sword.

Tejero Puntes, Suhelis (2010, agosto 8), "Solo propiedad privada con fines sociales recibirá apoyo", diario *El Universal*.

The Economist (2008, marzo 6), "India's economy: What's holding India back?". Rescatado de http://www.economist.com/node/10808493

The Heritage Foundation (2014), "Venezuela: economic freedom score". Recuperado de http://www.heritage.org/index/pdf/2014/countries/venezuela.pdf

The Times of India (2015, septiembre 30), "India pips US, China as No. 1 foreign direct investment destination". Recuperado de http://timesofindia.indiatimes.com/india/India-pips-US-China-as-No-1-foreign-direct-investment-destination/articleshow/49160838.cms

Tobin, James (1957), "Liquidity Preference as Behavior Towards Risk", *Review of Economic Studies* 25: 65-86.

Tobin, James (1969), "A General Equilibrium Approach to Monetary Theory", *Journal of Money, Credit, and Banking* 1 (1): 15-29.

Tolf, Robert W. (1976), *The Russian Rockefellers: The Saga of the Nobel Family and the Russian Oil Industry*, Hoover Institution Press.

U.S. Department of Treasury (2008, septiembre 12), "Treasury Targets Venezuelan Government Officials Supporting the FARC".

Última Hora (2012, enero15), "Chávez dio un discurso de más de 9 horas ante el Parlamento". Recuperado de http://www.ultimahora.com/chavez-dio-un-discurso-mas-9-horas-el-parlamento-n496078.html

Univisión Noticias (2011, marzo 31), "'Había una nominita como de 1 millón de dólares' para los altos mandos en Venezuela". Recuperado de http://noticias.univision.com/article/358338/2011-03-31/aqui-y-ahora/entrevista-exclusiva-walid-makled-aqui-ahora-denuncia-narco-corrupcion-chavez

Urquijo, José Ignacio (2000), *El movimiento obrero de Venezuela*, Universidad Católica Andrés Bello.

Urru (2001, diciembre 26), "Ponencia del magistrado doctor Alejandro Angulo Fontiveros sobre la extradición de Ballestas". Recuperado de http://www.urru.org/papers/200103_CasoBallestas_Globovision.htm

US Department of Treasury (2006, agosto 18), "Treasury Targets Hezbollah in Venezuela". Informe de prensa. Rescatado de https://www.treasury.gov/press-center/press-releases/Pages/hp1036.aspx

Vassiliou, Marious S. (2009), "The A to Z of the Petroleum Industry. The A to Z Guide Series, No. 116" The Scarecrow Press, Inc.

Vega, Marco. Winkelried, Diego (2005), "Inflation Targeting and Inflation Behaviour: A Successful Story?", *International Journal of Central Banking*, 1 (3): 153-75.

Velarde, Julio. Rodríguez, Maritza (1992), "De la desinflación a la hiperestanflación, Perú 1985- 1990", documento de trabajo 5, CIUP.

Wacziarg, Romain. Welch, Karen Horn (2008), "Trade Liberalization and Growth: New Evidence", *The World Bank Economic Review* 22 (2): 187-231.

Wagner, Heather Lehr (2008), *The Organization of the Petroleum Exporting Countries*, Chelsea House Publishers.

Wayback Machine (2001, julio-diciembre), "Entorno mediático del sector político". Recuperado de http://web.archive.org/web/20100415100725/http://www.venmedios.com/pdfs/polsem.pdf

Wayback Machine (2003, junio 5), "Condenado José María Ballestas por secuestro de avión de Avianca", boletín de prensa Nº 216. Recuperado de http://web.archive.org/web/20040906033320/http://www.fiscalia.gov.co/pag/divulga/Bol2003/junio/bol216.htm

Webb, Steven B. (1989), *Hyperinflation and Stabilization in Weimar Germany*, Oxford University Press.

Weil, David N. (2008), *Economic Growth*, segunda edición, Addison-Wesley.

Whitten, David O. Whitten, Bessie E. (1990), *Handbook of American Business History: Manufacturing*, Greenwood Publishing Group.

Wijnholds, Onno de Beaufort (2003), "The Argentine Drama: A View from the IMF Board", capítulo 7 en *The Crisis that Was Not Prevented: Lessons for Argentina, the IMF, and Globalisation*, Jan Joost Teunissen y Age Akkerman, editors, Fondad.

Williams, John H. (1920), *Argentina International Trade Under Inconvertible Paper Money 1880-1900*, Harvard University Press.

Woodford, Michael (1999), "Revolution and Evolution in Twentieth-Century Macroeconomics", junio, presentado en la conferencia "Frontiers of the Mind in Twenty-First Century", U.S. Library of Congress, Washington.

Woolner, David (2010), "The 'Special Relationship' between Great Britain and the United States Began with FDR", The Roosevelt Institute.

Yánez Fernández, Marcos (2006, abril 14), entrevista, citado por Ochoa (2007).

Yergin, Daniel (1991), *The Prize. The Epic Quest for Oil, Money and Power*, Simon & Schuster, NY, p. 234.

Yergin, Daniel (2009), *The Prize. The Epic Quest for Oil, Money and Power*, Free Press.

Young, John Parke (1925), *European Currency and Finance*, U.S. Government Printing Office.

Young, Marilyn B. (1991), *The Vietnam Wars, 1945-1990*, Harper Perennial, New York.

Zakaria, Fareed (2003), *The Future of Freedom: Illiberal Democracy at Home and Abroad*, W. W. Norton, New York.

Zhang, K. H. (2001), "Does foreign direct investment promote economic growth? Evidence from East Asia and Latin America", *Contemporary Economic Policy*, pp. 175–185.

www.ingramcontent.com/pod-product-compliance
Lightning Source LLC
Chambersburg PA
CBHW031422270326
41930CB00007B/535